本书是全国教育科学"十三五"规划2017年度课题国家一般项目"欧美发达国家职业教育立法的路径、机制与模式研究"（项目编号：BJA170091）的最终研究成果

欧美四国职业教育立法
路径·机制·模式

荣艳红 等◎著

科学出版社

北京

内 容 简 介

完善的职业教育立法是一国教育法治化水平的重要标志，也是一国职业教育健康发展的重要保障。德、法、英、美四国职业教育立法出现时间较早、特征较为鲜明，开展四国职业教育立法研究对于提升我国教育法治化水平、促进我国职业教育健康发展有着重要的理论和实践价值。

对于四国职业教育立法，本书在明确其整体框架与结构的基础上，首先从历史角度分析了其路径选择与路径形成问题，其次对其创制与运行背后的动力机制以及立法在实际运作过程中形成的典型管理模式进行了深入剖析，最后在总结其整体特征的基础上对未来我国职业教育立法的创制、实施、完善等问题提出了合理化的意见和建议。本书是该研究领域内容较为丰富、创新程度较高、理论和实用价值较强的一部作品。

本书可供教育法律研究与制定者、职业教育国别比较学者，以及所有对四国职业教育问题感兴趣的人士参阅。

图书在版编目（CIP）数据

欧美四国职业教育立法：路径·机制·模式 / 荣艳红等著. —北京：科学出版社，2023.6
ISBN 978-7-03-075829-3

Ⅰ. ①欧⋯ Ⅱ. ①荣⋯ Ⅲ. ①职业教育-教育法-立法-研究-西方国家 Ⅳ. ①D912.164

中国国家版本馆 CIP 数据核字（2023）第 106819 号

责任编辑：朱丽娜 冯雅萌 / 责任校对：王晓茜
责任印制：李 彤 / 封面设计：润一文化

科 学 出 版 社 出版
北京东黄城根北街 16 号
邮政编码：100717
http://www.sciencep.com

北京建宏印刷有限公司 印刷
科学出版社发行 各地新华书店经销
*

2023 年 6 月第 一 版　　开本：720×1000 B5
2023 年 6 月第一次印刷　　印张：17 1/4
字数：310 000
定价：99.00 元
（如有印装质量问题，我社负责调换）

前　言

　　关于职业教育，尽管有职业教育、职业技术教育、技术与职业教育、职业教育与培训、技术和职业教育与培训、职业与应用型技术教育等各种各样的称呼，但抛开不同称呼对于职业教育类型、层次、内容等的强调，"职业教育"无疑是以上所有称呼的一个不变的核心。作为人类最古老的一种教育形式，"凡是为谋取或保持某种职业而进行的准备以及为增进从业者的知识、技能、态度而开展的教育和训练活动都可以划归到职业教育概念的范畴"[①]。立法是立法主体遵循一定的制度来创制法律文本的活动[②]。立法机关按照法定程序制定、修改或废止法律的活动，以及立法机构所颁布的各种法律法规都隶属于立法研究的领域。民族国家出现以来，各民族国家或者其之上的国家或区域联合体，或者其之下的各级区域管理机构，早已经就如何规范职业教育的运行进行了诸多的立法活动，并因之形成了多种多样的法律法规文本。这些立法活动以及所创制的法律法规文本，不仅是国家职业教育良性发展的制度保障，也是各国政府一致追寻的依法治教理念在职业教

[①] 教育大辞典编纂委员会.1991.教育大辞典(第3卷:高等教育　职业技术教育　成人教育　军事教育).上海：上海教育出版社：230.

[②] 黄文艺.2008.立法学.北京：高等教育出版社：15.

育领域的生动体现。

当然，尽管从内容上看，各国的职业教育立法都会对职业教育领域的各项活动进行规范，也都会涉及职业教育机构的创建、管理机构和管理方法的设定、课程与教学、师生资质等多种要求，但是，受到相对复杂的社会因素的影响，各国职业教育立法不仅在外在构成和内在表现形式上会有所差别，而且其创制的路径、创制的机制以及具体的管理模式也会有很大的不同。想要真正认识各国的职业教育立法，不仅需要了解各国职业教育法律法规是由哪些内容构成的，这些法律法规对于职业教育机构的设置、课程与教学是如何安排的等，更需要深入该国职业教育立法内部，从最具代表性的法律条文的创制过程中分析立法制度与各国国家制度、政治制度、经济制度、民族文化心理等多因素的相互作用和相互影响，准确把握推动各国立法制度创制与运行背后的一些正式或非正式因素（当然也不排除某些"人"的因素）的影响；除此之外，为了更为透彻地了解已经创制的立法是如何运行的，还需要从更高的抽象层次上，对立法具体的管理模式进行概括和总结，只有这样，才能真正把握不同国家职业教育立法制度的本质精神。

近代以来，以德国、法国、英国、美国四个国家为代表的欧美发达国家较早地参与了工业革命的进程，在机器工业对于掌握特定技能人才的需求增多、传统学徒制无法满足巨大的人才需求的背景下，四国政府不仅较早地插手了各自国家的职业教育立法活动，而且由于这几个国家的法治化程度相对较高，与世界上其他国家相比，其职业教育立法整体上内容更为翔实、程序更为科学、体系更为完整、机制也更为成熟，而且其中的某些立法在规范职业教育运行方面发挥了较好的作用。

当前中国经济面临模式转型、结构优化、产业升级的迫切需求，加快现代职业教育的发展，是党中央做出的重大战略部署，也是未来一段时间内中国职业教育改革的重要方向。完善的职业教育立法不仅是一个国家教育法治水平较高的重要标志，也是该国职业教育健康发展的重要保障。改革开放以来，我国已经出台了一系列专门和相关的职业教育法律法规，对于保障我国职业教育的健康发展曾起到过非常重要的作用，但是，由于多方面的原因，我国的职业教育立法本身还存在着诸多问题，如整体上以行政规章为主、立法过程中多元利益主体的博弈不足、法律文本对于各利益主体的责权利规定不太明晰、法律监督与评估机制不能长效化、法律废除与更新机制缺失等，尽管新修订的《中华人民共和国职业教育法》（以下简称《职业教育法》）已经于2022年颁布实施，并在立法理念、立法技术、立法内容、立法程序等方面都有不小的提升，但这并不意味着我国职业教育的法治化已经无懈可击。构建责权利相对均衡、运作良好的法律法规体系，切实发挥职业教育立法对于职业教育发展的动力和保障功能，为中国经济的转型升级加油助力，依然是摆在我国面前的一大现实问题。开展德、法、英、美四个国家职业教育的立法路径、机制与模式研究，探究这些国家职业教育立法的外在表现与内在精神，总结其经验并为我国所用，力避其失误以示警醒，是完善中国职业教育法律法规、促进中国职业教育健康发展的必由之路。

本书由五章组成。

第一章：欧美四国职业教育及其立法。本章主要是介绍四国职业教育与立法体系都"是什么"。

第二章：欧美四国职业教育立法的路径选择。本章主要是从历史角度分析四国职业教育立法"是经过何种路径走到今天的"。

第三章：欧美四国职业教育立法的运行机制。本章将对四国职业教育立法创制与运行背后的动力因素进行深入研究，以便深刻把握推动各国立法制度出现的复杂因素和规律性特征。本章是对前两章内容的进一步深化。

第四章：欧美四国职业教育立法的管理模式。本章在前几章研究的基础上，通过高度概括和总结，对欧美四国已经创制的立法在实际运作中形成的典型的管理模式进行剖析，以期在宏观层面上把握立法制度的整体风貌。

第五章：欧美四国职业教育立法的特征与启示。本章在总结四国职业教育立法特征的基础上，选择四国立法中能为我国所利用和借鉴的部分，有针对性地提出合理化意见和建议。

本书的第二、三章，即立法路径和机制的分析，是本书研究的重点部分；第四章，即对各国职业教育立法管理模式的总结概括，是本书研究的难点部分。

本书汇聚了多位著者的心血，各章节具体执笔情况如下：

前言、第一至三章美国部分、第四章第一节和第三节、第五章：荣艳红；

第一至三章德国、英国部分：傅修远；

第一至三章法国部分：荣艳红、郭铭鹤；

第四章第二节：荣艳红、朱文富。

李纯童、石惠鑫、王晶、李莹、王璇、魏海安、张金金、王想、曾运琴等参与了本书的部分整理工作。

全书由荣艳红负责统稿。

本书的研究和撰写工作得到了华东师范大学教育学部王保星教授、西南大学教育学部谢长法教授、教育部职业技术教育中心研究所教学室刘义国主任、《职业技术教育》杂志李玉静执行主编等的鼎力支持，在此深表谢意！

由于著者水平所限，书中可能还有不足之处，尚祈专家和读者不吝指正。

目　录

前言

第一章　欧美四国职业教育及其立法 …………………………………………… 1

　　第一节　德国职业教育及其立法 ………………………………………… 2

　　第二节　法国职业教育及其立法 ………………………………………… 7

　　第三节　英国职业教育及其立法 ………………………………………… 18

　　第四节　美国职业教育及其立法 ………………………………………… 34

第二章　欧美四国职业教育立法的路径选择 …………………………………… 45

　　第一节　从分离走向融合：德国职业教育立法的路径选择 …………… 46

　　第二节　从集权走向分权：法国职业教育立法的路径选择 …………… 57

　　第三节　自由放任基础上的渐进变革：英国职业教育立法的路径选择 …… 71

　　第四节　联邦主导机制创建与延续：美国职业教育立法的路径选择 ……… 82

第三章　欧美四国职业教育立法的运行机制 …… 91

    第一节　德国职业教育立法的运行机制 …… 92

    第二节　法国职业教育立法的运行机制 …… 124

    第三节　英国职业教育立法的运行机制 …… 145

    第四节　美国职业教育立法的运行机制 …… 180

第四章　欧美四国职业教育立法的管理模式 …… 215

    第一节　德国职业教育立法的管理模式：社会联合模式 …… 216

    第二节　法国职业教育立法的管理模式：国家官僚主义模式 …… 228

    第三节　英、美职业教育立法的管理模式：市场模式 …… 240

第五章　欧美四国职业教育立法的特征与启示 …… 255

    第一节　欧美四国职业教育立法的特征 …… 256

    第二节　欧美四国职业教育立法对我国的启示 …… 263

第一章
欧美四国职业教育及其立法

　　德国、法国、英国是欧洲的三驾马车，美国是当今世界上唯一的超级大国，长期以来，四国不仅在国际经济舞台上享有重要的地位，其法律制度也受到了全球学者的广泛关注。职业教育立法是各国法律制度的有机组成部分，研究四国的职业教育立法，不仅可以一窥四国法律制度的整体风貌，而且对于我国教育法治水平的提升也有重要的作用。本章将首先介绍四国的职业教育概况，然后在此基础上依次对四国的职业教育立法制度进行阐述。本章是本书研究的基础。

第一节　德国职业教育及其立法

德国的法律法规体系被许多国家视为典范。双元职业教育立法不仅是塑造德国职业教育形态的决定力量，也是其职业教育平稳运行的法治基础。

一、德国职业教育

德国共有三种类型中等层次的职业教育，第一种就是基于企业的培训与基于部分时间制的学校职业教育密切结合的双元职业教育。该类型的职业教育是年轻人实现就业的主要途径。资料显示，2010 年，德国 29% 的高中生在普通学校学习，其余在职业领域学习。在职业领域学习的学生中，选择双元职业教育的学生人数占比为 66%，仅仅选择学校形式职业教育的学生占比为 34%[1]。2022 年，德国国家认可的能举办双元职业教育培训的行业共计 324 种[2]。双元职业教育一般会持续 3 年左右的时间，接受完教育后，大多数学员会作为技术工人直接就业，当然，一些人也会利用各种机会进入高等继续教育和培训行列。

德国第二种职业教育类型是独立的全日制学校职业教育。全日制学校职业教育的学制为 1—3 年。在德国，全日制学校职业教育主要服务于女性主导的行业，如护理、社会工作等。德国的护士、幼儿园教师、医师助理等大多是通过这种方式来培训的。完成以上两种职业教育者均可以授予国家认可的职业教育证书。由于以上两种职业教育各自面向不同的行业和培训对象，两者更多的是补充关系，而不是替代关系。

德国第三种职业教育类型就是所谓的职前培训。2012 年，德国大约有 27% 的同龄人在职前教育项目中注册学习[3]。该培训方式被称为过渡系统。该类培训一般

---

[1] Graf L. 2013. Germany: Dual studies and the transformation of the dual principle//Graf L. The Hybridization of Vocational Training and Higher Education in Austria，Germany，and Switzerland. Verlag Barbara Budrich：Budrich University Press：91-123.

[2] Anonymous. 2020-01-16. Facts about the dual vocational training system. https://www.deutschland.de/en/topic/business/how-germanys-dual-vocational-training-system-works.

[3] Solga H，Protsch P，Ebner C，et al. 2020-02-15. The German vocational education and training system：Its institutional configuration，strengths，and challenges. https://bibliothek.wzb.eu/pdf/2014/i14-502.pdf.

会持续一年的时间，一些项目的时间可能会更短或更长一些。大部分的此类培训采用学校培训形式，当然，也有少部分培训项目会包括企业培训的形式。该类培训不会授予学员任何证书。资料显示，德国没有拥有任何证书或仅拥有初级中学证书的人绝大多数会参加职前培训①。2016年，德国申请进入职前培训项目的人数约为29.8万人，较上一年人数增加了12.2%，其主要原因是注册进入德语学习项目的青年难民和移民的数量有所增加②。

德国《职业培训法案》（Vocational Training Act）第53条以及《手工业法典》（Craft Trade Law）第42条均为中学后职业教育提供了法律保障。德国中学后职业教育主要有继续职业教育和培训（continuing vocational education and training）与高级职业培训（advanced vocational training）。近年来，德国一些应用科技大学、商学院对兴办双元学习项目（dual study programmes）非常感兴趣。所谓的双元学习项目是指学生在大学学习某些专业知识的同时，可以在对应的企业开展实践培训。该类项目设立的初衷是将高等教育的学术性与企业培训的职业性和实践性结合起来。与传统学徒制相对比，双元学习项目不是由商会或雇主协会主导的多部门之间的合作，更多的是个别企业与单个高等教育机构之间的联合；此外，该项目与传统学徒制的结构和运行逻辑是一致的，唯一不同的是基于学校的理论学习项目是由高等教育机构提供的③。目前德国许多的双元学习项目是作为STEM课程［即科学（science）、技术（technology）、工程（engineering）和数学（mathematics）知识融合课程］及商业管理课程的一部分而存在的，往往被工商企业作为应对复合型人才短缺的有效举措。修完该项目后，有的参与者可以同时获得学士学位和职业证书，有的参与者仅可获得学士学位。作为德国高等职业教育的典型代表，双元学习项目是在学术教育扩张的时代，让职业教育继续保持较高吸引力的有效举措。目前，该项目在许多方面获得了巨大成功，其毕业生的就业率也非常高，因此该项目对于成绩优异的高中毕业生的吸引力更大一些。但是，该项目的运作也受到一些不利因素的影响，比如，由于运行该项目需要大量的企业投入，只有在经济扩张期，该项目才有更好的发展空间；此外，由于企业往往对该项目的参与者有着较高的要求和期望，只有相对较少的优秀毕业生才能满足企业的要求……

---

① Solga H，Protsch P，Ebner C，et al. 2020-02-15. The German vocational education and training system: Its institutional configuration，strengths，and challenges. https://bibliothek.wzb.eu/pdf/2014/i14-502.pdf.

② Federal Institute for Vocational Education and Training. 2020-04-07. VET data report Germany 2016/2017. https://www.bibb.de/datenreport/de/aktuell.php.

③ Vroonhof P，Durazzi N，Secher J，et al. 2020-02-16. Business cooperating with vocational education and training providers for quality skills and attractive futures. https://pdfs.semanticscholar.org/9c95/3f78f339beaabbf0f2cf6cb67d9c95aaf629.pdf?_ga=2.131148234.494524567.1599204099-27606099.1595586356.

所有这些都限制了该类项目的发展。

德国除了以上类型和层次的职业教育，还有更新培训（updating training）和提升培训（upgrading training）。所谓的更新培训主要是从业者为了保持职业能力，适应不断变换的工作环境而进行的培训；提升培训是从业者为提高职业能力或职业地位而参加的培训，其目的是获得更高级别的职位和生涯进步。

二、德国职业教育立法

德国的职业教育法律法规是由《基本法》（Basic Law）统领的联邦与州两套法律法规构成的。1949年5月23日颁布后经过多次修订的《基本法》是德国真正意义上的宪法。作为德国的根本大法，该法为包括职业教育在内的德国教育确立了基本的运行原则。《基本法》规定，国家有监管国内全部学校的权力，《基本法》没有专门授予联邦的各项权力均属于各州[1]。《基本法》明确列举的属于联邦和州同时管辖的教育事务包括高等教育入学和学生毕业的事务，教育、培训补助金的管理以及推动研究等方面的事务。除此之外的学校教育（其中包括职业学校的教育）、文化或传播等事务则是各州文化主权的重要组成部分，各州能够根据自己的需要独立立法。

（一）联邦职业教育立法

联邦职业教育法律法规是德国职业教育法律法规的重要组成部分。联邦职业教育法律法规体系的主体是1969年的《职业培训法案》，该法是构成双元职业教育完整制度框架的关键性立法。该法首次将彼此独立的两类教育场所、两种教育培训方式、两套管理体系融合为统一的系统，标志着双元职业教育立法制度的最终形成。

2005年，为了使年轻人在不论什么社会和区域背景下都能够获得高质量的职业培训，确保和促进青年培训机会的获得，德国议会修正了1969年的《职业培训法案》，将该法案与1981年的《职业培训促进法案》（Vocational Training Promotion Act）合并成了《职业培训改革法案》（Vocational Training Reform Act），后者也被称为《职业培训法案》。从实质上看，尽管2005年的《职业培训法案》的弹性和国际化水平得以提升，但是其主体结构和理念与1969年的法案相比均未发生重大变化。2005年的《职业培训法案》首先明确了职业教育的概念，将职业培训准备、

---

[1] Anonymous. 2020-05-03. Basic law for the Federal Republic of Germany. https://www.gesetze-im-internet.de/englisch_gg/englisch_gg.html.

初始培训、继续培训和再培训活动等都划归到职业教育管辖范畴。之后，2005年的《职业培训法案》对各类型职业培训活动所对应的领域、培训的组织方法、签订培训合同的要求、学徒与雇主的责任义务，以及学徒的收入、考试、注册方式、培训场所等进行了原则性的规定；同时，该法案还对企业培训的组织、研究、规划、数据统计以及联邦管理机构所承担的任务、目标、预算、人员构成、失职行为处罚等提出了相应的要求[1]，如该法案规定联邦教育与研究部（Federal Ministry of Education and Research）是综合处理一般职业教育问题和跨部门问题的最高主管机构，全面负责推进法案的实施工作。该机构有义务每年向联邦政府递交职业教育和培训发展报告，联邦职业教育和培训研究所（Federal Institute for Vocational Education and Training）具体负责发展报告的准备工作。此外，联邦职业教育和培训研究所每年的研究项目必须得到联邦教育与研究部的批准，联邦最高当局分派给联邦职业教育和培训研究所的任务必须征得联邦教育与研究部的同意。其余部门则负责其职权范围内的事务。

与2005年《职业培训法案》相配合，德国联邦层次还拥有一批其他的、辅助性的职业教育立法。例如，2004年的《手工业法典》是一部较为重要的国家层面的立法。该法是1953年《手工业法典》的修订法案，它是一部特殊的行业法规，主要对手工行业的商业实践、职业教育和培训以及该领域的自我管理活动做出规定。该法关于手工行业培训的相关规定和《职业培训法案》共同构筑了该领域法律法规的主体框架。《青年劳工保护法》（Youth Labour Protection Law）主要针对18岁以下的徒工，规定了其工作时间、法律保障的带薪休假时间以及离开工作场所参加职业学校学习的时间。《培训师能力法规》（Ordinance on Trainer Aptitude）主要对企业培训师教育教学能力考试的结构和内容做出规定，要求培训企业必须证明其至少有一名成员通过了培训师能力测试。《联邦教育和培训资助法案》（Federal Education and Training Assistance Act）则为那些已经持有初始职业资格、注册学习中学后贸易和技术学院课程的人提供资助。2010年，德国政府对此类资助的额度大约有1.24亿欧元，其中联邦政府资助了其中的65%，州政府资助了其中的35%[2]。《提升培训资助法案》（Upgrading Training Assistance Act）第9条第2款中也有关于对类似培训课程提供资助的规定。

---

[1] Anonymous. 2020-03-30. Reform of vocational education and training in Germany，The 2005 Vocational Training Act（Berufsbildungsgesetz 2005）. https://planipolis.iiep.unesco.org/sites/planipolis/files/ressources/germany_reform_vocational_education_2005.pdf.

[2] Federal Ministry of Education and Research. 2020-05-07. Getting ahead through advanced vocational training German background report on the OECD study "Skills Beyond School". https://lit.bibb.de/vufind/Record/60851.

（二）各州职业教育立法

在《基本法》的框架内，学校职业教育隶属于各州立法独立管辖的范畴，德国 16 个州的职业教育法律法规是德国职业教育法律法规体系的重要组成部分。

在具体分析各州职业教育法律法规之前，首先需要提及的是，在各州职业教育相关机构之外，德国还拥有一个被称为各州常设教育和文化事务部长会议（Standing Conference of Ministers of Education and Cultural Affairs of the Länder，以下简称部长会议）的机构。该机构于 1948 年成立，其成立的目的主要是处理州际文化、教育交流事务。目前部长会议的主要任务是：共同协商各州以及各州与联邦在教育体制和教育发展方面的事务，协调各州教育行动以及协调各州义务教育和职业学校学历之间的互认[1]。根据协商一致的原则，部长会议将为各州学校职业教育的发展确立基本的原则和框架，如《联邦德国职业学校总协定》（German General Agreement on Vocational Schools）就是部长会议签署的协定，它为各州职业学校确立了基本的任务、目标、学制、年限、教学内容、教学计划、课时表、毕业证书、成绩单以及学历资格等方面的原则[2]。《德国职业专科学校总条例》（German General Regulations of Technology Colleges）也是部长会议签署的规章，其规定了各州职业专科学校的种类、学校权利，以及不同种类的专科学校的招生标准、学时、课程与教学等方面的标准等[3]。部长会议所确立的原则或框架，对于促进各州职业学校质量标准的一致性、方便各州之间以及各州与其他国家之间的职业教育交流有一定的功效。尽管部长会议的文件不具备法律效应，但是由于它代表了各州对于共同关心的教育事务的共同愿望，其对各州职业教育政策和法律制定仍然具有一定的影响力。根据部长会议所确立的原则、框架，各州教育秘书可以制定各自州内的职业培训和考试管理规则。当然，如果各州想在某专业领域内扩展或调整某些规则，也需要事先征得部长会议的同意。此外，在各州具体实施部长会议所制定的原则和方针的过程中，如果已有的任何规则需要修正或拓展，也可由州内学校和学校监管部门向州教育秘书报告，州教育秘书可以酌情设立专门的委员会来积极回应学校的要求。在管理框架允许的范围内，学校则具体负责职业教育项目设计和实施工作。

各州职业教育法律法规一般包括两大类。一类是由各州制定的配合联邦职业教育法规实施的相关法案。比如，由于 1969 年《职业培训法案》仅仅规范了企业培训方

---

[1] 史世伟. 2016. 德国商务环境（修订本）. 北京：对外经济贸易大学出版社：216.
[2] 职业技术教育中心研究所，杭州大学德汉翻译和信息中心. 1993. 联邦德国及巴伐利亚州职业教育法规选编（一）. 杭州：杭州大学出版社：163-166.
[3] 职业技术教育中心研究所，杭州大学德汉翻译和信息中心. 1993. 联邦德国及巴伐利亚州职业教育法规选编（一）. 杭州：杭州大学出版社：303-306.

面的事宜,而将学校职业教育的管理预留给了各州立法,因此,《职业培训法案》颁布后,各州就如何配合企业培训制定了许多的相关法案,如巴伐利亚州于《职业培训法案》颁布后的次年就制定了《巴伐利亚州关于实施联邦职业教育法的法令》(Decree of the Bavaria on the Implementation of the Vocational Education Law),该法令进一步明确了巴伐利亚州如何配合《职业培训法案》的一些事项,其中主要强调了州内开展各类学校职业培训事务的主要机构、职责以及各级政府对于职业教育所肩负的责任等[①]。

另一类是各州独立制定的如何管理本州学校职业教育的法案。各州的学校职业教育立法是各州职业教育法律法规体系的主体。州学校职业教育立法与州内其他类型学校教育的立法立足于共同的原则之上。州学校职业教育立法会对学校职业教育运行的方方面面做出详细的规定。比如,德国《巴伐利亚州学校职业教育法》(Bavaria School Vocational Education Act)在对职业类学校的名称、教学人员、教学计划和考试等进行原则性规定后,分章节对职业学校、职业补习学校、职业专科学校、专科学院等各层次各类型学校运行中涉及的其他事宜进行了安排[②]。在州学校职业教育立法具体实施的过程中,与职业教育培训活动相关的具体领域究竟该如何操作,各州还需要为学校职业教育立法提供相配套的规章和条例来具体指导这些实践。例如,《巴伐利亚州学校职业教育法》就曾提出:州教育文化部可以单独(必要时与州有关部门协商)颁布执行本法所需要的法律和行政规定[③]。各州数量不菲的涉及职业教育的规章和条例就是州职业教育立法的下位法,其为各州某一领域职业教育的运行提供了具体指导。

第二节 法国职业教育及其立法

一、法国职业教育

法国职业教育分为初始职业教育和继续职业教育。初始职业教育主要针对初

---

① 职业技术教育中心研究所,杭州大学德汉翻译和信息中心. 1993. 联邦德国及巴伐利亚州职业教育法规选编(一). 杭州:杭州大学出版社:136.
② 职业技术教育中心研究所,杭州大学德汉翻译和信息中心. 1993. 联邦德国及巴伐利亚州职业教育法规选编(一). 杭州:杭州大学出版社:154-162.
③ 职业技术教育中心研究所,杭州大学德汉翻译和信息中心. 1993. 联邦德国及巴伐利亚州职业教育法规选编(一). 杭州:杭州大学出版社:161.

高中学生，继续职业教育主要面向已经工作的人或各类求职者。满足初始职业教育和继续职业教育标准的学生，均可以被授予各类资格或证书。

（一）初始职业教育

法国初始职业教育主要由教育部管理。教育部除了会与专业机构协商制定初始类职业文凭或资格框架外，还负责设计初始职业教育的课程和考试规则，承担初始职业教育教师招聘、培训和为教师支付薪酬，负责监控职业教育与培训的质量、颁发证书和文凭等。除了教育部，类似农业和渔业部之类的部门专门负责本部门的培训，26个大区理事会主要负责监管16—25岁青年的职业培训、实习以及学徒协议的实施情况等。

法国学生初中毕业后有两种选择：第一种是进入普通或技术轨道的高中，这一轨道的高中主要是为学生进入高等教育机构做准备。在普通或技术轨道，学生首先会开始一年期的通识课程学习，之后再开始两年期的普通（学术）或技术课程学习，两类学生毕业时分别可以获得普通类高中毕业证书或者技术类高中毕业证书。获得普通高中毕业证书的学生可以进入授予学士学位的四年制大学，技术类高中毕业证书的持有者通常会进入两年制的大学并获得相应的学位。

第二种是进入职业轨道的高中。法国的职业高中和学徒培训都属于职业轨道的教育，2015年，41%的高中生选择进入职业轨道学习[1]。职业轨道毕业的学生大部分直接进入劳动力市场，目前，也有部分毕业生会进入部分时间制的第三级教育机构。根据法国1987年的法律，所有职业或技术类的证书或文凭都可以通过各级各类学校或学徒方式获得。然而，在接受职业教育的所有法国年轻人中，有87%是在全日制职业学校接受职业教育的，其中大多数又是在国家管理的学校中接受教育的[2]。

法国职业高中的课程主要包括普通学术课程、理论和实践课程、项目活动以及一定时长的工作现场培训。其中，普通学术课程主要包括文学、历史地理、数学、物理科学、一门或两门现代语言、应用工艺、体育，以及一门包括健康、安全与环境知识在内的综合课程；理论和实践课程主要是教给学生能够获得某一领域的职业资格证书所需要的特定知识和技能；项目活动主要是通过实践途径来发展学生的团队技能，培养学生的组织能力、时间管理能力以及创造力；工作现场

---

[1] European Centre for the Development of Vocational Training. 2021-07-08. Developments in vocational education and training policy in 2015-2019：FRANCE. https://www.cedefop.europa.eu/en/publications-and-resources/country-reports/developments-vocational-education-and-training-policy-2015-19-france.

[2] Brauns H. 1998. Vocational education in Germany and France. International Journal of Sociology，28（4）：57-98.

培训是强制性的，并且是学生获得高中文凭的必要条件，培训时长因所授文凭的目的和专业知识不同，从12周到22周不等。

法国的学徒培训主要针对16—25岁的青年。法国的学徒培训所占比重很小。2017年，该年龄段的青年中仅有7.4%注册成为学徒[1]。注册学徒一方面会在雇主那里接受现场培训（现场培训一般占总时长的75%左右），另一方面还需要进入学徒培训中心学习一定的课程（一般占总时长的25%左右）。学徒培训中心有2/3的培训课程是普通学术和技术性的内容，剩余1/3则是实践性的内容。学徒在接受培训之前必须与雇主签署雇佣协议，雇佣协议受劳工法保护。学徒期的学徒还可以获得一定的报酬。

进入职业轨道的学生学业结束且达到国家规定的标准后，可以获得职业培训证书或职业证书。法国的职业资格证书共分为5级，其中职业培训证书属于5级证书，层次最低；职业证书属于4级证书；拥有职业证书后，学生在高等教育机构学习两年，可以获得3级证书；与普通学士学位相当的专业证书属于2级证书；硕士层次的职业资格证书属于1级证书，层次最高。法国的职业培训证书始创于1911年，历史最为悠久。该证书主要是对技工和雇员的实践能力进行认证，属于初始层次的资格认证，学徒初中毕业后通过两年的职业学校学习，可以获得该证书，获得该证书后可以立马就业。由于是否持有职业培训证书被认为是熟练工和非熟练工的分水岭，因此，该证书曾在集体协商中作为技术工种的标志，发挥了极为重要的历史作用。近些年，由于普通教育的拓展以及新的职业资格证书的出现，职业培训证书因其自身的繁杂和相对贬值而屡遭批评，一些人主张废除该证书，还有一些人认为，作为初级职业认证的标志，它仍然有自己的价值。职业培训证书可以通过学校和学徒方式获得。除农业、健康、社会事务以及青年和运动领域拥有各自的职业培训证书外，大多数学校形式的职业培训证书是由教育部管理的。学徒职业培训证书大部分由工商业和手工业商会以及相关部门管辖，企业代表以及地方利益相关者在该证书的授予中也有发言权[2]。职业证书是一种含金量更高的资格证书。它需要初中生毕业后经过三年的培训，或者拿到职业培训证书后再经过两年多的培训才可以获得。获得该证书的学生可以直接就业，但也可申请进入高等教育机构学习。目前法国商业、服务、餐饮、维修、秘书、会计、建

---

[1] Dumartin E. 2019. Apprenticeship reform in France//Nägele C, Gessler M, Stalder B. Vocational Education and Training Across the Lifespan. Vienna: Report on the VETNET Research Workshop during the Third EU Vocational Skills Week: 28-35

[2] Justin J W P, Laurence C, Lukas G. 2021-05-09. Comparing the relationship between vocational and higher education in Germany and France. http://www.ssoar.info/.

筑、农业等70多种行业均可授予各种各样的职业证书，除此之外，法国还有一些非常规的职业证书，主要是由手表制造、珠宝商、时尚等行业授予的[①]。

  1970年之前，法国高等教育主要培养公共服务部门的人员、教师、研究者、医学和法律专业人才等。经济危机减少了人们的就业机会，为了积极应对挑战，法国高等教育内部出现了职业性的课程和学位。此举与大多数欧洲国家在大学之外新建高等职业培训机构有很大不同。目前法国所有层级的高等教育机构都具有一定的职业性，其区别仅在于不同院校的层次和条件存在差异。比如，法国绝大多数的精英类大学院在某种程度上也可以被看作职业类机构，只是该类机构拥有非常严格的选拔性入学条件，其课程属于学术和职业培训的混合，大学院的生均收费相当高昂。再如，法国传统大学也提供职业课程。大众高等教育的发展使得只要持有高中会考证书的人均可申请进入大学，大学也很少在入门处采取选拔性的考试。进入大学职业课程学习花费较低，但辍学率较高。此外，法国还拥有其他的主要授予高级技师证书[②]和技术大学文凭[③]的准高等或高等职业教育机构[④]。其中，高级技师证书项目是由中学机构授予的第三级教育项目，学生中学毕业后，在技术类中学再经过两年的学习就可以获得该类证书；技术大学文凭是由技术大学授予的。1966年，法国创建了技术大学，该类大学主要是为了回应企业对工程师和中等层次的蓝领人才的需求而设立的。学生在高中会考后经过两年的职业培训，毕业时可获得技术大学文凭。此处需要特别指出的是，与只要拥有高中毕业会考证书就必须接收学生入学的大学相比，技术大学拥有较严格的学生入学选拔标准，其教学情况会更好一些，辍学率也较低，但其生均花费要高于大学[⑤]。

---

  ① Anonymous. 2021-07-23. Post-16 vocational education and training in France. https://dera.ioe.ac.uk/3432/1/post_16_-_france.pdf.

  ② 高级技师专业大致涵盖两大领域：生产（汽车机械、冶金、皮革等）和服务（新闻与传播、卫生、商业与销售等）。2021学年，法国共有83个高级技师专业可供选择，2022学年又增设4个（资料来源：European Commission. 2022-08-25. First-cycle programmes. https://eurydice.eacea.ec.europa.eu/national-education-systems/france/short-cycle-higher-education）。

  ③ 自2021学年开始时，除了技术大学文凭，法国还出现了技术大学学士学位。技术大学学士学位是涵盖更多技术内容的三年制专业性文凭（资料来源：European Commission. 2022-08-25. First-cycle programmes. https://eurydice.eacea.ec.europa.eu/national-education-systems/france/short-cycle-higher-education）。

  ④ 20世纪70年代后，法国推出了许多新的高等教育层次的职业资格或文凭，其授予标准也在逐步提高。比如，1974年法国创设的高等专科研究文凭，一般是高中毕业会考五年后可以获得，设置该文凭的目的是培养高质量的工人；1991年推出了大学专业研究文凭，主要是为了应对一些领域的工程师和管理者缺乏问题而设置的，高中毕业会考后再学习四年可以获得该文凭；1999年又推出了职业学士学位，该学位是为了授予那些居于技师和工程师（或高级管理文凭持有者）之间的中等层次人才的（资料来源：Brauns H. 1998. Vocational education in Germany and France. International Journal of Sociology, 28（4）：57-98）。

  ⑤ Giret J F. 2011. Does vocational training help transition to work? The "new French vocational bachelor degree". European Journal of Education, 46（2）：244-256.

伴随着高等教育大众化的进程，法国各类高等教育机构能够授予的职业性质的高等学位数量增长得非常快。据统计，1999年以来，法国已有1600多个职业类学士项目，吸引了40 000多名各类学生注册学习[①]。申请职业类学士学位者，需要在高中毕业会考后继续学习三年，其中，至少需要首先在大学完成前两年的学业，或者持有两年制的高级技师证书或技术大学文凭，然后再学习一年，最后这一年的学习必须包括12—16周的企业工作经历。由于此类学士学位项目对学生的实习时间有强制规定，它在一定程度上推动了企业和大学之间良好的合作关系的建立。该类项目更好地满足了当地劳动力市场对于高级职业人才的需求，同时也推动了学生从专门的学习者到工作者的平稳过渡[②]。近些年，为了与博洛尼亚进程中的学士、硕士、博士三阶段的学位框架设置相一致，学生在法国人文、科学与技术、工程、法律和经济学等领域的高等教育机构学习三年后也可以获得一个被称作"licence"的证书，该证书等同于学士学位，且学生可以在普通的或职业性的学士学位中进行自由选择。职业学士课程学完后再紧跟着学习一年，学生可以获得被称为"maîtrise"的四年制大学学位。2002年，法国还创设了职业硕士学位。目前法国的硕士学位有研究性和职业性之分。职业性的硕士学位将授予那些在中学毕业会考后完成了五年学业的人[③]。

（二）继续职业教育

如果说初始职业教育主要是对参加工作前的人员进行培训的话，那么针对参加工作之后的各类人员进行的培训则可以划归到继续职业教育的范畴[④]。法国各类机构的雇员和各类求职者所参与的培训就是这类培训。法国主要由国家教育群组为这批人提供职业教育和培训。国家教育群组由教育部组建，同时与法国高等教育机构、就业部、农业部和健康部等也有一定联系，具备公共教育的性质。国家教育群组主要由各省的初中、高中、技术高中、职业高中等机构组成。这些机构可提供普通课程、语言课程、技能更新课程、贸易课程等。为了帮助学习者获得

---

① Brauns H. 1998. Vocational education in Germany and France. International Journal of Sociology，28（4）：57-98.

② Powell J J W，Graf L，Bernhard N，et al. 2012. The shifting relationship between vocational and higher education in France and Germany：Towards convergence？European Journal of Education，47（3）：405-423.

③ Giret J F. 2011. Does vocational training help transition to work？The "new French vocational bachelor degree". European Journal of Education，46（2）：244-256.

④ Mazur A G. 2013. Republican universalism resists state feminist approaches to gendered equality in France//Mazur A G. State Feminism，Women's Movements，and Job Training：Making Democracies Work in the Global Economy. New York：Routledge：155-183.

职业性的证书或资格，这些职业群组可以按照求职者个人的需要和目标，调整课程内容和实习要求，同时还能为个人提供技能审核、经历变能力验证系统[①]支持服务和职业建议等。2010年，法国共设有211个国家教育群组，共计拥有6500个站点，这些站点平均每年为约45万名雇员、公务员、寻求工作的人、青年、老年人等提供各种各样的培训[②]。除了国家教育群组，法国工商业商会、贸易商会、农业商会等也会提供继续职业教育，这些商会提供的职业教育大多具有半公共性质，其他诸如私人培训公司、慈善机构和自由职业顾问提供的继续职业教育则具有私营性质。

二、法国职业教育立法

法国教育制度最大的特征是国家管理和控制着教育的方方面面，且各级各类课程和资格在全国范围内通用。职业教育是法国教育制度的有机组成部分，同样也受到了国家全方位的管理和控制。20世纪80年代以来，由于经济转型对政府放松管制的内在需求，法国地方分权行政管理体制改革加速进行，法国曾经高度集权的教育管理体制也逐步向分权和共同协商过渡。但是，由于法国的分权教育管理体制改革主要是由中央政府在国家层面驱动的，且目前改革的范围和程度还非常有限，加上许多体制机制问题难以解决，与英、美、德等国家类似的、独立的地方层面的法国职业教育管理制度还没有真正出现。

中央层面的职业教育立法包括法律和法规两种形式。法国议会颁布的各种职业教育专门法律是该领域法律的主体，除此之外，许多与职业教育相关的共和国

---

① 经历变能力验证系统又称生活经验验证系统，主要是针对人们在工作或生活中获得的经验进行资格认证。1992年之前经验变能力的做法已经出现，2002年，法国政府将其变成一种与初始培训、继续培训和学徒制一样的正式制度，人们经过该认证后可以获得各种证书。当然，要想进行认证，人们必须在相应的领域（志愿工作，有无收入均可）至少从业三年。通过该渠道获得的文凭或证书同属国家职业资格证书系列。每个人都可以申请，申请该认证，要参加相关面试，专家组有权决定是否授予申请人所申请的文凭或资格。由于该系统能较好地满足那些无法遵循普通途径获得文凭证书的人的需求，其在劳动力市场上具有一定的实用价值。2008年，法国共有22 000名申请人借助该系统获得了各类文凭和证书，其中有14 000名，即64%的考生获得了其希望获得的全部证书。在这些获得证书的人当中，有24%的人被授予了高级技师证书，22%的人被授予了职业培训证书，18%的人被授予了职业证书（资料来源：European Centre for the Development of Vocational Training. 2022-08-07. Vocational education and training in France：Short description. https://www.cedefop.europa.eu/files/4205_en.pdf）。

② Ministry of Education. 2022-02-15. Files on school education：National education and vocational education in France. https://docplayer.net/496993-Files-on-school-education-national-education-and-vocational-education-in-france.html.

总统令（Decrees of the President of the Republic）、总理令（Decrees of the Prime Minister）、部长令（Ministerial Orders）、通告（Circulars）等属于法规性质，它们是职业教育法律的补充。

除了以上形式的区分，从类型的角度来看，法国拥有初始与继续两套职业教育和立法系统，其中，初始职业教育属于教育法管辖的范畴，继续职业教育属于劳工法管辖的范畴[①]。长期以来，两套职业教育和立法系统不仅彼此割裂，且由于人们普遍认为接受初始职业教育的人更有可能进入精英类院校——大学院，因此，初始职业教育及其法律的地位普遍高于继续职业教育[②]。近些年，法国试图将两套职业教育和立法系统进行融合，比如，有专家尝试将学徒教育和青年培训看作继续教育范畴的事物，一些专家提出初始职业教育培训也是一种继续教育，但是由于传统惯习以及其他复杂因素的影响，法国两套职业教育及其立法系统的融合之路依然漫长。

（一）初始职业教育领域的立法

1919年7月25日颁布的《阿斯蒂埃法》（Astier Law）提出，在特定行业就业的青年，在18岁之前必须利用工作时间参加部分时间制的学校教育，其费用来自企业缴纳的学徒税和批发税，该项税款约占企业员工工资总额的4%[③]。政府可以直接征收该税款以供给学校，企业也可以直接利用这笔税款来创设自己的学徒项目，或者将钱划拨给教育机构，让教育机构为其雇员提供该培训。《阿斯蒂埃法》颁布后，法国教育部于次年开始接手各类职业教育的管理工作。

当前法国初始职业教育的基本框架是由1975年的《哈比法案》（Haby Law）构建的。第一次世界大战后，法国曾经尝试为所有青少年创建同种类型的普通学校，但是该尝试以失败告终。1945—1959年，法国又曾多次尝试进行较大规模的学校改革，但许多提议并未在议会中获得多数人的赞同。1975年出台的《哈比法案》是一个妥协的产物。该法案的核心是要求各地创建低级中学，对所有年轻人实施6—9年的强迫教育。《哈比法案》将该层次的学校教育置于综合学校的统一

---

① Mazur A G. 2013. Republican universalism resists state feminist approaches to gendered equality in France//Mazur A G. State Feminism, Women's Movements, and Job Training, Making Democracies Work in the Global Economy. New York: Routledge: 155-183.

② 法国大学院系统是法国特有的不同于其他西方国家的高等教育系统。相对于法国的普通大学而言，大学院属于精英教育性质，实行"严进宽出"政策。大学院的专业性、学术性更强，更重视实践，以培养各类科研、工程、政治和商业精英而出名。

③ Charles R D. 2001. Schools and Work: Technical and Vocational Education in France Since the Third Republic. Montreal: McGill-Queen's University Press: 27-52.

称呼下，在这个共同核心之后，学生在高中将被分流到普通教育、技术教育和职业教育不同的轨道。该法案允许学生在完成低级中学第三学年学业后参加职业培训[①]。《哈比法案》颁布后，其后的教育法案仅对这一基本结构进行过某些细节上的修改。

在《哈比法案》确立的基本结构的基础上，1985 年的《教育法》(Education Act) 明确了法国教育发展的国家目标，即到 2000 年，各年龄段 80% 的学生都要达到能够获得职业证书的学历层次，所有的学生至少要达到低级中学第三学年的学业水平（即完成初中学业）[②]。此后，在 1989 年法国大革命 200 周年纪念日，法国再次颁布《教育法》，同样将教育定义为"国家的第一要务"，再次重申了与 1985 年类似的"国家目标"。1989 年的《教育法》与先前不同的地方在于：在国家课程体系的开发中，法律允许聘请外部专家作为顾问，允许个别学校在国家目标的框架内制定各自的发展规划。

2000 年 6 月，法国将先前所有涉及教育的法律、共和国总统令、总理令、部长令和通告等重新编撰、合并成了单一的《教育法典》(Educational Code)，以取代先前诸多的教育法律法规。该法典再次为 16 岁以上的人制定了与先前的法案大同小异的国家教育目标，职业教育目标自然也涵盖在这一目标之中。

2005 年 4 月 23 日，法国颁布了《关于未来教育轮廓和实施的法案》(Outline and Enabling Act on the Future of Schooling)，即 2005 年第 380 号法案（Law No. 2005-380）。该法规定教育是国家的优先事项，教育系统应保证所有学生都能获得共同的知识和技能（如掌握法语、数学、外语、信息和通信技术、人文知识等），让更多的年轻人融入工作世界，确保所有学生享有平等的机会。该法致力于推动年轻人尊重国家的价值观，同时致力于让法国政府更有效地组织教育和教学，以及拥有更好的教育管理系统[③]。该法为未来法国教育，其中也包括职业教育确立了与先前法案类似的目标，即 100% 的学生在其教育结束的时候能够获得各类文凭或国家认可的资格证书，80% 的给定年龄组的学生能够获得高中各类文凭或证书，50% 的给定年龄组的学生能够获得更高的教育文凭[④]。2013 年第 595 号法案（Law

---

[①] Brauns H. 1998. Vocational education in Germany and France. International Journal of Sociology, 28 (4): 57-98.

[②] Brauns H. 1998. Vocational education in Germany and France. International Journal of Sociology, 28 (4): 57-98.

[③] Anonymous. 2008. Vocational Education and Training in France, Short Description. Luxembourg: Office for Official Publications of the European Communities: 23.

[④] Anonymous. 2008. Vocational Education and Training in France, Short Description. Luxembourg: Office for Official Publications of the European Communities: 15-16.

No. 2013-595）以及其他相关法令再次重申了以上原则。

（二）继续职业教育领域的立法

1971年颁布的《德洛尔法》（Delors Law），即1971年第575号法案（Law No. 1971-575），不仅是法国职业教育立法史上的一座重要里程碑，而且该法对于其后法国继续职业教育和专业培训的发展也有着至关重要的影响。该法主要由欧盟委员会原主席雅克·德洛尔（Jacques Delors）起草，旨在回答与培训相关的四大核心问题：为什么要投资继续职业教育和专业培训？培训是为谁准备的？应该使用什么培训方法？应该给予培训哪些财政支持？该法旨在通过新技能培训，帮助人们适应迅疾的技术变革，帮助那些技术不熟练的人提高技能水平，促进所有人的岗位晋升和职业发展，并在学校系统失灵时将技能培训作为推动年轻人向工作和生活世界平稳过渡的手段[1]。《德洛尔法》设定的目标人群主要包括至少在公司有两年工作经验的成年人、那些不得不中断职业生涯的人（如生孩子的妇女）、那些没有接受过技术培训或学徒教育的不足20岁的年轻人等。

受当时正在兴起的终身教育思想的影响，《德洛尔法》第一次将职业进修和继续教育纳入终身教育范畴[2]，同时要求所有行业为员工开展自主培训和接受他人指导的培训设立个人培训假（individual training leave）[3]，赋予了员工带薪培训休假的权利。个人培训假是法国培训制度的一次创新，早在1966年，法国涉及职业指导和培训的法案就提出了"培训假"的概念，此后法国的《劳动法》（Labour Code）还对"培训假"做出了具体的规定。比如，《劳动法》第6322-7条允许雇主在一定情况下推迟员工休假的时间（在某些情况下，最长可以延后九个月）；第6322-13条规定，培训假主要由企业外部的联合机构提供财政支持（可以为雇员提供1年或总计1200小时的培训支持），且雇员因培训所得的报酬不应该从员工的总薪资中扣除，雇员的工作年限决定了其拥有的培训假的时长等[4]。《德洛尔法》进一步强化了《劳动法》关于培训假的规定，同时再次确保了雇员在培训期间拥有一定收

---

[1] Jenkins A. 1991. Training and HR strategy in France: Discourse and reality. Employee Relations, 13(6): 22-31.

[2] Schreiber-Barsch S. 2021-07-16. Adult and continuing education in France. https://www.die-bonn.de/doks/2015-frankreich-01.pdf.

[3] M'Hamed D. 2022-07-12. Development of key competences and continuing education of adults in France. https://cris6.vdu.lt/cris/handle/20.500.12259/30689.

[4] Maggi-Germain N. 2015. Vocational training in the context of law of June 14th 2013 on employment security: The "personal learning account". E-Journal of International and Comparative Labour Studies, 4(3): 1-50.

入的权利。

此外，由于《德洛尔法》出台于 1968 年五月风暴结束后的几年之内，该法也受到了最大化地鼓励劳资双方最大限度的对话合作、促进机构内部人员更好流动的总体精神的影响。法律鼓励与职业教育和培训相关的雇主机构、工会、专业协会、家长和学生代表等作为各类职业教育的社会合作伙伴参与到职业教育的制度建设中去。例如，《德洛尔法》不仅首次确立了社会伙伴在继续职业培训管理中的合法地位，还规定了促进职业继续教育是雇主和雇员的国家义务，雇主可以选择自己开展员工培训，或者选择向继续教育部门缴纳培训税，超过 10 名雇员的企业必须每年缴纳其员工收入的 0.8%用于培训[1]。《德洛尔法》奠定了其后法国继续职业教育的方向和基础，此后法国的继续教育类法律就是在此基础上不断拓展和完善的。

1984 年 2 月 24 日颁布的《瑞格奥特法》（Rigout Law），即 1984 年第 130 号法案（Law No. 1984-130），是《德洛尔法》的修正法案。该法要求向少于 10 名员工的企业征收员工工资总额 0.1%的培训税，同时扩大社会合作伙伴在企业委员会和行业层面就继续职业教育进行谈判的能力，此外还要提升继续职业教育服务供应商提供服务的透明度[2]。《瑞格奥特法》进一步推动了职业教育领域的分权改革。

20 世纪 90 年代，法国曾经颁布系列法案以创建经验变能力验证制度，旨在推动在某方面拥有专业经验的个体通过国家认可的程序，使自己的经验变为国家认可的资格证书。但是，此时期的法案仅仅强调个体基于先前工作所获得的经验经过验证后可以获得职业资格证书，而对于个体在其他领域获得的经验不予验证。2002 年颁布的《社会现代化法》（Social Modernisation Act），即 2002 年第 73 号法案（Law No. 2002-73），正式将先前法案授权的内容拓展为：个体经过先前所有类型的学习获得的经验，都可以通过验证后获得职业资格证书[3]。该法案不仅使更多的人有权利申请国家职业资格认证，而且由于它将技能和学历分解为一个个相互联系的学习单元，这使得个体获得职业资格证书的难度也有所分解。此外，该制度还与欧盟的三级高等职业教育文凭和学位，即学士、硕士与博士实现了互通互

---

[1] Subramanian D, Zimmermann B. 2020. Voice in French corporate training: A critical issue in developing employee capability. Economic and Industrial Democracy, 41（2）: 296-322.

[2] M'Hamed D. 2022-07-12. Development of key competences and continuing education of adults in France. https://cris6.vdu.lt/cris/handle/20.500.12259/30689.

[3] M'Hamed D. 2022-07-12. Development of key competences and continuing education of adults in France. https://cris6.vdu.lt/cris/handle/20.500.12259/30689.

认，有助于人员的流动和职业迁移。

根据 2003 年 9 月 20 日国家层面的关于"劳动力市场组织"的跨专业协议（Accord National Inter-Professionnel，ANI）精神，2004 年 4 月 5 日，法国颁布了《费隆法案》（Fillon Act），即 2004 年第 391 号法案（Law No. 2004-391）。该法案主要关注终身职业培训和社会对话，尤其是企业层面的社会对话，同时强调个人培训权是最基本的人权，这一点与世界范围内职业教育法律法规对于个人培训权的强调是一致的[①]。

2004 年 8 月 13 日，法国颁布了《地方自由和责任法案》（Local Freedom and Responsibility Act），即 2004 年第 809 号法案（Law No. 2004-809），其中谈及了地方自由和责任的重新划分，进一步推进了法国行政领域权力下放的进程。各大区被授予了对寻求就业或转行机会的年轻人和成年人进行职业培训的一般权力。该法规定国家负责提供培训教师和其他教育与指导人员的薪酬，各大区负责高中层次的教育机构（如高中、地区特殊教育学校或其他地区改建的教育机构）各类事务和设施的投资与运营，具体包括为受训人员提供培训设施、食品服务、房屋的一般性和技术性维护，负责招聘和管理技术人员、劳工和服务人员等[②]。

由于学徒比学校职业教育毕业生有着更好的就业前景，法国政府近些年决定重新启动学徒制，以大幅增加借助学徒方式获得职业证书的年轻人的数量。2005 年通过的《社会凝聚力计划》（Social Cohesion Plan）设定了到 2009 年使 50 万名年轻人成为学徒的目标[③]。为了鼓励更多的雇主和年轻人参与该计划，法国颁布了促进《社会凝聚力实施法案》（Social Cohesion Enabling Act），其中包括如何提高学徒地位以及如何更广泛地推动学徒制发展并使之更加现代化的规定。此外，根据 2013 年 12 月 14 日关于"职业培训"的一项跨专业协议，法国于 2014 年 3 月 5 日颁布了《职业培训、就业和民主法案》（Vocational Training, Employment and Democracy Act），即 2014 年第 2018 号法案（Law No. 2014-2018）。该法案简化了学徒资助系统，提出了为招收学徒的微型企业（少于 11 人的企业）提供补助的措施。

此外，2014 年第 2018 号法案还是继续职业培训领域有着较大改革力度的一部

---

① Barbagelata H. 2022-07-28. Training and labour legislation, trends in recent legislation on vocational training. https://www.oitcinterfor.org/sites/default/files/file_publicacion/barbagelata.pdf.

② M'Hamed D. 2022-07-12. Development of key competences and continuing education of adults in France. https://cris6.vdu.lt/cris/handle/20.500.12259/30689.

③ Mouna V. 2022-05-12. Social Cohesion Plan presented. https://www.eurofound.europa.eu/publications/article/2004/social-cohesion-plan-presented.

法案。为了进一步拓展个人培训权，该法案规定从 2015 年 1 月 1 日起创建"个人培训账户"（personal training account）。所谓的个人培训账户，是一个普遍的、个人的和可转让的培训账户，主要是为了保障个人享有终身专业培训的权利。该法案规定每个人，无论其是否为员工或求职者，自进入劳动力市场后，都会获得一个个人学习账户。个人学习账户以小时为单位计算，并在个人参加培训课程时使用。如果职业发生变更或失去工作，该账户可转让，且在不经过账户持有人明确同意的情况不得撤销该账户。除了以上改革举措，该法案要求企业对所有员工每两年至少进行一次"职业面试"，以助力员工的职业评估、指导和发展。为了进一步加强大区作为终身学习和职业指导关键角色的作用，该法案还提出创建国家和大区就业、培训和职业指导委员会（National and Regional Councils for Employment, Training and Vocational Guidance）、国家和大区就业和培训跨专业委员会（National and Regional Inter-Professional Committees for Employment and Training）、专业发展理事会（Council for Professional Development）等机构，以不断完善和强化各级政府对继续职业教育和培训的指导与管理。

除了以上努力，近年来，法国政府开始大力提倡通过工作和培训，使每个人，其中主要包括年轻人、求职者等，能够安心展望未来并实现自己的专业梦想。2018 年 9 月 5 日，法国颁布了《自由选择人们未来生涯的法案》（Act for the Freedom to Choose One's Future Career），即 2018 年第 771 号法案（Law No. 2018-771），除了涉及与就业有关的措施外，该法重点关注学徒制和职业培训，并将在职培训定义为一种独立的培训形式，目的是简化现有程序，鼓励人们不论处境如何，都要终生参加培训并拥有就业技能[①]。

第三节　英国职业教育及其立法

英国是近现代以来对世界历史产生过重大影响的国家。英国全称为大不列颠及北爱尔兰联合王国，主要由英格兰、苏格兰、威尔士和北爱尔兰四大地区构成。18 世纪英国技师发明的蒸汽机、飞梭、珍妮纺织机等揭开了工业革命的序幕，而此后的几个世纪，英国一直都在世界政治、经济舞台上占据重要的位置。英国虽

---

① Pénicaud M. 2022-07-16. Act for the Freedom to Choose One's Future Career，The Act in 10 key points August 2018. https://travail-emploi.gouv.fr/IMG/pdf/act_for_the_freedom_to_choose.pdf.

然并没有像德国一样拥有令人骄傲的职业教育系统，但是从英国经济社会发展的一般情况来看，英国的职业教育系统肯定也是独特的。本节将从现象层面对当前英国独特的职业教育系统，以及在背后塑造该系统的职业教育立法体系进行描述。

一、英国职业教育

整体来看，英国是一个地方分权制国家，但第二次世界大战后，英国中央政府的教育管理权限也在不断扩大。目前，尽管英国教育和科学部（Department of Education and Science）对英格兰和威尔士教育的所有方面以及大不列颠所有的大学承担管理责任，但英国教育和科学部并没有直接管理任何学校，其职责主要是为这些地区的学校创建最低教育标准、管控学校体育设施、负责教师培训与供应、创设教师资格标准、负责协商工资额度、负责退休教师的福利与补助规划等。教育和科学部还是中央政府资助学校开展教育研究的主要执行机构，同时，借助皇家督学（H.M School Inspectors），该部还对国内所有学校，其中包括独立学校、由地方教育当局（Local Education Authorities，LEA）管理的学校等的教育内容和价值观等进行审查。英国地方教育当局是地区初中等教育和继续教育的主要提供者，地方学校的课程均在地方教育当局的控制之下。当然，地方教育当局也会将大量的管理责任直接下放给学校。地方政府对于学校的资助主要依靠居民的财产税以及中央政府拨款。

由于英国不同地区拥有各自的政府、法规和质量保障体系，因此，英国职业教育系统无疑是十分复杂和多样的。比如，英格兰没有类似于苏格兰、威尔士和北爱尔兰的议会和行政机构，英格兰的教育与技术部（Department for Education and Skills，DfES）负责本地区的教育和培训工作，工作和补助金部（Department for Work and Pensions，DWP）负责本地民众的福利、培训和就业等方面的管理；苏格兰、威尔士等地的议会和行政机构等对包括教育培训在内的社会事务负有直接的领导责任。1994年英国的"现代学徒制"（Modern Apprenticeship，MA）项目创立后，英格兰该项目的管理机构是区域培训和企业理事会（Training and Enterprise Councils，TEC），苏格兰是地方企业理事会（Local Enterprise Councils，LEC）。尽管在管理体制上有非常大的差别，但是作为一个完整国家，英国各地区的职业教育大体上又是统一的。整体来看，英国青少年在16岁左右（英格兰是18岁）接受完强制义务教育后，可以选择两条路径来继续接受职业教育：基于学校的职业教育和基于工作的培训。

第一种是基于学校的职业教育。英国学校职业教育包括普通学校和职业类学校的职业教育，从层次上看又可以分为中学层次和中学后层次的职业教育。一般来说，各类初中、高中、第六级学校（school sixth forms，这类学校旨在让16—17岁的学生在拿到普通中学毕业证书后，再继续接受两年期的学术教育，即第六级学校教育，以便获得 A-Level 或同等水平证书）、第六级学院［sixth form college，与第六级学校类似，主要服务于16—19岁年龄段的，旨在获得高级学校证书，如 A-Level 证书、商业和技术教育理事会（Business and Technology Education Council，BTEC）资格证书、国际预科证书（international baccalaureate diploma），以及其他诸如普通中学资格证书（general certificate of secondary education）等的学生］、各类继续教育机构[1]、高等教育机构以及私立培训提供商[2]等都是学校职业教育的提供者，而各类证书授予机构往往是各类学校职业课程开设的最初提议者，许多课程是在证书授予机构的提议下才开设的。例如，伦敦城市和行会协会（City & Guilds of London Institute，CGLI）在20世纪60年代推出了工艺建筑、工程和机械类的日间课程。商业教育理事会（Business Education Council）和技术教育理事会（Technician Education Council）在1983年合并成为商业和技术教育理事会（Business & Technician Education Council，BTEC）后，也开设了类似的日间课程，后来该机构还发展出了全日制的学位课程。20世纪80年代末，商业和技术教育理事会已经在国内开设了大量的全日制课程，这些课程从中学到学士学位以下程度

---

[1] 英国的继续教育机构主要是职业性质的。继续教育机构是一个覆盖面非常广的概念，包括接受地方政府补助的日间继续教育学校、夜校或夜间教室、工艺学校（Schools of Art）、多科技术学院（Polytechnics）、大学推广讲座（University Extension Lectures）、地方学院（Area Colleges）、区域学院（Regional Colleges）、商业学院（Colleges of Commerce）、国家学院（National Colleges）等多层次、多类型的全日制和部分时间制教育类机构。其主要面向超过法定离校年龄（15岁）的青年或成年人。不足18岁的青年进入此类学校可以享受免收学费的待遇。超过18岁且已经就业的青年，雇主一般会为其支付学费。继续教育机构的课程一般有日间课程（day-release courses）、集中课程（block-release courses）、"三明治课程"（sandwich courses）以及每周一到两个晚上的夜校课程等几种类型。日间课程是仅在白天开设的课程，集中课程主要是指学徒或青年受训者带薪参加全日制技术学院学习，一般为期数周或数月，之后再返回岗位全职工作，这种形式的学习被认为比日间课程更为有效。"三明治课程"是指学生在多科技术学院全日制学习5—6个月，在此期间，学生还需要在企业接受现场有人指导的培训，两种形式交替进行。继续教育是学徒教育的补充形式，是英国职业教育的重要一翼（资料来源：Perry P J C. 1976. The Evolution of British Manpower Policy，From the Statute of Artificers 1563 to the Industrial Training Act 1964. Portsmouth：Eyre & Spottiswoode Ltd at Grosvenor Press，25-26；Electricity Supply Industry Training Board. 2021-08-25. Recommendation 31：Technician engineering training in generation and transmission. https://files.eric.ed.gov/fulltext/ED087938.pdf）。

[2] 近些年来，英国继续教育领域的半壁江山是由1000多家独立学习提供商或独立培训提供商（independent learning providers or independent training providers）构成的。这些提供商多为营利和非营利私立企业或第三方运营的公司。目前英国不仅75%的学徒培训是由这些私立培训提供商提供和管理的，且各类继续教育学院所承担的20%的学徒培训份额中的39%又被转包给了这些公司（资料来源：The Association of Employment and Learning Providers. 2022-07-28. Key factsabout independent training providers. https://www.aelp.org.uk/media/4376/keyfacts-itps-v12.pdf）。

都有涉及，几乎覆盖了从国家职业框架 2 级到高级国家学位（Advanced Level National Diploma）再到高等国家学位（Higher National Diploma）的大多数领域。该机构的大多数课程是借助继续教育学院、多科技术学院等机构来开设的。英国皇家协会工艺考试局（The Royal Society of Arts Examinations Board，RSA）也是如此，该考试局利用继续教育学院或私立秘书学校等开设了与秘书和办公室工作相关的课程，后又在 20 世纪 80 年代末期开设了广受欢迎的计算机素养和信息技术等课程[1]。整体来看，英国各类型各层次教育机构主要提供的是全日制和部分时间制的职业课程，学生可以根据雇主和自身需要选择白天课程或者晚间、周末的组块课程。由于学习领域、研究层次、学习类型的不同，该类课程的时长各不相同，一般会持续 1—4 年的时间。英国大多数 14—16 岁的学生至少会学习一门职业课程[2]。在中学层次的学校接受职业教育的学生，在学业结束时可以获得范围更加宽泛的普通国家职业资格（General National Vocational Qualifications，GNVQ），该资格是介于职业和普通学术轨道之间的一种职业资格，在两者之间起到沟通的"桥梁"作用[3]。2007 年后，普通国家职业资格有被职业性的一般中学教育证书（General Certificate of Secondary Education，GCSE）和职业性的 A-Level 证书所取代的趋势。

一直以来，继续教育学院都是英国学士学位以下、面向就业的高等职业教育的主要提供者。继续教育学院的生源主要是 16—18 岁的青年、一些年龄更大但希望返回学校学习的成年人等。与中学相比，继续教育学院无疑将会为各类申请者提供更多学术性的高层次课程，其中包括从入门到较高层次的全日制、部分时间制的职业教育、培训项目以及学徒项目等[4]。作为英国教育的一个非常重要的组成部分，2020 年，34%的 16—18 岁的英国青少年在继续教育学院和第六级学院就读，其中在国家资助的继续教育类学院就读的 16—18 岁青少年的比例为 24%，除此之外，还有 140 万名成年人在继续教育学院注册学习某些课程[5]。继续教育学院所开设的一些课程受到各类学生欢迎，比如，注册学习工程和技术、商业和管理研究、

---

[1] Callaghan P. 1994. Business Advanced Level GNVQ3：For BTEC，City and Guilds and RSA. Houghton-le-Spring：Business Education Publishers：10-58.

[2] 保罗·毕晟. 2017. 当心空隙：英国职业教育理论与实践. 樊大跃，唐克胜译. 南京：江苏凤凰教育出版社：13.

[3] Steinmann S. 1998. The vocational education and training system in England and Wales. International Journal of Sociology，28（4）：29-56.

[4] Stanton G，Bailey B. 2001. VET under review in England：Trends and developments. European Journal of Education，36（1）：1-20.

[5] Orr K. 2020. A future for the further education sector in England. Journal of Education and Work，33（7-8）：507-514.

创新性工艺和设计、教育等课程的学生人数分别占到相应领域学生总人数的 8%、24%、12%、19%[1]。

第二种是基于工作的培训。有学者认为，英、美等国的职业教育培训系统是一种继续教育性质的系统，申请者的普通教育水平主要决定了其能否进入某一工作领域。英国绝大多数雇员是在几乎没有任何特定职业知识技能的背景下开始其职业生涯的，而几乎所有与雇员所从事工作相关的、必要的、专门的技术知识都需要通过用人单位随时随地进行培训[2]。尽管以上说法有一些不太恰当的地方，但是由此可以看出英国基于工作培训的重要性。目前来看，英国基于工作的培训主要包括三种情况：第一种是在工作环境中进行的及时培训；第二种是在工作环境中进行的及时培训与在技能中心举行的非在职培训；第三种是各种形式的传统学徒培训或者由政府支持的以学徒制为导向（apprenticeship-oriented modes）的培训，如青年培训方案（Youth Training Programme）、"现代学徒制"项目、国家学徒（National Traineeships）项目等[3]。目前，第三种培训方式是英国民众最为认可的培训方式。

通过基于工作且针对具体工作要求的各类培训，人们可以获得不同的国家职业资格（National Vocational Qualifications，NVQ）证书。英国国家职业资格分为 7 个级别：1 级代表申请者已经具备了某种基本的工作能力，2 级和 3 级表明申请者已经拥有相当于普通中等教育证书和 A-Level 水平证书的工作能力，4 级与学士学位申请者第一学年的水平相当，5 级与学士学位申请者第二年的水平相当，6、7 级则分别与学士和硕士学位证书等值。此外，根据职业功能的不同，每一级别的职业资格又被细分为 10—15 个能力单元（units of competence），每一个单元都被细分为诸多相关的能力要素，并附有具体的绩效标准。如果申请者能够达到相应的绩效标准，每个单元都可以单独评估和认证[4]。例如，被称为复兴传统培训制度国家行动的"现代学徒制"项目[5]，其参加者在考核合格后可以获得 3 级证书。与此同时，为了让申请者熟悉不

---

[1] Parry G，Callender C，Scott P，et al. 2022-01-28. Understanding higher education in further education institutions. https://core.ac.uk/download/pdf/141221965.pdf.

[2] Beck N，Kabst R，Walgenbach P. 2009. The cultural dependence of vocational training. Journal of International Business Studies，40（8）：1374-1395.

[3] Steinmann S. 1998. The vocational education and training system in England and Wales. International Journal of Sociology，28（4）：29-56.

[4] Steinmann S. 1998. The vocational education and training system in England and Wales. International Journal of Sociology，28（4）：29-56.

[5] Deissinger T. 2004. Apprenticeship systems in England and Germany：Decline and survival//Greinert W D，Hanf G. Towards a History of Vocational Education and Training（VET）in Europe in a Comparative Perspective: Proceedings of the First International Conference. Luxembourg: Office for Official Publications of the European Communities：28-45.

同层级的职业资格所要求的知识和技能标准，2000 年，英格兰、威尔士和北爱尔兰还创建了国家资格框架（National Qualifications Framework，NQF）。该资格框架将每种资格分为 9 个等级（入门级和 1—8 级），每个级别表示一组同等级的学术和职业资格。作为一种对学习结果进行分类分层评估的制度，它确保了教育和培训的互通互认，方便人们在不同的教育和培训机构之间转换。

除了以上努力，近些年，为了让持有更多种类中学职业资格证书的人员也有机会进入高等教育机构，打通职业教育资格与普通高等教育证书之间的传统障碍，构建四通八达的学制系统，英国政府做了许多工作。比如，目前原则上凡是持有高中阶段欧洲资格证书框架（European Qualifications Framework，EQF）4 级证书的申请者，均有机会申请经特定机构认证的第一阶段的大学课程；持欧洲资格证书框架 5 级证书的申请者，可以进入相关领域的大学开展第二学年或第三学年的学习，当然，具体入学和转学要求还需要高等教育机构自行决定。此外，英国 2016 年的《企业法》（Enterprise Act）还给予学徒资格与大学学位同等的法律地位，这对于扭转英国传统以来对于职业教育的轻视态度有一定的作用。

二、英国职业教育立法

英国是一个议会民主兼君主立宪制的国家，国王、上议院和下议院共同构成了英国国家权力的中心。英国国王是国家人格化的代表，是英国联邦精神的象征和民族团结的纽带；英国上议院由贵族组成，下议院由工党和保守党控制。以上权力结构自形成以来，尽管一直以来维持着某种外在形态的稳定，但三者的权力重心实质上却在不断变化。比如，"专制时期国王是权力的重心，专制制度瓦解后上议院成为权力重心，从 19 世纪起，重心明显向下议院转移，到了 20 世纪，只有下议院才是真正的权力所在"[①]。作为英国行政权力的最高来源，下议院拥有立法权、财政权和监督权等重要权力，而上议院在议会体系中只起辅助作用，比如，上议院会监督下议院工作，协助下议院立法，通过行使"延搁权"修改和否决议案。英国政府是由下议院多数派组成的，英国首相来自多数党领袖，各部大臣也来自上、下议院议员。第二次世界大战以来，由于英国首相的权力越来越大，目前，英国政府和议会之间的关系事实上已经变成了首相在控制政府、政府在控制议会。此外，从司法角度来看，英国最高法院大法官来自议会上议院。虽然他表面上既是大法官，又是内阁成员和高级行政长官，在理论上集立法、司法与行政

---

① 何平立.2015. 西方政治制度史. 北京：中国政法大学出版社：209.

三权于一身，但是，其权力是无法与首相制衡的。此外，英国大法官并不是终身职务，而是与内阁共进退，这一点与美国大法官是不同的。英国的职业教育立法体系就是在这样的政治环境中形成的。

整体来看，作为一个有着严格法治精神，且其严格程度近乎到了一丝不苟的国度，英国议会的立法在规约职业教育体系的运行方面起着主导作用，除此之外，作为拥有实际权力的中央政府，其下发的许多有着白皮书、绿皮书之称的政府文件也是非常重要的。与此同时，由于英格兰、苏格兰、威尔士和北爱尔兰四大地区各有各的立法体系和政府管理系统，它们的立法和政府决策也成为英国职业教育立法体系的有机组成部分。

（一）来自议会的职业教育立法

一般来说，英国职业教育最重要的框架和特征主要是由以下几部来自议会的立法规定的。

1870年《初等教育法案》（Elementary Education Act）颁布后，英国政府要求在教育能力不足的地区建立地方学区（local school boards），由地方学区为当地儿童提供学校教育，中央政府为其提供补助。地方学区以及后来演变成的地方教育当局逐步接手了主要由机械师讲习所创办的各类绘图、纺织教室、设计或编织学校等继续教育机构，部分讲习所则向继续教育学院或高等技术学院转型。

1918年《教育法案》（Education Act）又称《费舍法案》（Fisher Act）。该法案授权学区对自愿团体所提供的区域初等教育进行检查，如果学区认为本区域学位不足，学区有权在这些学校之外新建或维持新的学校。该法案颁布10年后，英国政府才推出了强制不足10岁的孩子入学的规定，此外，为了让大多数处于初等学校年龄阶段的学生留在学校，该法案将最低离校年龄从12岁提高到了14岁。由于从1902年起，技术学院和成人教育中心也由地方教育当局资助和管理，大部分课程可以通过夜校方式来提供，因此，该法案第10条规定，年龄在14—18岁的离校者可以进入日间继续教育学校（Day Continuation Schools），以便接受职业培训。该法案的设计师费舍先生认为教育是生命中最好的一件事情，将教育仅置于表现良好的父母肩头，其作用是有限的，因为穷困家庭根本无法解决自身的教育问题[1]。根据费舍先生的提议，中央政府将承担各地继续教育类学校不少于一半的办学成本。此外，该法案还提出将进一步发展中学后（即第三级）教育以及为

---

[1] Neary M. 2003. Curriculum Studies in Post-Compulsory and Adult Education: A Study Guide for Teachers and Student Teachers. Cheltenham: Nelson Thomes Ltd: 71.

民众提供辅助教育服务，如创建托儿所和有特殊需要的学生中心等。

1944年《教育法案》又称《巴特勒法》(Butler Act)。该法主要适用于英格兰和威尔士地区（苏格兰于1962年也颁布了类似的法案）。该法与《费舍法案》类似，都涉及普通和职业教育。例如，从普通教育的角度来看，该法提出所有学生都有权接受中等教育，且将义务教育的离校时间提高到了15岁（1972年9月，义务教育离校年龄才被提高到16岁），同时为所有学生提供免费午餐和牛奶等。从职业教育角度来看，该法首先推动了"技术中学"这一事物的出现。根据1943年的《诺伍德报告》(Norwood Report) 对于20世纪30年代英国经济的总体评价，以及对正在进行的第二次世界大战英国技能人才短缺问题的审视，该法决定将英国的中学分为文法中学、现代中学和技术中学三种类型，教育机构应根据所有11岁孩子的能力倾向决定其能够上哪类中学。受自由主义思想的影响，英国民众认为地方管理机构[①]能够更好地评估和响应地方需求，因此作为第二次世界大战后最重要的教育立法，该法沿袭了先前法案的传统，将教育管理的责任授权给了地方管理机构。1944年之后的法案尽管在细节方面有许多变化，但地方管理机构的管理一直完整地延续到了撒切尔夫人执政时期。有学者提出，1974年后，英国共有100多个地方教育管理机构[②]，形成了被称为国家系统、地方管理的结构，该说法是非常有道理的。《巴特勒法》要求各地根据自己的情况自由创建技术中学，为青少年提供机械、科学、工程技术等方面的课程，以便培养更多的蓝领工人，更好地满足社会需求。但是，由于各种原因，该法颁布后，技术中学在各地却很少出现，如在技术中学发展最高峰的时段，技术中学学生占同年龄段学生总数的比例都没有超过4%[③]。此外，尽管《巴特勒法》要求地方教育管理机构为当地青少年提供部分时间制或全日制的普通或职业课程[④]，譬如可以创建郡学院（County Colleges），为那些不足18岁的离校生提供强迫性的日间授课计划，但事实上，英国几乎没有任何资金用于该类机构的创建。

1964年，英国颁布了《工业培训法案》(Industrial Training Act)。20世纪60年代，在自由放任劳动力培训政策的影响下，一方面，英国开展学徒培训的企业数

---

① 地方教育管理机构是由地方议员控制的，该机构有责任为其所在地区的儿童提供足够的且适合儿童学习能力和智力倾向的学校教育。

② Walford G. 1990. The 1988 Education Reform Act for England and Wales: Paths to privatization. Educational Policy, 4 (2): 127-144.

③ Finegold D, Soskice D. 1988. The failure of training in Britain: Analysis and prescription. Oxford Review of Economic Policy, 4 (3): 21-53.

④ Deissinger T. 1994. The evolution of the modern vocational training systems in England and Germany: A comparative view. Compare, 24 (1): 17-36.

量很少，技能人才短缺，从其他公司偷猎人才现象严重；另一方面，受第二次世界大战后婴儿潮的影响，20世纪60年代初接受完义务教育的离校生数量将达到峰值，加之此时期人们对于英国经济运行的担忧增加，由此议会颁布了主要服务于义务教育后青少年职业培训的《工业培训法案》。该法案被认为是英国政府直接参与职业培训管理的法案[1]，其原因就是该法案授权劳工部长创建中央培训理事会（Central Traning Council），同时要求每一个或相关的工业门类设立工业培训局（Industrial Training Boards，ITB），各工业培训局的任务是：督促或确保行业内各企业为员工提供足够的培训课程和设施，对不同行业学徒培训的性质、期限、标准、内容等提出建议。此外，为克服企业在用人方面的偷猎现象，提升企业参与学徒培训的积极性，该法案规定各工业培训局要向所有企业征收培训税，同时，各工业培训局要向那些提供了满足其要求的培训企业支付补助金。

1973年《就业和培训法案》（Employment and Training Act）是《工业培训法案》的修正案。进入20世纪70年代，为了更好地进行人力资源规划，促进就业和培训，推动政府培训计划的顺利实施，同时监管各工业培训局的工作，提升小企业培训的积极性，1973年《就业和培训法案》要求在现存的中央培训理事会之外新建人力资源服务委员会（Manpower Services Commission，MSC）。作为一个代表政府、雇主和工会利益的三方机构，该委员会的出现再次表明英国政府更为积极的劳动力市场干预态度[2]。该法案授权国务卿为失业者创建临时的就业项目以及为生涯服务项目提供补助。除此之外，新成立的人力资源服务委员会逐步取缔了根据《工业培训法案》建立的24个工业培训委员会中的22个，而建筑工业培训委员会和工程培训委员会之所以能够保留其法定地位，是因为这两个行业劳动力的流动性比较大，这类委员会的存在有利于行业内的所有企业平分培训成本。与此同时，该法案还免除了部分企业的培训税。该法案之所以有如此举动，无非是为了让私营企业主明白，征收培训税的目的是服务企业的培训，当任何企业雇主拥有满足自身需求的培训并且能够提交切实的证明时，豁免其培训税就是自然而然的[3]。

1982年《工业培训法案》要求再次设立工业培训局，其有权管理义务教育以外人员的工业和商业培训。工业培训局拥有确保各类培训设施到位或者对雇主收

---

[1] Foot S，Megginson D. 1996. Competence-based vocational training: Ten years on and still down the wrong path？Education & Training，38（3）：17-27.

[2] Finegold D，Soskice D. 1988. The failure of training in Britain: Analysis and prescription. Oxford Review of Economic Policy，4（3）：21-53.

[3] Holmes L. 2021-01-19. Between the management of human resources and the governance of employment？The case of industrial training in the UK. http://www.re-skill.org.uk/papers/between_management_of_hR_and_governance_of_employment.html.

税的权力，以便更公平地分担培训成本。此外，工业培训局的职能、运作方式和征费数额还须经培训委员会和国务卿的批准。

1988年《教育改革法案》被认为是继1944年《教育法案》出台后最重要的一部教育立法。1944年《教育法案》出台以来，英国各党派形成了不干预教育内部事务的党派共识。在这一共识的影响下，英国教育惯常的管理模式是：地方教育当局管理地方教育，专业教师拥有自治权以及校长对课程拥有控制权，大学几乎拥有完全的自治权和自由学术价值体系[①]。1988年《教育改革法案》彻底颠覆了以上运行模式。推动1988年《教育改革法案》出台的原因有三方面：首先，来自人们对于公立学校学生表现不佳的看法，而这一看法至20世纪80年代已经存在了30多年的时间，1976年詹姆斯·卡拉汉（James Callaghan）首相在罗斯金学院（Ruskin College）发表的著名演讲进一步强化了人们的这一看法，而此后英国学生在国际比赛中的不佳成绩使更多英国人意识到了问题的严重性；其次，当时人们还认为教育系统运行不佳的责任主要在于教师和地方教育行政官员，这些人被认为在教育系统的运行中过多地考虑了自身利益，并掩盖了公众问责的结果；最后，受新自由主义者所拥有的对于市场机制优越性信念的影响，自由市场理念也悄悄地进入了包括职业教育在内的所有教育系统的管理中，人们渴望用市场机制对包括职业教育在内的教育系统进行改革。

1988年《教育改革法案》的核心精神是竞争、责任、标准。所谓的竞争，就是借助统一的测试及其之后的排名推动学校开展生源之间的争夺。在这方面，该法案不仅为5—16岁的青少年确立了四个关键阶段，还要求7—16岁青少年必须学习国家课程（national curriculum）。该法案在国家课程中分阶段地设置了数学、英语和科学三个核心科目（core subjects），以及历史、地理、技术、音乐、艺术和体育六个基础科目（foundation subjects）和现代外语课程。此举主要是为了确保英国教育质量保持在统一水准，且方便评价。为了实现关键阶段的教育目标，该法案要求所有学生要在7岁、11岁、14岁、16岁这四个关键阶段参加统一考试，通过考试者将被授予相应的资格证书。该法案将父母当作教育市场中的消费者，其相信父母会根据学校成绩来为孩子选择学校。为此，该法案规定创建学校排行榜，学校在各类考试中的排名将被公布在报纸和网络上，以方便家长择校。以上举措对于学校发展的意义在于：学校排名靠前，招收的学生人数必然增加，且学校获得的财政资助将会增加；成绩不佳的学校招生人数自然会减少，在收到的财政资

---

① Fisher T. 2008. The era of centralisation: The 1988 Education Reform Act and its consequences. Forum, 50（2）: 255-261.

助变少的情况下，其必然会缩小学校规模或可能被迫关闭[①]。以上做法在确保学校教育质量的基础上，加剧了学校之间的竞争，迫使学校将不得不进行改革。

与以上规定相配合，为了强化学校的多样性并促进竞争，保守党自上台以来就禁止地方教育管理机构强制性地将文法学校改变为综合中学，因为保守党认为如果所有学校都变成综合中学，都提供相同的服务，就没有选择与竞争可言，而任何企图一体化学校的规定都是违背市场竞争原则的。此外，1988 年《教育改革法案》还对民选的地方教育管理机构充满敌意，如该法案第 36 条引入了"地方管理的学校"（Local Management of Schools，LMS）的概念，并将此类学校的全部预算几乎完全交由地方控制，除此之外，对于地方上的其他学校，该法案则赋予了它们选择脱离地方教育管理机构，由地方管理的学校（schools）转变为中央资助的、自主、自我完善的学园（academies）的权力。为此，该法案还专门引入了拨款维持学校（Grant-Maintained Schools，GMS）的概念。拨款维持学校被看作独立的国家学校，这些学校可以选择脱离地方教育部门，完全由中央政府资助。此举意图是让中央政府教会公立学校如何教、如何评估以及如何提高各项教学标准，最终在中央政府的推动下增强这些学校在市场上的竞争能力。除了这一举措，该法案第 33 条还将教育预算的权力直接授权给学校，这是一项将地方教育管理机构的权力转移给学校，让学校拥有更多管理权限的举措。而为了强化教师的危机意识，树立竞争观念，承担更多的责任，1984—1987 年，撒切尔政府在赢得了与教师工会在薪酬方面的斗争后，于 1987 年推出了《教师薪酬和条件法案》（Teachers' Pay and Conditions Act），该法案废除了现有的谈判机制，实施了新的薪酬体系和就业条件，取消了教师任期等，政府对教师的态度越来越强硬。

在职业教育方面，1988 年《教育改革法案》引入了"城市技术学院"（City Technology Colleges，CTC）的概念。城市技术学院是由私营部门赞助商和中央政府资助的中学，这类学校是城市区域内的独立学校，其模仿付费学校而设立，强调技术与技能教育。该法案第 105 条赋予国务卿批准任何人设立城市技术学院或工艺学校的权力，同时授权这类学校可以选择接受该条款，以便绕过地方当局的监督，直接对教育部长负责。这是保守党政府在经济上采取的私有化战略——支持私立学校的发展，鼓励私人资本资助公立教育机构，以此来降低政府的财政负担并提高办学效率思想的反映，该法案第 131 条、第 132 条、第 136 条均体现了这一思想。对于继续教育学院，该法案为其带来了更大的自主权，允许其完全独立于地

[①] 1992 年《教育（学校）法》[The 1992 Education (Schools) Act] 还授权各地督学机构成立儿童服务和技能教育标准局（Office for Standards in Education, Children's Services and Skills），该机构的首要任务是开展对学校教学质量的检查，该机构会定期发布报告，成绩不佳且持续收到不良报告的学校将被关闭。

方当局的控制，此做法又延及1992年《继续和高等教育法案》（Further and Higher Education Act），大学逐渐被"公司化"[①]。

1988年《教育改革法案》开创了一个由中央官僚机构政治家、公务员和准公务员主导的体系，代表了英国教育管理范式的巨大转型。新工党在1997年的选举胜利执政后，进一步加强了中央政府控制，使教育越来越远离自由主义价值观，远离地方控制，远离专业人员对于课程、教学方法和考试的控制[②]。新工党之后的历届政府，尽管党派政见不同，但它们无一例外地将维护市场模式的主体地位与采用政府强力干预的做法结合了起来，甚至后来的工党政府在推动市场化改革以及保守党政府在实施政府干预方面的做法都比撒切尔政府走得更远。近年来，英国地方教育当局甚至经常采用将学校外包给私营企业的形式来管理学校。针对以上现象，有学者强调："将整个学校权力移交给营利性公司来管理，该做法比创建城市技术学院的做法更胜一筹。甚至撒切尔政府也没有像新工党那样，将学校移交给私营部门。"[③]

除了以上变化，近些年，英国政府还在职业教育管理体制的灵活性、学徒教育的平等地位等方面不断深化改革。比如，2000年的《学习和技能法案》（Learning and Skills Act）要求英格兰和威尔士在2001年创办学习和技能理事会（Learning and Skills Councils, LSC），以此来完善这些地区教育培训的资助和规划方式。2002年的《教育法案》旨在增加学校课程设置、人员配备和治理等方面的灵活性。为了提升学徒培训的地位，2009年《学徒、技术、儿童和学习法案》（Apprenticeships, Skills, Children and Learning Act）在第100条中授权国务卿对法律认可的学徒进行资助，同时还明确告诉申请者如何在学徒框架和标准允许的范围内申请英国法定学徒身份[④]。2015年公布的《英国学徒2020远景》（English Apprenticeships 2020 Vision）表明了政府提升学徒培训质量，增加学徒数量，计划到2020年使英国学徒数量达到300万人的目标[⑤]。2016年5月，英国《企业法》给予学徒资格证书与

---

① Lucas N, Crowther N. 2016. The logic of the incorporation of further education colleges in England 1993-2015: Towards an understanding of marketisation, change and instability. Journal of Education Policy, 31 (5): 583-597.

② Fisher T. 2008. The era of centralisation: The 1988 Education Reform Act and its consequences. Forum, 50 (2): 255-261.

③ Beauvallet A. 2022-01-18. Thatcherism and education in England: A one-way street? https://doi.org/10.4000/osb.1771.

④ Education & Skills Funding Agency. 2022-01-18. Apprenticeship funding rules for training providers, August 2018 to July 2019. https://assets.publishing.service.gov.uk/government/uploads/system/uploads/attachment_data/file/786465/apprenticeship_funding_rules_for_training_providers_August_2018_to_July_2019_version_2.pdf.

⑤ European Centre for the Development of Vocational Training (Cedefop). 2021-11-18. Developments in vocational education and training policy in 2015-17: United Kingdom. https://www.cedefop.europa.eu/en/search?keywords=Developments+in+vocational+education+and+training+policy+in+2015%E2%80%9317+United+Kingdom.

大学学位证书平等的法律地位，"学徒"这一称呼也获得了法律保护，此外，该法还规定：培训提供者如果误用学徒，政府还可以对其开具罚单①。除了给予学徒平等的法律地位，该法还强行规定凡在威尔士拥有250名或更多雇员的公共部门，每年至少保证2.3%的员工拥有学徒身份。此外，为了提高学徒培训质量，该法还要求建立由雇主领导的机构，专门负责制定或完善学徒培训的质量标准②。2016年10月，英国政府还启动了一项由政府资助的国家计划，以支持对学徒培训进行独立的终点评估，而增加学徒评估组织的数量也在该计划之列。

（二）来自中央政府的职业教育政策文件

所谓的白皮书是英国政府发布的官方文件或政策声明，通常是在政府（包括议会）调查委员会对某一问题展开调查后作为政府文件而发布的。白皮书作为让公众知晓某一重要事情的载体，为各类相关团体开展进一步的协商和讨论提供了可能。有时候，白皮书还可能是提交到议会的法律草案，因而还有开启议会立法或修正法律的功能。英国第一份白皮书是1922年温斯顿·丘吉尔（Winston Churchill）为回应巴勒斯坦冲突而发布的，直到1943年，英国才出现第一份关于教育的白皮书。第二次世界大战后，伴随着英国中央政府对于包括职业教育在内的教育事务的干预增多，白皮书早已经成为英国政府常用的引导教育发展的重要手段。比如，仅20世纪80年代，英国政府在职业教育领域发布的较有影响力的白皮书就包括1981年《新培训动议：行动纲领》（A New Training Initiative：A Programme for Action）、1984年《就业培训》（Training for Jobs）、1985年《青年教育和培训》（Education and Training for Young People）、1985年《更好的学校》（Better Schools）、1986年《合作：教育和培训》（Working Together：Education and Training）、1988年《服务于20世纪90年代的就业》（Employment for the 1990s）、1988年《就业培训》（Training for Employment）等。英国政府有时候也会发布绿皮书。绿皮书是政府编制的咨询文件，代表政府提议仍处于形成阶段。推出绿皮书（其副本通常会上传于政府有关部门的网站），目的是让议会内外的人士就政策或立法提案向政府部门提出反馈意见。

就业问题是历届政府都非常关注的问题。1944年英国联合政府《就业政策》

---

① European Centre for the Development of Vocational Training（Cedefop）. 2021-11-18. Developments in vocational education and training policy in 2015-17：United Kingdom. https://www.cedefop.europa.eu/en/search?keywords=Developments+in+vocational+education+and+training+policy+in+2015%E2%80%9317+United+Kingdom.

② European Centre for the Development of Vocational Training（Cedefop）. 2020-12-19. Developments in vocational education and training policy in 2015-19：UK Wales. https://www.cedefop.europa.eu/en/country-reports/developments-vocational-education-and-training-policy-2015-19-uk-wales.

（Employment Policy）白皮书是专门应对第二次世界大战后失业问题的政府文件。在该白皮书的开头，其首先描述了国际形势和工业发展的情况，强调了从战争到和平时期的过渡中，英国工业和劳工的平衡分配问题。该白皮书代表了英国政府已经部分接受了凯恩斯经济主义的思想，因为英国政府第一次以官方名义承认了自己在经济领域所肩负的确保社会较高的和稳定的就业的重大责任。该白皮书为第二次世界大战后英国政府最终解决就业问题规划了三条路径，其中的第二条路径提出：为了帮助工人从一个行业转移到另一个行业，将以高于失业津贴的补助为工人提供培训设施[1]。该白皮书对于第二次世界大战后英国政府的经济和职业教育政策的发展有着较强的指引作用。1962年保守党政府的《工业培训：政府建议》（Industrial Training：Government Proposals）描述了英国普遍存在的技术工人短缺与国家为了保持预期增长对于该类人员的巨大需求之间的矛盾。比如，该白皮书提出，英国国内有数量日益增长的离校者需要培训，但英国却存在着企业和行业之间培训机会的不平等、培训成本仅由那些对培训感兴趣的企业承担、国家缺乏对于培训质量的宏观控制等诸多问题，由此，该白皮书建议创建工业培训局，每一个工业培训局不仅应该承担本行业的培训责任，而且应该从雇主那里收集培训税，以便对培训项目进行资助等。该白皮书为1964年《英国工业培训法案》的出台奠定了基础。

由于14—19岁青少年的职业教育对于英国经济发展和国家竞争力的提升有重要的作用，英国政府在这方面也出台了一批白皮书和绿皮书。例如，2002年英国教育和技能部国务秘书提交的绿皮书《14—19岁：拓展机会、提升标准咨询文件》（14—19：Extending Opportunities，Raising Standards Consultation Document）提出：首先，为改变职业学习和相关的资格被低估的现象，有必要创建高标准的资格和途径，这些资格和途径值得且能够被赋予很高的地位，它不仅是学业失败学生的选择，也可以吸引聪明能干的人进入高等教育机构甚至更高的教育机构；其次，无论青少年在14岁选择哪一条道路，都允许他们拥有根据兴趣和倾向在学习和职业道路上进行灵活选择和切换的权利，让他们拥有明确的进步的阶梯；最后，争取让所有16岁的年轻人都能接受教育和培训，学习优秀，走高质量的职业道路以及增加他们对高等教育的参与。同时，该绿皮书也明确了在知识经济时代，所谓高质量的职业或学术教育的核心内涵，即从错误中学习、与人相处、团队工作、作为学习社区一员对社区的贡献、对生命和工作积极的态度等[2]。2005年英国

---

[1] Kalecki M. 1944. The white paper on employment policy. Bulletin of the Oxford University Institute of Economics and Statistics，6（8）：131-135.

[2] Anonymous. 2021-06-14. 14-19：Extending Opportunities，Raising Standards Consultation Document. http://www.educationengland.org.uk/documents/pdfs/2002-green-paper-14to19.pdf.

教育和技能部的《14—19岁青少年的教育和技术》(14—19 Education and Skills)白皮书旨在改革英国的中学和中学后教育,使所有的英国青年至少在18岁之前都能够获得或继续其学业。该白皮书首先确立了人们努力的目标,即在下一个10年,将17岁学生的学校参与率从75%提升到90%;确保每一个青年都拥有英语、数学基础和就业技能;为青年创建更好的职业路径;促进所有青年能力的发挥,重新关注那些不被关注的人……该白皮书提到了确保关键阶段的教育、确保英语和数学等核心课程教学能够达到2级水平、为所有学生创建成功通道、构建新的专门化的学位系统、强化普通中学资格证书和A-Level证书的获得、创建确保以上各项平稳运行的问责系统等[1]。该白皮书还特别强调:为更好地服务就业,应借助学徒培训途径,继续提升培训质量,同时为学生提供更多的培训岗位,将学徒资格纳入学位框架系统等,这些对于英国职业教育的健康发展有一定的积极意义。

最近一些年,推动青少年或成人获得更高层次的技能尤其成为英国政府优先关注的事项。2011年《新挑战、新机遇:继续教育和技术系统改革规划》(New Challenges, New Chances: Further Education and Skills System Reform Plan)就是针对英格兰19岁及以上成年人继续教育和技能体系建设的改革规划。该规划倡议为学习者创建"机会阶梯",以方便社区学习者和掌握某些基本技能的人拥有明确和弹性的进入高等职业教育机构学习的阶梯。此外,国家学院计划(National Colleges Plans)旨在推动4—6级核能、数字技术、高铁、岸上石油和天然气开采、创意和文化产业五个关键领域的技术技能人才培训。2017年《工业战略白皮书》(Industrial Strategy White Paper)也有意将技术教育改革提升到更高的学历层次。

由于与知名度较高的高等教育部门相比,继续教育机构不仅经常被忽视和低估,且多年来一直遭受资金不足和学生人数较少的困扰,虽然近年来英国政府试图通过一系列战略和倡议努力改变这种情况,但是问题并未得到好转。为了帮助英国从席卷全球的疫情中及时恢复,及时应对脱欧带来的技术人员不足的困境,创建世界一流的、与德国类似的继续教育系统,提升国家的技术水平和就业机会,2021年1月21日,英国政府发布了继续教育白皮书《工作技能:服务于机会和成长的终身学习》(Skills for Jobs: Lifelong Learning for Opportunity and Growth)。该白皮书计划在多方面推动英国继续教育领域的发展[2]。

---

[1] Anonymous. 2021-04-22. 14-19 Education and Skills. http://news.bbc.co.uk/nol/shared/bsp/hi/pdfs/23_02_05_1419whitepaper.pdf.

[2] Hubble S, Bolton P, Powell A. 2021-04-25. Skills for jobs: Lifelong Learning for Opportunity and Growth. https://commonslibrary.parliament.uk/research-briefings/cbp-9120/.

（三）四大地区的职业教育立法和相关文件

英格兰、苏格兰、威尔士和北爱尔兰四大地区各有各的立法和政府管理系统。尽管四大地区与中央政府在立法和政府管理的具体内容和形式安排上有许多差别，但是由于特殊的机制，四大地区在总体精神上与中央政府又大体是统一的。在职业教育立法和政策领域也是如此，四大地区与中央政府职业教育立法和政策共同构成了英国职业教育立法和政策体系的主体。

我们以苏格兰为例来说明使这四个地区在多样化的基础上保持统一的原因。比如，尽管苏格兰考试局（Scottish Examination Board）、苏格兰课程咨询委员会（Scottish Consultative Council on the Curriculum）等对苏格兰地方教育承担管理责任，但是英国教学总理事会（General Teaching Council）和皇家督学却是对英国所有地区施加影响的中央机构。它们会与苏格兰地方机构合作，对于苏格兰在教学、课程方面与国内其他地区保持统一步调有着很强的指导作用。除此之外，国家层面统一的考试评价标准，如中学4年级考试标准（Standard Grade at Secondary 4）、中学5、6年级较高层次的考试标准（Higher Grade at Secondary 5 and 6）以及国家职业资格证书评价标准等也对苏格兰与其他地区教学质量标准的统一有一定的规约作用。一个典型的例子是20世纪80年代国家层面的《技术和职业教育倡议》（Technical and Vocational Education Initiative，TVEI）出台，要求各地提供普职融合的课程，并要求学校保证该类课程的最低时间分配，以此作为获得国家资助的条件，以上要求也在无形之中确保了各地教育内容与标准的统一。

从近年来四地在职业教育方面的做法来看，与英国中央政府职业教育的目标、方向一致，四大地区密切结合本地实际，出台了许多本地目标和规划，它们共同构成了英国职业教育政策和法律的完整体系。比如，2016年北爱尔兰出台了《继续教育意味着成功：北爱尔兰继续教育策略》（Further Education Means Success：The Northern Ireland Strategy for Further Education），该策略的总目标是在北爱尔兰创建世界一流的、与经济相关的职业技术教育体系，通过支持雇主提高技能和创新能力，创造一个具有全球竞争力的经济体，同时克服教育劣势，支持社会和经济活动更具包容精神。该策略要求北爱尔兰职业院校通过高质量的工作实习、使用虚拟现实技术和基于项目的学习等，推动学生就业技能培养，促进学生创业精神、创造力和创新能力的养成。2015年，为推动苏格兰现代学徒制的发展，《苏格兰技能发展》（Skills Development Scotland）项目启动了一个五年期的旨在提高各类弱势群体在现代学徒项目中的比例的计划。此外，为推动学校与雇主之间创建更有意义、更有成效的伙伴关系，苏格兰还出台了其他系列文件①。

第四节　美国职业教育及其立法

一、美国职业教育

在美国，传统的职业教育主要是指为了让学生进入不要求学士学位的工作岗位而进行的知识和能力的准备。美国职业教育包括中学职业教育、高等职业教育、工作现场培训和学徒制。20世纪90年代以来，伴随着知识经济、信息与学习型社会等概念的出现，工作性质的变化相应带来了职业教育的变化。整体来看，当前美国职业教育不仅注重为学生就业做好准备，还关注学生的学术与职业发展、继续教育和培训，职业教育概念涵盖了更为广泛的内容。比如，1998年美国《卡尔·D.帕金斯职业技术教育法案》（Carl D. Perkins Vocational and Technical Education Act）提出："职业技术教育是为受教育者提供学术、技术知识以及技能的教育，其目的是为受教育者当前和未来的继续学习，或者从事不要求受教育者拥有学士学位（或学士学位以上）的职业生涯提供服务。"②2006年《卡尔·D. 帕金斯生涯技术教育好转法案》（Carl D. Perkins Career and Technical Education Improvement Act）不仅将1998年法案的核心概念"职业技术教育"转变成"生涯技术教育"，且该法案主要从课程的角度重新定义职业教育的内涵与外延③。"一个课程系列④，能够为个体提供连续的、严格的且具有挑战性的学术标准和相关的技术知识和技能，为个体当前或未来的继续教育和生涯发展做好准备；学习者最终不仅精通某领域的技

---

① Anonymous. 2022-03-28. Developing the young workforce: School/employer partnership guidance for schools. http://www.gov.scot/Resource/0048/00485674.pdf.

② Anonymous. 2022-03-18. The Carl D Perkins Vocational and Technical Education Act of 1998. http://frwebgate.access.gpo.gov/cgi-bin/getdoc.cgi?dbname=105_cong_public_laws&docid=f: publ332.105.pdf.

③ Sahlberg P. 2022-03-05. Secondary education in OECD countries, common challenges, differing solutions. https://www.etf.europa.eu/sites/default/files/m/C12578310056925BC12573850034415B_NOTE78HD6G.pdf.

④ 据经济合作与发展组织（Organization for Economic Co-operation and Development，OECD）资料显示，目前世界范围内大约有三种类型的高中系统：第一种是普通高中和职业高中分立的学校形式的中学系统；第二种是两者被统一整合在一起的学校形式的中学系统，即选修普通和职业教育的学生被安排在同一个学校机构内，分别被提供不同类型的课程或项目；第三种是以学校为基础的普通教育和以工作为基础的职业教育并行的高中系统，学生可以在两类学校之间做出选择。美国职业教育的主体是第二种类型。

术技能，同时还可以获得工商业界认可的证书、资格或协士学位。"[1]

美国中等职业教育课程可分为消费者与家政教育、一般劳动力市场准备、具体劳动力市场准备三大类。其中，消费者与家政教育主要是为了把学生培养成合格的家庭成员；一般劳动力市场准备主要是为了让所有学生都能掌握具有普遍意义的劳动力市场知识和技能，如打字或文字处理技术、生涯知识、能应用于生活的学术能力等；具体劳动力市场准备旨在教会学生进入农业、商业和办公室、健康、贸易、通信等特定职业领域所需的知识和技能。美国有三种类型的中学提供中等职业教育：第一种是具有美国特色的综合中学（comprehensive high schools），综合中学是美国中等职业教育的主要机构；第二种是地区或区域职业学校（area or regional vocational schools），学生可以利用白天或晚上时间来这里学习特定的职业项目；第三种是全日制职业高中（full-time vocational high schools），全日制职业高中主要对学生进行特定职业领域的技能培训。此外，自20世纪90年代始，美国还出现了众多的生涯学园（Career Academy），这些独立的或设立在普通中学的小规模校中校成立的目的在于为学生升入高校和未来职业生涯提供群组性的和相关的职业准备[2]。生涯学园不仅拥有基于生涯主题的相关课程，且致力于与本地雇主、社区和高校建立良好的关系[3]。由于生涯学园办学理念的明确性、效果的持久性，加之生涯学园与美国创建新的小型高中或小型学习社区运动（Movement for Small Schools and Learning Communities，SLC）所倡导的高中教育改革方向的一致性，生涯学园已成为目前美国高中发展最快的教育改革项目之一。资料显示，截至2010年，美国大约7000所高中共开设有10 000个左右的生涯学园，主要服务于10—12年级100万名左右的高中生，其数量约占该年龄段学生总数的10%[4]。此外，为了能够为现存和即将出现的生涯学园提供合作支持和所需服务，1996年，来自费城、加利福尼亚州、佛罗里达州和华盛顿特区的生涯学园实践者还组建了国家生涯学园联盟（National Career Academy Coalition，NCAC）；1998年，对生涯学园感兴趣的研究者和实践者又组建了学院及生涯学园支持网（College &

---

[1] Anonymous. 2022-09-18. Carl D. Perkins Career and Technical Education Improvement Act of 2006. http://www.acteonline.org/policy/legislative_issues/upload/Perkins_Changes_Summary.doc.
[2] 荣艳红，静鑫凡，陈亚萌. 2016. 美国高中教育改革的有益尝试——生涯学园. 职业技术教育，37（19）：67-72.
[3] 荣艳红，静鑫凡，陈亚萌. 2016. 美国高中教育改革的有益尝试——生涯学园. 职业技术教育，37（19）：67-72.
[4] Stern D，Dayton C，Raby M. 2022-01-05. Career academies: A proven strategy to prepare high school students for college and careers. http://casn.berkeley.edu/resource_files/Proven_Strategy_2-25-1010-03-12-04-27-01.pdf.

Career Academy Support Network，CCASN）；2004 年，生涯学园国家实践标准（Career Academy National Standards of Practice）出台……所有这一切都预示着生涯学园已经发展到了一个新阶段。

2004 年，美国至少 2/3 的高中，即大约 11 300 所（其中包括 9500 所综合高中，1000 所职业高中和 800 所地区或区域职业学校）高中开设了一门以上的职业课程，其中，89.2%的中学职业教育在综合高中开设，4.6%在职业高中开设，6.2%在地区或区域职业学校开设，另外也有极少部分在初中开设。由于中学职业技术教育的普及性，几乎所有美国公立学校的高中生在毕业时都获得了一定数量的职业课程学分[1]。此处特别需要指出的是，在美国综合中学，人们是按照学生选学的课程和所获的学分来区分职业类学生和普通类学生的。比如，无论在哪个职业领域，至少获得 3 个职业课程学分的学生被称为职业投资者（occupational investors）；在任何一个单独的职业门类至少获得 3 个学分的学生被称为职业课程集中学习者（occupational concentrators）[2]；在任何一个单独的职业课程中获得 4 个或更多的学分，其中至少有 2 个学分超出了入门水平，那么他们就被看成是该职业领域的专门学习者（occupational specialists）[3]。近些年，由于人们对于学术能力的强调，加之受大环境的影响，美国中学生进入高一级院校深造的愿望普遍增强，职业课程集中学习者的数量虽然在 1982—1992 年有所下降，但是 1992 年以后长期稳定在 42.0%—46.2%。比如，2000 年，美国 12 年级共有学生 2 799 484 人，其中职业投资者的数量为 1 245 770 人（占比为 44.5%），职业集中学习者的数量为 727 899 人（占比为 26.0%）。同时，一个显著的变化是：近些年，全美中学毕业生获得的职业类课程总学分比 20 世纪 80 年代稍有下降，其获得的学术类课程学分却从 1990 年的 14.3 分上升到 2000 年的 18.8 分。我们以职业课程集中学习者为例就可以清晰地看到这种变化：2000 年，职业课程集中学习者与非集中学习者所获得的学术课程学分之间的差距已经从 1990 年的 1.8 分降到 1.0 分[4]。整体来看，高中毕业生所获得的职业类课程学分高于其获得的数学、科学或社会科学课程的学分，

---

[1] Silverberg M，Warner E，Goodwin D，et al. 2022-03-05. National assessment of vocational education. Final report to congress. http://www.doc88.com/p-577321456895.html.

[2] Skinner R R，Apling R N. 2022-03-23. The Carl D Perkins Vocational and Technical Education Act of 1998：Background and implementation. http://www.ccsso.org/content/pdfs/Perkins_CRS_Report.pdf.

[3] Anonymous. 2022-05-19. Vocational education in the United States：The early 1990s. https://nces.ed.gov/pubs/web/95024-2.asp.

[4] Silverberg M，Warner E，Goodwin D，et al. 2022-03-05. National assessment of vocational education. Final report to congress. http://www.doc88.com/p-577321456895.html.

与英语类课程所获学分基本持平①。

高等职业教育也被称为中学后职业教育（postsecondary vocational education），主要提供非学士学位的职业准备。美国公私立四年制或不足四年的中学后教育机构，特别是私立生涯教育机构和社区学院是该类教育的主要提供者。技术准备教育（Tech-Prep Education）是连接中学和中学后职业教育项目的特殊职业教育模式，其一般采用2+2模式，即涵盖11、12年级和两年中学后教育。

工作现场培训和学徒制是美国学校职业教育的补充形式。传统学徒制通常会给予学徒一些正式员工才有的权利和福利。工作现场培训在美国更为普遍，可以采取不同的形式，包括影子工作（job shadowing）、学习服务和无薪实习（service learning and unpaid internships）、校本企业实践（school-based enterprises）、短期工作（short-term jobs）、政府资助的培训（government-funded training）、合作教育（cooperative education）和带薪实习（paid internships）等。

一些族群或人群更可能进入职业轨道。我们以在任何一个单独的职业门类至少获得3个学分的职业课程集中学习者为例就可以发现：男性比女性、残疾人和成绩差的学生比其他学生、非裔学生比白人和西班牙裔学生、农村学生比郊区和城市学生更有可能成为职业课程的集中学习者②。

二、美国职业教育立法

美国职业教育立法立足的基础是美国宪法。1804年《宪法第十修正案》（Tenth Amendment in Constitution）明确规定：本宪法未授予合众国，也未禁止各州行使的权力，保留给各州行使，或保留给人民行使之③。教育权，其中包括职业教育权，作为各州法定保留的权力，联邦政府根本无权指手画脚。但是，由于教育事业关涉民众福祉，为了国家长远的利益，联邦政府从宪法的普遍福利条款中找到了为教育事业向各州征税和拨款的理由，从联邦商业条款及其司法判例中找到了规范管理各州教育的方法，从法院的司法判例中找到了用教育确保个人权利和自由的法律根据④，联邦层次的教育法案，其中包括职业教育法案自此得以出现。在职业

---

① Silverberg M，Warner E，Goodwin D，et al. 2022-03-05. National assessment of vocational education. Final report to congress. http://www.doc88.com/p-577321456895.html.

② Cohen M，Besharov D J. 2022-05-20. The role of career and technical education：Implications for the federal government. https://www.govinfo.gov/content/pkg/ERIC-ED466939/pdf/ERIC-ED466939.pdf.

③ 杰罗姆·巴伦，托马斯·迪恩斯. 1995. 美国宪法概论. 刘瑞祥，潘嘉玢，颜福祥译. 北京：中国社会科学出版社：327.

④ Alexander K，Alexander M D. 2001. American Public School Law（5th）. Belmont：Wadsworth Publishing Company：10-30.

教育领域，1862年《莫雷尔法案》(Morill Act)标志着高等层次联邦职业教育立法的出现，1917年《史密斯-休斯法案》(Smith-Hughes Act)标志着中等层次联邦职业教育立法的出现，与这两部标志性的法案相关联，美国还有一大批其他的职业教育法案和人力资源相关立法，它们共同构成了庞大的职业教育立法体系。当然，美国各州也有自己的立法。从理论上来看，50个州的职业教育立法与联邦立法之间是并列的关系，只是在联邦政府采用拨款和匹配资金方式引导各州开展职业教育之前，州立法曾对联邦立法的形成有着先导作用；在联邦政府采用拨款和匹配资金的管理手段之后，各州的职业教育立法受联邦立法引导，其独特性、独立性逐步丧失。为了让读者对美国职业教育立法有完整的印象，本书也将对州职业教育立法稍作介绍。

（一）美国联邦职业教育立法

1. 主要聚焦高等学校职业教育的立法

美国独立后，联邦政府很少插手教育事业的发展。直至1862年，美国才出现第一部专门的联邦职业教育立法——《莫雷尔法案》。1862年《莫雷尔法案》标志着联邦资助国内农工高等职业教育的开始。《莫雷尔法案》之所以能够出台，主要与联邦政府着力解决南北战争前美国工农业急需农工高等人才，但是已有的高等教育机构却继续捍卫自由和精英教育的矛盾有关。在《莫雷尔法案》颁布之前，美国一些州的有识之士不仅很早就开始了创建农工高等教育机构的尝试，还在国会开展了争取联邦资助农工高等教育的立法努力，1862年《莫雷尔法案》就是以上努力的一个成果。该法案主要明确了联邦赠地兴学的原则、具体的土地分配和基金保值方法，同时还创建了针对联邦赠地的监督管理机制。比如，该法案规定赠地兴学的原则是：联邦内各个州，只要不与美利坚合众国政府对抗，都有权接受联邦土地捐赠。该法案将具体根据19世纪60年代各州在国会参众议员的人数，分给每个议员3万英亩[1]土地或者等额土地证券。各州可以用出售此种土地或土地证券所得的款项，建立永久性基金，用基金所得的利息资助和维持至少一所学院。"在该学院中不得排除他种科学和经典的学习，并应包括军事战术训练，但其主要课程必须按照各州议会所分别规定之方式讲授与农业和机械工艺有关的知识，以便提高各实业阶层从事各种工作和职业的能力。"[2]此外，为了尽量扩大联邦赠地

---

[1] 1英亩≈4046.86平方米。
[2] 1862年《第一毛雷尔法令》//夏之莲.1999.外国教育发展史料选粹（上）.北京：北京师范大学出版社：490.1862年《莫雷尔法案》也称《第一莫雷尔法案》，因音译不同，本书对"毛雷尔""莫雷尔"不做统一。

资金的数额，该法案规定出售土地的资金可以购买联邦或州政府债券或者其他可靠债券，以营利来扩大永久性基金等。

1887年《哈奇法案》（Hatch Act）、1890年《莫雷尔法案》[①]、1914年《史密斯-利弗法案》（Smith-Lever Act）都是1862年《莫雷尔法案》之后重要的赠地学院立法，它们被称为《莫雷尔法案》的拓展法案。

1887年《哈奇法案》主要是为与赠地学院相关的农业和科学调查、实验、研究、出版及其他事项提供补充拨款的法案。同时，为了使该法案能够更好地得到实施，各州每年要向农业部报告其资金来源及使用情况，而各州报告将是联邦政府确定下年度拨款额度的依据。《哈奇法案》刺激了美国赠地学院实验站的发展和建设。

1890年《莫雷尔法案》是将公有土地的部分收入用于更加全面地资助按国会1862年7月2日批准的法案规定所建立的学院，以促进农业和机械工艺发展的法案。该法案主要针对1862年法案的缺陷，在资金拨付、课程设置、项目管理等方面对1862年法案进行了诸多修正、补充和完善。比如，该法案为各州赠地学院提供了稳定的年度拨款，此外，该法案还弥补了前一个法案在课程设置、师资培训等方面的缺陷，确保了有色人种学生接受农工高等教育的权利。

1914年《史密斯-利弗法案》又被称为《农业扩展法案》（Agricultural Extension Act），它的出台主要是为赠地学院的教学科研成果向大学围墙以外的社会传播提供拨款。该法案为各州提供了永久性的年度财政拨款，并根据各州农村人口占全国农村人口的比例分配给各州。同时，为了更好地统一多方责任与义务，该法案第一次提出了各州要想得到联邦政府的此项财政拨款，则必须向各州赠地学院提供等额的匹配资金。另外，该法案还具体规定拨款不能挪作他用，限定每所机构每年用于印刷和分发实用技术推广出版物所占的费用不得超过年度拨款的5%，并对法案实施过程中的年报和管理制度都做出了详细的规定[②]。

2. 主要聚焦中等学校职业教育的立法

1917年《史密斯-休斯法案》是美国联邦政府专门资助中学层次职业教育的法案。其出台之时，1862年和1890年《莫雷尔法案》、1887年《哈奇法案》、1914年《史密斯-利弗法案》等已经建构起了美国高等职业教学、科研和推广工作的完整结构，同时在立法理念、立法技术、资助方式、管理方法等方面为未来的联邦职业教育立法奠定了基础。但是，从整体来看，1862年《莫雷尔法案》与其后的一

[①] 1890年《莫雷尔法案》也称《第二莫雷尔法案》。

[②] National Archives Foundation. 2022-05-21. The Smith-Lever Act of 1914. https://www.archivesfoundation.org/documents/smith-lever-act-1914/.

系列联邦立法主要关注高等层次的职业教育,当时,能够享受《莫雷尔法案》带来的高等教育机会的人口不足2%[①]。因此在教育界、工商界、社会团体等各界人士共同的努力下,1917年,以资助中等职业教育为目标的《史密斯-休斯法案》最终得以通过。《史密斯-休斯法案》的出台标志着美国联邦中等层次职业教育立法制度的创建,自此,美国的职业教育逐步进入了快速发展的新时期。

《史密斯-休斯法案》出台于南北战争后美国工业化、城市化迅速发展的背景下。当时,传统社会生产生活、家庭和邻里关系已经逐步消逝,聚集在城市中的移民和农村人口的子女教育问题一时间成为城市管理者必须考虑的事情。由于美国公立学校运动和手工教育运动还无法完全解决城市青少年,尤其是14岁左右青少年的辍学和就业问题,经过与多种利益团体的论争、博弈,在独立的工业学校或者在公立学校里设置独立的部门,为特定阶层的孩子未来能够拥有特定的职位而开展专门的职业教育成为多数人的选择,《史密斯-休斯法案》就是联邦政府专门资助州和地方所开办的针对14岁及以上年龄段青少年职业教育的法案。该法案将直接资助从事农业、商业、家政业和工业教育的教师、督学以及研究人员的工资,要求州和地方要提供与联邦对等的匹配基金,此外还必须提供开展职业教育所必需的工厂和设备。

从1929年美国经济危机爆发到1940年美国着手为第二次世界大战准备合格的工人为止的11年间,美国国会共出台了两部主要的职业技术教育立法,它们分别是1934年的《乔治-埃利泽法案》(George-Ellzey Act)、1936年的《乔治-迪安法案》(George-Deen Act),两部法案均旨在为农业、家政、商业和工业教育提供联邦资助。第二次世界大战后,1946年《乔治-巴登法案》(George-Barden Act)延续了以往法案的资助原则,但是在资助领域和地区等方面有所拓展。

3. 主要聚焦中高等学校职业教育的立法

1963年《职业教育法》(Vocational Education Act)及之后的联邦职业教育立法,不仅将中高等职业教育放在一起资助(如该法案要求总拨款中至少1/3的资金必须用于中学后职业教育的开展),且极大地拓展了所资助的人群;中学毕业生或肄业生,已经就业但是希望更新自己原有的技术或学习新技术的在职人员,因学术、社会经济或其他缺陷无法在普通教育项目中取得进步的人员等均可以获得资助[②]。从拨款数额、拨款资助领域、地区等来看,1963年《职业教育法》标志着联

---

① Page C S. 1912. Vocational Education. Washington: Government Printing Office: 63.

② Vocational Education Act of 1963//Hillesheim J W, Merrill G D. 1980. Theory and Practice in the History of American Education: A Book of Readings. Washington: University Press of America: 382-398.

邦政府对职业技术教育干预程度的加深①。

1984年《卡尔·D. 帕金斯职业教育法案》(Carl D. Perkins Vocational Education Act)产生于追求教育卓越的时代氛围中。该法第一次把高质量的劳动力培养作为自始至终的追求，同时明确规定：联邦拨款主要是为了协助各州扩展、好转、更新原有的职业教育项目，通过高质量职业教育的开展最终满足国家当前和未来对劳动力的需求，当然这些劳动力应该具备市场所需要的技术，能够促进社会生产能力的提高和经济的增长②。围绕着高质量职业教育的开展，该法案在继续确保弱势群体接受职业教育平等机会的同时，鼓励强化教育与劳动力市场的衔接，关注职业类学生的学术基础，为高质量的劳动力培养奠定基础。

在此基础上，1990年《卡尔·D. 帕金斯职业与应用技术教育法案》(Carl D. Perkins Vocational and Applied Technology Education Act)则第一次明确地提出了促进学术教育与职业教育的融合、促进中学和中学后职业教育的联结、促进学校职业教育与企业培训之间的合作等问题，从而使职业教育涵盖了更为高远的目标。

在1990年法案的基础上，1998年《卡尔·D. 帕金斯职业技术教育法案》更是将1990年法案的关键词"职业与应用技术教育"概念转变成"职业技术教育"，将中学职业教育和中学后技术教育联结成统一的整体，并明确地提出职业技术教育服务于就业与继续教育的双重目标。

2006年《卡尔·D. 帕金斯生涯技术教育好转法案》在继续先前法案立法倾向的基础上，将职业教育的概念进一步扩展为生涯继续教育，认为生涯继续教育应该服务更为高远的目标，通过系列课程的学习，"可以使个体获得学术知识、高层次的推理和问题解决能力、工作态度、一般的就业技能、技术能力和特定行业的职业技能、某一行业所有层面的知识（包括企业家个体的知识）等"③。与先前的法案相比，2006年法案不仅将1998年法案提出的创建挑战性的学术标准变为学术和技术标准都要具备挑战性，同时要求学生获得的知识和技能的面更大、更广，且最终服务的目标更长远和更高，即不仅为学生未来的继续教育服务，同时也为学生当前或未来进入高技术、高工资或者高要求的行业做好准备。因此，可以说，"生涯技术教育"概念的提出，整体上使美国的职业技术教育表现出了融合面更广、要求更高、灵活性更强、达到的目标更大的特征。

---

① Calhoun C C, Finch A V. 1976. Vocational Education: Concepts and Operations. Belmont: Wadsworth Publishing Company: 38.

② Public Law 98-524-OCT.19, 1984//Anonymous. 1986. United States Statutes at Large (Part 3). Washington: United States Government Printing Office: 521.

③ Anonymous. 2022-02-17. Carl D. Perkins Career and Technical Education Improvement Act of 2006. http://www.acteonline.org/policy/legislative_issues/upload/Perkins_Changes_Summary.doc.

2018 年新颁布的《为 21 世纪强化生涯和技术教育法案》(Strengthening Career and Technical Education for the 21st Century Act)则延续了以上立法目标，只是在资金分配模式、对资金接受者的要求、项目责任评估机制、项目管理原则等方面进行了调整，以便更为高效、切实地实现联邦政府的目标。

4. 其他相关的职业教育立法

除了颁布直接针对中高等学校职业教育的法案，针对不同时期美国社会生活的需要，联邦政府还出台了其他相关的职业教育立法。比如，第一次世界大战结束后，主要有两部关于职业重建的联邦立法涉及职业技术教育，分别是 1918 年为第一次世界大战退伍士兵职业重建而制定的《史密斯-席尔斯法案》(Smith-Sears Act)以及 1920 年对社会残疾人士参与工业建设而进行职业准备的《史密斯-费斯法案》(Smith-Fess Act)。《史密斯-席尔斯法案》为参加战争的伤残复转人员提供了为期 10 年的职业重建培训[①]。《史密斯-费斯法案》又被称作《工业重建法案》(Industrial Rehabilitation Act)，此法案是联邦政府第一次为非战争因素的残障人士的职业重建提供资助。

第二次世界大战爆发，美国联邦政府的职业教育资助主要集中在以下几个方面：首先，战争准备，其颁布的主要法律为 1940 年《国防训练法》(National Defense Training Act)；其次，战后职业重建，主要法律为 1944 年《退伍军人再调整法案》(Servicemen's Readjustment Act)，又被称为《退伍军人权利法案》(GI Bill of Rights)。进入冷战时期后，苏美两国进行了包括军事、科技、外交、工农业生产等全方位的竞争，1958 年《国防教育法》(The National Defense Education Act)成为沿袭《史密斯-休斯法案》立法理念、体现职业教育立法精神的最好体现。

第二次世界大战后，在舒尔茨系统化人力资本理论的激励下，继承 20 世纪 30 年代美国已经初步形成的国家对于各类弱势群体进行福利救济、以工代赈等的经验，仅 1961—1962 年，国会就颁布了四个人力资源开发法案，分别是 1961 年《地区重建法案》(Area Redevelopment Act)、1962 年《青年就业机会法案》(Youth Employment Opportunities Act)、1962 年《人力开发和培训法案》(Manpower Development and Training Act)、1962 年《公共福利修正案》(The Public Welfare Amendments)。1964 年国会又颁布了《经济机会法案》(Economic Opportunity Act)。20 世纪 60 年代的人力资源立法的主要目的是借助对弱势群体的职业技能培训，使其成功就业或斩断贫困链条。比如，1961 年《地区重建法案》规定为那些经济需

---

① Thompson M. 2022-07-12. An examination of the evolution and role of persons with disabilities within American society. http://www.empowermentzone.com/evolve.txt.

要恢复或振兴区域的学徒培训、工作现场培训、熟练工人转产培训等每年提供联邦资助450万美元[①]。1964年《经济机会法案》为各类弱势群体开办了多种层次的联邦职业培训项目。

20世纪70年代后,美国还颁布了一大批人力资源开发法案及相关修正案,如1971年《紧急就业法案》(Emergency Employment Act)、1973年《综合就业和培训法案》(Comprehensive Employment and Training Act)、1977年《青年就业和示范工程法案》(Youth Employment and Demonstration Project Act)、1982年《工作培训合作法案》(Job Training Partnership Act)、1994年《从学校到工作机会法案》(Shool-to-Work Opportunities Act)、1998年《劳动力投资法案》(The Workforce Investment Act)等。20世纪70年代后的系列人力资源开发立法,与同期的职业教育立法一样,致力于减少联邦政府的直接干预,推动以放权、分权为特征的更为融合、开放、弹性、责任、竞争、市场等新公共管理方法和手段的运用,与此同时,在新职业主义思潮的影响下,特别是从1994年《从学校到工作机会法案》开始,美国系列人力资源开发立法也开始通过倡导学术和职业教育、中学与中学后教育、学校教育与劳动力市场的联结,为学生最终顺利进入高技术和高工资的职业生涯,或者进入四年制的学院和大学继续深造奠定基础,表现了更为高远的目标。各类职业教育相关立法与同期的学校职业教育立法代表着共同的时代精神,共同构筑了美国职业教育立法的宏伟大厦。

(二)美国各州职业教育立法

美国各州立法与联邦立法之间的关系是这样的:在联邦政府采用拨款和匹配资金方式引导各州开展职业教育之前,各州的职业教育立法对联邦职业教育立法的形成有着先导作用;而在联邦政府采用拨款和匹配资金方式之后,包括职业教育立法在内的各州教育立法、教育政策深受联邦立法、政策的影响。

比如,1917年《史密斯-休斯法案》是联邦政府第一次插手中等职业教育的立法,在该法出台之前,美国有10多个州已经拥有了州资助各自州内中等职业教育开展的立法。当时的州立法首先保障了14—16岁孩子的继续学习机会。例如,马萨诸塞州法律规定:经州教育机构批准后,地方学区应该要求每一个14—16岁已经参加工作的孩子,每天抽出时间在学校学习,或每星期不少于4个小时在学校参加学习,这些孩子学习的内容要经过州教育部批准,且其课程开设的时间应该在工作日的早上7点到晚上6点之间;1912年威斯康星州法律要求14—16岁所

---

① Dillon C H. 1963. Area Redevelopment Act—What has it accomplished? Challenge, 11 (7): 21-24.

有参加工厂劳动的孩子，如果没有达到小学毕业水平，每周必须参加 5—8 小时的部分时间制或补习学校的学习……①各州中等层次职业教育立法的原则、内容和实施方法为联邦立法提供了可以参照的样本，《史密斯-休斯法案》正是在吸纳各州立法主要原则、精神的基础上出台的。

自 1914 年《史密斯-利弗法案》第一次提出各州要想得到联邦政府的财政拨款，必须向赠地学院提供等额的匹配资金的要求，此后的联邦职业教育立法普遍采取了这种管理方法。匹配资金不仅成为直接推动联邦与各州更好合作的基石，也标志着联邦资助政策的立足点从纯粹的资助向刺激各州职业教育发展的方向转变②。跟随联邦立法的脚步，自此各州职业教育立法的独立性逐步丧失并一直延续至今。例如，2018 年《为 21 世纪强化生涯和技术教育法案》是美国联邦政府颁布的最新的职业教育立法，该法案出台后，美国各州几乎都是沿着联邦法案指引的方向来制定自己的立法。2022 年 6 月，加利福尼亚州颁布的《加利福尼亚生涯技术教育激励拨款项目：强化劳动力项目》（California Career Technical Education Incentive Grant Program：Strong Workforce Program），就是加利福尼亚州追随联邦步伐，鼓励、保障和强化本州高质量职业教育实施的法案，该法案与 2018 年《为 21 世纪强化生涯和技术教育法案》的总体要求是一致的，只是根据本州的实际，调整了州对地方职业教育拨款和匹配资金的要求③。

---

① 荣艳红. 2014. 美国联邦职业技术教育立法制度发展历程研究. 北京：科学出版社：88-93.

② Sears W P. 1931. The Roots of Vocational Education：A Survey of the Origins of Trade and Industrial Education Found in Industry，Education，Legislation and Social Progress. London：Chapman & Hall，Limited：127.

③ Anonymous. 2022-05-12. Career technical education：California Career Technical Education Incentive Grant Program: Strong Workforce Program. https://leginfo.legislature.ca.gov/faces/billTextClient.xhtml?bill_id=202120220AB2058.

第二章
欧美四国职业教育立法的路径选择

上一章我们已经讨论过欧美四国的职业教育及其立法"是什么",本章将在此基础上,进一步研究四国职业教育立法体系的路径选择问题。所谓的"路径",指的是到达目的地可能存在的多条路线,而"路径选择"所关注的是在众多的路线中究竟选取哪一条来实现目标。当然,已经选取的道路可能会被模式化和固定化,也就是说,先前为了达到某种目的所选取的道路可能会成为当前或未来路径选择的模板,直接影响当前或未来的道路选择。现实生活中的"路径选择"会受到内外、主客观等复杂因素的多重影响,欧美职业教育立法的路径选择也是如此。孟德斯鸠(Charles Louis Montesquieu)曾说过:"从最广泛的意义上来说,法是由事物的性质产生出来的必然关系。在这个意义上,一切存在物都有它们的法。"[①]开展欧美四国职业教育立法体系路径选择研究,主要是想从纵向的角度深究各国职业教育立法体系从何而来,分析哪些事物在何时何地对各国立法制度产生了必然影响,其立法制度又经历了哪些重要的选择,克服了哪些困难才成为现在这个样子,这样的路径选择又是如何影响后来的立法方向或道路选择的,以上正是本章研究的重点所在。下面我们将分别对欧美四国职业教育立法的路径选择问题展开研究。

---

① 孟德斯鸠.1982.论法的精神(上册).张雁深译.北京:商务印书馆:1.

第一节　从分离走向融合：德国职业教育
　　　　立法的路径选择

"双元制"是德国职业教育的核心特征。作为制度保障的双元职业教育立法，其最主要的功能是将德国企业实践培训的"一元"和职业学校理论学习的"另一元"进行合并和融合，由此德国职业教育领域正式出现了"双元制"的概念。德国双元职业教育立法体系始创于机器大工业席卷德国之时，其立法体系的形成受到了多种复杂因素的影响，是历经多重复杂选择之后的结果。从整体来看，双元职业教育立法体系的路径选择可以概括为以下三大步骤：首先，传统行会学徒制在历经波折后重生，为企业培训"一元"的恢复和再生奠定了坚实的基础；其次，学校职业教育立法制度的出现弥补了学徒培训的不足，并直接奠定了"另一元"的基础；最后，1969 年《职业培训法案》将以上两大系统合并成为完整的体系，标志着"双元"立法制度的最终形成。下面，我们将对双元职业教育立法的以上形成路径进行剖析。

一、传统行会学徒制在历经波折后重生（19 世纪末）

行会，德语为"Zunft"或者"Innung"，是盛行于中世纪西欧的手工艺人自治机构，每一行业几乎都拥有自己的行会。作为一种封闭式的管理机构，行会成员彼此认可各自的身份并承担相互扶助的义务，行会内部的事务依据共同制定的法规来管理[1]。与此同时，为了避免不必要的同行竞争，行会不仅决定着谁最有资格进行贸易活动，而且有权决定行业内产品、服务的数量和价格。行会学徒制是由行会管理的学徒培训制度，是在私人契约学徒制的基础上发展而来的。在行会管理下，师徒之间的责任和义务较私人契约学徒制更为细化，"从对师傅的资质要求与契约签订，到学徒招收、训练、满师、入会等环节，均以行规或内部法令的形

---

[1] Yeats J. 1872. Guilds, and their functions. The Journal of the Society of Arts and Institutions in Union, and Official Record of the International Exhibitions, (1044): 178-192.

式做了明确规定"①，且由于第三方机构，如公证机关、王室或地方当局等的监管，行会学徒制的运行模式也更为规范。一直到工业革命爆发前，欧美国家职业教育的主导形式就是行会学徒制。工业革命爆发后，商品经济和贸易的发展不仅对农业时代的生产和销售方式造成了巨大冲击，也直接冲击了行会封闭式的生产经营管理方式。此时期，亚当·斯密（Adam Smith）在《国富论》中提及的"劳动分工"②成为工厂劳动的主导方式，传统由师傅带领徒弟参与全部生产过程的劳动方式被仅需参与一道或几道生产工序的劳动方式所取代，伴随着机器生产对于仅仅掌握某些工序操作技能的工人的大量需求，而这样的工人经过短期培训后即可上岗，传统学徒制5—10年漫长且全面的培训方式普遍被认为是没有经济效率和不必要的，所有这些都加快了传统学徒制最先退出了英、法等工业革命先行国家的历史舞台。

由于德国迟至1871年才统一，而在统一之前，其国内邦国林立，邦国之间的关税制度以及其他限制性制度的存在，导致德国机器大工业的发展举步维艰，德国工业革命晚于英、法等邻国半个至一个世纪才发生。19世纪30年代中叶，德国内部各邦之间关税同盟的缔结和铁路的开通，是给予德国资本主义活动地域的两个重要契机③。此时期，最早形成的工商业阶层不仅在宪政上要求创建议会政府，保障公民的自由，而且在经济上也主张自由贸易，传统以来德国手工业行会所青睐的限制性贸易政策遭受到了巨大冲击，并直接导致行会手工业熟练工人经济地位的恶化。但是，事情并没有完全朝向满足工商业阶层利益的方向发展。由于以普鲁士为代表的德国众邦国浓重的保守主义传统，1845年《普鲁士手工业法案》（Prussian Trade Act）率先区分了小作坊和大工业，该法案尽管没有完全废除劳动自由，但却对自由的手工业活动进行了再次限定，重新赋予了邦内大约43个手工业行会接收和培训学徒、考察熟练工人的系列权力④。普鲁士的做法不仅为其他邦国所效仿，也为德国统一后手工业行会及其相关机构继续发挥重要的管理职能埋下了历史伏笔。

德国统一后，为传统行会继续管理学徒制提供法律保障的是德国1897年《手工业法》（Handicraft Act）。该法案的出台不仅与普鲁士邦国对行会传统的保护有关，也与德国手工业从业者为确保自身权利而不懈斗争，以及德国政府对于各方

---

① 贺国庆，朱文富等. 2014. 外国职业教育通史（上卷）. 北京：人民教育出版社：16.
② 亚当·斯密. 2021. 国富论. 郭大力，王亚南译. 北京：商务印书馆：1-10.
③ 加田哲二. 1937. 德国社会经济史. 徐汉臣译. 北京：商务印书馆：160.
④ Deissinger T. 2001. Vocational training in small firms in Germany: The contribution of the craft sector. Education & Training, 43（8-9）：426-436.

面因素的考量有着复杂的关系。德国统一后主要效仿法国自由贸易的做法，1871年颁布的《德意志帝国工业法典》(Industrial Code of the German Empire)率先剥夺了传统行会的权力，允许所有人自由从事贸易活动，与此同时，行会成员可以自由退出行会且行会也无需再承担监管学徒培训的责任[1]。但是，由于此时期帝国内部情况异常复杂，比如，德国各类工人的生活处境要比同期英、法两国工人差很多[2]，工人运动暗流涌动；再如，受制于机器大工业发展的水平，德国国内在很长一段时间内都是小企业居多，据资料显示，截至1895年，德国58%的制造业和零售业仍旧是一个人的公司[3]。自由贸易打破了原有的秩序，造成小企业主和手工师傅经济利益的损失，他们作为一个不容小觑的压力集团一直在为自身权利而奋斗；另外，受与工业化并行的城市化的影响，1892—1908年，德国市中心不足21岁的人口翻了一番[4]。对于这些生活在城市的绝大多数青少年来说，其义务教育在14岁已经结束，20岁才能服兵役，在14—20岁这几年的时间，他们或者做学徒，或者混迹社会。由于1871年《德意志帝国工业法典》解除了行会的约束，学徒培训成为师傅或雇主的私人事务，受制于小业主的经济逻辑，许多师傅或雇主根本不关心指导青少年社会行为的重大责任。使以上问题更为糟糕的是，由于此时期倡导阶级意识和阶级斗争哲学的社会民主运动以及其他各类政治运动非常活跃，尤其吸引了城市中下阶层青少年的关注。以上各方面情况均使得统治者非常不安，为了有效阻抑各类政治活动和工人运动的爆发，同时将城市青少年纳入正常发展轨道，统治者在采取各种有力举措的同时，寄期望于复兴传统的行会制度，以便通过行会这一组织，显著提高小企业主或手工师傅的经济政治地位，使他们成为经济富裕且稳定的中产阶层，为日益严重的社会政治、经济等的冲突提供强有力的反冲力。出于以上复杂的动机，1881年，德国政府颁布了《德意志帝国工业法典修正案》(Amendment of Industrial Code of the German Empire)，此修正案也被称为《行会法案》(Law on Guilds)，该法案标志着行会传统在德意志帝国的再现。该法案部分撤销了1871年的自由贸易政策，同时授权行会监督和管理自己行业的学徒，而手工业者也可以自愿加入新的行会组织。此时期，作为手工业从业者组织

---

[1] Gessler M. 2017. The lack of collaboration between companies and schools in the German dual apprenticeship system: Historical background and recent data. International Journal for Research in Vocational Education and Training (IJRVET), 4 (2): 164-195.

[2] 陈振昌. 2015. 德意志帝国. 北京：中国国际广播出版社：185.

[3] Deissinger T. 2001. Vocational training in small firms in Germany: The contribution of the craft sector. Education & Training, 43 (8-9): 426-436.

[4] Dickinson E R. 1999. Citizenship, vocational training, and reaction: Continuation schooling and the Prussian "youth cultivation" decree of 1911. European History Quarterly, 29 (1): 109-147.

的行会还恢复了其自愿的公法团体的地位，被授权创建法庭，以便仲裁成员之间的纠纷，且同时承担对行业师傅管理和对熟练工考试的责任。但是，此法案仅仅授权行会监管自己本行业的学徒，且当时的手工业从业者由于担心行会控制过多以及强制义务活动太多，因此不愿再加入行会。为了克服以上弊端，德国政府于1897年再次修订《手工业法》，该法案较好地解决了以上问题。一方面，德国政府出于对行会毫无约束的权力的另一种担心，并不希望将所有监管权力全部交给行会；另一方面，德国政府也不愿意亲自介入手工业者的管理，他们既希望对行会权力有所约束，也希望行会或与行会类似的机构发挥自我管理的职能。于是，手工业商会作为一种新型的替代机构就这样产生了。作为手工业行会的一种衍生机构，手工业商会的成员虽然是行会成员，但他们并不都是手工艺人，而手工艺人却都是行会成员，也就是说，手工业商会既是一种与手工业行会有着密切关系的组织，同时又与行会保持了一定的距离，它在实质上取代了原有行会的许多管理职能。1897年《手工业法》规定，手工业商会不仅负责为国家起草工匠现状专家报告，承担促进手工行业发展的功能，与此同时，作为具有公共属性的法律机构，其还负责组建考试委员会，为本行业和非本行业熟练徒工举办考试和颁发合格证书[1]。以上举措意味着手工业商会已经克服了原有行会的偏狭，可以对手工行业之外的其他工业门类的学徒培训实施最终的质量控制。此外，该法案克服了原有行会对于其成员管理的封闭性，规定只要大多数师傅同意，人们可以加入当地商会，成为商会成员，商会成员需严格履行法律要求的学徒合同的规定[2]。德国随后的其他法案又进一步对手工业师傅的资格进行了明确限定，自此，手工行业有资格招收学徒，商会在企业培训结束时为学徒举办考试，成为师傅需要一定的资质成为德国手工业领域一般的和实际上属于强制性的做法[3]。而手工行业的做法直接为其他行业确立了模板。1936年，工业、商业领域的商会获得了组建自己的考试委员会和实施考试的权力，20世纪下半叶，服务行业的商会也获得如此权力[4]，此后，其他种类的商会组织也逐步成为与手工业商会平起平坐的职业培训的监管者。

---

[1] Gessler M. 2017. The lack of collaboration between companies and schools in the German dual apprenticeship system: Historical background and recent data. International Journal for Research in Vocational Education and Training (IJRVET), 4 (2): 164-195.

[2] Gessler M. 2017. The lack of collaboration between companies and schools in the German dual apprenticeship system: Historical background and recent data. International Journal for Research in Vocational Education and Training (IJRVET), 4 (2): 164-195.

[3] Deissinger T. 2001. Vocational training in small firms in Germany: The contribution of the craft sector. Education & Training, 43 (8-9): 426-436.

[4] Solga H, Protsch P, Ebner C, et al. 2020-02-15. The German vocational education and training system: Its institutional configuration, strengths, and challenges. https://bibliothek.wzb.eu/pdf/2014/i14-502.pdf.

二、与企业培训相联系的学校职业教育立法出现（19世纪末—20世纪初）

在德国，与企业培训密切相关的学校职业教育立法制度的出现主要与学徒制的短暂衰落、学校职业教育的涌现以及凯兴斯泰纳（Georg Kerschensteiner）作为教育家个人的思想和实践努力等有着密切的关系。

由于1871年《德意志帝国工业法典》剥夺了传统行会监管学徒培训的权力，在师傅的资质和培训质量缺乏有序监管，以及学徒培训的任意性、随意性增强的背景下，学徒培训逐步沦为彻头彻尾的经济行为，其教育属性难以保证，学徒制的声望也急剧下降。在这一背景下，1872年的德意志帝国《普通学校法》（Common School Law）规定：6—14岁学龄青少年的初等教育为强制义务教育阶段[①]，由于在14岁接受完义务教育至20岁服兵役的这几年时间，只有很少一部分青少年能升入高一级的学校深造，这就给大多数进入企业的学徒或混迹社会的青少年的教育留下了巨大缺口。幸运的是，当时，由于德国工业经济的发展，机器工业对各类技术人才的需求大增，与英、法等国家一样，德国国内也出现了许多类型的技术类学校。其大致有三类：专门培养技术管理人员以及为州或市政当局培养负责管理此类事务官员的技术学院；主要培养企业技术人员、工头、发动机安装师、师傅以及其他低层次办事员的中等和较低层次的技术培训学校；主要培养掌握企业部分生产技能的工人的各类继续教育类学校、工厂学校、学徒学校、星期日学校和夜校等[②]。早在1869年，《北部德国联邦工业管理条例》（Industrial Code of the North German Confederation）（该条例后来成为1871年《德意志帝国工业法典》的先声）就要求：18岁以下的学徒如果有继续接受学校教育的需求，雇主应该给予他们学习的时间[③]；1881年《德意志帝国工业法典修正案》提出要在再次引入学徒培训的同时建立继续教育类学校；1900年再次修订的《德意志帝国工业法典》也要求所有雇主"像一些区域地方当局所要求的那样，应给予18岁以下的学徒或其他类型的工人（其中包括所有的男性以及女性职员与学徒）必要的参与继续教育

[①] 刘新科. 2012. 外国教育史. 武汉：武汉大学出版社：129.

[②] Kerschensteiner G. 1911. The technical day trade schools in Germany. The School Review，19（5）：295-317.

[③] Gessler M. 2017. The lack of collaboration between companies and schools in the German dual apprenticeship system: Historical background and recent data. International Journal for Research in Vocational Education and Training（IJRVET），4（2）：164-195.

的时间"①。由于德国学校的管理权传统上属于各州，德意志帝国法律虽然不能强迫各州开办继续教育类学校，但是以上法律对于推动此类学校的出现还是起到了一定的作用，因此，德国统一后的40余年时间内，继续教育类学校成为替代或补充学徒制不足的主要机构。但是，由于办学理念不甚清晰，许多此类学校实际上还只是普通教育的延续，与学生未来职业发展并无多大联系，且参加此类学校学习多是自愿性、选择性的，一方面，雇主不愿意送学徒或在职青年前去学习；另一方面，年轻人参与学习的积极性也不高。改变此类学校不利局面的主要人物是德国教育家凯兴斯泰纳。

凯兴斯泰纳于1854年生于巴伐利亚州的慕尼黑市，长期从事教育事业。1890年以后，凯兴斯泰纳的研究兴趣从高等数学、物理学等转到了教育教学方向。在他获得埃尔福特皇家学院奖的《德国青年的公民教育》（Civic Education of German Youth）一文中，他提出国家把权利和自由授予一个完全缺乏公民训练的民族是十分危险的，应该按照公民教育的目标和劳作教育的原则改造国民学校和广设新型的继续教育类学校，使每个人都接受最广泛的教育，使他们既懂得国家的职责，且有能力在国家事务中发挥应有的作用。在凯兴斯泰纳看来，真正的民众教育应该使行使强制义务教育功能的"国民学校"首先转变为"劳作学校"。所谓的劳作学校，即以儿童为中心，按照手工活动的原则和适合儿童家庭劳动环境的原则对学校进行改造，使该类学校能用最少的教材，最大限度地向学生灌输技能、能力和履行公民责任中的劳动的乐趣②；与此同时，还应该在继续教育类学校中给予所有不足20岁的学徒或其他在职青年超出义务教育范围的高一级的继续教育。凯兴斯泰纳认为这样的高一级的继续教育应该是强迫的、义务的，且必须尽可能与学徒或在职青年正在从事的工作密切相关。由于此类继续教育兼具职业教育、道德教育和公民教育的优点，能够帮助学徒和青年将个人兴趣融入社会经济结构之中，因此，雇主愿意让学徒或青年参加这样的学习，学徒或青年自身也有学习的兴趣③。1895年凯兴斯泰纳成为慕尼黑市的学监，之后他开始致力于将以上教育观点付诸实践。由于在凯兴斯泰纳当时生活的城市，工厂系统的威力当时还没有完全显现，手工业行会仍然拥有重要的力量，学徒制依然是学习技术最流行的做法，因此他

---

① Bennett C A. 1937. History of Manual and Industrial Education, 1870 to 1917. Ilinois: Chas. A. Bennett Co., Inc.: 195.

② 马克隆德. 2011. 教育大百科全书：教育史. 张斌贤译. 重庆：西南师范大学出版社：64.

③ Kerschensteiner G. 1911. The organization of the continuation school in Munich. The School Review, 19(4): 225-237.

积极谋求与行会的合作，只要能够确保合作的顺利进行，他愿意为行会提供力所能及的支持，事实上，许多行会也愿意为这样的继续教育机构提供尽可能多的帮助，因为它们也想在新出现的教育领域成为重要的影响力量。1900年，慕尼黑的屠夫、烘焙师、鞋匠、烟囱师、理发师五大行会率先接纳了凯兴斯泰纳的建议，成为首批拥有继续教育类学校的行业。之后，木工、玻璃工、花园工、糖果商、马车制造商、铁匠等行业纷纷建立了各自的继续教育类学校。截至1909年，慕尼黑市为各类学徒共创立了54所继续教育类学校，大约有7818名学徒和在职青年在此学习[1]。这些新创设的或改造原有机构的继续教育类学校，致力于将先前割裂的理论、实践知识与切实可行的公民教育结合起来，比如，木工培训的典型课程每星期共有11个小时，其中包括宗教1小时，算数和簿记1小时，关于如何生活和做一个良好市民的知识1小时，绘图6小时，实践技术2小时。由于该类学校良好的经济和社会效果，1897年，在多方努力下，慕尼黑市率先对强制性的继续教育类学校做出规定，要求所有雇主必须同意学徒在周末离开工作岗位一整天，或两个半天去继续教育类学校接受教育[2]。慕尼黑的继续教育类学校因之成为联结公共教育、工业需求和社会需要的典范，凯兴斯泰纳也因此被众人看作德国继续教育之父，成为广受欢迎的受访者。至1913年，该类学校已经遍布慕尼黑所在的巴伐利亚州，后为其他州所效仿。基于该类学校的迅猛发展势头，1919年《德意志帝国宪法》(Constitution of the German Empire)，即《魏玛宪法》(Weimar Constitution)第145条以国家立法的形式规定：从基础学校完成8年义务教育的学生必须参加强迫的、普遍的继续教育类学校的学习，直至其18岁[3]。《魏玛宪法》是第一次将强迫性的继续教育推广到全德国的有益尝试，也标志着该类学校已经成为德国职业教育和培训的第二大支柱。

由于自1923年，普鲁士开始将本州的继续教育类学校简称为"职业学校"，至纳粹时期，"职业学校"或"强迫的职业学校"已经成为广泛使用的取代继续教育类学校的新称呼。除了以上称呼的变化，20世纪初成立的德国技术教育委员会(German Committee for Technical Education)，除了继续发挥其对于职业教育领域各专业种类、课程、教材、教学等的规范作用，还先后对职业学校的开设、课程如

---

[1] Bennett C A. 1937. History of Manual and Industrial Education，1870 to 1917. Ilinois：Chas. A. Bennett Co.，Inc.：201.

[2] Anonymous. 1911. Dr. Georg Kerschensteiner. The Journal of Education，73（2）：47-48.

[3] Gessler M. 2017. The lack of collaboration between companies and schools in the German dual apprenticeship system：Historical background and recent data. International Journal for Research in Vocational Education and Training（IJRVET），4（2）：164-195.

何与企业的培训相互配合、职业学校每周的教学时间等做了进一步的规范，所有这些都为两个体系未来的深度融合奠定了基础。第二次世界大战后，该类学校依然是职业教育的主力军。据统计，仅 1953 年，联邦德国境内各类职业学校共计 6000 余所，其中农林类学校大约 5400 所，各类贸易学校 577 所，各类采矿学校 131 所，各类手工艺和商业学校 368 所……这些学校共计招收了 170 余万名 15—18 岁的青少年参加全日制或部分时间制的课程学习。当然，这些学生中，还有很高比例的学生同时参加了学徒培训。比如，农林类学校的学生占该类学生的比例不足 14%，但是农林类 60%的学生同时参加了规范的学徒制培训[①]。鉴于德国职业学校的历史渊源及其所起到的作用，管理该类学校的法律法规为双元制职业教育立法制度的形成做出了强有力的准备。

三、将企业培训与学校职业教育融为一体的双元立法产生（1945 年后）

可以说，至少在第一次世界大战前后，德国已经形成了由商会牵头的学徒培训系统以及以继续教育类学校职业教育为补充的两大职业教育体系。但是，由于这两大体系分属于不同的社会系统，其管理机构、管理理念和管理内容各异，因此，将这两大体系融合成一个有机的整体不仅需要大胆的设想，更需要与职业教育利益相关的各社会团体在议会中艰苦卓绝的努力，当然时机也是非常重要的。

整体来看，尽管已经有了完整的历史奠基，但是 1969 年《职业培训法案》将两大系统联结的过程依然非常偶然，其间充满了许多的不确定因素。因为第二次世界大战后递交到议会的三个重要的职业教育立法提案，不仅最初均没有提及两大体系的联结问题，与此同时，提案递交后，关于联邦政府能否插手传统行会管理的领域、工业与手工业培训是否适用于同一个法律、职业培训是否具有公共属性等问题还引发了人们激烈的争论。

比如，第二次世界大战后最早递交职业教育立法提案的是德国工会。工会之所以热心职业教育立法，从宏观上来看，主要与人们对于当时德国经济、政治、教育等问题的担忧有关。第二次世界大战后，德国在经历了 10 多年经济高速增长之后，于 20 世纪 50 年代末进入经济衰退期，而此时苏联卫星上天事件又引发了人们对于德国国家安全和教育质量的担忧，并直接触发了人们对于国内教育保守

---

① King W H. 2022-02-17.Vocational schools in Germany. https://doi.org/10.1080/03057875780000101.

势力的强烈不满；加之民主化浪潮使人们对于教育机会均等的认识不断深化，在此背景下，1897年《手工业法案》所确立的原则在工会看来早已过时。比如，1897年法案仅仅针对的是手工业培训，还远远构不成现代意义上完整的职业教育和培训体系；此外，由于招收、培训以及对于学徒的考试都是行业和企业内部的事情，行业和企业主要从自身利益出发，无法顾及社会的总体需要，以及无法保证不同地区青年接受平等教育的需求；加之1897年法案对企业培训行为的规范力度不足，致使有的"企业学徒不仅经常受到很差的训练，还经常受到欺骗和骚扰，甚至体罚"[1]。因此，德国工会于1959年递交议会的提案的核心内容只有三个：国家必须从商会的手中夺取职业培训的管辖权；职业培训必须由所有的手工业和工业部门来提供资金；职业教育要向所有德国公民开放，且有必要建立公共职业培训设施[2]。由于工会的倡议直接动摇了原有职业培训的基础，该想法遂遭到了工业和手工业代表的强烈反对，因为在他们看来，联邦政府本来就不应该插手以上领域的事务，再说，该提案还有将职业教育国有化之嫌，这很有可能会导致强迫的、单一化培训现象的出现，这对于刚刚摆脱纳粹集权统治的国家来说是非常可怕的。与此同时，国内主要政党也对国家过多干预教育持反对态度，比如，基督教民主党（Christian Democratic Union）和基督教社会联盟（Christian Social Union）的立场更接近于手工业和工业界，尽管两党都认为有必要进行职业教育和培训立法，但是两党又认为国家只应该对最少量此领域事务进行干预；此外，尽管具有劳工取向的社会民主党（Social Democrats）认为职业培训是一项公共事务，但是该党也不愿意从商会或有关机构手中收回其传统以来对于职业培训的控制，加之其他立法条件都不具备，该草案很快就被搁置。

第二次提交的职业教育立法提案与多党联合政府有关。1966年8月，在看到社会民主党和联邦议院的其他5位成员联合起来向议会递交了《劳动力市场调整法案》（Labour Market Adjustment Bill）提案后，借此良机，多党联合政府随即在两个月后向议会递交了《职业培训法案》提案。囿于《基本法》对于联邦教育权力的限制，该提案仅仅提及了工业部门提供的职业培训，传统由各州负责的职业学校的教育并没有涵盖在立法提案之内。尽管该提案很快进入了一读程序，但是由于多种原因也不了了之。

第三次提交到议会的提案是1969年3月由联邦议院职业培训法案小组委

---

[1] Herkner V. 2020-03-06. Vocational training, the public task—On the adoption of The Vocational Training Act 40 years ago. https://www.bibb.de/en/16619.php.

[2] Herkner V. 2020-03-06. Vocational training, the public task—On the adoption of The Vocational Training Act 40 years ago. https://www.bibb.de/en/16619.php.

第二章
欧美四国职业教育立法的路径选择 55

会递交的。它是在社会民主党哈里·利尔（Harry Liehr）主席的领导下，从1968年10月至次年3月，历经13次内部会议协商之后重新起草的。也就是从这时起，自第一次世界大战后就开始讨论协商的职业教育立法才最终有了重大进展。但是，该提案仅仅关注了手工业和工业部门的培训，学校职业教育并没有在提案的考虑范围之内。那么，学校职业教育是如何与学徒培训联合在一起了呢？

真正提出将两大体系联结成完整系统这一大胆设想的是德国教育委员会（German Education Commission）。1964年7月10日，德国教育委员会在其对于德国职业教育培训系统的评估报告中提醒人们不要忽略企业职业培训也是一种教育，其与学校职业教育是一种类似的教育。此外，该报告还首次提到"双元"的概念，认为企业和部分时间制的职业学校肩负着共同的责任，两者之间应该是平等的伙伴关系，两类机构应共同举行期末考试，以便在职业学校教学结束时同时结束学员的职业培训[1]。此思想于第二次职业教育法提案在议会审议期间被再次提出，但是该思想直接引发了各利益团体就联合政府是否有资格插手州政府传统管理的领域、如何在联邦政府和州政府之间划分管理责任，以及即将制定的法律究竟应该规范职业教育和培训的哪些领域等的激烈争论。一些团体认为国家层次的职业教育立法应该规范包括学校职业教育在内的职业教育和培训的所有领域，而持州权的人则引用《基本法》关于各州拥有教育和文化主权的规定，提出绝对不允许联邦政府插手这一领域。比如，1967年6月23日在西柏林举行的劳工事务委员会（Committee for Labour Affairs）和家庭与青年事务委员会（Committee for Family and Youth Affairs）的公开听证会上，将学校职业教育纳入职业培训立法体系成为人们争论最多的话题。为了更好地推进学校职业教育与学徒制的整合，此时一些人开始敦促职业学校和学校行政部门更多地参与讨论，按照他们的说法，让职业学校系统清楚地说明它们希望从新法律中获得哪些权利的时候到了，如果不想让新的法律再次出现对于合作伙伴——学校职业教育的明显歧视，职业学校就应该参与与此相关的所有法律的讨论[2]。伴随着该提案最后的不了了之，以上争论暂时被压制。

尽管1968年由社会民主党牵头递交的提案仅仅关注手工业和工业部门提供的培训，传统由各州负责的全日制职业学校的教育和培训并没有被涵盖在最初的立法提案之内。但是，此时的局势却明显朝向有利于突破以上限制的方向发展。

---

[1] Herkner V. 2020-03-06. Vocational training, the public task—On the adoption of The Vocational Training Act 40 years ago. https://www.bibb.de/en/16619.php.

[2] Herkner V. 2020-03-06. Vocational training, the public task—On the adoption of The Vocational Training Act 40 years ago. https://www.bibb.de/en/16619.php.

因为1953年颁布的《手工业法典》(Crafts Code)早已经明确了手工行业职业教育和培训的自我管理原则。此外，作为1971年《联邦培训援助法案》(Federal Training Assistance Act)先声的《就业促进法》(Employment Promotion Act)和《就业援助法案》(Training Assistance Act)已于1969年5—6月份在议会相继通过，为配合以上法案的实施，德国《基本法》也已经在1969年5月进行了部分修订，以便将资助职业培训的相应权力授予联邦政府。以上变化标志着联邦政府对于企业职业教育培训的有限管理、资助的法律障碍得以消除。加之此时党派利益格局也发生了重大变化，与左翼政党和工会联系更为密切的社会民主党在议院取得了绝对胜利，在社会民主党呼吁尽快开展职业教育立法之时，基督教民主党与基督教社会同盟更愿意帮助社会民主党通过这项相对"温和"的职业教育和培训法案，以避免在反对党上台后颁布对贸易和工业更为严厉的法案[1]。正是凭借以上有利条件，加之此次学校方面的态度也非常明确，他们坚决主张采取措施确保职业学校是工业和手工业领域职业培训的重要合作者，学校方面应该负责学徒理论知识的学习和最终理论部分的考试。在社会民主党最终递交的提案即将通过之前，议会采纳了学校方面的意见，1969年《职业培训法案》最终颁布，双元职业教育立法制度遂正式形成。

当然，1969年《职业培训法案》的最终颁布并不代表所有争论的结束。尽管该法案颁布后，依然存在诸多不同意见，但是竭力吸取各派观点、充分考虑德国传统与当时国情的1969年《职业培训法案》却因之成为德国职业教育法案中的经典。它突破了原有法案仅仅覆盖手工业和小企业培训的特点，将几乎所有经济门类的企业培训均纳入法律监管的范畴。此外，该法案进一步赋予了企业培训公共机构的性质，在商会、雇主协会等行业管理机构之外肯定了联邦政府对于职业教育和培训的监管责任。特别需要指出的是，该法案还弥合了职业教育与培训的割裂状态，将学校职业教育与企业职业培训合并成完整的职业教育培训体系。当然，由于德国《基本法》的限制，1969年《职业培训法案》仅仅规范了企业培训的内容、管理、研究等事项，但这并不代表该法案对学校职业教育置之不理，因为学校职业教育本身就是德国双元制职业教育体系的有机组成部分，该法案为学校职业教育的实施预留了大量的空间，而这些空间将由各州职业教育立法来弥补。

由1969年《职业培训法案》确立的德国职业教育运行模式直接指引了其后德国职业教育发展的方向和路径，半个多世纪，德国职业教育沿着该方向一直平稳运行。尽管该法案在2005年和2009年经过了两次修订，其弹性和国际化水平得

---

[1] Herkner V. 2020-03-06. Vocational training, the public task—On the adoption of The Vocational Training Act 40 years ago. https://www.bibb.de/en/16619.php.

以提升，但是其基本的管理理念和结构均无重大变化。

第二节　从集权走向分权：法国职业教育立法的路径选择

整体来看，法国职业教育立法最大的作用是保障法国中央政府拥有管理、控制职业教育几乎所有重大事务的权力。当然，近年来，由于非常复杂的原因，与法国行政领域的分权改革同步，法国职业教育立法领域也进行了较大规模的分权改革。本节将从历史角度勾勒法国职业教育立法是如何建立，以及其又是如何从维护集权传统走向分权改革这一道路的。

一、国家开始干预学徒与高等职业教育事务（16世纪—19世纪80年代）

（一）国家开始干预行会学徒事务（16世纪—法国大革命）

与欧洲其他国家一样，在法国中央政府开始插手国内职业教育事业发展之前，法国职业教育的主要形式是行会学徒制。法国国家开始干预国内职业教育发展必须具备两大前提条件：第一就是法国中央政府拥有对世俗事务的干预权限；第二就是行会制度逐步退出历史舞台。以上两大前提可能同时出现，也可能依次产生，它们合力推动了法国国家职业教育立法制度的出现。

法国是一个特殊的国度。12世纪末期，法国出现了三位伟大的国王，他们使法国世俗政府的权力得到进一步强化。特别是在国王菲利普四世执政期间，当时欧洲社会的精神权威——罗马教皇还变成法国"国王的囚徒"。菲利普四世之后的几个世纪里，法国国王又先后取得了国内高级主教的任命权和教会财产的支配权。路易十四即位后，他并不满足于以上权力，1682年，他召集法国的高级教士，通过了著名的《四条款宣言》，重申王权独立于教权，罗马教皇不得有任何侵犯法国教会自由或权力的行为。该宣言通过后，法国的王权发展到前所未有的高度。

由于行会与国家经济命脉息息相关，对包括行会在内的经济管理部门进行国家干预在法国世俗政权看来就是顺理成章的事情。早在1581年，法国的皇家法令不仅为工场手工业如何运行确立了基本的指导方针，还要求所有城市的工匠和商人组建法人社团，且社团运行的规则必须提交皇家批准①。1581年皇家法令是法国世俗政府干预行会事务，其中也包括行会学徒事务的开始。其后的1597年和1673年，法国又多次颁布了类似的法令。特别是路易十四在位期间所颁布的1673年法令，设置了从中央到地方的层层控制系统，行会制度被置于政府的层层管理和控制之下。整体来看，尽管此时期行会作为自治机构的性质并未改变，但是政府对行会严格的监控却成为行会身上难以摆脱的一道紧箍咒。比如，法国政府并未剥夺行会对产品的展销和质量检查权，但是却对行会的一些行为进行了严格监控，如若纺织品达不到规定的经纱数及一定的长度、宽度或重量，就要被公开焚毁。政府的监控并未因此减缓法国手工业发展的速度，至17世纪末，法国已有近200家手工工场②，行会组织和学徒数量在此时期也得到了较大程度的发展。截至18世纪早期，巴黎的行会数量已经由1600年的大约85个增至110多个。在卡昂，1720年共有69名新师傅和雇主加入了25个不同的行会组织，1748年有113人加入了28个行会组织。此外，当时的资料还显示，从1755年4月到1775年12月，近2.8万名青年男女登记成为巴黎不同行会组织的学徒③。从学徒制本身的运行情况来看，尽管有政府的监控，但是由于国家插手的力度并不大，行会作为自治机构的性质总体变化不大，法国学徒管理的规则也没有发生根本性的转变。

（二）国家开始干预高等职业教育事务（法国大革命—19世纪80年代）

法国大革命以暴烈的手段摧毁了束缚法国的旧制度，开启了法兰西历史的新纪元。在这场历时10年的革命中，法国人不仅将国王送上了断头台，还抵挡住了欧洲反对势力的攻击，建立起了共和国。法国大革命爆发之前，法国政府就已经开始积极推动工业化进程；法国大革命爆发后的次年，法国政府在取消旧省、建立新省的同时，颁布了推动国内商品自由贸易的法令，废止了过去严重束缚国内自由贸易的关卡厘金和过境费，1791年还进一步颁布了取缔行会制度的《勒沙普

---

① Crowston C，Lemercier C. 2019. Surviving the end of the guilds：Apprenticeship in eighteenth- and nineteenth-century France//Prak M，Wallis P. Apprenticeship in Early Modern Europe. Cambridge：Cambridge University Press：282-308.

② 徐吉贵. 1996. 世界全史：世界近代中期经济史. 北京：中国国际广播出版社：49.

③ Crowston C，Lemercier C. 2019. Surviving the end of the guilds：Apprenticeship in eighteenth- and nineteenth-century France//Prak M，Wallis P. Apprenticeship in Early Modern Europe. Cambridge：Cambridge University Press：282-308.

里安法》，宣布任何人都有从事工商业活动的自由。这一时期，行会作为一个传统的、保守的机构被法国政府取缔，行会曾经对各行业所拥有的控制新成员进入、监督行业质量标准执行等的垄断特权也一同被抛弃了。但是，由于学徒制是行业培训新生代工匠或工人的重要手段，在其他替代手段还没有成形且没有大规模出现之前，其仍然被保留了下来。从1791年起的近两个世纪，由于没有了行会组织，虽然一名徒工如何成为师傅的具体要求不甚明确，且也没有正式的学徒证书颁发给学徒，然而，许多父母仍然与师傅继续签订学徒培训合同，我们从这一时期仍然在频繁使用的用来描述青少年社会地位的术语——"学徒"一词中就可以明显地感受到这一事实。特别地，当某些父母没有能力为青少年提供监护服务或青少年失去父母时，宗教或慈善机构则会负责护送青少年进入某行业做学徒。由于学徒依然是青少年接受职业培训的主要渠道，学徒在青少年人口中的比例依然非常高。比如，1848—1851年，巴黎一家商会的调查显示：该行业约有19 000名学徒，即每17名工人中就有一名学徒，且很可能每4名青少年中就有一名学徒；其中，约6000名学徒的学徒期为四年或四年以上，近11 000名学徒与他们的师傅住在一起，近13 000名学徒没有工资[①]。

取缔行会，任由学徒培训自由发展，并不代表法国政府对职业教育置之不理。自启蒙运动时期始，为了取代教会对教育的控制，法国的启蒙思想家，如拉夏洛泰（Louis-René de Caradeuc de La Chalotais）、罗兰（Baltheley Rolland）、弥勒波（Comtede Mireabeau）、杜尔哥（Annt-Robert-Jacgues Turgot）、塔列兰（Prince de Talleyrand）、孔多塞（Marquise de Condorcet）、狄德罗（Denis Diderot）、爱尔维修（Claude Adrien Helvétius）等曾先后著书立说，宣扬国家办学的理念，建议创建完整的国家教育制度，其国家主义的学说对法国大革命及其之后的国家办学有着深远的影响。法国大革命时期，革命政府没收了教会财产，遣散了教会教师，关闭了教会中学，打破了教会对教育的垄断，甚至使法国在大约10年或更长的时间里几乎没有中学。拿破仑篡夺法国大革命成果后，作为国家教育管理体制的坚定支持者，在法国建构了由帝国大学、30人评议会、27个大学区、各级学校组成的教育管理系统，同时，除了将小学留给教会办理外，拿破仑政府还直接（或由其授权的代表）建立、指导、检查和资助国立中学，提倡市镇创办市立中学，该类学校除了能够获得各省的援助和中央政府补贴外，几乎所有的费用都由市镇承担。与此同时，法国还将几乎所有教育机构的管理权集中到了政府手中，国立和市立中

---

① Crowston C，Lemercier C. 2019. Surviving the end of the guilds: Apprenticeship in eighteenth- and nineteenth-century France//Prak M，Wallis P. Apprenticeship in Early Modern Europe. Cambridge: Cambridge University Press: 282-308.

学自然也在国家完全的监督和指导下[1],"其权力延伸到教育活动的每一个细节,其中包括制定统一的课程和统一的标准,以及通过许多的正式考试来实施教育监督"[2]。

从高等职业教育的角度来看,法国大革命时期,革命政府也曾创办过一所矿业学院和一所工业学校,以训练政府工程人员[3]。拿破仑执政后,在他的直接倡议下,以巴黎理工大学、巴黎高等师范学校,以及一批军事院校和一批桥梁和道路学校、矿业学校、皇家建筑学院等专科院校的建立为标志,拿破仑政府的一些部委直接创办和管理的高等职业院校得以迅速出现,其毕业生作为公务人员直接进入这些公共部门就业。拿破仑政府之后,法国出现了4所由中央政府工商业部创建的高等技术学院,如1829年巴黎培训多领域工程师的贸易和工业类中央学院就是其中的一所。由于这些机构学费高昂以及学额非常少,能进入该类机构的人数是非常少的[4]。

除了法国中央政府各部委直接创办的高等职业教育机构之外,受制于法国工业化的整体水平,此时期,法国中等及以下层次的职业教育仅是零星出现,且由于国家无暇他顾,此类学校更多的是地方私立学校或市属学校。1803年,由拿破仑提议创建的工艺学校出现,但截至19世纪上半叶,法国仅有3所该类型的、中等层次的、具备公共教育性质的工艺学校[5]。1833年6月,法国七月王朝以首任教育部长基佐名义颁布的《基佐法案》(Guizot Law)出台,要求法国建立国民教育制度。《基佐法案》将小学教育分为初等、高等两级。该法案虽然没有提出强制义务教育的规定,但却明确要求每个市镇要建立一所初级公立小学,为学生提供读、写、算以及生活上所必需的最基础的知识教学,以及通过道德与宗教教育,使学生虔信上帝,遵守法规和社会秩序。此外,该法案要求在较大的城镇和城市建立高等小学,以商业、农业或工业职业准备的形式提供小学之外的教育机会。除了以上内容,为了保障学校运行的经费,《基佐法案》规定除了非常贫困的学生可以免费入学外,所有学校都将收取学费。该法案规定市镇委员会可以为学校征税,如有必要,各省(类似于县,大于市镇的行政单位)委员会也可以负责征收,中央政府的拨款将用来弥补办学经费的不足。从《基佐法案》的文本来看,其所提

---

[1] Farrington F E. 1915. French Secondary Schools,An Account of the Origin,Development and Present Organization of Secondary Education in France(2nd). New York:Longmans:103.
[2] Male G A. 2021-11-08. Education in France. https://files.eric.ed.gov/fulltext/ED046810.pdf.
[3] 徐吉贵. 1996. 世界全史:世界近代中期经济史. 北京:中国国际广播出版社:52.
[4] Pombo C,Ramirez M T. 2022-09-27. Technical education in England,Germany and France in the nineteenth century:A comparison. https://www.researchgate.net/publication/5007799.
[5] Graves N J. 1964. Technical education in France in the nineteenth century:I. The Vocational Aspect of Education,16(34):148-160.

议创建的高等小学已经具备明显的职业预备教育特征。只是由于《基佐法案》并不是强迫教育法案，此时期法国政府对于职业教育的干预实际上还处于提议创建或提议开办阶段。事实上，《基佐法案》颁布后，除了巴黎、里昂、比乌尔豪斯、勒阿弗尔、杜埃等地建有少许的高等小学外，由于师资和设备的缺乏，一直到19世纪70年代乔治·萨利奇斯开始在巴黎地区的学校教授手工艺课程之前，在高等小学开展职业预备教育更多停留在纸面上。

此时期，除了以上的学校类型，法国还另有一些商业学校、师范学校、徒工学校等。1819年，巴黎出现了第一所商业学校，由于商业教育不需要多少工具和设施，《基佐法案》颁布之后，一些高等小学会在第三学年的课程中开设记账或商业管理的课程。为了向公立学校提供教师，《基佐法案》规定每个省都要建立一所师范学校来培养教师，公立学校教师证书的颁发由世俗政府承担，但师范学校出现的数量并不多。18世纪，法国兄弟会（The Christian Brothers）在圣·鲁昂采用学校教育方式取代传统学徒方式来培养学徒，这是法国徒工学校的开始。此后的1833年，约瑟夫·德奇梅王子在法国梅尔纳斯堡也创办了类似学校，学生有2/3的时间在工厂进行实践学习[1]。在19世纪上半期，徒工学校在法国仅是零星出现。进入19世纪后半期，自勒阿弗尔学徒学校作为第一所积极回应地方经济需要、专门面对工人阶层男性青少年的、公共教育性质的徒工学校出现后，以此为模板，巴黎市政府决定创建自己的徒工学校。整体来看，此时期法国大多数的徒工学校与商业或师范学校类似，多是由地方层次的各类机构倡议创建的私立学校或市属学校，各类学校所获资助具有零散性、缺乏计划和协调一致性等特征，由国家创建、推动、监管的完整的职业教育系统还没有出现[2]。

二、国家职业教育系统出现（19世纪80年代后）

法国大革命并没有为法国带来真正的自由、平等和博爱，在其之后的200多年时间里，法国政局一直动荡不安，除了拿破仑的法兰西第一帝国之外，法国先后经历了复辟王朝、七月王朝、第二共和国、第二帝国、第三共和国等多个不同的历史时期。尽管政局动荡不安，但是在英国工业革命的直接影响下，英、法两国的工业竞争却一刻也没有停歇，法国的机器工业在竞争中得以迅速发展。比如，

---

[1] Graves N J. 1964. Technical education in France in the nineteenth century: I. The Vocational Aspect of Education, 16 (34): 148-160.

[2] Graves N J. 1964. Technical education in France in the nineteenth century: I. The Vocational Aspect of Education, 16 (34): 148-160.

拿破仑专政结束时，法国的毛织品产量增加 3 倍，生铁产量增加 1 倍多，此外，法国还建立起了一批规模较大的工业企业。1815—1848 年（即波旁王朝和奥尔良王朝统治时期），工业革命在法国大规模展开。资料显示，1847 年，法国的产业工人已经发展到 100 万人，法国几乎所有的工业部门都确立了工厂制，至 19 世纪 60 年代，法国工业革命基本完成，法国由一个落后的农业国一跃成为仅次于英国的工业强国[1]。也正是在这一长期比拼的氛围中，恰逢普法战争中法国战败，加之同期在巴黎世界博览会上，其他国家丰富的工业产品的出现，也使法国民众增添了更多的心理压力。当时法国商务部官员就曾明确指出：除非提高工人生产率，否则法国在世界工业市场上的地位将受到威胁[2]。尽管在肯定国家干预职业教育方面，民众很快就达成了共识，但是在究竟创建与公共教育系统融合的还是独立的系统方面却存在两种声音，为此，法国专门成立了调查委员会。该委员会很快一分为二，其中参议员柯本（Senator Corbon）率领的委员会支持创建合并的系统，该委员会认为尽管在初等学校进行过于专业的职业教育是不现实的，也是没有必要的，但是，为所有学生奠定未来从业所必需的手工技能基础，无论对于学生职业的、身体的、智力的发展，还是促进教育平等理想的实现都是非常必要的，因此应该在每一所初等学校附设工作间，有可能的话从幼儿学校就开始这样的训练也未尝不可[3]。由参议员托兰（Senator Tolain）率领的委员会则支持创建分离的系统。该委员会提议将法国行业分为由一系列密切联系的子行业组成的母行业（parent industries）和特定行业（special industries）两大类[4]，基于莫斯科帝国技术学院所提供的宝贵经验[5]，国家在为母行业创建独立的手工学徒制（manual apprenticeship）或行业学校（trade schools）时，能非常方便地在同一个时间为所有子行业内的学

---

[1] 伍纯武．1912．法国社会经济史．北京：商务印书馆：16-28.

[2] George A M. 1963. Education in France. Washington：U.S. Government Printing Office：131-156.

[3] Bennett C A. 1937. History of Manual and Industrial Education，1870 to 1917. Illinois：Chas. A. Bennett Co.，Inc.：136-140.

[4] 诸如家具制造行业就被认为是一种母行业，该行业是由木工、橱柜制造、室内装潢、木雕、镶嵌、制锁等工种构成的，而鞋匠和裁缝业等被认为是特定行业。

[5] 1868 年，莫斯科工艺学校被重组为莫斯科帝国技术学院。维克多·戴拉·保斯（Victor Della Vos）校长抛弃了传统以来的学徒方法，在学校场景中，对学校惯常的教学组织和教学方法进行了改革。首先，他提出只有在完成文化课学习之后，才能进入相应的实践环节；其次，为了能够在最少的时间内最大限度地对更多学生进行技能辅导，他将产品的生产过程划分为几个部分，并按照由易到难的顺序将其排列成一定的教学程序，在一个连续的时间段内给予学生系统的操作技能与实践知识。保斯校长的改革无疑掀开了职业教育史崭新的一页。1870 年在圣彼得堡工业展览会上，莫斯科帝国技术学院的工艺教学方法引起了轰动，迅速地扩展到了俄国全境，进而又通过 1783 年维也纳国际博览会、1876 年费城国际博览会、1878 年巴黎国际博览会、1893 年在芝加哥举办的哥伦比亚博览会等向欧美各国传播（资料来源：荣艳红．2014．美国联邦职业技术教育立法制度发展历程研究．北京：科学出版社：1-15）。

生提供基本的理论教学和手工训练，且这一做法也非常符合效率的原则。该委员会还建议巴黎市在已经运行良好的木工和金工学校之外，再成立其他三类学校：第一，家具业学校；第二，建筑业学校；第三，制造各类精密工具，如电报机、钟表、手术器具等的学校。对于特定行业或较为独立的行业，该委员会建议行业制造商应该承担起培养学徒或创建学校的责任，而为了达成特定目标，市政当局也可以为这类行业培训提供公共补助。

1880年12月11日颁布的《手工业学校法》是两派妥协的产物。该法案的重要规定之一是：在公立学校内为学生提供一般的手工技能培训。该培训并不针对任何特定行业的需求，其培训的目的在于培养青少年未来从业所必备的灵巧性并给予其必备的基础知识。《手工业学校法》颁布后的第二年，法国颁布的1881年和1882年两部《费里法案》进一步确立了国民义务教育强迫、免费、世俗三条原则，为近百年法国国民教育的发展奠定了基调[1]。基于《费里法案》的法律基础，以及1880年《手工业学校法》的规定，在初等学校提供手工技能培训就变成了法国强制义务教育的一部分。

1880年《手工业学校法》还有另外一个重要的规定，即在高等小学或中间类学校建立附属工业学校，在附属学校车间内对学生进行工业实践或技术教学，以上两类学校由公共教育部长、农业和商业部长共同管理。该法案是法国国家对职业教育实施全面控制的开始，也是法国成体系的职业教育机构出现的标志[2]。正是从这一时期起，法国中央政府开始全面插手高等职业教育以外的初、中等学校职业教育的创建与管理。该法案颁布后，系统的、由国家创建与监管的学校职业教育逐步成为法国职业教育的主要形式。此外，伴随着国家职业教育管理体制的创建，国家的触角还延伸到了继续职业教育领域，法国职业教育领域全方位的国家控制逐步成型。

《手工业学校法》颁布后，虽然双重管理体制在各方协调方面仍然存在很多困难，但总体来看，以上两类职业教育系统发展得都还不错。比如，在1881年《费里法案》颁布之前，巴黎的一些公立学校就已经在校内创办了手工训练车间（manual-training shops）。1880年，巴黎共有这样的培训车间12个，1881年是27个，《费里法案》颁布后的1883年是67个，1888年是99个[3]。此外，法国高等小

---

　①　1936年，法国义务教育扩大到14岁以下的儿童；1959年，博索因改革（The Berthoin Reform）延长了法国义务教育的年限，要求16岁以下的儿童必须接受强制义务教育，且取消了中小学的双轨制（资料来源：George A M. 1963. Education in France. Washington：U.S. Government Printing Office：46-76）。

　②　Graves N J. 1964. Technical education in France in the nineteenth century：I. The Vocational Aspect of Education，16（34）：148-160.

　③　Bennett C A. 1937. History of Manual and Industrial Education，1870 to 1917. Illinois：Chas. A. Bennett Co.，Inc.：122.

学的发展也逐步加快。例如，法国在 1895 年、1905 年和 1913 年所拥有的高等小学数各为 260 所、332 所、450 所，对应的学生人数分别是 33 000 名、45 000 名和 55 000 名①，专门为商业、农业或工业进行职业准备的高小附设车间的数量也快速增加。只是这一时期，为了理顺管理体制，1892 年法国还专门将高等小学从教育部划归商业部管辖，此举在当时看来是有着积极意义的，但是从长远的角度来看，该举措进一步强化了法国职业教育与公共学校系统分而治之的传统②。除了以上变化，1880 年《手工业学校法》颁布后，法国在阿尔芒蒂耶尔、瓦龙和维耶尔宗市共创建了 3 所专门开展普通知识和技能教学的国家工业学校（后又增加 1 所）。这几所学校多由幼儿学校（服务 4—7 岁幼儿）、初等学校（服务 7—12 岁青少年）、高小或中间学校组成，且手工训练是学校教学计划的重要内容③。尽管这几所学校创办的初衷很好，但是从整体来看，这几所学校还无法完成为法国工业发展培养能够即刻用得上的人员的使命，其主要原因是，一方面，该类学校手工培训课程所占的比重非常小，比如，在中间学校里，其每周共有 30 个小时的教学时间④，其课程包括法语、其他的一门现代语言、写作、法国史、算术、代数、几何、薄记、会计等，手工培训课程仅仅是其完整课程体系的一小部分；另一方面，这几所学校的毕业生大多离开了工业界，当然，尽管有少部分毕业生成了工头或监工，但他们很少能够直接为工业生产服务。

为了弥补以上缺憾，根据 1892 年法国一个财政立法的规定，法国出现了由工商业部创建管理的新型工商业学校，这类学校与之前的国家工业学校的不同在于：该类学校成立的目的是满足工商业界所需要的、能够直接在会计室和车间独当一面的技术人员。此外，该类学校尤为重视实践教学，其每周 25—30 小时的教学时间几乎全部用于实践教学。1892 年法律标志着真正的工业技术教学在法国公共教育系统中的出现，也是法国政府干预职业教育发展的又一个重要标志。该法颁布 5 年后，法国共出现了 18 所这样的公立工商业学校，至 1902 年，该类学校的数量增加到 34 所⑤。此时期，除了法国工商业部创建的实践学校，巴黎市也引领风尚，

---

① Pombo C，Ramirez M T. 2022-09-27. Technical education in England，Germany and France in the nineteenth century：A comparison. https://www.researchgate.net/publication/5007799.

② Thabault R. 1956. Fiscal Management in France，Yearbook of Education. London：Evans Bros. Ltd.：373.

③ Graves N J. 1964. Technical education in France in the nineteenth century：II. The Vocational Aspect of Education，16（35）：163-175.

④ Graves N J. 1964. Technical education in France in the nineteenth century：II. The Vocational Aspect of Education，16（35）：163-175.

⑤ Bennett C A. 1937. History of Manual and Industrial Education，1870 to 1917. Illinois：Chas. A. Bennett Co.，Inc.：153.

通过资助或收购的方式，推动了市立商贸学校的出现，这类学校多以各领域名人名字命名，如专门传授建筑和机械业知识的狄德罗商贸学校，专门教授家具业专门知识的布尔商贸学校，专门传授印刷业知识的埃斯蒂安商贸学校等，该类学校致力于培养特定行业技能人才，至1900年，巴黎共有13所此种类型的商贸学校[①]。

除了国家系统的学校职业教育，20世纪80年代后，法国社会各类普及工业与科学技术知识的夜校和演讲活动十分活跃。这类活动主要由各市政机构、商会、贸易联合会、私人团体等资助或组织，国家手工业传统协会（National Conservatory of Trades and Indusrties）、多科技术协会（Polytechnic Association）、哲学技术协会（Philotechnic Association）等都是其中较为有名的机构。

自国家开始全面插手职业教育，法国的职业教育就在国家设定的轨道中运行，只是由于不同时期国家重点解决的事务不同，各个时期法律法规所重点关注的领域和采取的措施有较大差异。

比如，1919年的《阿斯蒂埃法》聚焦于特定行业的不足18岁的青年。由于当时的邻国德国，在凯兴斯泰纳等的影响下，德国18岁以下的青少年必须进入继续教育机构接受职业教育的做法已经非常普遍，效仿邻国的做法，《阿斯蒂埃法》也规定在特定行业不足18岁的青年必须参加部分时间制的学校教育，其费用来自企业缴纳的学徒税和批发税，该税大约占企业工资总额的4%[②]。政府可以为学校直接征收该税款，企业也可以自己创设学徒项目，或者将资金给予一些教育机构，让教育机构为雇员提供该类培训。该法的颁布，直接推动了法国职业教育的迅速发展。

在20世纪30年代经济大萧条时期和第二次世界大战前夕，为了降低失业率，以及为了服务于战备物资生产对于技能人才的需求，法国曾颁布了诸多强制要求无技术或失业工人参加职业培训的部长令。例如，1932年10月15日的部长令要求职业学校为无技术工人的职业培训采取相应措施，1933年1月14日的部长令规定领取市政救济金的失业青年必须参加职业课程的学习，1935年10月30日和31日两道劳工部部长令则要求各地创建再培训中心，1938年12月12日的部长令规定为私人创建的再培训中心提供额外的国家资助[③]。

进入20世纪50—60年代，由于第二次世界大战后经济的迅猛发展，法国对

---

① Bennett C A. 1937. History of Manual and Industrial Education, 1870 to 1917. Illinois: Chas. A. Bennett Co., Inc.: 140-168.

② Charles R D. 2001. Schools and Work: Technical and Vocational Education in France Since The Third Republic. Montreal: McGill-Queen's University Press: 27-52.

③ Willems J P. 1994. Vocational Education and Training in France. Berlin: European Centre for the Development of Vocational Training: 34.

于技能型劳动力的需求越来越多，同时，为了积极回应此时期戴高乐主义改革的需要，时任总理米歇尔·德布雷在"促进社会进步"的口号下，提出了一项为所有希望接受职业培训的人提供培训的计划。为了实施该计划，法国当时出台了三项法律，分别是《1959年关于社会进步的法律》（The Law of 1959 on Social Advancement）、《1959年12月关于让工会提供培训的法律》（The Law of December 1959 on Training Provided by the Unions）和《1961年12月有关成人教育的法律》（The Law of December 1961 on Adult Education）。三项法律从不同角度推动了法国职业教育与培训事业的发展，如《1959年关于社会进步的法律》规定：国家可以为与当局签订"协议"的所有公共或私人培训中心提供资助，所有接受培训中心培训的人不再只是受训者，他们有权获得报酬。该举无论对于培训中心还是对于受训者都是一种巨大的激励。

之后，在法国国家的领导下，1966年12月3日法国涉及职业指导和培训的法案最早提出了"培训假"的概念，在这之后，法国教育培训领域的其他诸多利好制度，如强制要求雇主对雇员进行生涯访谈、创建经历变能力验证系统等，也都是在国家的引导下创建的。

三、步入分权改革时代（20世纪70年代后）

正如有学者所说："法国政治和社会被两种相互冲突的趋势所主导。其中之一就是延续了许多世纪的集权化趋势，其始于法国君主统治时期，在法国大革命和拿破仑统治时期到达巅峰；另一种趋势是多样化（或分权化）的趋势，突出表现在法国的天气、景色、区域美食以及历史上的政治、社会和经济制度等方面。"[①]职业教育领域的多样化或分权化改革真正始于20世纪70年代。只是在20世纪70年代，由于行政领域的分权改革力度还不大，因此职业教育领域的分权改革仅处于初始阶段。20世纪80年代后，在行政领域分权改革加速的情况下，职业教育立法领域的分权改革真正在中央与地方、政府与社会合作者之间展开。

（一）分权改革初步展开（20世纪70—80年代）

20世纪70年代法国职业教育领域的分权改革，主要以1971年第57号法案（Law No. 1971-57），即《德洛尔法》和1972年第607号法案（Law No. 1972-607）

---

① Loughlin J. 2007. Centralization and decentralization in French history//Bell D S，Gaffney J. French Politics，Society and Culture Series：Subnational Government. London：Palgrave Macmillan：25-44.

的颁布为代表。一方面,《德洛尔法》本身就是多个部门、多种力量集体协商的结果；另一方面,《德洛尔法》和1972年第607号法案开启了中央政府职业教育管辖权在教育部与其他部委以及在行业和私营机构之间分享的做法。

1968年爆发的五月风暴不仅在一定程度上改变了法国政府政策制定的方式，且直接奠定了法国企业平等资助职业教育的基础，催生了巨大的培训市场。面对即将有更多的机构、团体加入继续教育和培训领域，为积极应对以上变化，法国颁布了1972年第607号法案，允许除教育部以外的其他部委创设各自的职业咨询委员会，以便这些部委在听取各方意见后颁发各自领域的培训证书。于是，最早是农业部和劳工部，然后是青年和运动部、社会事务部、文化部等先后创建了培训机构并于随后开始颁发各自领域的培训证书。同期，教育部也不再反对行业部门开展培训并授予各行业的资格证书，于是各行业乃至后来的私立机构等都开始加入职业教育提供和各类资格证书授予这一领域。也就是自那时起，法国国内各类职业培训机构不仅数量众多，且各自的培训目标、资金来源、管理规则、资格或证书颁发、师资资质要求等也各不相同。多部门、多行业参与职业教育的供应和管理，很快带来了相应的规范问题。1972年，法国文凭和职业资格认证技术委员会（Technical Commission for the Accreditation of Diplomas and Certificates）创建，其目的在于对不同部委、部门各类培训项目进行国家认证[①]。

当然，尽管法国继续职业教育是由多部委、多部门提供和管理的，但是20世纪80年代后半期以来，就业培训成为提升雇员的适应能力进而帮助国家对抗失业的"优先事项"[②]，主要负责辍学者、各类失业者以及其他就业困难人口就业工作的劳工部的地位得以大大提升，目前该部已经成为与教育部并列的职业教育提供和管理的两大机构之一。其中，学校模式的初始职业教育（其中包括高中和中学后职业教育）绝大多数归教育部主管，16岁以后人员的继续职业教育则主要划归到劳工部的管辖范畴。

（二）分权改革进一步开展（20世纪80年代以来）

1. 进一步开展分权改革的原因

20世纪80年代以后，有几大原因推动着法国职业教育进一步的分权改革。

[①] 2000年后，根据2002年第73号法案（The Law No. 2002-73，其又被称为《社会现代化法》），法国创建了国家资格框架（National Qualifications Framework-RNCP），旨在规范国内名目繁多的各类证书、资格证书的颁发行为。

[②] Paddeu J, Veneau P, Meliva A. 2021-08-01. French national qualification framework: Its genesis, working and new challenges. https://halshs.archives-ouvertes.fr/halshs-02890938.

首先，法国地方分权政治体制改革的推动。第二次世界大战后，法国中央政府难以顾及地方的权力，各地基础设施薄弱，经济发展缓慢。为了解决以上问题，1955年法国先是创建了21个大区，之后伴随着分权意识被更多人认可，1958年法国宪法第一章第二条还将地方分权作为国家的组织模式[①]，但是该思想更多停留在文件中。自20世纪70年代，在石油危机和福利国家的双重压力下，法国传统的官僚管理体制由于权力过于集中、僵化和低效而被民众诟病，密特朗（Francois Mitterrand）总统在任职期间，基于1972年第619号法案（Law No. 1972-619）中给予大区法人地位和预算权这一规定，于1982年3月颁布了《地方分权法》（Decentralisation Law），规定"扩大大区、省和市镇民选机构在行政和财政方面的自主权，原由中央政府直接任命的省长改成'共和国专员'，其职权被大为削弱"[②]。《地方分权法》不仅深刻地改变了国家、大区、省和市镇之间的关系，而且为巩固地方分权成果，法国还开启了一系列的立法进程，如2003年修订了宪法、2004年颁布了关于机构重组的第758号法案（Law No. 2004-758）和关于地方自由和责任的第809号法案（Law No. 2004-809）、2015年又颁布了关于地方不同层级管理机构权力分配的第991号法案（Law No. 2015-991）等，诸多法案从宪法原则、组织机构、财政保障和具体权利与义务划分等方面确保了地方机构的各项权力，使包括职业教育管理在内的一些原本隶属于中央政府的权力逐步转移到了地方政府手里。

其次，经济形态转变对于管理形态转变的要求。第二次世界大战后，法国经济在进一步工业化的过程中，经历了先国有化再私有化的转变，相应地，其管理手段也经历了从加强管制到放松管制的转型。有学者曾明确指出，法国是"国家传统的土地"，法国的高级官员肩负着领导和计划的天然使命，因为"国家……在英国人或美国人之前2—3个世纪就以这种或那种形式活跃地参与了实业活动"[③]。第二次世界大战后，法国的左右翼政府都继承了这一传统，他们普遍认为，面对千疮百孔的国内经济，只有采取促进经济增长和国家现代化的策略，才能恢复法国昔日的国际声望和国力水平，而强有力的由国家推动的工业化，才是经济恢复和国家振兴的保障[④]。在这一思想的指导下，法国政府一方面进一步推进工业化，

---

① Sauviat A. 2017. Decentralisation in France：A principle in permanent evolution//Ruano J，Profiroiu M. The Palgrave Handbook of Decentralisation in Europe. Cham：Palgrave Macmillan：157-200.
② 陈文海. 2014. 法国史（修订本）. 北京：人民出版社：519.
③ 费尔南·布罗德尔，欧内斯特·拉布鲁斯. 1990. 法国经济与社会史（50年代至今）. 谢荣康，黄文杰，董平等译. 上海：复旦大学出版社：79-80.
④ Boissieu C D，Pisani-Ferry J. 1998. The political economy of French economic policy and the transition to EMU//Boissieu C D，Pisani-Ferry J. Forging an Integrated Europe. Ann Arbor：University of Michigan Press：1-46.

如 1969—1973 年法国工业化运动达到了高潮[1]；另一方面，在 1985 年之前，法国共进行了三次较大规模的国有化改革，通过收归国有、创建国有企业或国有控股企业等方式，对能源、交通、运输、银行、信贷、保险等关键领域实施了强有力的国家控制。资料显示，密特朗总统执政时期，国有企业的产值在工业总产值中的比重上升到 21%，增加值占全国国内生产总值（gross domestic product，GDP）的 13%[2]。同期，为了提升企业的竞争力，法国第 5 个五年计划（1966—1970）还敦促国家采取一系列立法和财政措施促进企业的合并和集中，1950—1972 年，法国记录在案的企业合并事件共计 3176 起[3]。工业化与国有化的叠加效应，不仅使法国的生产经营方式具备了典型的工业国家的特征，与之相配套，国家主导的统一的工作分类机制和相对一致的薪酬、社会保障机制也陆续创建。但是，20 世纪 70 年代的石油危机使企业利润下降，其后的经济全球化和欧盟经济一体化进程并行发展，使得不同层次、类型的全球或区域经济集团和组织之间的关系错综复杂，加之伴随着通信技术、计算机技术和信号处理技术的突飞猛进，法国新经济也发展较快，据估算，1969—1999 年，信息通信技术对法国 GDP 的年均贡献率大约在 0.2%[4]。为了更好地应对挑战，与其他西方国家政府类似，法国政府逐步意识到企业作为社会财富的来源，应该成为社会关系的中心，而国家的作用应该有所限制[5]。为了使企业能够在知识经济和全球化浪潮中活下来并繁荣发展，法国政府在行政分权改革的同时力推经济自由主义，试图借助放松经济管制、减少政府补贴、国企私有化、消除贸易和投资壁垒等手段，让企业拥有更多决策权，同时敦促社会合作者发挥好各自的角色。

最后，应对高失业，尤其是青年高失业问题的需要。法国职业教育管理模式的转型还与法国致力于解决各类人口的高失业，尤其是青年人口的高失业问题有关。从 20 世纪 70 年代初石油危机爆发一直到 20 世纪 90 年代中期，与世界其他工业强国一样，法国的经济陷入了一种长期的、顽固的停滞不前和不景气状态。与此同时，由于第二次世界大战后婴儿潮期间出生的人口陆续进入劳动力市场，加之女性就业人口的增多，以上情况与经济滞胀叠加，对法国劳动力的就业产生了极为不利的影响，法国的失业率长期居高不下。1975—1990 年，法国劳动力的

---

[1] 弗朗索瓦·卡龙. 1991. 现代法国经济史. 吴良健，方廷钰译. 北京：商务印书馆：153.
[2] 郎昆，冯俊新. 2020. 德国、法国国有经济：发展历程和经验启示. 法国研究，(4)：85-95.
[3] 弗朗索瓦·卡龙. 1991. 现代法国经济史. 吴良健，方廷钰译. 北京：商务印书馆：267.
[4] Cette G，Mairesse J，Kocoglu Y. 2021-07-15. The contribution of information and communication technology to French economic growth. https://www.bis.org/publ/cgfs19bdf2.pdf.
[5] Parsons N. 2005. French Industrial Relations in the New World Economy. London：Routledge：84-85.

平均失业率高达10%[1]，2000年之后，这一情况并没有多少好转，2003年法国平均失业率为8.46%，2014年为9.86%[2]。其中，青年的失业问题尤其严重，1992年，15—24岁青年失业率比社会平均失业率高8个百分点，2013年青年失业率甚至攀升至23.9%[3]。为了遏制失业率的上升，法国政府重点关注了一些可能的高失业人群，而更好地发挥包括企业在内的各类社会合作者的作用，调动雇主和社会合作者的积极性，让他们更多参与职业教育的管理工作，及时将市场需求反馈给各类职业教育机构，也成为解决青年失业问题的良方。

2. 职业教育领域的进一步分权

法国职业教育领域的分权改革主要在两大领域展开。

首先，在行政管理领域进行分权改革。将法国高中层次的初始和继续职业教育的管理权限更多地从中央转移到了大区的肩头。比如，根据2004年第809号法案，大区政府拥有创建教育机构、开展市镇和乡村规划的权力；省级政府主要负责社会安全、团结等领域的事务；市镇则对本区域的公共服务事业拥有管辖权[4]。2015年第991号法案又进一步明确了大区对于交通（特别是学校交通）、高中、就业协调以及环境保护等方面的领导地位[5]。目前，法国的公立学前和初等教育主要由市镇管理，初中由省级政府管理，高中（包括普通、技术和职业三大类高中）主要由大区负责，中央政府管理高等教育[6]。大区作为承担高中层次初始和继续职业教育责任的最主要的行政机构，在地方职业教育的规划、资助、管理、咨询等方面拥有诸多的权限。

其次，推动权力在社会合作者之间进行分享。在20世纪70年代改革的基础上，20世纪80年代以较大力度推动职业教育领域分权改革的法案是1984年第130号法案，即《瑞格奥特法》，该法是1971年《德洛尔法》的修正法案。它是在职业培训部部长马塞尔·瑞格奥特（Marcel Rigout）的带领下，将1982年的一个跨专业协议转化为法律的。该法除了要求向少于10名员工的企业征收其员工工资总额0.10%的培训税，还提出要扩大社会合作伙伴在企业委员会和行业部门层面就

---

[1] 沈坚. 2000. 当代法国——欧洲的自尊与信心. 贵阳：贵州人民出版社：67.

[2] Schreiber-Barsch S. 2021-07-16. Adult and continuing education in France. https://www.die-bonn.de/doks/2015-frankreich-01.pdf.

[3] Schreiber-Barsch S. 2021-07-16. Adult and continuing education in France. https://www.die-bonn.de/doks/2015-frankreich-01.pdf.

[4] Sauviat A. 2017. Decentralisation in France: A principle in permanent evolution//Ruano J, Profiroiu M. The Palgrave Handbook of Decentralisation in Europe. Cham: Palgrave Macmillan: 157-200.

[5] Sauviat A. 2017. Decentralisation in France: A principle in permanent evolution//Ruano J, Profiroiu M. The Palgrave Handbook of Decentralisation in Europe. Cham: Palgrave Macmillan: 157-200.

[6] Tuppen J. 1988. France under Recession, 1981-1986. London: The Macmillan Press: 234.

继续职业教育进行谈判的能力,此外还要加强继续职业教育服务供应商提供服务的透明度。《瑞格奥特法》之所以更为强调企业员工的代表性,以及对雇主制定企业层级的培训计划提出更多要求,主要是20世纪70年代末以来,企业层级谈判中的工人代表问题一直是法国劳工民主联盟(French Democratic Confederation of Labour)所关注的问题。当时,工会、社会党和共产党都认为,职业培训计划之所以在企业层面不起作用,主要原因是培训计划制定过程中没有邀请工人代表,为此他们呼吁在更大的民主议程背景下,在工作委员会制定新的培训计划的进程中,要有更多的工人代表参与。事实上,1983年《奥鲁克斯法》(Auroux Laws)已经抢先一步将以上思想正式列入政府议程。《奥鲁克斯法》进一步完善了企业层面的协商程序,给予了工会代表在企业层级进行协商的重要权力,随后的《瑞格奥特法》第二条款则将《奥鲁克斯法》中已经存在的工人代表原则扩展到了职业培训领域。

《瑞格奥特法》之后,法国职业教育领域的分权改革持续深化。一系列法律致力于推动以下两方面的发展。首先,在国家层面职业教育立法过程中,进一步鼓励区域以及社会合作者积极参与立法进程。目前法国大多数的职业教育立法首先经过多方协商,先签订各方认可的跨专业协议,之后才递交到议会上升为国家法律。其次,进一步完善微观层面的对话协商制度。比如,2014年第2018号法案除了进一步加强了各大区作为终身学习和职业指导关键角色的作用之外,还要求雇主要对雇员进行生涯访谈,要为雇员出具技能评估报告等,以便更好地服务于雇员的生涯发展需要。

职业教育领域的分权改革是将先前由中央政府控制的方方面面,划分给了地方和社会合作者共同负担,这对于改变法国过于集中的职业教育管理体制非常有益。当然,分权改革仅仅是职业教育立法改革进程中一种较大的变革,此时期,与分权改革同步,法国职业教育立法在确保普通民众的职业教育培训权利、促进普职融通、推动更多的人获得更高的职业资格等方面也有较大的进展,限于篇幅,本书不再对这些内容做独立的剖析。

第三节 自由放任基础上的渐进变革:
英国职业教育立法的路径选择

作为与劳动力培养密切相关的法律制度,英国职业教育立法在形成过程中具备两大典型的特征：自由放任与渐进变革。所谓的"自由放任"主要是指英国职业教育立法没有授权政府直接办学，也没有授权政府采用行政命令方式要求不同机构如何办学，而是在民间办学或企业培训的基础上，采用将中央政府补助与民间或半官方机构组织考试、颁发证书组合起来的市场经济手段来引导这一事业的发展，这就是所谓的"自由放任"。所谓的"渐进变革"主要是指英国职业教育立法体系不是一下子就形成了目前较为固定的做法，而是在保留"自由放任"内核的基础上，根据党派利益和时代要求等，不断对政府与市场关系进行微调，先后经历了强化政府管制—放松—再强化—再放松等多个历史阶段，逐渐形成了目前的状态。当前，市场经济管理手段依然是英国职业教育立法采用的主要手段，但是，政府干预的痕迹亦非常明显。

一、不得已的插手（16 世纪—工业革命）

英国是近代继西班牙、葡萄牙之后出现的海上强国，也是较早开展海外贸易的国家。16 世纪中期，在教会功能衰落、民族国家形成之际，受英国毛纺织业发展、呢绒输出以及圈地运动等的影响，一方面，英国短期劳动力缺乏；另一方面，社会转型所带来的贫富加剧、社会混乱等又使得英国的流浪汉和乞丐达到了前所未有的规模。考虑到此时期行会已经受到了巨大冲击，为了限制社会闲散人员流动且继续发挥传统学徒制在人才培养方面的功能，1563 年英国政府借鉴伦敦城市行会的做法，颁布《工匠法》（Stature of Artificers），将国家立法作为行会法规的重要补充。《工匠法》授权地方治安法官强迫失业的工匠从事畜牧业生产，要求所有在英格兰和威尔士的手工师傅每人最多招收 3 名学徒，所有求职者必须经过 7 年的学徒期才能就业，此外，为了抑制人员向高工资地区流动，地方治安法官和行会分别对农村、城镇地区工人的工资上限负有管理责任[①]。1601 年的《济贫法》（Poor Law）作为先前法律逻辑的自然延续，规定作为济贫管理机构的教区有权与教会执事和教区监督者共同确定济贫税率并强行在本教区征收济贫税，教区要利用这一税款为老弱病残者创建救济院，为没有生计的穷人提供生产工具或原材料，将贫孤儿童送到工厂当学徒[②]，尽管《工匠法》《济贫法》有着远多于职业教育的内容，但这两部法律都是在传统机构——行会无力解决当前矛盾的情况下，中央

---

① Laurie I. 2013. "All the world's a stage": Acting out the government-supported apprenticeship programme in England. University of Southampton：31.

② Anonymous. 2020-12-26. The Old Poor Law. https://www.workhouses.org.uk/poorlaws/oldpoorlaw.shtml#google_vignette.

政府插手国内劳动力市场发展和职业教育的典型代表。从其插手的方式来看，传统职业教育——学徒制的主渠道维持不变，这些法案只是将学徒制的管理机构由原来的行会、雇主和地方转变成了政府/行会、雇主和地方[①]。与此同时，这些法案主要采用规定最高工资、征税、补助等经济手段来调控职业教育的发展。尽管以上法案的实施效果并不理想，但是英国政府立法的倾向、管理理念和管理原则却在其后两个多世纪的时间继续存在，可以说，英国职业教育立法的路径以及政府管理职业教育的基调就是在此时期奠定的。

二、自由放任特征形成（工业革命—20世纪初）

工业革命爆发以来，面对不断扩大的工农业、贸易和金融市场，为推动英国经济更好发展，国内有识之士不断呼吁政府放松管制。1820—1860年，英国政府取消了限制贸易自由的大部分法律，且创建了主要依靠市场价格机制、供求机制和竞争机制等对资源配置发挥基础性、决定性作用的市场经济管理体制，英国迎来了自由放任的经济管理时期。经济运行和管理体制的变革使自由主义经济原则逐步取代重商主义原则，以阻止人员自由流动为初衷的《工匠法》很快就在1814年被取缔，但学徒制在对实用技能要求很高的行业中仍然流行，并逐步渗透到工程、造船、管道和电气等新兴行业[②]。1814年之后，面对新的劳动生产方式对于掌握部分生产技能劳工的需求急剧增加，除了传统的学徒制，对民众职业、技术教育发挥较大引导作用的是众多的机械师讲习所（mechanics institutes），以及英国促进工艺、制造业和商业协会（Society for the Encouragement of Arts，Manufacture，and Commerce，简称工艺协会，1908年被冠以皇家头衔）等机构和组织。

作为自发形成的民间机构，机械师讲习所主要是通过一些巡回演讲或新产品展示活动让民众意识到新工艺和科学发展的水平，同时助推成人技术教育。1851年伦敦世博会的召开让民众感受到了来自他国的竞争压力，并进一步认识到了科学技术教育的重要性，于是一批社会有识之士呼吁政府资助或创办工人阶级可以接受的教育，提议机械师讲习所在工人教育方面应发挥更大的作用，同时借助工艺协会在技术领域创建国家认可的考试和证书制度，以推动英国科学技术教育的发

---

① Laurie I. 2013. "All the world's a stage": Acting out the government-supported apprenticeship programme in England. University of Southampton：33.

② Mirza-Davies J. 2020-08-27. Apprenticeships policy，England prior to 2010. https://commonslibrary.parliament.uk/research-briefings/cbp-7266/.

展①。伦敦世博会后,英国职业教育基本沿着这一方向前进。

英国政府于1853年成立了科学和工艺部(Science and Art Department),其主要的职责是借助中央政府的专项补助,推动科学、技术教育的进步。该补助方式出现后,中央政府立法资助科学技术教育逐步成为其惯用的方式。例如,1889年《技术教育法》(Technical Instruction Act)授予地方当局征收一便士税的权力,以便为中学技术教育提供资助和奖学金;1890年《地方税收法案》(Local Taxation Act)授权政府征收葡萄酒和烈酒税,将筹集的资金(称为威士忌钱)用于支持技术教育②。

伦敦世博会后,各类机械师讲习所也开始关注工人阶级的教育,在各地创办了为培养泥瓦匠、木工或技工等的绘图教室、纺织教室、设计学校、编织学校等继续教育类机构,而且由科学和工艺部补助的初等夜校也在各地出现③。需要补充的一点是,1870年《初等教育法案》颁布后,英国政府要求在教育能力不足的地区建立地方学区,由地方学区为当地儿童提供充足的学校教育,而创办和维持学校的成本由地方税收来维持,中央政府为其提供补助。地方学区以及1902年之后出现的地方教育管理机构,逐步接手了主要由机械师讲习所创办的各类初、中等科学、技术教育机构,当然也有部分讲习所转变为继续教育学院(further education colleges)和高等技术学院。受贵族文化的影响,英国普通学校职业教育的发展一直以来都差强人意,如英国1902年《教育法》(Education Act)的设计者痴迷于精英教育,旨在以传统的文法中学为样本统一中等教育,该法对于英国学校职业教育的发展几乎起到了反作用;1943年《诺伍德报告》(Norwood Report)建议创建三轨中学,但是由于文法中学和现代中学的繁荣,直通蓝领工作的技术中学轨道上的学生人数从来没有超过学生总数的4%④;1944年《教育法案》试图扭转这一局面,要求每一个地方教育管理机构为满足15—18岁青少年的就业需求,创建郡学院,让郡学院提供强迫性的日间授课计划。但是该法案颁布后,各地几乎没有任何的钱被用于该类机构的创建。有鉴于英国普通学校职业教育的严重不足,接受地方政府补助的日间继续教育学校、夜校或夜间教室、工艺学校、多科技术学校、大学推广讲座、辅导班等各层次、各类型的继续教育机构逐步成为传统学徒

---

① Walker M. 2015. The impact of the great exhibition of 1851 on the development of technical education during the second half of the nineteenth century. Research in Post-Compulsory Education,20(2):193-207.

② Walker M. 2015. The impact of the great exhibition of 1851 on the development of technical education during the second half of the nineteenth century. Research in Post-Compulsory Education,20(2):193-207.

③ Walker M. 2015. The impact of the great exhibition of 1851 on the development of technical education during the second half of the nineteenth century. Research in Post-Compulsory Education,20(2):193-207.

④ Finegold D,Soskice D. 1988. The failure of training in Britain: Analysis and prescription. Oxford Review of Economic Policy,4(3):21-53.

教育的补充形式，成为职业技术教育的重要一翼[①]。与此同时，沿袭传统学徒制作为职业培训主渠道的传统，加之受自由放任经济政策的影响，英国政府非常清楚企业在学徒培训方面的重要作用，很早就尝试将更多的管理责任直接推给企业或其所在的行业，很少干预企业或行业学徒培训的具体事宜。

为鼓励机械师协会开设科学和技术类课程且学生学成后参加证书考试，1856年工艺协会考试局（Society of Arts Examination Board）成立并于同年在伦敦举办了技术和商务方面的课程考试，该类科目的考试和证书授予制度由此创建。1861年科学和工艺部开始组织科学和工艺方面的考试并开始授予相关的职业资格证书，1888年伦敦城市和行会协会高等技术教育分会（City and Guilds of London Institute for the Advancement of Technical Education）开始接手工艺协会考试局高等技术类科目考试的组织和证书颁发工作[②]，英国各类考试和资格授予制度由此建立。此后，在社会对于各类职业考试和资格证书需求增多的背景下，该类机构的数量及其所能够举办考试和授予资格的数量也都大幅度增加。

可以说，第二次世界大战前英国已经形成了自由放任职业教育立法制度的完整框架，即企业和继续教育机构成为英国职业教育和培训的主体，半官方机构组织职业资格考试，国家对部分职业教育培训活动给予补助。

三、渐进变革（20 世纪以来）

20 世纪以来，在世界性的战争、经济萧条以及国内政党更迭的宏观背景下，英国职业教育立法在保留其"自由放任"内核的基础上，不断对政府与市场关系进行微调，先后经历了强化政府管制—放松—再强化—再放松等多个历史阶段。

（一）政府不断强化管制阶段（20 世纪初—撒切尔政府执政前）

20 世纪上半叶的英国与世界上其他国家一样，经历了两次世界大战、经济大萧条的严峻考验。在危机面前，作为劳动力供应系统重要推动力量的英国职业教育立法，迅速建立起了国家干预体制，通过组建临时性的政府培训中心，在战时开展工人培训，在萧条时期开展失业青年培训，以推动国家走出危机。比如，第

[①] Perry P J C. 1976. The Evolution of British Manpower Policy, From the Statute of Artificers 1563 to the Industrial Training Act 1964. Portsmouth: Eyre & Spottiswoode Ltd at Grosvenor Press: 25-26.

[②] Walker M. 2015. The impact of the great exhibition of 1851 on the development of technical education during the second half of the nineteenth century. Research in Post-Compulsory Education, 20（2）: 193-207.

二次世界大战期间，以丘吉尔为首的三党联合政府控制了国内的物力和人力资源，一方面采用"全民分享"的"准经济平均主义"经济原则帮助民众渡过了物质难关，另一方面通过建立临时培训中心来应对人力危机。此时期，临时培训中心一共培训了50多万人[1]。但是，由于英国浓厚的自由主义传统以及自由主义经济管理方式的影响，一旦战争和危机过去，这些训练中心很快就会关闭，英国政府也会很快地从职业教育管理中抽出身来。例如，20世纪50年代，英国劳工部仅仅对国内的学徒培训计划进行监控，而学徒培训政策的制定主要留给了行业和工会自行安排。因此，有学者曾指出，英国政府在1964年之前的10年明显还不愿意成为职业教育的主导力量[2]。

进入20世纪60年代，在多重压力之下，英国议会颁布了主要服务于义务教育后青少年的《工业培训法案》。该法案标志着各党派新共识的形成，即执政党有必要对国内的职业培训实施更多的控制[3]。作为第二次世界大战后英国政府再次直接参与职业培训管理的法案[4]，该法案创建了中央管理机构，且在英国职业教育历史上第一次开征培训税。当然，培训税最后会以补助金的形式返还给开展培训的企业或继续教育机构。《工业培训法案》是英国政府直接插手职业教育管理的代表性立法。进入20世纪70年代，为了更好地进行人力资源规划，推动政府培训计划的顺利实施，同时监管各培训局的工作，提升小企业培训的积极性，1973年《就业和培训法案》要求设置人力资源服务委员会。该人力资源服务委员会成立后，英国政府逐步取缔了根据1964年法案建立的24个培训委员会中的22个，且免除了部分企业的培训税。20世纪70年代中期与教育相关的"大辩论"（Great Debate）的开展，使民众进一步意识到了英国职业教育和培训体系的失败，此后，更多服务于特定对象的、由国家插手或主导的培训项目，如"培训机会项目"（Training Opportunities Scheme）、"青年机会项目"（Youth Opportunities Programme）等陆续出台。

（二）政府意欲抽身阶段（撒切尔政府执政之初）

受石油危机的影响，1974年后的几年间，英国失业人数在60万的基础上增长

---

[1] Finegold D, Soskice D. 1988. The failure of training in Britain: Analysis and prescription. Oxford Review of Economic Policy, 4（3）: 21-53.

[2] King D. 1997. Employers, training policy, and the tenacity of voluntarism in Britain. Twentieth Century British History, 8（3）: 383-411.

[3] Raggatt P, Williams S. 1999. Government, Markets and Vocational Qualifications: An Anatomy of Policy. London: Falmer Press: 7.

[4] Foot S, Megginson D. 1996. Competence-based vocational training: Ten years on and still down the wrong path? Education & Training, 38（3）: 17-27.

了 1.5 倍，1978 年达到 150 万[1]。撒切尔夫人在上台之前曾讥讽工党为"理所当然的失业党"，称前首相詹姆斯·卡拉汉为"失业首相"，认为自己的党派完全有能力改变以上不利情况。因此，控制通货膨胀、振兴经济自然而然地成为撒切尔夫人上台后的第一要务，甚至是唯一的目标[2]。受新自由主义思想和货币主义政策的影响，撒切尔夫人深刻地认识到，必须及早、彻底地摒弃第二次世界大战后英国各党派的政治共识，即普遍支持以凯恩斯经济学为核心的一整套政治、经济管理原则[3]，减少国家对于经济的干预，充分发挥自由市场的作用，这样才能从根本上解决英国经济的衰退问题。于是，她上台后致力于通过减少货币供应量，减少卫生、社会服务和教育等的公共支出来降低通货膨胀、恢复经济竞争力，并从根本上扭转失业问题。由于包括职业教育和培训在内的教育支出约占政府公共预算的 15%[4]，因此，如果要削减开支，就必须全面削减以上支出。撒切尔政府对职业教育和培训的态度自始至终都非常明确，即教育培训决策最好由市场力量来做出，政府与此事关系不大。当然，此时期撒切尔削减学徒补贴的做法事实上并未引起工会和雇主方面的过多反对，其主要原因是撒切尔政府早已经通过劳资关系立法捆绑住了工会的手脚。当然，也有一些反对声，主要来自人力资源服务委员会。但是，人力资源服务委员会的反对声根本阻止不了撒切尔政府削减教育开支的决心。很快地，英国政府在各行业已经削减其培训支出的基础上进一步减少了国家对于学徒培训的补贴，与此同时，政府取消了根据 1964 年法案创建的 24 个培训委员会中的大多数。以上举措的直接后果是 1979—1981 年，工程工艺领域技师受训人数从 21 000 人减少至 12 000 人，同期建筑类学徒招聘人数减少了 53%[5]，英国职业培训系统处于崩溃的边缘。事实上，撒切尔夫人执政两年半期间，并没有解决英国民众大量失业的问题，英国失业人数再次翻番，达到了令人无法想象的 300 多万人[6]。由于 300 多万人的失业大军既是社会安全的潜在隐患，也是任何政治家不容小觑的影响选举结果的重要力量，再加上此时期货币主义政策的实施导致大量公司破产，国内一些地区还出现了局部骚乱。面对诸多不利局面，作为一位精明的政治家，撒切尔夫人知道如果她想要继续执政，就必须重新思考以上政策的合理性。

---

[1] 约翰·坎贝尔. 2015. 铁娘子：撒切尔夫人传. 韩晔，林戈寒译. 武汉：长江文艺出版社：120-135.
[2] 胡昌宇. 2008. 英国新工党政府经济与社会政策研究. 合肥：中国科学技术大学出版社：45-46.
[3] 王皖强. 1999. 国家与市场——撒切尔主义研究. 长沙：湖南教育出版社：37-42.
[4] 毛锐. 2014. 撒切尔政府经济与社会政策研究. 济南：山东人民出版社：39-49.
[5] Finegold D, Soskice D. 1988. The failure of training in Britain: Analysis and prescription. Oxford Review of Economic Policy, 4（3）：21-53.
[6] 约翰·坎贝尔. 2015. 铁娘子：撒切尔夫人传. 韩晔，林戈寒译. 武汉：长江文艺出版社：80.

（三）政府再度强化管制阶段（撒切尔政府执政中期）

面对以上窘境，撒切尔政府很快意识到政府撒手或采用被称为"自由放任"的政策对于改善此时期的英国状况已经绝对不起作用，因此对于人力资源服务委员会及其所制定的国内职业教育培训方针政策的态度有了非常大的转变。

首先，撒切尔政府肯定了人力资源服务委员会于1981年制定的政策咨询文件《新培训动议：行动纲领》。该动议以政府白皮书的形式出现，为20世纪80年代英国的职业教育改革指引了方向，并直接拉开了20世纪80年代英国职业教育改革的序幕。该白皮书首次为英国职业教育设立了三大国家目标：第一，推动包括学徒制在内的英国技能培训事业的发展，使不同年龄、不同教育程度的年轻人都能够获得拥有公认技术标准的技能，以满足现有工作岗位的需要或者为他们未来的进步奠定基础；第二，争取所有18岁以下的年轻人都有机会接受全日制教育或接受暂时性的岗位培训；第三，为在职的或有再就业需求的成年人提供广泛的机会，使他们能够通过各种途径获得、增加或更新其技能和知识[1]。

其次，撒切尔政府将就业部先前的一些培训项目，如"培训机会项目""青年机会项目"，以及由地方政府和中央政府共同出资"社区工业项目"（Community Industry Project）等转归人力资源服务委员会管辖，且在人力资源服务委员会及其继任机构的领导下，英国政府继续加大对职业培训的投入，推动较大规模就业培训项目的创建。此时期英国出现的政府资助培训项目有统一职业准备（Unified Vocational Preparation）、工作创造方案（Job Creation Programme）、青年培训计划（Youth Training Scheme）、技术和职业教育倡议（Technical and Vocational Education Initiative）等，这些项目对于解决学校教育与工业生产割裂的问题、让各类失业青年重新获得再就业机会等有着立竿见影的效果。例如，"青年机会项目"在1978年为16.2万名离校生提供了培训岗位，约占离校生总人数的1/8；1982年则为55.3万人提供了培训岗位，约占离校生总人数的一半。中央政府推动的各类短期培训项目成为掩盖第二次世界大战后英国青年失业问题最主要的方法，为此人力资源服务委员会曾夸口说："没有政府干预，青年失业问题将更加严重。"[2]

再次，为了克服政府主导的培训项目的短期性，尽可能长远地规范职业教育考试和证书授予领域的发展，在政府主导的职业培训项目不断增多的背景下，撒

---

[1] Anonymous. 1981. White Paper: A New Training Initiative, A Programme for Action（1981）. London: Her Majesty's Stationery Office：1.

[2] Anonymous. 2021-12-03. The youth training schem—A strategy for the labour government. https://www.jstor.org/stable/10.2307/community.28314749.

切尔政府还推动了与之配套的、被称为学校和工作之间"永久桥梁"的国家职业资格证书制度的创建。当然，创建国家职业资格证书制度的想法并非一朝一夕形成的。自20世纪20年代起，相关的专业团体已经就职业资格文凭授予领域的混乱现象，提出了希望创建国家证书或资格制度的建议，只是这一呼声一直很小，一直到1981年人力资源服务委员会推出《新的培训动议》，借助国家培训项目这一载体，国家层面的职业资格证书制度才得以出现。英国政府试图借助国家职业资格证书制度来实现三重目标：第一，通过创建基于多方认可的能力标准的国家职业资格证书，为那些参与国家培训项目且满足其培训标准，同时又通过其他机构知识考核的学员授予此类证书，将政府培训项目从掩盖失业的遮羞布变成真正的培训项目；第二，社会上已有的职业资格或文凭只要能够基于公认的能力标准，且以国家职业资格框架为模板稍加修正，就可以被纳入国家职业资格范畴；第三，通过创设和实施国家职业资格框架，将社会上已经存在的各类资格文凭纳入国家职业资格框架，减少该领域的混乱现象[①]。

规范各类职业培训活动是国家职业资格证书制度出台的重要目的。国家职业资格证书制度的以上三重目标是通过以下步骤实现的。首先，从1983年青年培训计划开始，将原有的由国家推动的短期培训项目演变成了1—3年的长期培训计划，此举为英国能力认证系统的出现奠定了组织基础；其次，进一步明确"能力"的含义，将能力与学员所能完成的"标准任务"联系起来，同时明确规定每项"标准任务"拟实现的目标、需要的条件、设备以及成功完成该任务的评价标准等；最后，基于"能力""标准任务"的概念，推动工业界、考试机构以及认证机构合作设计能够涵盖大部分职业领域的职业资格框架。目前，职业资格框架共分为5级，每一级别的职业标准又被细分为10—15个能力单元，如果申请者能够达到某一能力的绩效标准，每个单元都可以单独评估和认证[②]。目前，英国国家职业资格已经覆盖了90%多的职业领域，英国14—19岁青少年的职业资格不仅绝大多数是由政府设计的，而且政府引领社会培训、考试和证书授予机构规范发展的愿望也非常强烈[③]。可以说，作为一种较为清晰的职业进步阶梯和国家熟练标准，英国国家职业资格对于促进英国职业资格标准化、减少英国职业资格考试和授予领域的混乱现象是有一定作用的。国家职业资格出台后，为了促进英国国内外各类职业

---

① Raggatt P, Williams S. 1999. Government, Markets and Vocational Qualifications: An Anatomy of Policy. London: Falmer Press: 47, 63, 65.

② Steinmann S. 1998. The vocational education and training system in England and Wales. International Journal of Sociology, 28 (4): 29-56.

③ Alison W. 2021-02-20. Review of vocational education: The Wolf report. https://assets.publishing.service.gov.uk/government/uploads/system/uploads/attachment_data/file/180504/DFE-00031-2011.pdf.

资格之间、职业类资格与学术类资格之间的互通互认，英国就业部与教育和科学部于 1991 年还进一步推出了涵盖面更为宽泛的普通国家职业资格证书。普通国家职业资格是国家职业资格理念的拓展和延伸，方便了人员的跨界流动，有利于学习型社会和终身教育体系的构建。

最后，采用"胡萝卜加大棒"的经济干预手段，强迫失业青年进入培训项目。撒切尔夫人当选为保守党领袖后，曾发誓要扭转第二次世界大战后英国社会所形成的"依赖性文化"，恢复英国民众的自信和自尊，其基础就是重新强调个人的责任感，调动与鼓励个人和企业从事生产经营活动的积极性[1]。因此，撒切尔政府一上台就强调以"工作"为导向的福利制度，推进相关领域的改革[2]。国家主导的培训项目与以上改革思路是一致的，例如，在 1983 年的"青年培训计划"项目中，英国政府借助稍高于失业补助的培训补贴和就业保障，吸引 16—17 岁的失业青年参加该项目，同时撤销那些没有合适理由拒绝参加该项目的青年的失业补助[3]。此做法直接为此后政府项目所采用，例如，1998 年的"青年新政"（New Deal for Young People）项目明确提出：所有 18—24 岁的至少已经领取失业救济 6 个月的青年必须参加该项目，如果不愿接受以上要求，其失业救济金将被削减[4]。

（四）政府管制再放松阶段（撒切尔政府执政后期至今）

20 世纪 80 年代中后期的英国尽管有许多令政治家头痛的事件，但好在经济繁荣。1988 年，曾经对失业问题承担主要领导责任的人力资源服务委员会更名为培训和企业理事会[5]。曾经由政府、雇主和工会共同构成的三方管理机构，由于工会被驱逐而变成了政府与雇主共同组成的两方机构[6]，其原因有二：首先，此时期失业问题已经不再那么严重，将能够由市场力量决定的事情交给市场来办是撒切尔政府对于职业教育和培训的一贯态度，尽管曾有过很长时间的不得已，但好在时机正逐步成熟，优先考虑雇主对劳动力市场需求和趋势的看法是必然的；其次，当时，由于英国制造业整体衰落（制造业曾经是工会成员的主要来源地），加上

---

[1] 王皖强. 1999. 国家与市场——撒切尔主义研究. 长沙：湖南教育出版社：194.
[2] 胡云超. 2005. 英国经济体制市场化改革效果比较分析. 欧洲研究, 23（4）：126-143.
[3] Dolton P J, Makepeace G H, Treble J G. 1994. The youth training scheme and the school-to-work transition. Oxford Economic Papers, 46（4）：629-657.
[4] Anonymous. 1999. Young people, employment programmes and the new deal. Bulletin of Insititute for Employment Research, 99（49）：2-8.
[5] 英格兰该项目的管理机构是培训和企业理事会，苏格兰的是地方企业理事会。
[6] King D. 1997. Employers, training policy, and the tenacity of voluntarism in Britain. Twentieth Century British History, 8（3）：383-411.

有关就业权的法律地位下降以及工厂和企业层面其他法规的限制，工会在企业层面早已经被彻底边缘化了，因此，将三方管理机构变为两方管理机构也是顺理成章的事情。

工会力量的整体削弱、保守党政府对职业教育培训新的态度以及国家层面三方管理机构的消亡无疑强化了雇主对学徒制的控制。先前，出于成本和利益的考虑，英国政府曾希望雇主在培训中发挥更大的作用，如政府推动的青年培训计划共有三种培训方式：第一种是占培训名额70%的雇主主导的方式，该方式主要由雇主提供资助和培训；其余两种方式分别由地方当局和志愿组织，以及由人力资源服务委员会提供，两者加起来仅占培训名额的30%[1]。但是，一般情况下，绝大多数雇主不愿意在培训失业人群项目中处于领导地位，更不愿意缴纳培训税，他们更愿意作为三方成员去推动经济发展和提升企业活力，然后才开展失业培训[2]。1988年以后，当雇主成为国家和地方层面培训和企业理事会的主导者，无论是在为推动经济发展和提升企业活力而实施的培训，还是为满足各类失业或弱势群体需要而实施的培训中，不管是否愿意，雇主均有着责无旁贷的管理责任。在这个过程中，政府的作用主要体现在通过教育和就业部（Department for Education and Employment，DfEE）为培训和企业理事会设定培训总量和资助金额上，其余的大部分权力几乎完全交给了雇主。比如，由雇主领导的工业培训机构（Industry Training Organizations，ITO）负责设计培训框架，培训和企业理事会具体确定如何在不同培训领域进行培训名额和金额的分配与实施等[3]。

当雇主方面的主导权建立起来后，由于英国缺乏如德国一样的对于雇主如何参与培训活动、培训场地规格、师傅学徒人数比例等的清晰标准，甚至连关于最基本的雇主培训活动的信息在英国都是缺乏的，因此许多雇主会随意减少对于培训关键要素的直接参与和供资责任，并将供资责任转嫁给国家、学生和受训人员[4]。而使以上问题更为严重的是，英国缺乏如德国一样的社团主义机制，如1998年调查显示，仅有41%的英国劳动力有参与不同形式的集体协商的机会，而英国工人

---

[1] Chapman P G, Tooze M J. 1987. The Youth Training Scheme in the United Kingdom. Hampshire: Gower Publishing Company: 53.

[2] King D. 1997. Employers, training policy, and the tenacity of voluntarism in Britain. Twentieth Century British History, 8（3）: 383-411.

[3] Gospel H. 1998. The revival of apprenticeship training in Britain? British Journal of Industrial Relations, 36（3）: 435-457.

[4] Gleeson D, Keep E. 2004. Voice without accountability: The changing relationship between employers, the state and education in England. Oxford Review of Education, 30（1）: 37-63.

几乎不知道"合作决策"的概念①，所有这些都给予了英国雇主不受约束的权利，这就导致了英国人对于雇主缺乏责任感的抱怨声的出现。目前，教育领域的人士也反映，虽然在地方层面，各个学校、学院和企业之间经常使用"伙伴关系"的概念，但真实的情况却是，雇主和教育机构之间的不平等关系早已产生，教育机构充其量仅是一个附属的服务供应者的角色，教育机构需要听企业说什么，需要向企业学习，这才是正道②。尽管存在许多问题，以上管理结构却作为撒切尔政府的政治遗产，被其后的历届政府所继承并延续至今。

第四节 联邦主导机制创建与延续：美国职业教育立法的路径选择

尽管美国宪法将教育权保留给了各州，但是由于教育关涉民众的普遍福利，联邦政府不仅很早就插手了各州教育事业的发展，而且由于特殊的管理机制的运用，包括职业教育立法在内的联邦教育立法，很早就形成了联邦政府主导各州教育发展的管理体制。下面我们将从历史的角度对联邦职业教育立法以上特征的形成进行剖析。

一、联邦政府插手教育事业（独立初期）

美国独立初期，联邦政府无暇他顾，联邦宪法也根本没有论及教育。而其后联邦政府之所以会干预国内教育事业的发展，原因主要有两点。

其一，殖民地时期广为存在的赠地兴学或为教育预留土地的传统为联邦政府赠地兴学奠定了制度基础。由于殖民地特殊的情况，在宗主国普遍由教会、私人或慈善机构负担教育的做法，在殖民地根本无法施行，殖民地的公司、议会、县村法院、城镇和州政府很早就参与到了教育创办和管理过程中。此外，由于疆域

---

① Gleeson D，Keep E. 2004. Voice without accountability: The changing relationship between employers, the state and education in England. Oxford Review of Education, 30 (1): 37-63.

② Gleeson D，Keep E. 2004. Voice without accountability: The changing relationship between employers, the state and education in England. Oxford Review of Education, 30 (1): 37-63.

广阔，殖民地很早就采用了赠地兴学的做法，如1639年，"马萨诸塞的达彻斯特镇把'汤姆逊岛'的土地租金（每年20磅），用于资助城镇学校。两年后，该城镇又把汤姆逊岛作为学校的永久性捐赠"[1]。由于新英格兰各地均由初级法院掌管着村镇土地的授予权，1642年马萨诸塞州艾珀斯维奇（Ipswich）的居民，在初级法院会议上一致同意建立免费的学校。1643年戴德海姆（Dedham）居民也一致同意为市镇、教堂和免费学校等公共机构预留特定的土地。1724年，弗吉尼亚也出现了6所接受土地捐赠的免费学校[2]。除了以上赠地兴学的做法以外，靠私人自愿捐助、不动产税或其他税收支持的学校，在新英格兰各地也有不少，特别需要指出的是，在新阿姆斯特丹（今纽约）等地，在整个荷兰统治时期，由教会、公司或市政机构共同参与、资助发展教育的做法已经非常普遍（这些机构资助教育的经费更多地来源于土地收入或酒类等的税收）。以上殖民地各机构对于教育的干预及其所采用的赠地兴学的做法，是美国独立后联邦政府关注教育以及采用赠地资助教育的制度基础。

其二，如何规划新增土地的用途为联邦政府直接插手教育问题提供了重要契机。美国独立后，按照1783年签订的《巴黎和约》，美国拥有密西西比河、大湖区和俄亥俄河为界的大片老西北地区的土地。为了能够使土地收入足以弥补战争中的债务，能够支持一个规模适度的政府的建立，避免原有各州对西北土地产生新的要求，最终在新的土地上组成明确的共和州，并将成为联邦的成员州，享有同其他州同样的主权、自由和独立等权力[3]，联邦政府先后颁布了1784年《土地法案》（Land Ordinance）、1785年《土地法案》和1787年《西北法案》（Northwest Ordinance）。1784年《土地法案》虽然肯定了联邦政府对于西北土地所拥有的绝对权力，同时提出将俄亥俄河到密西西比河之间的土地分作十六州，在居民人数达到一定的数目时，始可建立同东部各州完全平等的新州，但是该法案并没有提及如何分配这些土地；紧随其后的1785年《土地法案》则借鉴新英格兰等地划分村镇和为教育预留土地的经验，首次根据杰弗逊（Jefferson）的倡议，改变了原有土地勘察中根据岩石、溪流或树木来划定边界，其边界易于变动的做法，同时也为了避免精明的购买者仅购买上等好地，使大片普通土地荒废的弊端，创建了一种成矩形或直线形的土地勘察系统[4]。同时，1785年《土地法案》还规定在西北土

---

[1] 李素敏. 2004. 美国赠地学院发展研究. 保定：河北大学出版社：33.

[2] Monroe P. 1940. Founding of the American Public School System—A History of Education in the United States. New York：The Macmillan Company：63-107.

[3] 杨生茂，陆镜生. 1990. 美国史新编. 北京：中国人民大学出版社：105-106.

[4] Anonymous. 2022-06-02. Acts，bills，and laws，ordinance of 1785. http://www.u-s-history.com/pages/h1150.html.

地上，首先划分出一个个 6 平方英里①的市镇，每个市镇又分成 36 个地段，每一地段为 640 英亩，其中的第 15、21、23 地段的收益保留给政府使用，第 16 地段是为公立学校预留的土地。每一英亩售价一美元，每个购买者必须一次性购买至少一个地段 640 英亩的土地。1787 年《西北法案》是在俄亥俄河以北的土地上建立准州的组织法案，其第三条特意提及了教育对国家未来发展的重要性："宗教、道德和知识是良好政府和人类幸福所必需的，学校和其他一切有益的教育手段都应该受到鼓励。"②该法案的这一思想无疑是美国开国元勋教育思想的鲜明体现，同时也表达了联邦政府对教育功能的坚定信仰。紧随着 1787 年《西北法案》的颁布，俄亥俄州作为西北地区第一个加入联邦的州，在土地问题上完全贯彻了 1785 年《土地法案》的精神，将每一个市镇第 16 地段的土地收益用于教育目的。俄亥俄州的例子很快就被应用到了各个新州的建设上。整体来看，1785 年《土地法案》和 1787 年《西北法案》实施期间，除了阿拉斯加州为公立学校预留的土地为 2100 万英亩外，遵照联邦法案，各州为公立学校预留土地的数量约达 7750 万英亩③。

1785 年《土地法案》和 1787 年《西北法案》的颁布，是美国联邦政府借助土地分配问题插手各州教育问题的开始，不仅表明了教育与国家利益和个人幸福息息相关，联邦政府以土地资助公立教育在实质上符合美国的国家利益，同时也标志着联邦政府逐步突破了宪法对于教育权的限制，以土地捐赠作为手段，以交换各州对于教育的创建、管辖和引导权的做法初见成效，而联邦政府对教育问题的关注和资助，无疑在理念、方向和方法上为联邦高等职业教育资助制度的创建进行了前期准备。

二、联邦引导机制出现：《莫雷尔法案》出台

1862 年《莫雷尔法案》的出台标志着美国联邦政府以赠地为条件引导各州高等职业教育发展机制的初步形成。

1862 年《莫雷尔法案》的出台是多方面原因推动的结果。由于南北战争前，尽管经过几十年的发展，美国工厂制度逐渐兴起，美国工业革命的基础已经奠定，但是与欧洲发达国家相比，美国工农业发展的整体水平并不高，国际竞争的优势还不明显。提升工农业生产的整体水平，客观上向美国高层次实用型技能人才培

---

① 1 英里≈1609.34 米。

② Gordon H R D. 2003. The History and Growth of Vocational Education in America. Illinois: Waveland Press: 78.

③ Johnsen J E. 1941. Federal Aid for Education. New York: H. W. Wilson Company: 10.

养提出了迫切需求。而此时期，美国高等教育内部不仅在思想上出现了力图改变传统教育、创建更为民主和新型的实用高等教育的努力和斗争，在实践中也出现了佛蒙特州诺维奇大学（Norwich University）奥尔登·帕特里奇（Alden Partridge）校长、伊利诺伊州伊利诺伊学院（Illinois College）乔纳森·鲍德温·特纳（Jonathan Turner）教授、纽约州人民学院（People's College）阿莫斯·布朗（Amos Brown）院长等一些人的尝试，加之议会环节一批人的不懈斗争，用联邦赠地资助各州农工学院开展的《莫雷尔法案》最终得以出台。

《莫雷尔法案》首次以法律的形式授予了联邦引导各州高等职业教育发展的权力。由于美国宪法将教育权保留给了各州，因此，在高等农工职业教育与国家利益息息相关但联邦政府又无权过问的情况下，借鉴先前联邦政府在西北土地划分上为教育预留土地的做法，《莫雷尔法案》采用了向来自各州的每位国会议员赠与3万英亩土地或等额土地证券的办法，用以交换各州所拥有的职业教育引导权和管辖权。该法规定无论是老州还是新州，只要不与美利坚合众国政府对抗，都有权接受联邦赠地。接受联邦赠地的各州必须在3年内由州议会首先批准接受本法案，并且在规定的5年时间内至少开办一所农工学院，"在该学院中不得排除他种科学和经典的学习，并应包括军事战术训练，但其主要课程必须按照各州议会所分别规定之方式讲授与农业和机械工艺有关的知识，以便提高各实业阶层从事各种工作和职业的文化和实际技能"①。否则，联邦有权停止授予该州土地或土地证券，同时该州必须向美利坚合众国政府偿还先前出售任何土地而获得的款额，而且取消州购买人的资格②。

国会授权资助各州农工高等职业教育开展的联邦土地本身成为联邦政府用以交换各州职业教育管理权限的筹码。以土地赠与为核心，《莫雷尔法案》详细规定了什么样的州有权利获得土地捐赠、获得联邦土地捐赠的州应该在规定时间内做什么和如何做、如果不这样做的后果如何等。以上被戏称为"胡萝卜加大棒"的规定表明，尽管联邦政府并不拥有强制要求各州如何做的权力，但是同样可以在引导各州创办农工学院方面发挥作用，且各州一旦获得了联邦资助，法律自身的强制性又使得各州必须按照联邦法案要求来办，否则就属于违法。1862年《莫雷尔法案》的出台标志着联邦政府引导各州高等职业教育发展机制的出现。

---

① 1862年《第一毛雷尔法令》//夏之莲.1999.外国教育发展史料选粹（上）.北京：北京师范大学出版社：490.

② 1862年《第一毛雷尔法令》//夏之莲.1999.外国教育发展史料选粹（上）.北京：北京师范大学出版社：491.

三、联邦主导机制创建：《史密斯-休斯法案》出台

《莫雷尔法案》是联邦政府用赠地引导各州高等农工学院创建的开始，标志着联邦引导各州职业教育发展机制的形成。但是，从"引导"到"主导"，其间还有一个程度上的巨大变化，该变化到底体现在哪里？它是什么时候、如何发生的呢？追踪联邦职业教育立法创建的过程可以发现，该变化发生的时间段大概是在1862年《莫雷尔法案》颁布至1917年《史密斯-休斯法案》颁布之间，1917年《史密斯-休斯法案》的出台正是联邦主导机制形成的标志。推动此时期联邦主导机制形成的动因大致有如下两方面。

第一，伴随着系列联邦资助高等职业教育法案的出台，联邦政府对职业教育事务的干预范围不断扩大，加上联邦立法资助方式的变化，联邦政府对各州职业教育的引导作用越来越强，这就为联邦政府真正主导各州职业教育发展方式的出现奠定了坚实的基础。在1862年《莫雷尔法案》的推动下，截至1890年，美国国内已有56所农工赠地学院[1]。由于给予各州的赠地本身就有巨大的差距，同时，在分配、售卖过程中所遇到的时机不同，再加上联邦赠地基金再次投资过程中也出现了许多投机问题，多种因素的叠加，导致各州赠地学院所获资金数额的巨大差距。力量薄弱的赠地学院急需外援，力量较强的赠地学院也需要更为稳定的经费来源，且南北战争后美国工农业新的发展形势也需要联邦政府更多的支持。在这种情况下，有了《莫雷尔法案》第一次的干预和资助，就必然有其后进一步的干预和资助。自1872年的18年间，莫雷尔本人曾12次向国会递交议案[2]，呼吁国会对赠地学院进一步拨款，但是由于诸多原因，莫雷尔多次提交的议案一直没有获得通过。1890年4月3日，在赠地学院和利益团体多方声援下，莫雷尔的议案终获通过。1890年《莫雷尔法案》第一次采取每年由国库拨款来资助赠地学院的办法，赠地学院"从早期的不确定、不稳定，向永久建立和进步的方向转变"[3]。除了1890年《莫雷尔法案》，1887年《哈奇法案》刺激了赠地学院实验站的发展和建设，"1887年到1893年，美国基本上达到了每州至少一个实验站的要求，全国一共建立了56个实验站，不久之后又增加到了66个；实验站的工作人员，十年间也翻了一番，到1897年，至少有628名"[4]。1914年《史密斯-利弗法案》旨

---

[1] 李素敏. 2004. 美国赠地学院发展研究. 保定：河北大学出版社：55.

[2] 李素敏. 2004. 美国赠地学院发展研究. 保定：河北大学出版社：71.

[3] Ross E D. 1942. Democracy's College: The Land-Grant Movement in the Formative Stage. Ames: The Iowa State College Press，180.

[4] 李素敏. 2004. 美国赠地学院发展研究. 保定：河北大学出版社：63.

在借助联邦的力量,并通过各州赠地学院的平台,更好地促进农业技术推广工作,拓展农业、家政等实用知识信息的传播与应用,并使其更好地服务于国计民生。《史密斯-利弗法案》为各州提供了永久性年度财政拨款,并根据各州农村人口占全国农村人口的比例分配给各州。以上系列联邦赠地法案拓展了联邦政府对高等职业教育的干预范围,此外,年度拨款和永久拨款方式的使用,在使各州高等职业教育获得稳定资金来源的同时,也使各州对联邦资金的依赖程度逐渐加深,州不得不跟随着联邦的方向和步伐前进的做法逐步被固化,联邦主导机制呼之欲出。

第二,1914 年《史密斯-利弗法案》第一次提出各州要想得到联邦政府的财政拨款,须向各州赠地学院提供等额的匹配资金。匹配资金的要求,既满足了各州想获得外部资金的想法,也使得联邦的投入资金成倍增加,是一种"一箭双雕"的做法。自此,为了从国库中获得一美元,任何州都愿意提供两美元。该做法进一步将联邦和各州更紧密地捆绑进同一个利益共同体中,在极大地强化联邦对各州职业教育发展引导功能的同时,也推动了联邦对各州职业教育发展从引导功能向主导功能的过渡。

1917 年《史密斯-休斯法案》是联邦政府第一次资助国内中等层次职业教育发展的法案。《史密斯-休斯法案》颁布之时,由于《莫雷尔法案》及其系列高等职业教育立法已经建构起了高等职业教学、科研和推广工作的完整结构,同时在立法理念、立法技术、资助方式、管理方法等方面为未来的联邦职业技术教育立法奠定了基础,因此,《史密斯-休斯法案》不仅完美地继承了联邦政府对于各州中等职业教育发展的引导功能,还第一次增设了各州必须递交州规划才能获得拨款的要求,也就是说,任何希望获得联邦资助的州,在通过州立法机关表明愿意接受联邦职业教育法案的资助后,还必须保证州能够按照联邦法案的精神使用拨款,同时,与前面法案一样,该法案还进一步采用了 1914 年《史密斯-利弗法案》的匹配基金方式。联邦职业教育立法资金匹配、成本分担、收益共享的方式,一方面避免了由任何一方单独负担职业教育成本所可能有的负担过重、发展不力的局面,另一方面也进一步强化了联邦政府对于各州职业教育发展的引导功能。以上做法形成合力,深刻地影响了其后各州独立的职业教育发展决策。如果说 1917 年之前,美国已有 10 多个州拥有独立的州资助中等职业教育的立法,《史密斯-休斯法案》正是在吸纳各州立法主要原则、精神的基础上出台的,但是,《史密斯-休斯法案》颁布后,各州不仅在中等职业教育发展方面,甚至在高等职业教育发展方面都难以回避联邦立法的影响,各州独立进行职业教育发展规划和立法的做法几乎绝迹,联邦立法对各州立法的主导机制已经完全建立了起来。

与此同时,联邦和州的互动方式还被各州直接运用到了州对于地方职业教的管理方面，地方跟随联邦法案指引的方向前进也成为自然而然的事情。《史密斯-休斯法案》自此成为联邦主导各州和地方职业教育发展功能形成的标志。

四、联邦主导机制延续：《史密斯-休斯法案》出台后

《史密斯-休斯法案》是联邦政府开始主导各州和地方职业教育发展的标志性立法。自该法颁布后，各州和地方职业教育基本上都是在联邦法案指导下前进的，其突出表现在以下几方面。

第一，不同历史时期美国职业教育的关注点和目标都是由联邦法案决定的。在不同的历史时期，伴随着美国国内外事务的变化，美国联邦职业教育所着力解决的问题是不同的，比如，第二次世界大战之后，美国职业教育所着力解决的问题是复转军人的职业重建，在20世纪30年代经济大萧条情况下，美国职业教育主要关注如何抑制经济衰退和失业问题；20世纪50—60年代，民权运动使得弱势群体的职业教育成为必须重视的关键问题；20世纪80年代以后，在教育卓越趋势的引导下，职业教育关注如何为人们提供能够应对多种问题和挑战的高质量职业教育……以上不同时期联邦职业教育立法关注点和立法目标的变化，直接带动了各州职业教育立法关注点和目标的变化。比如，第二次世界大战期间，为了有力地支持美国的战争部署，各州的培训项目严格按照战争物资筹备部开列的名单进行，特殊的培训项目还必须上报战争物资筹备部批准。在1984年《卡尔·D. 帕金斯职业教育法案》以及同期人力资源立法提出加强教育与劳动力市场的衔接，强化职业教育类学生的学术基础，为高质量的劳动力培养奠定基础这一立法目标时，各州的教育调查活动、政策与立法创制活动等也纷纷服务此目标。比如，1985年肯塔基州普瑞查尔德委员会（Prichard Committee）发布的《通往更广大的生活的道路：创造肯塔基教育的未来》（Path to a Larger Life：Creating Kentucky's Educational Future）报告，则从12个方面指明了制约肯塔基州高质量职业教育目标实现的明显问题[1]。

第二，不同历史时期美国职业教育的运行方式是由联邦法案决定的。20世纪初期，以马萨诸塞州教育委员戴维德·斯尼登（David Snedden）、查尔斯·普罗瑟（Charles Prosser）、芝加哥市学监埃德温·库利（Edwin Cooley）等为代表的一派为了纠正当时公立学校手工教育目标人群过于泛化、实施效果难以保证、对于学

---

[1] O'Hara F V. 2009. Kentucky's response to the Vocational Education Act of 1963：Leadership for the development of a unique system of secondary area technology centers. University of Kentucky：162-164.

生就业乃至工业经济助益不大的缺陷，极力主张在独立的工业学校或者在公立学校里设置独立的部门，为特定阶层的孩子未来能够拥有特定的职位提供特定的训练，并且由专门的职业教育管理机构对此进行管理。斯尼登一派的社会效率职业教育观念，尽管遭到了约翰·杜威（John Dewey）及国家教育协会等学者和社会团体的极力反对，但是，在第一次世界大战之前国际竞争加剧，特别是在社会效率、科学管理原则盛行的环境下，在普通教育内部增设独立的职业教育功能，或在普通教育之外创建独立的职业教育机构无可置疑地成为当时许多机构的首选。此时期，较早出现的州层次的职业教育立法在运行模式上已经采用了这种方式，1917年《史密斯-休斯法案》又进一步强化了职业教育与普通教育相互分离的倾向，从制度层面固化了以上做法，从而使以上方式成为今后几十年美国职业教育难以突破的惯习。例如，《史密斯-休斯法案》规定在资助资金使用方面，联邦、州和地方资金只能用于资助职业类项目，而不能用于中学普通教育类项目的开支，由此使中学层次职业教育项目与其他教育项目相互分离的趋势得以长期延续；在学习时间上，强行规定参加职业教育的学生，每年至少保证6个月的实习时间。对于这样的规定，"20世纪20—60年代，在各州上报联邦职业教育管理机构的计划中，一般都将接受联邦资助的学校的教学时间安排为50∶25∶25的比例。50%的教学时间用于实践或实习，25%的时间用于与实践相关的课程学习，另外25%的时间用于学术类课程的教学"[①]。这样的划分虽然一定程度上保证了学生实践和实习的时间，但是如此硬性的规定却强化了学术与职业类知识之间的区分，同时如此安排是否符合所有类别的职业技术教育对时间的需求也令人怀疑。此外，在课程设置上，由于该法案过分强调对目标人群进行特定的工作技能培训，而对学生的理论背景却很少或几乎不要求，同时战争准备又强化了课程的实用性，这就使得职业类学生的学术课程长期被忽视，这种倾向一直到20世纪80年代以后才有所改观。另外，分离的课程结构还导致教师培训、教育管理机构等分离的运行模式，而这些又几乎成为其后几十年职业教育难以突破的框架。

20世纪80年代以后，在知识经济和教育改革的浪潮中，为了使劳动者的知识技能具有适宜的迁移性，包括美国职业教育在内的所有教育类型都更为关注学生的学术基础、继续学习能力和其他综合素质的提升，新职业主义教育观逐步显现且地位逐步上升，新职业主义教育观所提倡的生涯职业教育理念，学术、职业与生涯教育相互融合的理念，学校与工作场所职业教育相互协作理念，中学和中学后职业教育相互融合的理念等，彻底颠覆了社会效率职业教育观所倡导的终结性

---

① U.S. Department of Education Office of Vocational and Adult Education. 2022-02-08. Vocational-technical education: Major reforms and debates 1917-present. http://eric.ed.gov/?id=ED369959.

的、孤立的和隔离的职业教育理念，系列帕金斯法案和人力资源立法践行了以上思想，而之后，州和地方职业教育也持续跟进，美国职业教育的面貌才为之大变。

第三，《史密斯-休斯法案》颁布后，联邦法案所推动的职业教育发展的重心、方式等，恰是各州和地方职业教育发展所关注的重心和方式。比如，《史密斯-休斯法案》在开头就明确了仅对农业、商业、家政业和工业四大领域教师、督学和主任的工资以及联邦职业教育委员会每年的调查、研究和公务费用等提供资助。此后，州和地方在实施该法案时，也仅仅为以上两方面提供匹配资金。一个有趣且典型例子是，由于《史密斯-休斯法案》的特殊限定，家政教育的拨款"均不得超过根据本法案为支付商业、家政和技工等科教师薪金所拨款项的百分之二十"[①]。由于从州和地方汇聚到职业教育领域的资金中，家政教育的资金也没有超过其他拨款的20%，家政教育发展的资金严重不足，为此联邦《乔治-里德法案》不得不取消了对家政教育项目资金的限制，使家政教育和其他类型职业教育可以平等共享联邦拨款。

20世纪60年代，联邦职业教育立法抛弃了先前针对各个项目拨款的方式，采用了直接为各年龄段人群的职业教育提供资助的方法。1963年《职业教育法》明确提出，无论居住在国内的哪些地区，无论其年龄大小，职业教育应该为所有的人提供平等的教育培训机会。随后的职业教育修正案和生涯教育立法更是在此基础上，不断扩大联邦职业技术教育资助的范围，致力于使职业教育成为每个公民都可以享受的福利待遇。在该问题上，州、地方与联邦立法是高度一致的。

20世纪80年代之后，联邦职业教育立法的重心再次发生重大转移，将促进个体高质量的学术、职业、就业等诸多能力终身、持续发展作为立法的首要目标，其所强调的三大方面的联结与融合问题，以及所推荐的诸多项目，如技术准备项目、青年学徒项目、体系化的工作经历、合作教育、基于学校学习和基于企业学习融合的方式等，则直接为各州和地方所采纳。

[①]《史密斯·休斯法令》//夏之莲.1999.外国教育发展史料选粹（下）.北京：北京师范大学出版社：170.因音译不同，本书对《史密斯-休斯法案》《史密斯·休斯法令》不做统一。

第三章
欧美四国职业教育立法的运行机制

上一章我们主要从现象层面和历史角度展示了欧美四国职业教育立法体系从何而来，其在何时何地、受到了哪些复杂因素的影响、经历了哪些重要的选择、克服了哪些意想之中或意料之外的困难才成为现在的样子。但是，我们并没有深入探究这些国家的职业教育立法为什么会出现在这样或那样的时刻、这样或那样的地点，容易受到这些或那些复杂因素的影响，是什么人、事件、结构、功能、机理、动力、规律决定了这些国家立法制度的形成，以及这些国家立法制度在遵循何种规律运行。一般来说，各国已有的一些正式制度，如既定的政治、经济规则和契约，或已有的一些非正式制度，如价值信念、伦理规范、道德观念、风俗习性、意识形态等都是在背后决定各国职业教育法律法规内外诸构成要素之间相互制约、相互影响的重要因素，这些正式或非正式制度（当然也不排除某些正式或非正式制度背后具体的某些"人"的因素）就是各国职业教育立法制度背后的动力因素或其遵照的运行逻辑，它们从各个方面决定了各国职业教育立法整体的运行状态，同时也构成了本章对于"运行机制"研究的中心和重心。本章无疑是对上一章研究内容的深化。

当然，由于包括职业教育立法体系在内的各国法律法规体系的复杂性，受制于各种各样的内外阻碍，要想将立法体系背后的动力因素和运行逻辑全部、完整、系统地抽象出来，且对其进行深入分析，远非几人、几个团队之力所能达到的，此处只能择其要对其进行剖析，以使读者从这一斑中得以窥见各国职业教育立法制度的全貌。

第一节　德国职业教育立法的运行机制

一、制度生成：凯兴斯泰纳为德国双元立法的出现奠基

德国教育家凯兴斯泰纳是双元职业教育立法制度最重要的奠基人物。作为一个有着强烈责任感的教育家，同时也是公民教育（也译作国民教育）、劳作教育与继续教育的倡导者，他积极回应时代需求，将培养新时期的公民作为自己毕生的追求，他的公民教育理论不仅将学徒教育与继续教育（即后来的学校职业教育）紧密联系在了一起，还强力推动了两种教育在现实中的联姻。第二次世界大战后，凯兴斯泰纳的影响依然长盛不衰，他所开创的事业决定了德国此时期职业教育的基本形态，而双元职业教育立法体系正是在改造他的理论和实践的基础上形成的。

（一）凯兴斯泰纳理论与实践的逻辑起点

1. 变革时代德国公民教育需求与原有教育机构无力回应

德国统一之前，其国内邦国林立，邦国之间的关税制度以及其他限制性制度的存在，导致机器大工业的发展举步维艰，德国工业革命晚于英、法半个至一个世纪才发生。但是，统一后的德国却在短短30年的时间内完成了英国用100多年才完成的工业化，从而创造了世界近现代史上最令人惊异的篇章。与德国工业化并行的城市化速度也非常迅猛，资料显示，1861年，德国还是农村人口占多数的国家，1910年，其城市人口占比已经超过60%[1]，其中青少年尤其成为汹涌流入城市人口中的重要组成部分。由于青少年义务教育结束的时间与其能够服兵役的时间之间存在时间差，对于处于其间的青少年来说，一方面来自父母和农业社区传统的约束早已经自觉或非自觉地解除了，另一方面，城市生活秩序、伦理规范又尚未完全建立，加上德国统一后主要效仿法国自由贸易的做法，1871年《德意志帝国工业法典》曾剥夺了传统行会的权力，允许所有人自由从事贸易活动，行会

---

[1] 科佩尔·S. 平森. 1987. 德国近现代史——它的历史和文化（上册）. 范德一，林瑞斌，何田译. 北京：商务印书馆：300.

也无需再承担监管学徒培训的责任①。在学徒培训成为纯粹私人事务，但对师傅的资质又缺乏有序监管，学徒培训的任意性、随意性增强的背景下，许多师傅或雇主将指导青少年社会行为的重大责任抛之脑后，那些整日被关在工厂、车间或者游荡在街头的青少年中，许多人沉迷于不良的娱乐活动，加上普遍的营养不良和缺乏适当的户外锻炼，他们不仅身体不符合未来兵役的要求，精神上也缺乏对于各类社会规范、权威、美德等应有的尊重。使以上情形更加恶化的是，此时期倡导阶级意识和阶级斗争哲学的社会民主青年运动出现，其尤其吸引了中下阶层青少年的关注，这一情况遂引起了社会精英阶层极大的不安。为了未来公民的文明教化，同时也为了已有社会秩序的正常运转，当时德国的一些管理部门曾多次召开青年问题讨论会，力促青年福利机构承担更多的社会教化责任。同期，一些州也出台了多种促进青年教化的举措。例如，1911年普鲁士文化部长推出"青年教化"（Youth Cultivation）政策。该政策旨在为州内所有从事公民教育和教化活动的私人或公共群体提供资金，以鼓励其为青年提供活动设施、开展青年运动教练等的培训②。此外，德国一些城市的宗教或非宗教团体、体育运动团体、科学或工艺协会、大学知识推广协会、公共图书馆等也纷纷采取行动，拟通过各种演讲、体育赛事、剧院演出、博物馆参观等较为高雅的娱乐活动来教育或教化青年。当然，在这一潮流中，德国原有的继续教育机构重新被发现，人们希望该类机构也能有更大的作为。

  德国最早的继续教育类学校是由符腾堡州的宗教人士创办的主日学校，1559年的文献曾首次提及此类学校。最初创建主日学校的目的是对离开初等学校的青少年实施宗教和道德教育。在腓特烈二世（1712—1786）时期，一些主日学校开始教授世俗性的读、写、算知识，还有一些开始教授手工业方面的知识。由于主日学校填补了青少年教育的某些空白，至18世纪末，该类学校不仅遍及德国广大地区，一些州还颁布了强迫所有未婚青年参加主日学校学习的法令。当然，除了主日学校，面对贸易和商业的不断增长，德国一些州还出现了专门招收青少年入学的采矿、建筑、商业、造船、纺织等贸易和技术类学校，这些学校大多也是在周日开办的。1870年的普法战争为主日学校、周日贸易技术类学校转变为继续教育类学校提供了契机。"如果德国不想被邻国超过，就不仅仅要让国内最优秀的那

---

  ① Gessler M. 2017. The Lack of collaboration between companies and schools in the German dual apprenticeship system: Historical background and recent data. International Journal for Research in Vocational Education and Training（IJRVET），4（2）：164-195.

  ② Dickinson E R. 1999. Citizenship, vocational training, and reaction: Continuation schooling and the Prussian "youth cultivation" decree of 1911. European History Quarterly，29（1）：109-147.

一批人不断进步，还要确保民众作为一个整体不断进步。"①由于以上两类学校与绝大多数青少年有着天然的联系，被普遍认为是开展青少年继续教育的理想机构，于是，一些学校被更名为继续教育类学校。在确定继续教育类学校的教学内容时，受原来主日学校的影响，宗教和道德教育依然是大部分学校的主要课程，除此之外，一些继续教育类学校还受到19世纪中期以来德国新人文主义思想的影响。由于这批思想家推崇完整的、全人的教育，且力促普通教育的发展，他们认为普通教育要在普通学校，而不是为了某些特殊目的设立的学校中开展②，于是，一些继续教育类学校简单地变成了初等义务教育的延续，且它们还会与初等学校同处一栋建筑，同用一套师资、设备，只是初等学校在白天上课，继续教育类学校在晚上上课。除了普通继续教育类学校，一些由原来的周日贸易技术类学校转变的继续教育类学校，尤其重视行业技能和实用知识的传授。整体来看，由于大多数周日贸易技术类学校还没有意识到自己所应承担的青少年教化和公民教育的责任，而普通继续教育类学校在数量、运行、管理方面还存在许多问题，严重限制了其公民教育功能的发挥，因此以上两大类继续教育机构都不是理想的公民教育机构。比如，普鲁士曾是德国继续教育类学校发展较好的州，即便已经大力发展了10多年，1910年普鲁士各类继续教育类学校的招生人数还不及该州14—18岁青少年的一半，其他州继续教育类学校的数量问题则更加严重③。此外，继续教育类学校平均每周仅有6—8个小时的教学时间，且大多数安排在晚上，这对于劳动了一天的学徒来说，其学习效果很难得到保障；再加上这些学校的课程内容与学生的日常工作和理想追求没有多大关系，大部分学徒并不感兴趣，雇主和师傅也对这类教育不甚支持。另外，当时德国只有萨克森、巴登、黑森等少数几个州一开始就颁布了该类学校强迫入学的法令，而普鲁士和巴伐利亚等州则让地方政府决定该类学校是否应该强迫入学④。总体而言，大多数地方政府对青少年必须参与此类学校学习的认识不清，也很少有强迫入学的要求。尽管从争夺青少年的角度来看，当时的许多政治家和社会保守人士积极呼吁开办更多的继续教育类学校，以便为更多的青少年提供更为健康和全面的教育，但是，在现有困境面前，继续教育类学

---

① Dickinson E R. 1999. Citizenship, vocational training, and reaction: Continuation schooling and the Prussian "youth cultivation" decree of 1911. European History Quarterly, 29（1）：109-147.

② 吴式颖,任钟印,徐小洲等. 2002. 外国教育思想通史（第七卷：19世纪的教育思想 上）. 长沙：湖南教育出版社：170-174.

③ Dickinson E R. 1999. Citizenship, vocational training, and reaction: Continuation schooling and the Prussian "youth cultivation" decree of 1911. European History Quarterly, 29（1）：109-147.

④ Kerschensteiner G. 1912. Education for Citizenship（1911）. Pressland A J（Translator）. London：George G. Harrap Company：6.

第三章
欧美四国职业教育立法的运行机制

校究竟该如何办学、如何发展,却鲜少有人能够给出理想的答案。作为教育家的凯兴斯泰纳积极回应时代需求,为该问题的解决提供了较为满意的方案。

2. 解决公民教育问题成为凯兴斯泰纳的逻辑起点

凯兴斯泰纳生于巴伐利亚州慕尼黑市。他曾担任过小学、文科中学教师、大学教授和慕尼黑市学监等职务。作为一个非常关注现实的人,德国社会的巨变很早就让他意识到青少年公民教育这一重大的时代课题。1895年,一个偶然的机会,他被提升为慕尼黑市学监和皇家学校委员会委员,这不仅激发了他进一步改革初中等教育的愿望,也为他从更广阔的视角思考青少年公民教育问题提供了绝佳的时机。由于在他生活的时代,欧洲早已经打破了宗教神学和经院哲学的羁绊,即将迈入现代社会,众多的思想认识成果很早就给予了他丰厚的精神滋养,比如,他从卢梭(Jean-Jacques Rousseau)、洛克(John Locke)、裴斯泰洛齐(Heinrich Pestalozzi)等思想家那里学到教育教学应遵循青少年身心发展规律和认识特点,让青少年更多地借助对于生活实践的切身体验来获得知识和经验[1]。德国心理学家爱德华德·斯普林格(Eduard Spranger)所提出的应该从整体的和从个人及其所处的历史文化环境交互作用关系的角度思考性格形成,也深深地启发了他[2]。自17世纪中叶起,民族国家已经作为独立单元屹立于世,卢梭提出国家是社会契约的产物,也即公民意志的体现,代表着全体人民结合而成的公共人格和道德,因此是最高道德价值的体现,与此同时,卢梭还认为只有国家办学才能培养良好的国民,之后理想的社会和国家才能实现[3]。以上卢梭的具有国家主义和集体主义色彩的公民教育理论为他奠定了思想底色。除此之外,社会学家马克斯·韦伯(Max Weber)、乔治·塞谬尔(Georg Simmel)等也从多方面对凯兴斯泰纳思想的形成有所启发[4]。基于以上的人生阅历与知识储备,他逐步建构起了自己独特的以公民教育为核心的思想体系,1901年,汇聚其多年来思维成果的《论公民的教育》一文,还一举夺得德国皇家委员会征文活动大奖。与此同时,他还以巨大的勇气,将自己的公民教育思想首先在慕尼黑,然后在德国大多数地区变成了现实。凯兴斯泰纳的努力与欧洲新教育运动以及美国进步主义教育运动有着许多相通的地方,他的做法不仅显著地改变了德国初等学校和继续教育类学校的精神面貌,更为重要的是,

---

[1] Winch C. 2006. Georg Kerschensteiner: Founding the dual system in Germany. Oxford Review of Education,32(3):381-396.

[2] Meacham J. 1999. Riegel, dialectics, and multiculturalism. Human Development,42(3):134-144.

[3] 于伟. 2015. 教育哲学. 北京:北京师范大学出版社:177-178.

[4] Gonon P. 2009. The Quest for Modern Vocational Education—Georg Kerschensteiner Between Dewey, Weber and Simmel. New York: Peter Lang.

作为公民教育的载体，学徒制与继续教育类学校之间的联姻还为德国城市解决绝大多数青少年的公民教育问题提供了很好的思路，也直接奠定了凯兴斯泰纳作为双元职业教育立法奠基者的重要地位。

（二）公民教育设计：凯兴斯泰纳使双元职业教育立法制度的创建有了理论可能

1. 公民教育的本质与实现路径

与赫尔巴特提出的"德行是整个教育目的的代名词"[1]类似，采撷卢梭公民思想精髓的凯兴斯泰纳，也将伦理道德作为教育的最高目标，只是与赫尔巴特更为偏重个人或人类道德品质的养成不同，凯兴斯泰纳更多地将伦理道德国家以及如何创建该类国家作为其整个教育学的基础，也正是从这一点上，凯兴斯泰纳的教育思想体现出了鲜明的实用主义和工具主义色彩。凯兴斯泰纳认为文明法治国家是人类的最高理想或至高无上的外在伦理财富，是一种基于人类心理本能而产生的科学的、理想的组织，由于人类的某些缺陷，这样的国家是不可能轻易实现的。他与约翰·杜威一样非常看重审慎而有系统的教育对于实现以上目标的重要价值，"只要人类能够建立一种以克服这些缺陷为目的的国民（公民）教育，这一理想国家组织的实现就是可望而又可及的"[2]。但究竟什么才是凯兴斯泰纳心目中理想的公民教育呢？由于凯兴斯泰纳将真正的"公民"看作忘我地、忠心耿耿地为达到和实现伦理国家目标而献身的人，因此他提出公民教育就是国家信念教育，"其实质就是培养人们将个人利益置于集体利益之中的教育"[3]。尽管他认识到公民教育是一切教育问题中最艰巨的任务，但是凯兴斯泰纳同时指出该教育并非如想象中的那么困难。因为从人类的普遍天性出发，满足单个人物质和精神本能的所有活动都具有普遍性，而在这之上的个人道德目标与国家的伦理目标也具有相互依存性，单个人目标在得到满足的同时，也必然在为实现普遍目标贡献力量。基于此，凯兴斯泰纳提出了在推动个人道德目标实现的过程中，培养未来公民的学校同时也在推动着国家道德目标实现的观点。

2. 学校应以职业活动为载体推动公民教育三重目标实现

基于长期的生活经验和对于人性的观察，凯兴斯泰纳提出利己主义是人类行

---

[1] 赫尔巴特. 2015. 教育学讲授纲要. 李其龙译. 北京：人民教育出版社：9.
[2] 乔治·凯兴斯泰纳. 1993. 劳作学校要义//乔治·凯兴斯泰纳. 凯兴斯泰纳教育论著选. 郑慧卿译. 北京：人民教育出版社：1-115.
[3] 乔治·凯兴斯泰纳. 1993. 国民教育的概念//乔治·凯兴斯泰纳. 凯兴斯泰纳教育论著选. 郑慧卿译. 北京：人民教育出版社：211-309.

为的主要动机，人总是对与自己切身利益密切相关的事务更感兴趣。考虑到有能力且有意愿承担国家的任何职务是公民立足的根本，因此，凯兴斯泰纳提出为培养公民而开办的学校应该首先围绕着受教育者目前正在从事或未来可能从事的职业活动来设计，这样才更容易引起学生的兴趣和参与的积极性。凯兴斯泰纳之所以如此设计公民学校的课程，意在让青少年在职业劳动中，通过劳动获得劳动技能，为其将来从事某一职业打下良好基础，此外，通过这样的劳动，唤起青少年真正的劳动热情，使他们收获细心、彻底和严谨的劳动习惯，并在个人品德方面有所提高，这也正是凯兴斯泰纳借助职业劳动塑造青少年性格，将该类学校命名为"劳作学校"的由来。当然，凯兴斯泰纳认为完成以上任务的劳作学校仅仅是在实施低层次的公民教育，因为还有两重更为重要的任务需要劳作学校去完成，而只有同时完成彼此依赖且相互促进的三重任务，公民学校才可能真正推动国家伦理目标的实现。凯兴斯泰纳所指的第二重任务就是要求劳作学校在学生共同的劳动中，借助劳动集体的组建和集体原则的实施，培养学生关心他人、自愿为他人服务的意识，让学生学会按照正义与公理的准则，去解决哪怕是最小的利益争端，同时唤起学生对一切行为负责的责任感，让学生明白自己所从事的劳动与集体利益紧密相连并自觉养成为集体利益服务的习惯。而他所谓的第三重任务，就是要求劳作学校借助以上活动，让学生体会个人与其所从事的工作之间，以及个人与更广大的社会之间的关系，在完善自身人格的同时，推动更大范围内伦理国家目标的实现。为了证明自己的想法绝非空想，凯兴斯泰纳还从人类精神结构以及行为与性格之间关系的角度对以上观点进行了论证。在他看来，人的意志力、判断力、灵敏性和易激发性不仅是性格形成的基础，也是性格因素转化为道德力量的生理基础。由于性格最终是通过各种行为塑造的，人们对待劳动的每一种态度和行为都会在意志中留下印记，因此劳作学校应该力求使学生的所有行为都立足于周密的思考、极为认真和诚实的态度，这样才可能为学生良好性格的形成以及性格的伦理化营造有利的环境[①]。凯兴斯泰纳的以上设计，与约翰·杜威所提到的让学生在雏形的学校社会中掌握民主主义社会最基本的原则有异曲同工之妙，他们几乎是借助同样的机构、采取同样的手段来追求不一样的理想社会目标的。

3. 学徒教育与继续教育的联合是实现公民教育目标最重要的依靠

正是从心目中理想的公民教育出发，凯兴斯泰纳提出了改变德国初等和继续教育类学校风貌的具体设计方案，而正是这一方案自然而然地将学徒制与继续教

---

① 乔治·凯兴斯泰纳. 1993. 劳作学校要义//乔治·凯兴斯泰纳. 凯兴斯泰纳教育论著选. 郑慧卿译. 北京：人民教育出版社：1-115.

育连接在了一起。凯兴斯泰纳认为初等教育、学徒教育和继续教育是连续教育过程的不同阶段，只是由于初等教育阶段学生年龄偏小，仅仅处在公民教育的奠基阶段。针对当时绝大多数的初等学校都是典型的书本学校，公民教育的三重任务几乎全部难以完成，他提出专业的、系统的劳动课应该进入这些学校正式的课表，不拘形式的各类实习场所，如工厂、苗圃、厨房、缝纫间、实验室等应该成为学校重要的组成部分，此外，培养心智技能的语言、算术、历史、地理、自然、绘画等课程也是必须开设的，且心智教学与劳动教学结合得越紧密，越有利于学生和学校的发展，公民教育目标才越有可能实现。

德国的工厂、企业以及继续教育类学校无疑才是公民教育的主阵地。考虑到劳动力市场的经济逻辑，师傅或雇主普遍不会真正关心学徒的教育，绝大多数学徒在简单的重复劳动中根本体会不到劳动的快乐，更高层次的公民美德的养成更是奢谈。此外，由于继续教育类学校或者重复学生已经在初等学校学习的内容，或者给学生提供单纯的特定方面的技能培训，他们中的绝大多数学生毕业时根本达不到理想的公民这一教育要求。为扭转以上状况，他指出，从财政、经济和社会发展的角度来看，让所有学徒离开工厂、车间进入国家专门开办的"劳作学校"是不现实的。最理想的办法是，一方面，让青年仍然在师傅或雇主的管辖之下接受学徒教育，因为在劳动实践中进行技能培训本身有着得天独厚的优势；另一方面，将现有的继续教育类学校改造成劳作学校，让它成为初等学校的继续教育机构，且兼具强迫性质，让所有不满 18 岁的学徒每周抽出一定时间在此接受教育，此举无疑将会取得事半功倍的效果。凯兴斯泰纳指出，为了激发青少年的兴趣，继续教育的课程务必围绕着学徒正在从事的活动开设，且其理论课程的开设务必与学徒期的工作同步，而其他的商业、科学、艺术和道德等的教学务必与学徒的职业活动密切相关。这样做的目的绝不仅仅是为了提升青少年的技术能力，而是旨在让继续教育类学校成为使学徒接受更为宽泛的公民教育的基础或始点[①]。为了保证良好的教学效果，凯兴斯泰纳要求继续教育类学校要为学生的各类职业活动准备必要且良好的工具和设备，聘请经验丰富的"师傅"和熟练工人，他们要能够担当起"实践+理论"教学的重担。凯兴斯泰纳以职业活动为核心的公民教育设计，将初等学校的普通与职业教育、学徒的实践培训与继续教育类学校的理论学习联系了起来，此举不仅对改变德国初等和继续教育类学校的旧面貌有着巨大的作用，还在事实上连接起了工厂、企业和继续教育类学校两大机构，使其共同服务于公民教育的目标，这一做法在理论上有助于双元职业教育立法制度的出现。

---

① Kerschensteiner G. 1911. The fundamental principles of continuation schools. The School Review, 19 (3): 162-177.

（三）公民教育实践：凯兴斯泰纳使双元职业教育立法制度的创建有了现实可能

凯兴斯泰纳不仅是这样想的，也是这样做的。作为慕尼黑市的学监，他首先克服困难在慕尼黑市推动了一系列改革，而伴随着以促成两种教育联姻为主要特征的慕尼黑体系（Munich System）的最终出现，凯兴斯泰纳在收获巨大成功的同时还在事实上使双元制的创建有了现实可能。

1. 克服困难力促慕尼黑学徒教育与继续教育的联合

当然，凯兴斯泰纳的道路注定是崎岖的。整体来看，横亘在他开拓路上的障碍非常多，首先是人们对于他所提出的"公民教育"概念的误解。由于德国的统一建立在普鲁士人的扩张和征服的基础上，长期的专制主义传统就是为了把民众培养成为有用、听话的公民[①]，因此，当凯兴斯泰纳提出他的公民教育思想的时候，他的思想被许多心怀叵测的知识分子所利用，他们恶毒攻击他试图培养盲目顺从的公民，甚至在凯兴斯泰纳论文获奖10年后，他还不得不在各种场合证明自己所提出的与伦理道德培养密切相关的公民教育的合理性。其次，由于普通教育与职业教育之间自古以来存在的鸿沟，占据当时教育界主流的是席勒、洪堡等新人文主义思想家的思想，而凯兴斯泰纳以职业活动为核心的设计，不仅表面上与以上思想相悖，还有将普通学校转变为职业学校之嫌，其改革遭遇巨大阻力也是在情理之中，如在德国教师会议上，职业劳动课就遭到了教师团体多次的攻击。但是这些困难吓不倒凯兴斯泰纳，他利用一切有利场合，向民众阐释职业性的早期教育并不等同于狭隘和片面的教育，与没有明确职业目标的普通早期教育相比，职业性教育甚至远远要求人们有着比普通教育多得多的知识和能力的储备，该教育在促进全面的人的发展方面效果甚至更好。除了以上努力，由于当时德国还有一部分人没有完全理解凯兴斯泰纳的整体设计，他们将职业劳动课等同于轻松的游戏、活动课，凯兴斯泰纳反复提醒这部分人，继续教育类学校如果不能让青少年体会到职业劳动的艰辛，青少年的注意力和意志力就根本得不到锻炼，学校培养出来的只能是职业的业余爱好者，绝不可能是真正的劳动者，更不可能是品德高尚、报效国家的公民。

除了以上阻碍之外，从工厂、企业和继续教育类学校的角度来看，尽管1897年《手工业法》又复兴了行会，给予其替代机构商会类似的权力，但是由于手工业师傅或雇主的经济逻辑并没有改变，他们对学徒的道德、国民精神的培养漠不关心，

---

① 荣艳红，傅修远. 2021. 德国民众的契约与法律精神及其对双元职业教育立法的影响. 河北大学学报（哲学社会科学版），46（3）：86-93.

更不愿意让所有学徒脱离工作岗位参加继续教育。此外，继续教育类学校的数量、教学设施、机器设备、师资严重不足等问题也一时难以解决。好在凯兴斯泰纳并不是那种意志薄弱的人，他从一开始就意识到积极争取地方政府和行会支持的重要性。他主动游说慕尼黑的市镇官员，从个人、企业、工业界、社区和国家利益的息息相关性谈起，谈到个人不仅是学徒，更是国家的公民，个人与他人以及国家利益息息相关。如果对于大多数人来说，从事一种职业不仅是其服务他人和国家的手段，也是自身价值的体现，更是促进社会达到更高文化阶段的手段，那么职业教育就不是个人私事，而是社会和国家的事情，理应获得公共部门的投资。此外，为了获得更为关键的商业、贸易和工业组织的理解和实际支持，他从一个行会游说到另一个行会，积极谋求与行会师傅与雇主的合作。凯兴斯泰纳从行会师傅与雇主自身利益入手，提出仅让学徒掌握灵巧的技术是绝对不够的，因为灵巧的技术只有在深刻的洞察力和高尚品德的基础上才更有利于学徒自身和行业的发展，师傅或雇主如果忽略学徒的洞察力和品德教育，或许短期内可以盈利，但是长期是难以为继的。此外，一个完全由利欲、金钱和机器统治的国家，一旦土地财富耗尽，人口过于稠密，就注定不可避免地会走向毁灭，而道德的国家才是行业繁荣发展的最终保障。除了力劝行会师傅雇主积极送自己的学徒参加学习之外，为了更好地调动他们的积极性，凯兴斯泰纳还努力在继续教育类学校的办学模式上有所创新。比如，在当时的巴登州和较大的城镇莱比锡等地，已经出现了继续教育类学校根据当地的职业群组来开展教学的情况，借鉴这一做法，凯兴斯泰纳提出慕尼黑的每一个专业行会都要有自己对应的继续教育类学校，允许每一个专业行会参与其所对应的继续教育类学校的课程设计与管理工作。此外，为减少师傅或雇主送学徒上学的经济损失，他还主动提出各学校的教学时间应更多地考虑行业的淡旺季。

2. 慕尼黑体系形成且被国内外同行认可

尽管有过好几年不被人们理解的至暗时刻，但是功夫不负有心人，1900年是凯兴斯泰纳思想开始结出硕果的一年。自这一年始，慕尼黑市诸多行会师傅和雇主主动参与创建了各自行业的继续教育类学校，他们的参与使得继续教育类学校数量不足的问题较好地得到了解决，此外，行会还愿意主动为继续教育类学校派遣高手师傅或技术工人作为带薪教师，为学校的实践教学提供免费的材料等，且慕尼黑市政当局也逐步认识到继续教育的重要性，愿意承担学校的建筑、教师工资、教具、机器和工具等的费用。以上诸多问题的迎刃而解，加快了慕尼黑继续教育类学校的出现，也推动了学徒参与继续教育活动的开展。1902年，慕尼黑市共有22所这类学校，1906年有40所，1907年有46所。到1912年，共有54所这样的学校、534名教师以及9284名学徒[1]。慕尼黑市新创设的或改造原有机构建立的继续教育类学校，致力于将先前割裂的理论、实践知识与切实可行的国民或公民教育结合起来，因其较好地满足了学徒公共教育、工业需求和社会需求，被称为慕尼黑体系。慕尼黑体系的形成以及同期凯兴斯泰纳的论文获奖进一步提高了他的声誉，国内同行，以及来自匈牙利、瑞典、荷兰、俄罗斯、丹麦、奥地利、美国等国外同行的演讲邀请不断，诸如此类的活动为他带来了巨大的国际声望，也使他的两种教育融合的想法和做法在国内外有了更大的影响力。

（四）立足于凯兴斯泰纳理论与实践基础上的双元职业教育立法制度形成

第二次世界大战之后，在慕尼黑体系的影响下，德国事实上早已经形成了学徒与学校职业教育密切合作的职业教育系统，且还是强迫性质的。尽管双元职业教育立法制度创建的过程具有极大的偶然性，但不可否认的是立足于凯兴斯泰纳所奠定的基础，德国出现的是双元职业教育立法制度，而不是其他[2]。

1. 慕尼黑体系决定了第二次世界大战后德国职业教育的基本形态

从20世纪初直到第二次世界大战，为了推动各地的学徒更好地参加继续教育类学校的学习，德国各州均做出了许多努力，首先是慕尼黑所在的巴伐利亚州最早颁布专门的法律，要求原来的主日学校转变为每周至少开展6小时授课的继续教育类学校，同期，其他州或者效仿巴伐利亚州的做法，或者通过提供更多补贴鼓励创建新的继续教育类学校。例如，普鲁士大力提升继续教育类学校的补贴，1908年其为各类继续教育类学校提供的补贴为300万马克，该补贴是1885年补贴的6倍，同期普鲁士此类学校数量从664所猛增到2100所，其接纳的学徒也从58 000名增加到360 000名；1906年，符腾堡州通过了一项法律，要求每个人口超过5000人的城镇为所有学徒组建继续教育类学校[3]。德国各地推动学徒接受继续教育的做法还进一步影响到了德语区的其他国家和地区，如瑞士的苏黎世、奥地利的维也纳等[4]。

---

[1] Simons D. 2022-02-25. Georg Kerschensteiner. https://bookshelf.vitalsource.com/reader/books/9781315445823/epubcfi/6/28[%3Bvnd.vst.idref%3DCh06]!/4/44/1：297[ers%2Cche].

[2] 荣艳红，傅修远，石惠鑫. 2021. 德国双元制职业教育立法制度的创制过程与内在特征. 职业技术教育，42（1）：65-71.

[3] Kerschensteiner G. 1911. The fundamental principles of continuation schools. The School Review，19（3）：162-177.

[4] Kerschensteiner G. 1911. The fundamental principles of continuation schools. The School Review，19（3）：162-177.

此时期的地方强迫立法还带动了国家层面的强迫立法，保障了不足18岁的所有青少年接受继续教育的权利。例如，1919年《魏玛宪法》第145条以国家立法的形式规定：从初等学校完成8年义务教育的学生必须参加强迫的、普遍的继续教育类学校的学习，直至其18岁[1]。《魏玛宪法》是第一次将强迫性的继续教育推广到全德国的有益尝试，标志着该类学校已经成为与学徒教育密切合作的教育机构。纳粹时期继续延续以上做法，只是在该时期，"职业学校"或"强迫的职业学校"取代继续教育类学校成为广泛使用的新称呼。除了称呼上的变化，20世纪初成立的德国技术教育委员会，还不断地对该类学校的专业设置、课程开设、教材编写、教学方法等进行统一规范。经过几十年的发展，在德国，企业学徒参加职业学校的学习逐步成为非常普遍的现象。1953年，联邦德国境内各类职业学校共计6000余所，170余万名15—18岁的青少年在此学习，而在这些学生当中，还有相当高比例的学生同时参加了学徒培训[2]。所有这些都为双元制度的出现提供了现实可能。

2. 双元职业教育立法制度是在改造慕尼黑体系基础上形成的

凯兴斯泰纳用一生的时光见证了德国统一、工业化和国力逐步强大的过程。作为一个终身致力于推动德国实现文明富强这一最高伦理目标的教育家，凯兴斯泰纳自觉地将自己的教育理论、教育实践与国家的前途命运紧密相连，他所提出的公民教育思想，一方面想要解决的是绝大多数青少年赖以谋生的职业技能问题；另一方面，也是更重要的，他想在此基础上推动更高层次的学生品德养成和国家伦理目标的实现，而劳作学校的设计以及推动学徒教育和继续教育机构密切合作的所有努力又都围绕着公民教育这一核心主题。当然，由于历史的局限性，凯兴斯泰纳所服务的国家可能只是军国主义性质的国家，且其提倡的职业劳动更多的是手工劳动，这也是他多年来饱受争议的原因之一。但是，剔除其所服务国家的性质和手工劳动的狭隘性，从单纯培养服务于国家利益的、更多从事体力劳动的"公民"的角度出发，凯兴斯泰纳所勾画的教育蓝图和一系列设计却是任何国家任何时期包括职业教育在内的所有领域的教育都非常看重的逻辑起点，其中自然也包括第二次世界大战后艰难崛起的德国。除了这一逻辑起点，20世纪60年代的德国已经在10多年经济高速增长后进入经济衰退期，苏联卫星上天事件又引发了人们对于国家安全和教育质量持续的担忧，加上民主化浪潮又使得民众对于教育机

---

[1] Gessler M. 2017. The lack of collaboration between companies and schools in the German dual apprenticeship system: Historical background and recent data. International Journal for Research in Vocational Education and Training（IJRVET），4（2）：164-195.

[2] King W H. 2021-10-15. Vocational schools in Germany. https://doi.org/10.1080/03057875780000101.

会均等的认识不断深化,所有这些都要求职业教育更好地应对挑战。由于凯兴斯泰纳所提出的学徒制与继续教育相结合的公民教育思想是以行业为基础来实现的,在新的历史时期,由行业和企业负责招收、培训学徒和组织考试的方式如何顾及社会的总体需要?如何保障不同地区青年的平等教育需求?国家如何规范不法行业或企业的培训行为?如何确保行业或企业培训的质量标准?各州职业学校的教学如何配合行业培训?为解决以上问题,立法者在多方协商博弈的基础上,创造性地提出了"双元"的概念,且抓住《基本法》对联邦资助、管理企业培训的法律障碍消除后的有利时机,增加了国家对于职业培训实施宏观规范和引导的法律规定,同时,为了进一步促进两类职业教育机构的通力合作,他们还在各领域各环节强化了大小事务共同协商的社团主义机制①,从而使双元职业教育立法制度最终成为各方较为认可的正式制度,而所有这一切立足的基础正是凯兴斯泰纳在理论和实践方面的努力。

二、思想底色:渗透在德国双元立法中的契约与法律精神

契约与法律精神是深藏于人们思想观念中的对于契约与法律神圣性和约束力高度认可和尊崇的"思想习惯"或"精神态度",德国民众契约与法律精神的形成经历了一个从对军事、政治强权所确立的规则的忍耐、服从,到对基于民主平等原则所制定的契约和法律的尊重与服从的演变过程。德国民众的契约与法律精神为双元立法的出现奠定了思想底色,不仅早已经渗透进了双元立法的全过程中,还从激励与约束的角度对双元立法目标的实现有着重要影响。

(一)契约与法律精神的本质以及德国民众契约与法律精神的历史形成

1. 契约与法律精神的本质

契约是指以缔约主体一致同意为基础所确立的合同或合约,该类合同或合约设定与保障了缔约方的各项权利与义务。契约可以有多种形式,日常生活中的购销合同、产权合同、赡养合同、婚约等都是契约。除此之外,在宗教、政治、道德哲学等领域,契约也广泛存在,如《圣经》中就有神与人以及人与人之间的契约,霍布斯(Thomas Hobbes)、洛克、卢梭等将国家看作人们通过订立契约而建

---

① 荣艳红,傅修远.2020.德国社团主义传统及其对职业教育立法影响.比较教育研究,(10):55-61.

立的，罗尔斯（John Rawls）则认为正义原则是公平的协议或契约的结果，是当事人选择出来的[1]。从广义的角度来看，凡是各种显性和隐性、正式和非正式的约定或承诺都属于契约概念的范畴[2]。而无论是哪一种类型的契约，只要符合以下几个特点就是理想的契约：第一，各缔约方拥有平等的地位；第二，各缔约方拥有在不受外界干预或胁迫的情况下自由选择的权利；第三，所有的契约都是缔约方在权衡利弊得失，明白各自需要放弃或转让哪些权利，履行哪些义务或承诺的基础上达成一致意见后签订的；第四，履行契约的结果一般会利己且利人，即在平等、自愿、理性、合意的前提下，契约本身还有望达到权、责、利的平衡，能够让每个缔约方在付出后有所收益。

契约与法律概念具有共通性，两概念经常被放置在一起使用。比如，首先，契约是建立在缔约方一致意见的基础上的，而法律则是公民意志的体现；其次，作为调节各缔约方权利和义务关系的规则体系，通过正当程序，特定的契约关系可以上升为法律关系，而法律关系在本质上也反映了一定的契约关系；最后，在调节人们之间的各种权利、义务关系时，契约与法律都依靠规约的手段。当人们珍视与敬畏契约和法律，自觉将其作为思想和行动的指南时，理想的契约和法律精神就出现了。契约和法律精神是现代社会倡导的主流价值观念，是促进民主法治社会形成的重要条件，当一个国家的民众更多地持有这种精神的时候，民主法治的国家就容易形成和保持下去。

2. 德国民众契约与法律精神的历史形成

德国民众素有"契约之民"的雅称[3]，契约与法律精神是德国民众这一称呼的心理与思想基础，与德国是法治国家的事实之间有着必然的联系。双元职业教育立法制度是德国法律制度的有机组成部分，德国民众的契约与法律精神不可避免地会对双元职业教育立法的创制与实施产生重大影响。从历史和文化的角度来看，德国民众对于军事、政治强权所确立的规则的服从与普鲁士邦国的发展壮大有着千丝万缕的联系。1800年之前的德国由拥有主权的314个邦国和1475个庄园政权构成，其地图被人们戏称为"狂欢节日穿的短上衣"[4]。1701年才成为独立王国的普鲁士是这件"短上衣"上一处独特的存在。作为一个非自然形成、随机拼凑的组合，同时也作为历史上德意志骑士团（又称条顿骑士团）主要退守的

---

[1] 约翰·罗尔斯. 1988. 正义论. 何怀宏, 何包钢, 廖申白译. 北京：中国社会科学出版社：9-10.
[2] 王永进. 2015. 契约、关系与国际贸易. 上海：格致出版社：1.
[3] 史世伟. 2016. 德国商务环境（修订本）. 北京：对外经济贸易大学出版社：215.
[4] 科佩尔·S. 平森. 1987. 德国近现代史——它的历史和文化（上册）. 范德一, 林瑞斌, 何田译. 北京：商务印书馆：13-14.

地区①，扩张和征服成了普鲁士人所认为的自保条件。为了实现这一目标，普鲁士统治者视军队高于一切，他们仿照条顿骑士团的行为准则在国内建立了一支与其国内人口规模相比数量庞大的军队。普鲁士国王腓特烈二世登基时，尽管已经近30年没有发生过战争，但是其父留给他的军队人数约占该邦国总人数的3.8%，当年的军费支出高达邦国岁入的72.4%；腓特烈二世在登基后的数十年内更是扩充军队，其军费支出曾一度达到邦国岁入的80%以上②。面对这样的一个产生于战争和为了战争的国家，其统治者有意识地"将高度井然有序的机械似的效率与关于政治服从以及对受命于天的统治者负有义务的传统观念结合在了一起"③，他们不仅自身励精图治、厉行节约，注重发展本国经济，而且还在国内采取了斯巴达式的准军事化管理和威权统治。据称在当时的普鲁士，不仅军人有着严密的组织和铁的纪律，公务人员要遵守军队般的纪律以及准军事化的荣誉守则，普通民众在国家利益至上原则的指引下，对国家统治亦需保持绝对的服从。就是这样一个极不寻常的国家，在短短20多年的时间内迅速崛起④。1871年，普鲁士铁血宰相俾斯麦进一步推动了德国的统一，而统一后的德国在各方面仍然深受普鲁士的影响⑤，不仅新的德意志帝国恰如旧的普鲁士邦的扩大版，而且这一统治模式还延及到了魏玛共和国以及其后的纳粹政权，进而对德国民众讲纪律、守法律、尊规则文化心理的形成产生了极大影响。德国社会民主党的一名领导人曾经说过："你如果想了解德国，就必须抓住这样一个事实：德国，特别是普鲁士是个倒立着的金字塔，牢牢埋在地里的塔尖是普鲁士士兵头盔上的尖铁，一切都是由它托着的。"⑥

尽管普鲁士国民统治方式奠定了德国民众对于军事、政治强权所确立的规则的忍耐与服从的心理基础，但是，以上规则是单方面制定的，还算不上理想的契约。德国民众理想的契约与法律精神的形成与其国内民主力量的生长有着重要的关系。当然，德国国内民主力量的生长并非一夕之功，自古以来德国就有着悠久的社团主义传统，其主要表现为，人们在日常生活中结成了不同的利益团体，与团体利益相关的几乎所有重大问题都依靠团体之间的谈判和协商方式来解决⑦。社

---

① 王亚平. 2019. 德国通史·第一卷 封建帝国时代（公元1500年以前）. 南京：江苏人民出版社：271.
② 塞巴斯提安·哈夫纳. 2016. 不含传说的普鲁士. 周全译. 北京：北京大学出版社：译序, 7-8.
③ 科佩尔·S. 平森. 1987. 德国近现代史——它的历史和文化（上册）. 范德一，林瑞斌，何田译. 北京：商务印书馆：17.
④ 塞巴斯提安·哈夫纳. 2016. 不含传说的普鲁士. 周全译. 北京：北京大学出版社：译序, 57-67.
⑤ 科佩尔·S. 平森. 1987. 德国近现代史——它的历史和文化（上册）. 范德一，林瑞斌，何田译. 北京：商务印书馆：227.
⑥ 卞谦. 1999. 理性与狂迷——二十世纪德国文化. 北京：东方出版社：12.
⑦ Baccaro L. 2003. What is alive and what is dead in the theory of corporatism. British Journal of Industrial Relations，41（4）：683-706.

团主义的做法实质上包含着民主政治的基因。立足于此基础再加上长期的培育，最终在第二次世界大战后促成了民主社会的形成，理想的契约与法律精神才得以真正出现。

德国社团主义的传统与中世纪德意志皇帝构建真正的全球帝国的梦想有关。由于德意志皇帝一直把对罗马教廷的征服作为其政策的中心，为了获得属地领主更多的帮助以达成这一目标，他们不得不经常与追求独立的领主结成联盟，这就导致德意志统一的外表下一大批独立邦国的出现，而相互协商的社团主义机制就是邦国之间处理矛盾的主要方式。当然，社团主义不仅在德意志邦国之间有所体现，在中世纪城市和行会之间也时有体现。法国大革命之后，出于对邻国激进的革命主张的警醒，确保包括社团主义在内的德国传统的延续成为其国内持保守主义、民族主义思想的人明确的政治和经济愿景。在这期间，德国学者不仅促成了社团主义理论的完善，而且在一批有识之士的努力下，社团主义还获得了新的形式。比如，尽管作用有限，1814年之后德国邦联大会的出现就是各邦使者处理邦国之间事务的一种正式协商机制；拿破仑战争后，德国一些邦国效仿法国1814年宪章的做法，制定了各自的宪法，创立了议会民主制度，该制度在客观上为各邦内部不同机构、团体就邦内重要事务开展广泛协商提供了舞台，其在实质上也体现出了社团主义的精神本质，而各邦的议会民主制又直接为德国统一后议会民主制度的产生奠定了基础。除了在政治领域，德国于1920年还颁布了《工作委员会法》（Works Council Act），该法第一次直接授权超过20名雇员的企业成立雇员工作委员会（Works Council），作为工会之外的另一个雇员利益代表机构与雇主就企业内部重大事务开展协商、共同决策，雇员工作委员会的出现是社团主义方式的民主在经济领域的一种体现。尽管该法付诸实施的程度有限，但是却为第二次世界大战后德国《工作章程法案》（Works Constitution Act）的出台奠定了基础。伴随着1952年《工作章程法案》及其后一批类似法案的出台，雇员参与企业决策正式变成了国家意志，成为该国最高的经济管理原则。1969年德国社会民主党主政后，由于该党明确主张所有的社会政策都应该立足于雇主协会、工会和国家机构等协商一致的基础上，因此，社团主义方式的民主更是逐步渗透进了德国公共生活的各个领域[1]，自此，德国民众不仅获得了广泛参与决策的权利，且契约与法律方式亦成为其处理社会事务的普遍方式。这也从一个角度解释了为什么德国是世界上法律法规最完备的国家，其民众对于各种社会约定和法规亦保持尊重与服从

---

[1] Fuchs G, Koch A M. 1991. Corporatism and "political context" in the Federal Republic of Germany. Environment and Planning C: Government and Policy, 9 (1): 1-14.

的态度[①]。

（二）契约与法律精神渗透于双元立法的全过程中

作为一种"思想习惯"或"精神态度"，契约与法律精神会在人们处理各种问题、争端时以各种方式推动人们尽力选择契约与法律方式或尽力做出符合契约与法律规范的行为。反过来也可以这样认为，在人们处理各种问题、争端时，相关机构、团体或个体是否选择了契约与法律方式或是否做出了符合契约与法律规范的行为，就是判断其是否受到契约与法律精神影响的重要标志。而以此标准来审视德国社会对于国内职业教育发展问题的处理，不仅可以看到立法是其首选方式，且在立法的各个环节，都有契约与法律精神的影响。

1. 为双元立法的出现奠定法治传统

1969年《职业培训法案》是德国双元职业教育立法制度最终形成的标志，尽管该法在议会创制的时间相对短暂，但是，为该法奠定基础的企业学徒立法和职业学校立法从出现、发展变化到最终融合的过程却横跨了一个多世纪的时间。从这一相对漫长的发展历程中可以看到，在所有决定职业教育发展方向的重大时刻，受契约与法律精神的影响，契约与法律方式都是德国民众的首选方式。比如，近代工业革命爆发以后，机器大工业对于掌握部分技能工人的巨大需求，推动了行会学徒制最先退出了英、法等工业革命先发国家的历史舞台。1871年德国统一后，曾经于同年颁布了剥夺传统行会权力的《德意志帝国工业法典》，但是在认识到德国国内情况的特殊性之后，10年后统治者又重新颁布了复兴行会权利的系列法案。在学校职业教育环节，1869年《北部德国联邦工业管理条例》和1881年《德意志帝国工业法典修正案》都曾经对18岁以下学徒的继续教育提出过明确的要求。当凯兴斯泰纳等强调继续教育类学校的强迫性质且明确要求该类学校的教学内容必须与学徒正在从事的工作有所关联后，首先是慕尼黑市，然后是巴伐利亚州以法规的形式肯定了凯兴斯泰纳的做法，其后的1919年《魏玛宪法》第145条又直接以国家立法的形式将继续教育类学校的教育纳入强制义务教育的范畴[②]。正是有了以上基础，第二次世界大战后，为进一步推动学徒培训和继续教育在新时代的发展，德国工会、多党联合政府、联邦议院职业培训法小组委员会（The Vocational Training Act Sub-Committee）曾多次向议会递交职业教育立法提案。在德国教育委

---

① 邢来顺. 2005. 德国文化解读——人类文化苍穹的双子星座. 济南：济南出版社：121.

② Gessler M. 2017. The lack of collaboration between companies and schools in the German dual apprenticeship system: Historical background and recent data. International Journal for Research in Vocational Education and Training（IJRVET），4（2）：164-195.

员会"双元"概念的提议下，经过多种利益团体的多次讨论、协商，双元职业教育立法才最终出现。从不同历史时期、不同机构的上述行为中就可以看出，在规约职业教育发展方面，在推动双元立法形成方面，德国民众对于契约与法律的信仰和态度无疑起到了积极的作用。

2. 体现在双元立法的创制过程中

理想的契约与法律精神不仅要求人们尊重已有的契约与法律，在新的契约与法律形成过程中，该精神还会推动各缔约方尽量在平等、自由、理性、合意、互利等的基础上缔结契约或法律关系。1969 年《职业培训法案》在德国议会的创制过程中就鲜明地体现了这一特点。首先，从各机构、团体所拥有的平等、自由地参与立法的权力来看，德国《基本法》规定法律提案只能由联邦政府、联邦议院或参议院议员正式提出，但是，除了这一正式途径之外，德国法律还规定，德国个别公民、公民小组、工会、经济协会、教科文卫等各种联合会均有权对各自领域重大的事宜提出立法或修法要求，并同时起草参考法案，参考法案经一定审批程序后可以转变为正式递交议会的提案①。也就是说，除了借助政府、议员渠道之外，各团体、机构、个人也拥有平等、自由地递交立法提案的资格。德国工会曾先后在 1919 年和 1959 年两次向议会递交职业教育立法提案，就是以上精神的鲜明体现。其次，为了使立法过程更好地表达民意，德国议会在组织架构上不仅容纳了不同利益、不同渠道的代表，且其正式的立法程序也确保了不同政党和利益集团对于重要事务的全程参与。例如，递交到德国议会的正式法律提案一般都要经过复杂的前置和三读程序，在立法程序的每一道关口，倾听不同机构或利益群体的意见并做出积极回应是其顺利进入下一步的关键，而这一做法也体现在 1969 年《职业培训法案》的正式审议过程中。当时，各相关利益团体就职业培训是否具有公共属性、企业培训与学校职业教育的关系如何协调、联邦和州政府之间如何划分职业教育与培训的责任、即将制定的法律究竟应该规范职业教育和培训的哪些领域等一系列问题展开了激烈的辩论，即便法律签署过后，这样的辩论还远没有结束。从以上过程可以发现，1969 年《职业培训法案》之所以能够成为该领域的经典之作，与其创制过程中体现出来的理性、合意和互利精神不无关系。

3. 体现在双元立法的主要内容中

作为德国民众契约与法律精神的具体体现和终期成果之一，1969 年《职业培训法案》对各类培训活动的主体所拥有的权利、所应承担的责任义务、各主体相

---

① 甘超英. 2002. 德国议会. 北京：华夏出版社：273.

互之间的关系、各主体违反相关法律规定的处罚措施等均做出了明确的规定，而这一做法也体现在 2005 年的修正案中。修正案的开篇即指出该法主要针对的是企业培训活动，为了实现企业培训的有序、统一，企业的初始培训必须在国家认可的职业范畴之内进行。修正案同时还规定：联邦经济和技术部或其他主管部门在与联邦教育和研究部达成一致意见后，可无须经联邦参议院同意，发布国家认可的培训行业名单或下发针对培训名单的初始培训管理规章。修正案第 71 条规定商会是企业培训的主管机构，每一领域的商会负责各自领域的管理工作。以上由法律规定的不同利益主体的权利和义务关系，既是法律签署者所拥有的契约与法律精神的体现，也是各相关利益主体继续服从契约与法律规约的制度基础。除了以上内容之外，修正案还确保了不同部门不同利益群体在涉及职业教育重要事务方面的共同决策权，比如，修正案规定联邦职业教育和培训研究所主要负责初始培训规章的起草、职业教育和培训报告的准备工作，其内部的主要决策机构是理事会，该理事会由来自雇主、雇员、州和联邦政府的 8 名成员组成，所有重大决策均应出自理事会成员的共同协商；各行业商会是直接规约企业培训活动的主要领导机构，每一行业的商会均要建立自己的职业培训委员会，凡与职业训练有关的重要事项，均应通知该委员会并向其提出咨询要求，该委员会由 6 名雇主代表、6 名雇员代表和 6 名职业学校教师代表组成，所有的决定都必须经过委员会多数人投赞同票后才能产生[1]。确保重要事务依靠不同利益群体共同参与、共同协商的做法本身即是契约与法律精神的鲜明体现。

4. 体现在双元立法的实施过程中

亚里士多德（Aristotle）曾经说过："所谓的法治，是已订立的法律获得普遍的服从，而大家所服从的法律又应该本身是制订得良好的法律。"[2]如果将 1969 年《职业培训法案》看作缔约方立足于平等、自由、理性、合意、互利等基础上缔结的相对理想的成果，那么，这只是完成了任务的一半，只有缔约方普遍服从契约与法律规约、承担契约与法律所明确的责任和义务时，契约与法律精神才能得到真正体现，契约与法律的目标才能真正实现。《职业培训法案》涉及多种利益主体的参与，比如，企业作为学徒培训的主体，需要为学徒提供符合法律要求的培训；各行业商会作为学徒培训的主管机构，需要承担评定培训企业资质、为培训合同

---

[1] Federal Ministry of Education and Research. 2020-03-30. Reform of vocational education and training in Germany，The 2005 Vocational Training Act（Berufsbildungsgesetz 2005）. https://planipolis.iiep.unesco.org/sites/planipolis/files/ressources/germany_reform_vocational_education_2005.pdf.

[2] 吴雷钊. 2009.《政治学》导读. 天津：天津人民出版社：74.

注册、组织学徒考试、监督检查培训活动等领导责任[①];工会主要从工人或学徒权益保护的角度对企业培训行为进行监督。每一种利益主体哪怕忽略自己部分的权利和义务,都将导致运行环节的不协调,由此造成学徒培训质量的整体下降。从半个多世纪双元制运行的情况来看,德国各利益机构、团体大多在态度上认可了自己所承担的责任且基本上践行了自己对于学徒培训权利、义务的承诺。例如,与美、英等国雇主普遍的低培训意愿相比,2011年,德国大约56%的企业拥有双元制培训资格,54%的企业对该类培训活动持有积极的态度[②]。此外,受行会传统的影响,作为行会替代机构的各类商会在学徒管理中也大多是尽职尽责的。各利益机构、团体对于法律和契约的认可与服从,为德国双元职业教育的规范运行奠定了良好的基础,也难怪德国工会的调查报告会显示这样的结果:2014年,德国71.4%的学徒对于他们的培训整体表示满意或非常满意,超过87.8%的学徒对其培训质量的评价在满意以上[③],这是相当不容易的成就。

(三)契约与法律精神对双元立法目标实现的激励与约束作用

1. 激励缔约方实现立法目标

双元职业教育立法目标的实现主要是德国企业、学校、商会、工会、国家等多个缔约方共同努力的结果。民众的契约与法律精神主要是从以下两方面激励企业与其他缔约方获得法律规定的权利以及履行相应的义务,以最终促成法律目标实现的。一方面,借助各缔约方对于契约与法律遵从的心理,推动学徒培训活动的持续稳定开展。比如,继承传统行会基因的商会自产生以来就被法律赋予了管理学徒培训的责任,这不仅让商会自始至终对于自己的角色有着清醒的认识,也为商会切实履行契约与法律赋予的责任增添了内在的动力。此外,德国企业培训领域内几乎所有的重大决策都是由商会、企业主、工会等多部门集体协商、一致同意后决定的,这种契约形成机制不仅是所有参与者高度认可培训活动的前提条件,也为进一步推动各缔约方较好地履行各自义务奠定了良好的心理基础。另一方面,借助契约与法律对于企业培训营利功能的肯定,来激发企业及其他缔约方产生签订学徒培训契约的意愿,继而推动学徒培训活动的开展。由于理想的契约

---

① Deissinger T, Gonon P. 2016. Stakeholders in the German and Swiss vocational educational and training system, Their role in innovating apprenticeships against the background of academisation. Education & Training, 58 (6): 568-577.

② Solga H, Protsch P, Ebner C, et al. 2020-02-15. The German vocational education and training system: Its institutional configuration, strengths, and challenges. https://bibliothek.wzb.eu/pdf/2014/i14-502.pdf.

③ Vogel S. 2020-09-02. Germany: Working conditions in apprenticeships. https://www.eurofound.europa.eu/publications/article/2015/germany-working-conditions-in-apprenticeships.

关系立足的基础是共赢，即理想的契约在保护缔约方利益的同时会产生出利他结果，当然这个结果可能是一种眼前或预期的利益，也可能是名声或声望之类的东西。曾有现代法律经济学家指出，如果契约不能够给人们带来任何利益和保障，人们就不会签订契约[①]。而德国双元职业教育立法正是从以下几方面来努力确保企业及其他缔约方开展学徒培训的权利和营利能力的。比如，与英、美等国劳动力培训市场的任意性和私人性不同，双元职业教育立法规定德国劳动力培训市场是由国家力量引导、行业力量主管的，德国单个企业不能按照自己的想法随意开展培训。由于法律对于企业学徒培训的入口和出口都有一定的要求，这就确保了所有企业劳动力培训标准的一致性，该做法的益处是一旦某企业培训的劳动力流失，它会相对容易地从劳动力市场获得由其他企业培训的相同标准的技术工人。此外，由于双元职业教育立法早已经使企业学徒培训成为一种为国家培养劳动力的专门事业，这也使得很多企业家直接或间接地肯定了自己肩上所承载的对年轻人培训的社会责任[②]，目前有更多的德国企业家会较少地计较眼前的利益得失，更为经常地从企业长远营利能力和社会发展的角度来认识学徒培训。

2. 约束缔约方可能的毁约行为，最终实现立法目标

一般来说，作为一种权利与义务关系，契约与法律的签订表明各缔约方已经非常清楚在实现个人自由意志、满足自身需要的同时自身需承担哪些责任和义务。当然，在内外各种因素运行良好的情况下，承担契约与法律规定的相应义务相对会容易一些，这也是这一时期较少出现违约情况的重要原因。但是，在遇到内、外多种压力的环境下，只有内心具备对于契约与法律神圣性与约束力的敬畏之心，加之对于契约与法律外在强制力的认可，已经签订的契约与法律的内容才不至于被篡改，契约与法律的既定目标才能够顺利实现。比如，20世纪90年代以来，一方面，由于经济全球化、欧洲一体化带来的思想、信息、人员、资本、物资流动的加快，那些不需要负担学徒培训成本、承担学徒培训义务的外国公司明显比德国公司在竞争中处于更为有利的地位；另一方面，随着后工业经济时代的到来，大批量生产的大工厂、大企业逐渐被个性化生产的小微企业所取代，加之竞争加剧带来企业运行的不稳定，能够开展大规模培训的企业数量不仅日趋减少，且由于学徒退出公司或更换公司的频率也较以前高出许多，所有这些都为学徒培训的正常运转带来了新的难题。面对以上严峻形势，德国一些州政府为了激励企业多招收学徒，往往会为培训企业直接提供财政补助，而联邦就业服务办公室有时也

---

① 汪中求. 2013. 契约精神. 北京：北京理工大学出版社：5.

② Pilz M. 2009. Initial vocational training from a company perspective: A comparison of British and German in-house training cultures. Vocations and Learning, 2 (1): 57-74.

会访问一些有能力却没有提供培训岗位的企业，努力劝说他们为学徒提供培训岗位①。当然，德国双元职业教育立法制度之所以能够克服困难顺利运行下去，最主要依靠的还是以下两大法宝：一个是各缔约主体由于历史和现实原因所形成的对契约与法律的遵从态度，这种态度会直接转化成一定文化环境中的思维和行为方式，并在有形或无形之中要求所有缔约方必须按照社会所认可的方式行事，而该方式也会对各缔约方必须履行双元职业教育法律规定的培训义务起到重要的规约作用；另一个就是依靠人们对于法律强制力的认可态度。由于历史上包括德国在内的欧洲国家多灾多难，出于对稳定和秩序的深切渴望，欧洲国家普遍比北美国家更为看重契约与法律，他们关于劳动者培训、就业、失业保护等的法律法规不仅体系更为完善，内容也更为周全②。与此同时，德国对关于如何惩处雇主的违规行为也有着明确的规定，如德国确保雇员共同决策权的相关法律规定，雇主单方面的决定没有任何的法律效力，雇员可以不服从。此外，雇员工作委员会还可以去劳工法庭（Labor Court）申请限制令，要求法院迫使雇主撤回决定，直到雇主与其签订共同协议③，此条款对减少雇主的违规行为也有较强的约束作用。

三、动力与保障机制：德国双元立法中的社团主义

社团主义是远古时期就已经出现的事物，只是到了 20 世纪初，社团主义才获得其明确的形式。人们对于社团主义概念的理解是多种多样的。比如，有学者从体系特征的角度认为，社团主义是一套由不同利益团体所构成的强制性的、非竞争性的，同时又具有层级性秩序和差异化功能的体系，国家认可该体系并对其进行授权。该学者还从公共政策形成角度认为，社团主义不仅仅是一种特殊的利益团体相互联系的方式，也是制度化的政策形成机制，借助该机制，大型团体不仅由于利益彼此联系在一起，也在利益分配和政策实施等方面彼此合作以及与公共当局合作④。有学者则简单认为社团主义是一种强有力的促进团体之间矛盾解决的协调

---

① Idriss C M. 2002. Challenge and change in the German vocational system since 1990. Oxford Review of Education, 28（4）：473-490.

② Varner I I, Varner K. 2014. The relationship between culture and legal systems and the impact on intercultural business communication. Global Advances in Business and Communication Conference & Journal, 3（1）：1-13.

③ Däubler W. 2015. Industrial actions in Germany-realistic in an international context? Global Scholarship Collection, 4（12）：37-54.

④ Baccaro L. 2003. What is alive and what is dead in the theory of corporatism. British Journal of Industrial Relations, 41（4）：683-706.

机制①。还有学者指出社团主义政治无涉，既可以成为法西斯手中的工具，也可以成为新政管理的手段②。不论从哪个角度理解社团主义，由不同利益团体组成，与团体利益相关的几乎所有重大问题都依靠谈判和协商方式来解决，以上这些似乎是不同派别学者公认的社团主义概念所具有的核心特征。德国具有浓厚的社团主义传统，社团主义在德国社会各个领域，其中也包括职业教育立法领域等均有着鲜明的体现。

（一）德国的社团主义

1. 德国社团主义的渊源

德国社团主义传统的形成是多种因素相互作用的结果。归纳起来，无外乎以下这些，即社团主义的基因隐藏在中世纪以来德国宗教、政治、经济等多领域的管理形态中，法国大革命从反方向对其进行了强化，德国近现代理论家完成了其理论奠基，第二次世界大战后，社团主义已经渗透进德国社会生活的方方面面。

中世纪以来，德国国内各邦国、城市以及行会之间彼此相处或处理矛盾的方式就已经具备明显的社团主义特征。比如，中世纪的德意志皇帝抱有建立真正的全球帝国的梦想，一直把对罗马教廷的征服作为其政策的中心，为了获得属地领主更多的帮助以达成这一目标，德意志皇帝经常与追求独立的领主商议并结成联盟。至14世纪中叶，在德意志帝国统一的外表下出现了一大批独立的诸侯邦国和邦君，除七大选帝侯外，还有10多个大诸侯、200多个小诸侯和1000多个帝国骑士，他们的领地就是大大小小的邦国③。这些邦国不仅拥有各自完整的行政机构，还拥有独立的铸币、贸易、关税、矿山、森林等各种权限。由于属地邦国数量较多，且力量相对均衡，在重大的冲突过后，德国国内很难出现由胜利方创建的统一政权，如作为教派或教区力量平衡与协商的最终结果，1648年为结束德国30年战争而签订的《威斯特伐利亚和约》（Peace Treaty of Westphalia），就鲜明地体现了社团主义的原则。除了以上具有德国特色的政权或教权管理方式，与欧洲其他国家一样，德国中世纪行会和市镇的管理方式也具有明显的社团主义特征。中世纪欧洲城市经济恢复之后，包括德意志在内的欧洲国家的市镇再次出现了各种各样

---

① Muramatsu M, Naschold F. 1997. State and Administration in Japan and Germany: A Comparative Perspective on Continuity and Change. Berlin: Walter de Gruyter & Co: 55.

② Anonymous. 2020-05-28. The economic system of corporatism. https://www.sjsu.edu/faculty/watkins/corporatism.htm.

③ 孙炳辉，郑寅达. 1995. 德国史纲. 上海：华东师范大学出版社：11-14.

的手工艺行会组织，至 13 世纪，这一组织已经遍布全欧①。作为一种自治且互利的机构，行会成员彼此认可各自的身份并承担相互扶助的义务，行会内部的事务依据共同制定的行会法规来管理，而行会之间的事务则更多地依靠彼此之间的相互协商。自治城市是与行会一同出现的中世纪政治、经济管理的新单元（在欧洲某些地方，行会和自治城市就是同一组织），这些具有自治功能的城市自铸货币、修筑道路和桥梁，拥有自己的行政机构，有议会、司法长和警察局长，维持城市的法律秩序和组织保卫②。为了促进城市之间的人员流动和贸易开展，这些城市还缔结了同盟，较为有名的莱茵同盟、士瓦本同盟、汉萨同盟等就是城市之间互惠互利和协调解决争端的机制，其具有明显的社团主义特征。

近代地理大发现和工业革命首先促成了与德国毗邻的英、法等国自由经济的发展，也为这些国家新兴资产阶级的出现，以及其国内政治、经济领域等的巨大变迁奠定了时代基础。1789 年法国大革命爆发，其所推崇的个人主义、理性主义和经验主义，其所主张的天赋人权、三权分立等几乎让所有的欧洲贵族及宗教特权者不寒而栗，1791 年法国《勒沙普里安法》以及 1799 年英国《联合法案》（Combination Acts）等又将中世纪的行会管理制度扔进了历史的垃圾箱。面对邻国的巨大变化，在 19 世纪很长的一段时间仍是封建农业国家的德意志该何去何从呢？此时期，无论是参与德意志浪漫主义运动的思想家还是持保守主义、民族主义思想的上层人物都对邻国的变化充满警惕，他们大多反其道而行之，因此，确保包括社团主义在内的德国社会传统的延续成为大多数人明确的政治和经济愿景。

此时期的一些思想家为中世纪以来的德国国家管理模式辩护，明确提出国家与家庭类似，君主的权力是至高无上的，臣民（非公民）应养成服从、尊敬、善思、忠实和虔诚等德行，权利和义务不是产生于民众的意愿、自然法，或者叫作宪法的那么一张纸，而是来自古老的、源远流长的习俗和传统③；一些思想家反对经济领域的个人主义、贸易自由，他们甚至倡议创建一个强大的中央集权国家，希望通过国家垄断来进行对外贸易④。当然，更多的思想家反对君主专制统治下的高度中央集权，他们理想中的国家是以中世纪的城市或行会自治为模板的，即这样的国家既不会压制个人自由，又对君主专制有所限制，黑格尔（Hegel）就是其

---

① 威尔·杜兰. 1998. 世界文明史（信仰的时代）. 幼狮文化公司译. 北京：东方出版社：495-496.

② 大卫·尼科尔. 2007. 中世纪生活. 曾玲玲，殷小平，张小贵译. 太原：希望出版社：32.

③ 科佩尔·S. 平森. 1987. 德国近现代史——它的历史和文化（上册）. 范德一，林瑞斌，何田译. 北京：商务印书馆：90.

④ Williamson P J. 1985. Varieties of Corporatism: A Conceptual Discussion. Cambridge: Cambridge University Press: 29.

中最重要的一位。他提出国家并不是一种外在于个人，把自己强加于个人之上并压制个人独特性的异己的权威，相反，国家就是个人之自身，个人只有在国家中，其个性才能得到真正的实现①，国家的普遍的最终目的和个人的特殊利益是统一的，而这种统一正是国家的内在力量所在②。为了真正实现国家利益与个人利益的统一，他提出国家要首先利用其力量承认市民社会不同构成单元的地位、合法权益并给予其特定的保护。黑格尔将其所认为的市民社会的不同构成单元称为"等级"，而这样的"等级"主要包括由贵族庄园主构成的实体性等级、行政官吏组成的普遍等级、工商业代表形成的私人等级和"同业公会"（即行会）组成的产业等级，黑格尔认为以上等级是个人参与公共事务的最好中介。"国家通过它们（即这些行使中介功能的组织机构）进入人民的主观意识，而人民也就开始参与国事。"③当人们在实现个人目的的同时也为他人服务，他们将更具公共精神，而更为广阔和更为普遍的社会目的就更容易达成④。黑格尔的以上看法为社团主义的合理性和合法性进行了完美的奠基。1848 年之后，为避免德国社会重蹈法国和英国覆辙，德国科学家、国家社会主义者卡尔·马里奥·温克尔布莱奇（Karl Mario Winkelblech）倡议将社团主义拓展到整个经济领域。他提出通过创建全面的行业协会章程，以确保社会每个成员在绝对不需要考虑其特殊权利的基础上都能获得与其工作能力相当的谋生手段。为了达到公平的目的，他建议按照各行业有产者和所有类型的职业活动者一定的数量比例关系组成"社会议会"（social parliament），在该议会中，所有代表均可以就与自身利益相关的事物进行充分协商，同时，该议会还可以向传统的政治议会（political paliament）递交决议。在他所设想的这一和谐的社会秩序中，行会式的雇主协会在经济中占据主导地位，"工业自治"将取代官僚集权成为促进经济发展的手段，而国家的作用仅限于确定总体经济政策、管理不多的公共行业和改进社会立法⑤。德国保守主义运动吸纳了温克尔布莱奇等的主张，并在此后的政治和经济管理中加以运用。比如，俾斯麦勾画的理想的政治和社会图景就是强大的君主政体与同时受到各团体限制的一种联合体制⑥。此外，魏玛共和国临时由工业、劳工、消费者和自由职业者以及专家组成的经济委员会就在一定程

---

① W. T. 斯退士. 1986. 黑格尔哲学. 鲍训吾译. 石家庄：河北人民出版社：382-385.
② 林喆. 1999. 权利的法哲学——黑格尔法权哲学研究. 济南：山东人民出版社：287.
③ 林喆. 1999. 黑格尔的法权哲学. 上海：复旦大学出版社：334.
④ W. T. 斯退士. 1986. 黑格尔哲学. 鲍训吾译. 石家庄：河北人民出版社：382-385.
⑤ Swan D A. 2013. The ideological background to the German corporate tradition. The Journal of Social, Political, and Economic Studies, 38（2）：148-173.
⑥ Kardam N. 1976. A comparative analysis of corporatism in Nazi Germany and fascist Italy? Istanbul University：10.

度上体现了温克尔布莱奇的思想。1920年，德国还颁布了《工作委员会法》，该法第一次直接授权拥有超过20名雇员的企业成立雇员工作委员会，该委员会除了在经济方面支持企业主外，特别是在有"监事会的企业中，允许1—2名该委员会成员成为监事会成员，并拥有监事会投票权"[①]。该法首先促成了企业内劳资双方就重大事务相互协商、共同决策模式的出现。

第二次世界大战后，在德国工会联合会（German Confederation of Trade Unions）的努力下，雇员工作委员会的功能在1946年得以恢复。1947年，在英国占领军的推动下，德国煤钢产业率先建立了由工人和雇主一起决策的机制。此后，在继承《工作委员会法》精神的基础上，1952年德国颁布的《工作章程法案》，将雇员参与决策再次变成了国家意志，此后，集体协商、共同决策的方式逐步拓展到了德国整个产业界，成为该国最高的经济管理原则。除了在经济领域，1969年德国社会民主党主政后，由于该党明确主张所有政策都应该建立在雇主协会、工会和国家机构协商的基础上才能谋求各领域的均衡，社团主义更是逐步渗透进了德国公共生活的各个领域[②]。

2. 德国社团主义的表现

作为深受社团主义影响的国家，德国各领域各层面的重要事务均由不同利益团体代表借助谈判和协商的办法来解决早已经成为一种惯例。比如，在具体涉及国家层面的社会事务的处理过程中，代表不同利益的德国雇主联合会（Federal Association of German Employers）、德国工业联盟（Federation of German Industry）、德国工会联合会、德国农民协会（German Association of Farmers）、德国公共官员协会（The Association of Public Officials）、德国领薪雇员联合会（German Union of Salaried Employees）、自由职业联盟（Federation of Free Professions）等社团的代表，经常会与联邦政府管理机构的代表一起出现在协商或谈判的过程中。我们以联邦就业办公室（Federal Employment Office）与德国邮政和电信管理局（German Posts and Telecommunications Administration）的成员构成为例就可略见一斑。联邦就业办公室作为准公共机构，管理着国内的失业保险、再培训计划、特殊就业计划、继续教育等事务，由于其业务活动的正常开展主要依赖于雇主和雇员之间的合作，作为利益相关者，德国联邦层面的雇主协会和工会组织的代表与联邦机构代表共同构成了联邦就业办公室管理、决策部门的主体。德国邮政和电信管理局也是一个准公共机构，该局同样拥有一个由工会、雇主协会代表以及金融和电信领域专

---

① 孟钟捷. 2008. 德国1920年《企业代表会法》发生史. 北京：社会科学文献出版社：239-240.

② Fuchs G, Koch A M. 1991. Corporatism and "political context" in the Federal Republic of Germany. Environment and Planning C: Government and Policy, 9（1）：1-14.

家构成的管理部门。社团主义除了会体现在联邦层面的管理和决策过程中，在区域或部门层面以及在个体企业或机构层面的各项管理和决策中也都有明显的表现。当然，参与区域或部门层面的重大事务协商谈判的机构或组织，主要是州政府管理机构以及不同领域、区域协会或联合会的分支机构，如德国雇主联合会是由468个地方组织以及制造业、建筑业、银行业和保险业等46个不同的产业分支组织构成的，德国工会联合会也下辖着17个领域或部门的分支工会组织[①]，这些分支机构在区域或部门重要事务的决策中发挥着重要的作用。

（二）德国双元立法筹备、倡议和创制活动中的社团主义

职业教育法律法规是一个国家法律法规体系的有机组成部分。整体来看，无论是德国联邦层次还是各州层次的双元职业教育法律法规，在立法筹备、倡议以及创制的过程中，社团主义均有着明显的表现。

1. 双元立法筹备、倡议活动中的社团主义

如果将议会正式开始对某一立法草案审议之前的与该立法主题相关的所有活动都算作立法筹备或倡议活动的话，那么，该阶段任务的艰巨性、复杂性以及延续的时长都将远远超过议会内部的立法创制过程。总体来看，体现社团主义原则的讨论和论争在德国职业教育立法的筹备和倡议过程中主要有两种形式：第一种形式是社会范围内的广泛讨论和协商。一般来说，在某时代将某一个重大问题展现在公众面前之时，相关利益群体总是会就该问题的本质、解决该问题的必要性与可能性、是否有立法的必要、是否应该递交立法草案等问题首先展开广泛的社会讨论或争论。一个国家的政治环境越民主，参与这种社会讨论或争论的相关利益群体的数量就会越多，讨论就会越激烈、深入和持久，这对于德国职业教育立法同样也是适用的。自近代德国政府肯定了行会以及之后商会对于职业培训的直接管理权之后，工会方面就质疑将大量16—18岁的年轻人置于私人公司手中的合理性，且批判阶层偏见早已经卷入了严格区分的普通和职业培训轨道之中，而雇主方面则认为行业自治天经地义，因为企业方面负担着培训成本，相应地承担培训质量监管的责任也是理所当然的。此外，关于培训合同是一种工作关系还是教育关系的论争也层出不穷，工会和雇主往往各执一端：工会认为学徒协议是一种工作协议，因为其代表着被培训人的实际利益；而雇主更愿意认为培训协议是一种教育协议，因为他们不愿意为学徒的培训额外支付工资和津贴。以上争论不仅

[①] Fuchs G, Koch A M. 1991. Corporatism and "political context" in the Federal Republic of Germany. Environment and Planning C: Government and Policy, 9 (1): 1-14.

见诸各类媒体，在不同层面的专业会议上也有鲜明的表现。比如，20世纪50年代，由自由民主党议员卢奇滕贝格（Pual Luchtenberg）主导的职业教育研究和促进中心办公室（Central Office for Research and Promotion Vocational Education）就经常不定期地召开一些专门的会议，其1953年的一次会议就探讨了"德国职业培训系统将企业作为主要培训基地是否合适的问题"[1]，这些专业会议为那些来自不同党派，且与职业教育利益相关的机构专家交换意见提供了平台。当然，以上发生在德国社会领域与职业教育立法相关的争论偶尔还会与一些司法纷争相互重合，由此将进一步导致联邦和州层面的许多机构卷入其中，无意中还会进一步加剧问题纷争的激烈程度。

  由于除了政府、政党、议会党团或议员个人之外，德国个别公民、公民小组、工会、经济协会、教科文卫等各种组织均有权就各自领域的重大事宜提出立法或修法要求，并同时起草参考法案（参考法案经一定审批程序后可以转变为正式递交议会的议案）[2]，因此，在直接起草职业立法文本的过程中，发生在起草机构内部各派代表的讨论或争论则是社团主义的第二种表现形式。由于德国《工作章程法案》以及其后的《共同决策法案》（Co-Determination Act）等早已经正式授权不同利益集团在组织机构内部就任何重要事项协商和博弈的权利，因此，与美国等国家在立法倡议或辩论环节临时组建大型游说集团以及依靠个人积极参与来强化影响的机制不同[3]，在机构内部，不同团体参与共同决策早已经成为正式制度渗透进了德国政治、经济领域中，特别是伴随着第二次世界大战后民主化进程的加快，这种现象更为明显。一般来说，德国各类机构在启动重要的立法行动或采取重要的行政措施之前，都会向内部不同的利益代表提出咨询要求并定期举行关于该议题的讨论会，会议中各派代表不仅会正式表达观点，且起草议案的官员也会解释为什么对某一议题提出立法要求，同时解释在起草议案的过程中是如何权衡各方意见的[4]。具体到双元职业教育立法，可以看到在1969年《职业培训法案》出台之前，所有递交到议会的职业教育立法提案均是经过多方协商之后的结果，如第一次世界大战对于军工生产的巨大需求客观上提升了劳工组织的谈判能力，工会希望在职业培训方面拥有与劳工组织对等的权力，所以在经过内部协商后，1919年

---

  [1] Thelen K A. 2004. How Institutions Evolve：The Political Economy of Skills in Germany，Britain，The United States，and Japan. Cambridge：Cambridge University Press：258.

  [2] 甘超英. 2002. 德国议会. 北京：华夏出版社：273.

  [3] Promberger M. 2013. Corporatism：Opportunity or obstacle for the economy and democracy？IAB•Forum，15（1）：92-97.

  [4] Demuth F. 1932. German trade associations.The Journal of Business of the University of Chicago，5（4）：307-320.

向议会提交了职业教育立法提案；1927年柏林贸易部部长级议员恩斯特·辛德勒（Ernst Schindler）也曾在多方征求意见后向议会提交了一份职业培训提案；纳粹时期德国法律学园（Academy for German Law）也起草并提交过类似的提案；20世纪50年代，也有多个类似的立法提案提交议会；等等。尽管半个世纪以来，多种机构和组织向议会提交的职业培训立法提案几乎全部没有下文，但立法提案作为内部多种利益团体代表协商的结果这一事实却是不容置疑的。

2. 双元立法创制活动中的社团主义

如果说德国双元职业教育立法倡议环节的社团主义表现得较为分散、持久，那么立法创制环节的社团主义肯定会更为集中，其原因主要有二：首先，德国议会的机构设置方式为不同利益团体参与讨论与协商奠定了组织基础。德国议会由联邦议院和联邦参议院组成，其中联邦参议院由各州代表组成，主要代表各州人民和各州政府参与联邦立法和行政管理，由于各州利益的巨大差别，获得参议院2/3多数同意的法案才能进入下一程序本身就不是一件容易的事情。从联邦议院的角度来看，由于联邦议院的议员来自公民直选，德国选民在大选中可以投两张票：其中的一票可以投给自己认可的本选区候选人，得票多的候选人在议院中自然胜出；另一票可以投给自己认可的某一政党，代表自己在议院中所属的团队。由于联邦议员来源不同且代表着不同的利益派别，他们会对联邦议院组织机构的创建、议事规程的制定、大会发言及其时间的分配、表决安排乃至联邦政府的组成等产生重要的影响，而其产生影响的方式就是在权衡利弊后，不断地协商、讨论、赞同与反对。比如，在《职业培训法案》创制期间，党派或利益格局曾经不利于职业教育法案的通过，直至1969年与左翼政党和工会联系更为密切的社会民主党在议院取得了绝对胜利，在社会民主党呼吁尽快开展职业教育立法后，德国基督教民主同盟与基督教社会同盟此时才愿意帮助社会民主党通过这项相对"温和"的职业教育和培训法案，以免在其他反对党上台后德国出现更为严厉的职业教育和培训法案[1]。

其次，除了德国议会在组织架构上容纳了不同利益、不同渠道的代表，在正式的立法环节，其立法程序也确保了不同政党和利益集团对于重要事务的全程参与。比如，德国《基本法》规定正式的法律草案只能由联邦政府、联邦议院议员和联邦参议院正式提出，无论哪一种提出方式，倾听不同的意见并做出积极回应是其顺利进入下一步的前提。比如，在前置程序中，来自联邦政府或参议院的立

---

[1] Herkner V. 2020-07-13. Vocational training, the public task—On the adoption of The Vocational Training Act 40 years ago. https://www.bibb.de/en/16619.php.

法草案一般需要首先经过对方的审读，审读通过后，才会递交议院议长；议院本身的法律提案，也必须首先在议会党团内部取得一致意见，由议会党团提出，或由 5% 的议员联合提出后才能直接交给议长；在议院的正式审议程序，除了联邦议员、参议院成员、联邦各部委代表会全程参与讨论和协商外，媒体、公众和地方机构也会对正在进行的立法过程有所了解并展开讨论，而有关方面也可以借此向议员、政党和政府施压，在扩大影响的同时，以期法案能顺利通过[1]。包括《职业培训法》在内的每一部联邦或州的职业教育立法都是经过无数次协商、讨论、辩论之后的结果。

（三）社团主义对双元立法特征形成和功能实现的动力与保障功能

1. 社团主义是双元立法出台的重要推动力量

由于社团主义最为本质的特征体现在重大事务的处理方面，没有哪个部门能够拥有绝对的权力，重大事务的处理结果往往是多个利益集团协商讨论、博弈之后的均衡解，这就导致包括德国双元制职业教育立法在内的任何一部法案的出台都不是一件容易的事情。但是，从另一个角度来看，受社团主义的影响，在条件适当的情况下，原本已经搁置的议题也可能由于一些利益集团的支持而重新回到人们的视野，并在正式进入立法程序后成功立法。因此，社团主义既是大多数德国职业教育法案经历漫长的立法倡议和准备的原因，也是该类法案最后得以颁布的最重要的决定因素。这一点鲜明地体现在德国 1969 年《职业培训法案》的出台过程中。1959 年，德国工会希望创建由国家牵头的、独立于手工业和工业部门的职业教育和培训体系，但是，其递交议会的立法草案却遭到了手工业和工业代表的强烈反对，加之其他立法条件并不具备，该草案遂被搁置。之后，尽管社会民主党利用联邦议院的平台，在 1962 年 4 月曾呼吁联邦政府向议会递交职业培训立法草案，社会民主党希望该草案能够将所有职业培训领域的单个条款捆绑在一起，同时对青年就业领域的所有培训关系和雇佣关系有所规范，且确保城市和农村地区的年轻人有平等接受职业培训和谋生的机会[2]，但是，联邦政府以此领域材料过于复杂、许多问题悬而未决为借口拒绝了此要求。当然，尽管此时工会方面仍希望议会在 1959 年立法草案的基础上继续推动法案的出台，但是工会的希望很快破灭。1966 年，在看到社会民主党和联邦议院的其他 5 位成员向议会联合递交了《劳动力市场调整法案》提案后，借此良机，多党联合政府随即在两个月后递交了《职

---

[1] 甘超英. 2002. 德国议会. 北京：华夏出版社：277.

[2] Herkner V. 2020-07-13. Vocational training, the public task—On the adoption of The Vocational Training Act 40 years ago. https://www.bibb.de/en/16619.php.

业培训法案》提案，尽管该提案很快进入了一读程序，但是由于多种原因也不了了之。1968年10月至次年3月，联邦议院职业培训法案小组委员会在社会民主党主席哈里·利尔的领导下，力排众议，历时13次内部会议重新起草了一个提案，也就是从那时起，讨论协商了40余年的职业教育立法才迈入了实质性的立法阶段并很快变成了法案。

2. 社团主义确保了双元立法双元和行业自治特征的形成

一般来说，在社团主义影响较大的国家，提交议会的立法草案与其最终通过的法案之间会有巨大的差异，原因就在于任何颁布的法案都是在多方面吸取各利益集团意见后集思广益的产物，因此，最后颁布的法案与立法草案存在较大差异也就不足为奇了。1969年德国《职业培训法案》的"双元""行业自治"等典型特征的形成就是社团主义的产物。1964年德国教育委员会提醒人们不要忽略企业培训也是一种"教育"，企业培训与职业教育是同一种类的教育。该委员会还首次提到"双元"的概念，即企业和职业学校肩负着共同的责任，两者之间应该是平等的伙伴关系，两个机构应共同举行期末考试，以便在职业学校教学结束的同时结束学员的培训。当然，除了"双元"这一特征之外，德国工会1959年立法草案提出的希望创建由国家管理的、具有现代意义的、完整的职业教育和培训体系的建议也受到了社团主义的修正。一方面，由于德国手工业领域行会自治的力量非常强大，且1953年颁布、1965年新修订的《手工业法典》已经对行业自治做出了必要的规定，因此手工业和工业领域的雇主极力反对工会的以上立法提议；另一方面，国内主要政党也对国家过多干预持反对的态度，多方博弈和协商的结果就是德国联邦层面职业教育法案最终采取了国家宏观控制基础上的"行业自治"。

3. 社团主义确保了不同利益群体对于立法实施的共同责任

社团主义除了在立法创制环节有着明显的表现，在德国职业教育立法实施的各个关键环节，根据法律要求创建的各类理事会或委员会，为不同来源的多部门代表在此相互合作、共同决策提供了舞台，可以说，德国职业教育立法如何实施、其实施过程中如何处理各类矛盾、如何推动各类职业教育更好地发展的所有重大决策都是社团主义发挥作用的结果。比如，联邦职业教育和培训研究所是法律规定的联邦层面职业教育和培训的宏观管理机构，其内部的主要决策机构——理事会，就是由不同来源的代表组成的，所有重大决策均来自各派代表的共同协商已经成为一种制度安排。再如，各类商会是直接规约企业培训活动的主要领导机构，1969年《职业培训法案》要求每一种类型的商会均要建立自己的职业培训委员会，委员会成员由不同来源的代表构成，凡与职业训练有关的重要事项，均应通知该委员会并向其提出咨询要求；该法案要求联邦各州也要建立职业培训委员会，为各州涉及职业教育的事务提供咨询服务。委员会同样是由不同来源的代表组成的，其所有决策也都需要多数人赞同后才能产生[1]。重要事务由不同利益群体共同参与、共同协商，是德国职业教育立法实施的重要特征。

4. 社团主义确保了立法的共同监督方式

社团主义决定了德国职业教育立法的监督绝不可能是来自单一部门。在这里，首先应该注意到上文提到的各类理事会、委员会所同时具备的监督功能。因为不同来源的代表在各类理事会、委员会共同决策时，他们之间的相互协商、争论、斗争或者联合对于确保法律的各项要求运行在正确的轨道中有着重要的作用，因此可以毫不夸张地说，这些理事会和委员会同时也在发挥着相互监督的功能。除了发生在理事会或委员会中的相互监督，德国职业教育立法的设计方式，也确保了各层面的重要事宜随时能够接受来自各方面的监督。比如，雇主直接参与学徒培训是德国双元职业教育立法的基点，为了使单个企业的培训行为满足国家经济发展对于人才的需求，1969年《职业培训法案》第4条明确要求企业必须在国家认可的培训行业名单范围内进行培训，同时规定这一名单的确立需要来自多部门协商：联邦经济和技术部和其他主管部门应与联邦教育和研究部在达成一致意见后（可无须经联邦议院批准）正式发布这一名单；如果培训名单或有其他事项发生变化，主管部门应及早通知州政府相关部门，并让他们参与协商[2]。此外，对于培训企业自身的资质问题，立法也要求多个管理部门协商后首先达成一致意见，同时向联邦职业教育和培训部征询意见之后直接发布。此外，由于企业与学徒之间签订的合同是确保初始培训沿着预定轨道进行的重要保障，因此，签订好的各类合同不仅需要在各类商会注册登记，且根据《职业培训法案》第76条的要求，各商会还会雇佣专门的培训指导员（training advisers）对所辖企业的培训活动和学徒考试质量实施全程监管，当然，除了商会监管，工会和雇主协会也会对公司的培训过程及培训质量实施多次检查。除了以上来自企业外部规范企业行为的力量，所有的学徒还都持有培训日志本（traning log book），该日志本详细记录了学徒如

---

[1] Federal Ministry of Education and Research. 2020-03-30. Reform of vocational education and training in Germany，The 2005 Vocational Training Act（Berufsbildungsgesetz 2005）. https://planipolis.iiep.unesco.org/sites/planipolis/files/ressources/germany_reform_vocational_education_2005.pdf.

[2] Federal Ministry of Education and Research. 2020-03-30. Reform of vocational education and training in Germany，The 2005 Vocational Training Act（Berufsbildungsgesetz 2005）. https://planipolis.iiep.unesco.org/sites/planipolis/files/ressources/germany_reform_vocational_education_2005.pdf.

何就工作技能向企业方进行咨询以及学徒的日常行为、学徒与同事的关系等内容，负责任的企业培训人员会定期检查该记录并签字，而各类商会考试局也非常看重这一记录[1]。此外，在培训过程中，与培训相关的任何一方还可以就公司内部培训中出现的薄弱环节或滥用问题向商会提出指控，以上做法也在一定程度上规约了企业的培训行为。

5. 社团主义确保了立法较为良好的实施效果

社团主义也是德国职业教育立法实施效果的重要影响因素。由于立法确保了企业培训领域几乎所有重要的事情都是由政府、商会、工会等多部门集体协商、一致同意后决定的，这一机制不仅是培训企业高度认可培训活动的前提条件，同时也为培训活动的正常运行奠定了良好的舆论和心理基础，因此，与英、美等国企业更为经常地从市场直接招募合格劳动力的做法相比，德国企业更愿意劳神劳力地参加双元制培训。据统计，2015年，德国有占总量近20%的企业提供了各种类型的学徒培训，其中，超过81%的大型企业均参与了各种类型的培训，这些培训企业不仅是培训场所、培训活动、培训费用、学徒津贴的提供者，培训结束后，培训企业还将为至少60%的学徒提供在本企业任职的机会[2]。德国企业的以上做法不仅强化了员工对于企业的忠诚度，也在一定程度上降低了该国青年的失业率。资料显示，2018年3月，德国15—24岁青年失业率是4.8%，为欧盟最低，而欧盟所有成员国的平均失业率为15.9%[3]。此外，由于质量相对较高的双元制培训，德国企业还收获了源源不断的高水平的员工，从而使德国产品的质量得到了较好保障。多年来，德国产品在世界市场上一直拥有良好的声誉。

当然，由于社团主义是一种将不同利益团体捆绑进职业培训命运共同体的方式，在经济发展良好、变化相对缓慢的时代，社团主义可能对职业教育立法的实施效果产生更多正面影响，但是，在技术更新速度加快、竞争更加激烈的环境中，由于各个利益团体的利益都要平衡，社团主义不仅可能会降低企业决策的速度，还可能会降低企业参与培训的意愿，进而对立法实施的效果带来更多负面的影响。

---

[1] Raggatt P. 1988. Quality control in the dual system of West Germany. Oxford Review of Education，14（2）：163-186.

[2] Federal Institute for Vocational Education and Training. 2020-04-07. VET Data Report Germany 2016/2017. https://www.bibb.de/datenreport/de/aktuell.php.

[3] Anonymous. 2020-07-17. What's behind Germany's apprenticeship success？https://www.moldmakingtechnology.com/blog/post/whats-behind-germanys-apprenticeship-success.

第二节　法国职业教育立法的运行机制

一、中央集权传统：法国职业教育立法的文化与制度基础

（一）法国中央集权传统的形成与特征

1. 法国中央集权传统的形成

法国有着浓厚的集权主义传统。法国集权主义传统的形成跟王权与地方（或贵族）权力以及王权与教权在斗争中取得绝对的胜利密切相关，两大斗争的胜利最终促成了王权的一支独大。

与近邻德国一样，在中世纪漫长的历史中，法国的王权最初也非常弱小，比如，公元987年卡佩王朝时期，王室领地以巴黎为中心，大概只有3万平方公里，仅占当时法国国土面积的1/15[①]，由于领地内的许多小贵族修筑城堡、拦路设卡，反抗法王的统治，国王在王室领地之内已很难做到令行禁止，更勿论领地外的各公国了，公国首领无视国王存在的现象非常普遍。但是，12世纪末期，正在发展壮大中的法国迎来了三位伟大的国王，他们在对外战争中，在参与十字军东征的过程中，在与教皇的斗争中，充分展现了国王自身的英勇和谋略，甚至在菲利普四世期间，教皇还将其驻地从罗马迁到法国边境小城阿维农，教皇自此完全沦为法王的附庸。此后的百年战争使得大批曾割据一方的法国贵族在战争中阵亡，为法王进一步强化王权扫清了障碍，同时战争也强化了法国民众的民族认同，为日后路易十一削平群雄、完成领土的聚合、勾勒法兰西完整轮廓乃至最终建立绝对君主统治打下了一定的基础。

路易十四相信君权神授，他以上帝在人间的代表自诩。路易十四执政以来，以强化王权为己任。在他长达54年的国王生涯中，他将法国的绝对君主专制制度推向了巅峰。他通过改革行政管理体制，剥夺贵族组成的显贵会议及众多政务委员的职权，让这些机构和人员只承担咨询的职责；他向法院发难，使高等法院最终沦为"国王法令的登记员"；他派亲信奔赴各地任职，监督由地方显贵担任的省

[①] 荆文翰. 2018. 不可不知的法国史. 武汉：华中科技大学出版社：40.

长，同时将大批贵族征召入宫中充当国王的侍臣，营造接近国王便可升官发财的氛围，他用这一"糖衣炮弹"降服了几代法王用金戈铁马都难以降服的贵族；他借助王宫中的生活方式——辉煌而庞大的王室，仪式化的公共活动，日常生活的表演，乃至起居餐饮的象征意义——将自己变成"国家戏剧"的中心；他不仅在国内树立了绝对权威，且在国际上也被其他国家的君主竞相仿效。

拿破仑执政后，他于1804年5月18日怂恿元老院以法令的形式颁布《共和十二年宪法》（第六部宪法），宣布法兰西为帝国，拿破仑为帝国皇帝。拿破仑建立了一套与君主制相适应的贵族等级乃至礼仪制度，于1807年取消了"有权说话无权举手"的保民院，使"有权举手无权说话"的立法院的作用大为削弱。他通过重建并强化秘密警察制度，对社会及文化生活的方方面面进行严格控制，他的个人威力弥漫到法国社会生活的一切领域。可以说，历史发展到拿破仑时期，法国的集权主义传统已经牢固地建立了起来。法国大革命过后，法国先后产生过五个共和国和两个帝国，经历了各种共和制度和君主制度的尝试，最后才形成了法国特有的稳定的共和制度，但是集权管理的传统和底色一直没有改变。比如，第二次世界大战后的第四共和国时期，为了全力消除第二次世界大战前和战时的失败与耻辱，法国以全国之力对经济生活和公共行政进行了集中的规划和控制，其集权的程度前所未有。1958年以后，伴随着第五共和国的建立，法国形成了一个有凝聚力的、统一的国家机构，其强大的政治执行力使国家几乎完全凌驾于社会和个人之上，或与社会上诸多利益集团的利益格格不入[①]。

2. 法国中央集权传统的特征

法国中央集权传统具有两大鲜明的特征。

第一，法国中央政府汇聚了大部分的国家管理职能，地方自治权很小。由于特殊的历史发展路径，法国的中央政府最初指的是以国王为核心的统治集团，法国大革命之后更多指的是共和国的中央政府。法国王权自中世纪以来就非常强大，如英国一样的受到地方（贵族）约束的王权在法国历史上几乎很少出现。

法国大革命前，法国的政治权力集中于国王个人手中，国王不受任何法律的约束，而国家虽然也有如宪法一样的东西，但是其实质上更多规定的是王位的继承、王土的不可弃让以及宗教的自由独立之类的内容，它一不会约束国王的行为，二不会保护民众的权利。虽然法国也有跟英国议会类似的由僧侣、贵族和平民各推代表召开的三级会议，但是召集会议的权利全部在国王手中，国王是否召开三

[①] Jenkins A. 2002. Current Volumes in the Series: Employment Relations in France, Evolution and Innovation. NewYork: Kluwer Academic Publishers: 4.

级会议，完全随意，如在 1614—1789 年的 100 多年时间里，国王就从没召开过三级会议。由于没有任何监督国王权力的可能，"法国国王能够自立其法、自执其法、自行其政，毫无限制，路易十四的'朕即国家'即是这一现象最好的注脚"[1]。

1789 年法国大革命时期的《人权宣言》塑造了法国政治的灵魂，"自由""平等""博爱"成为法国政治文化的基石。尽管法国大革命之后，法国的政权更迭频繁，但是创建共和政体的总方向不会改变。此外，尽管此时期的法国创立了三权分立的行政、立法和司法机关，权力时常在总统、行政机关和立法机关之间摆动，比如，有时候立法机关占据主导，有时行政机关占主导，法国总统的权力整体上又非常大，但几乎所有的国家管理权都被聚集在中央层面则是不可否认的事实。比如，1875 年第三共和国宪法明确法国政体为共和体制，拥有参众两院，总统由参议院和众议院联合组成的国民议会选举产生。尽管此时期总统拥有极大的权力，包括任命军政要员、在参议员赞同下解散众议院等，但是，整体来看，第三、第四共和国时期，政府从属于议会，政府的组成由议会批准，政府行政权受到议会严格的监督和控制，加之议会经常使用倒阁权，致使政府更迭，国内政局并不稳定。第二次世界大战后颁布的第五共和国宪法进一步扩大了政府的权力，主张政府成员非议员化的同时，还限制和削弱了议会的权力和地位。不过，第五共和国宪法最为引人瞩目之处在于，总统不再是"虚位元首"，他不仅是国家元首、三军统帅，还可以任命总理，并根据总理的提议任命部长，签署法令，批准国际条约，甚至可以无须内阁联署，单独采取某些重要的行动，如解散国民议会、举行全民公决等，"其权力和地位之大，在整个法国共和制度史上都是少有的"[2]。

法国中央政府管辖国内几乎所有重大的事务，从政治、经济、文化到军事、外交、战争等，"任何地方都要接受检查……受到政府的干涉……"[3]，中央政府不仅时时处处都在做决策，且其决策事实上早已经深入社会运转的细微末节。这一点无论是在法国大革命之前的 18 世纪末，还是在其之后都是一样的。比如，到 18 世纪末，甚至在任何边远省份建立一个慈善工场，都要由总监亲自监督其开支、制定规章、选定地址，创办乞丐收容所也必须告知总监所收乞丐的姓名以及进出的准确时间[4]。1789 年法国政府的中央档案馆一份记录显示，内阁大臣关心商业、工业和海运。省档案馆也记载了丰富的案例，比如，他们给港口排水，发展玻璃

---

[1] 陈夏红. 2017. 钱端升全集（第二卷 法国的政府：法国的政治组织）. 北京：中国政法大学出版社：6.
[2] 吕一民. 2019. 法国通史（珍藏本）. 上海：上海社会科学院出版社：358.
[3] 玛格丽特·雅各布. 2017. 科学文化与西方工业化. 李红林，赵立新，李军平译. 上海：上海交通大学出版社：258.
[4] 托克维尔. 2012. 旧制度与大革命. 冯棠译. 北京：商务印书馆：103.

和化工产业,从英国引进丝绸、棉花还有蒸汽机制造技术①。

法国地方政府长期以来仅仅是中央政府的派出机构,自主权非常小。法国的地方行政机构包括市镇、省和1955年后出现的大区。特别是在17世纪后,当王室逐渐强大,权力几乎全部集中于中央时,各层级地方行政机构逐步演变成为中央政府的直属机构,地方官员逐步成为国王委派的官员。尽管各省长的职权并不一致,可大可小,但是其本质上都是在执行国王命令,监督地方一切行政及司法事务。市镇自治权也在17世纪被剥削无存,甚至在17世纪末,市镇民众选举自己的长官的做法亦不被允许。当时仅在一些穷乡僻壤,自治权得以稍许保留。17世纪之后,虽然市镇的自治权时有恢复且时有大小,但省由中央直管的传统却几乎未变。

第二,一方面,法国中央集权体制可以让法国在国防、军事、外交等对外活动中显示出巨大的国家凝聚力,且有利于中央政府在短期内集中所有的人财物,推动法国经济高速增长。比如,第二次世界大战中,法国经济曾遭受灭顶之灾,面对难以收拾的烂摊子,法国不仅在战后的最初几年内经济得以迅速恢复,且在整个20世纪50年代,法国经济发展也非常迅速。法国经济之所以迅速发展的其中一个重要原因就是:中央政府的国有化改革,迅速集结了国内外有利于经济发展的一切力量,以国家之力在迅速推动经济恢复和复兴。在这个过程中,法国政府借用了苏联模式,推出了资本主义世界中的第一个全国性计划——莫内计划,该计划以发展煤、电力、钢、水泥、运输、农机、石油和化肥等基础部门为重点,规定全国的生产能力在1948年要达到1929年的水平,1950年要超过1929年水平的25%,莫内计划的制定和实施对战后法国经济的恢复和重建起到了较好的推动作用②。此后,法国还实施了第二个、第三个全国计划等,法国经济曾在短期内得到了较快的增长。

但是,另一方面,集权体制内在的弊端,也使法国难逃体制僵化、行政效率低下、浪费严重等的弊端,这也引发了人们巨大的不满。比如,由于地方上几乎所有的重大事项都必须向中央当局汇报,并请中央做出决策,然后中央再将决策向地方传达,面对可能在一个时期内潮涌到中央的各种各样需要决策的事务,在中央缺乏对于地方真实情况深入了解的背景下,许多的决策事实上只能以敷衍的方式做出。这种处理问题的方式不仅耗时耗力,而且经常导致中央集权机构的运作速度、效率远低于地方自治机构,此外,为维持对地方的控制和监督,中央政

---

① 玛格丽特·雅各布.2017.科学文化与西方工业化.李红林,赵立新,李军平译.上海:上海交通大学出版社:258.

② 吕一民.2019.法国通史(珍藏本).上海:上海社会科学院出版社:347.

府还需要为大量官员提供俸禄，这事实上也是一种巨大的浪费。托克维尔曾在《旧制度与大革命》中，较为准确地描述过大革命前法国中央政府在行政管理体制方面的弊端。"法国政府对自己的任务常常是十分理解的，而且总是表现出惊人的积极性，但是它的积极性常常毫无结果，甚至反倒有害，因为它有时想做超出自己力量的事，或做无人能控制的事。此外，政府很少进行或很快便放弃最为必要的改革，这些改革需要不屈不挠的毅力才能成功；政府不断地更改某些规章或某些法律，没有什么东西能在它所处的范围内得到片刻安宁"，"为了做到身在巴黎却能领导一切，洞悉一切，必须发明上千种审查手段。书面文件已经十分庞大，行政程序慢得惊人，我从未发现一个教区重建钟楼或修理本堂神甫住所的要求能在少于一年内获得批准，通常需要两年或三年才能获批"[1]。

（二）法国中央集权传统对职业教育立法的奠基作用

1. 中央集权传统决定了职业教育立法的形式

在英国，议会的立法在规约职业教育体系的运行方面发挥主导作用，除此之外，英国中央政府下发的白皮书、绿皮书也是重要的职业教育文件。法国与英国的情况有很大的不同。受集权主义传统的影响，尽管法国议会的职业教育立法是非常重要的法律文件，但是法国总统、部长等个人的作用明显要比英国大。法国有许多与职业教育相关的共和国总统或总理令、部长令和通告等，这一点是英国和德国所没有的。比如，法国总统拥有签署法令和政令的权力，其中法国总统签署的政令又可分为普通命令及特殊命令两种：前者的效力普及全国；后者则限于一地、一事或一人（或一群人的）。总统令用以补充法律之所不及，其内容的重要性有时不亚于法律本身，人民有服从总统令的义务[2]。2017年马克龙上台后，于同年9月份下发了5个总统令，以全面改革对于劳工的监管政策，同时推动以谈判改善工作环境的做法，以便使其更具安全性和灵活性。在此基础上，同年的11月中旬，为了增加就业、重塑法国经济，他又下发了大力推动学徒制发展的总统令，旨在通过让私营企业提供更多的培训来弥补青少年学校教育的不足，为青少年从事技术工作提供更多的机会[3]。法国中央各部长在其职权范围内发布部长令的也非常多。部长令一般是在法令精神的指导下，对于某些具体问题下发的指导意见。

---

[1] 托克维尔. 2012. 旧制度与大革命. 冯棠译. 北京：商务印书馆：104，107.

[2] 陈夏红. 2017. 钱端升全集（第二卷 法国的政府：法国的政治组织）. 北京：中国政法大学出版社：58.

[3] Briançon P. 2022-07-28. The education of Emmanuel Macron. https://www.politico.eu/article/emmanuel-macron-reform-apprenticeships-education/.

比如，五月风暴后的 1968 年 11 月 8 日，法国的教育部长下发了旨在推动父母参与学生每天学校生活的部长令，此后该部长令还进行了不断修正。而本书前文所提及的大萧条和第二次世界大战前夕，法国一些部委所下发的与职业教育相关的部长令就是这方面的例证。

2. 中央集权传统决定了职业教育立法的适用范围

中央集权的政治体制使法国职业教育立法与英国职业教育立法表现出了很大的不同。因为英国职业教育立法必须明确标明适用于哪些地区，而这种顾虑在法国是根本不存在的。除非特殊标明，法国职业教育立法一般针对的是全国所有地区、市镇。国家的职业教育立法决定了国内所有区域、行业职业教育形态和运行模式的统一性与一致性，而其他法律也是如此。比如，1984 年《高等教育法》（Higher Education Law）决定了法国国内大学的运作模式；1971 年《德洛尔法》以及 2004 年关于终身职业培训和社会对话的第 2004-391 号法案决定了国内继续教育和职业教育培训领域的重要事务和运行模式。

3. 中央集权传统决定了职业教育立法的方向、内容和实施方式

1789 年法国大革命建构起了现代法国教育的传统，即学校教育不受教会的任何影响（私立学校除外），各级各类的教育必须由国家组织或至少由国家来控制。将以上思想反过来说也是可以成立的，即包括职业教育在内的所有教育事务都是国家的事务，国家决定着职业教育的方向、内容和实施方式。职业教育立法就是确保国家意志在职业教育领域实现的最重要保障之一。

在特定的历史时期，职业教育立法所重点关注的主题是由国家决定的。比如，第一次世界大战前，德国的工农业发展非常迅速，基于凯兴斯泰纳慕尼黑体系的继续教育制度在德国国内外的影响很大，1919 年《魏玛宪法》第 145 条还以国家立法的形式规定 18 岁之前的青少年必须参加强迫的、普遍的继续教育类学校的学习[1]。效仿德国的做法，法国很快于 1919 年颁布《阿斯蒂埃法》，对国内 18 岁以下的青少年实施强迫职业教育。除了这一例子之外，在几乎所有重要的历史时刻，法国所颁布的诸多法案也体现出了鲜明的国家意志。比如，受启蒙运动和法国大革命的洗礼，在法国，让人人享受中学教育，绝不是某些左翼政党的话题，而是独立于政治取向的党派共识。其中一个典型的例子就是 1989 年《教育法》的颁布。该法是在法国大革命 200 年后的 1989 年 7 月 14 日这一象征性的日子推出的。该

---

[1] Gessler M. 2017. The lack of collaboration between companies and schools in the German dual apprenticeship system: Historical background and recent data. International Journal for Research in Vocational Education and Training (IJRVET), 4 (2): 164-195.

法将让人人享受中学教育作为法国明确的"国家目标",并且规定,到 20 世纪末,让所有年轻人至少拥有与合格工人水平相当的职业资格,让 80%的青少年都能够进入高中教育的最后一年,并获得参加高中毕业会考的权利。以上国家目标的制定意味着法国中学教育必须在很短的时间内有一个巨大的迈进,因为在 1986 年,只有 47%同一年龄组的学生能够进入高中教育的最后一个年级[1]。

受启蒙文化和启蒙意识的影响,法兰西民族具有强烈的文化自觉。如何借助普通和职业教育渠道,将法国民众珍爱的价值观传递下去?在这方面,集权主义传统使法国政府非常容易做到这一点。由于包括职业教育在内的法国教育的管理权力在中央层面,设置统一的国家课程传授统一的知识和技能,原本就是中央政府在普通教育领域惯常的做法。对于职业教育,特别是以学校职业教育为主的法国,其职业教育立法尤其重视对于职业类学生进行统一的法语、历史或语言等文化知识的教育,以及能够较好履行公民职责的公民教育,以便学生能从家庭或教堂等传统社会化空间中解放出来,成为国家的一员,具备行使公民权利所需的思想、知识和技能准备[2]。因此,法国职业类课程的宽度、广度乃至时长普遍优于英国,加之其又由国家组织统一的考试,从而使法国职业教育在传播统一的价值观方面、在人才培养的质量方面普遍优于英国。与统一的考试制度相配套,法国所有的学校考试——其中包括以企业为基础的职业培训——都是由国家来颁发证书或文凭的,这就确保了法国职业类资格或文凭的标准、质量的一致性和统一性。所有拥有一定资格证书或文凭的学员,其所获的知识和技能可以普遍应用于各类企业甚至行业。此外,除了持有临时合同的助理教师的招聘外,法国包括职业学校教师在内的几乎所有教师也是由国家负责招聘和支付薪酬的。当然,20 世纪 80 年代法国地方行政分权改革开展以来,法国的公立学前和初等教育主要由市镇管理,初中由省级政府管理,高中(其中包括普通、技术和职业三大类高中)主要由大区负责,中央政府管理高等教育[3],以上格局的形成使各级各类学校逐步由统一的国家教育机构演变成了"地方公共教育机构"。目前,在法国各级各类学校,教师的工资由中央负责,教育机构运行的费用由各地承担已成习惯,而私立学校如果与国家机构之间签署了协议的话,国家也可以负担私立学校教师的薪酬以及部分运行成本。

---

[1] Hörner W. 2006. France//Hörner W, Döbert H, von Kopp B, et al. The Education Systems of Europe. London: Springer: 263-283.

[2] Becquet V. 2012. Pupils' participation in French secondary schools: The interplay between tradition and innovation//Loncle P, Cuconato M, Muniglia V. Youth Participation in Europe. Bristol: Bristol University Press and Policy Press: 205-208.

[3] Tuppen J. 1988. France under Recession, 1981-1986. London: The Macmillan Press: 234.

二、启蒙理性：法国职业教育立法国家干预的思想基础

启蒙运动是一场波澜壮阔的思想解放运动。它于 17 世纪后半期发端于英国，弗兰西斯·培根（Francis Bacon）、霍布斯、洛克、牛顿（Isaac Newton）、哈维（William Harvey）、波义耳（Robert Boyle）等是英国启蒙运动的代表人物，而后启蒙运动很快延及法国和德国，并同时波及北欧和美洲国家。法国是 18 世纪启蒙运动的中心。在整整一个世纪的时间内，先后有 200 多位法国杰出人士为启蒙运动摇旗呐喊。从最早的培尔（Pierre Bayle）和梅叶（Jean Meslier），到前期的伏尔泰（François-Marie Arouet）和孟德斯鸠，再到中期的拉美特利（La Mettrie）、狄德罗、爱尔维修、霍尔巴特（Heinrich Diefrich）、卢梭等，最后阶段的启蒙运动与轰轰烈烈的法国大革命合流，孔多塞是法国启蒙运动的最后一位哲学家。启蒙运动的核心词汇是理性。借助于理性的尺度，人类以往一切的宗教、自然观、社会和国家制度都被理性无情地检验。启蒙运动极大地张扬了人类的理性能力，它所唤起的理性精神不仅指导了法国大革命时期许多政党的实践，且直接成为其后法国教育立法（其中也包括职业教育立法）国家干预思想立足的基础。

（一）启蒙理性及其主要特征

理性主要是指人类通过逻辑进行思考、理解，形成判断的精神力量[1]。或者简单地说，理性就是人们面对复杂问题，快速抓住要旨，解决疑难，进行判断、推理，并快速反应形成决策的能力。理性是人类与生俱来的一种能力，是人与动物之间的分界线，是人与神之间的边界。

自古希腊时代起，西方文化就表现出了对于理性的偏好。但是在漫长的中世纪，上帝作为绝对理性的化身而成为西方世界的主宰，在上帝面前，人类自身的有限性凸显，人最终也只能放弃自身的理性去膜拜上帝。启蒙运动是人的理性精神开始回归的时代。在英国一大批经验论学者所提出的新的认识路线、新的认识方法、新的认识成果的激励下，法国唯理论派学者强调数学方法的普遍意义，倡导理性演绎法，反对包括经院哲学在内的一切未经理性审判的教条和偏见，旨在确立一种理性的思维方式，培养一种后天获得的分析与解决问题的能力。他们强调的不是理性的结果，而是理性力量的运用过程[2]。他们的理性批判精神为推翻上帝权威、重新确立人类理性的重要地位、在更高层面创建人类主导的崭新世界再

---

[1] 陈勤，刘晓庆. 2017. 话语的魔力——以关键词为例的哲学解读. 北京：知识产权出版社：89.
[2] 黄璇. 2016. 情感与现代政治——卢梭政治哲学研究. 北京：商务印书馆：47.

次打开了大门。

以法国启蒙学者思想为主体的启蒙理性主要具备以下几大特征。

第一，启蒙理性具有反宗教反传统的特征。启蒙理性坚持一种普遍的批判原则，认为信仰和权威不算什么，甚至传统也不算什么，每个信念都必须在理性的法庭面前表明自己的合法性[1]。启蒙思想家坚信，宗教和教会是社会落后和腐败的根源，习俗和传统也等同于无知和迷信，启蒙与野蛮主义和神话绝不相同且互相对立，他们将过去一切传统的旧制度（其中包括传统政治、经济制度等）、旧思想视为科学与进步的死敌，主张用科学理性取代宗教信仰，主张彻底抛弃传统思想与习俗，依靠科学理性来指导与维系社会运转。比如，启蒙运动早期人物梅叶曾以犀利的笔触描写到："宗教正是支持最坏的政府；而政府又支持最荒谬、最愚蠢的宗教。"[2]伏尔泰在读梅叶的《遗书》时都吓得发抖。被时人称为"哲学家的家长"的伏尔泰，是法国启蒙运动公认的领袖和导师。他笑骂天主教会："'愚昧'收到了一只匣子。这是'偏见'送给她的礼物。我亲爱的，可不许向'理智'乱说那回事。教会的荣誉不是开玩笑的东西。"[3]教会从未遇到过像伏尔泰这样顽强和厉害的对手。启蒙运动的另一个领袖人物狄德罗更是一位彻底的唯物论者，他肯定世界的物质统一性，否定物质世界之外的超自然实体的存在，他宣称在反对王权的同时，也要反对教会神权。他反对宗教神学关于上帝存在的教义，认为上帝是个没有意义、不可理解的概念；他批判"三位一体""奇迹"等教条的荒谬性，指出宗教是理性的敌人，是愚昧无知的产物，是使人类相互仇恨和相互残杀的罪恶根源[4]。

第二，启蒙理性对于人类理性能力拥有绝对的信仰。启蒙理性产生后，很快就推动了推崇和信仰人类自身理性能力的理性主义精神的出现，哲学史上的唯理论和经验论也都可以划归到理性主义精神的范畴。笛卡儿（René Descartes）曾提出过"我思故我在"的命题，宣告了理性的无穷威力，即理性首先是个人的解放者，因为它能使个体的独立自主精神高涨，使个体立于自己的理性之上，视自己为独立自主的主体；而个体的理性能力也是人类进一步认识世界、掌握世界、控制世界的基础。启蒙学者认为人类不仅可以凭借自己的理性能力掌握整个宇宙的客观、绝对规律，而且由于所有领域的知识都是技术理性或工具理性运用的结果，

---

[1] 傅永军. 2007. 法兰克福学派的现代性理论. 北京：社会科学文献出版社：118-128.
[2] 王觉非. 2000. 欧洲五百年史. 北京：高等教育出版社：135.
[3] 李凤鸣，姚介厚. 1982. 十八世纪法国启蒙运动. 北京：北京出版社：94.
[4] 杜志清. 2001. 西方哲学史. 北京：高等教育出版社：280.

他们也确信，随着真正知识的增长，启蒙的理想一定能在各个领域得以实现①。同时，启蒙学者还把人类理性能力认作自然界和社会的最高法官，将理性作为衡量一切的尺度，并把人性和自由、平等的价值目标以及社会政治理想融入理性之中②。自此，人再次取代了上帝成为世界的主宰。

第三，启蒙理性不仅相信自然科学方法是确保人类获得真理的正确方法，也相信自然科学知识是唯一正确的知识。在启蒙思想家看来，先前神学的或主观臆测、主观思辨的知识并不是真正的知识，真正的知识是那些能够得到观察和实验证实，又能够得到严格的逻辑证明的知识，这样的知识是客观的、普遍的、不受个人因素所左右的，因此也是价值中立或价值无涉的，超越任何意识形态、文化、地域或性别的限制。在他们看来，观察和实验是科学知识的起点，是获得一切可靠知识的唯一方法，也是判断一种陈述是不是科学知识的唯一方法。启蒙精神之所以被称为"理性精神"和"科学精神"，其原因正像有学者所说的："启蒙思想家通过对人所固有的理性和人权的强调，使哲学由以神为中心转向以人为中心，由各种盲从和迷信转向对自然界的认识和改造，因而他们所倡导的这种理性主义精神既是一种强调人的价值和意义的人文精神，又是一种与近代自然科学的兴起相适应的科学精神。"③

第四，启蒙理性认为人类完全能够依靠理性力量在社会和政治领域构建天堂。启蒙思想家认为国家不是根据神的意志创造出来的，而是在自然权利的基础上，由所有公民以社会契约的形式联合起来的结果，国家在创建之后，其各个领域的运行都遵循着一定的规律，掌握这样的规律后，人类完全可以推动社会秩序的正常运转。在他们的眼中，人类的理性完全能够成为政治活动绝对可靠的指挥棒，因为社会就如同一台巨大的机器，他们所需要做的无非就是把伽利略（Galileo Galilei）在物理学中所采用的综合和分析的方法应用于政治领域，而政治活动无非就是把社会的、政治的、法律的和制度的遗产带到人类理智的法庭之上④。

第五，启蒙理性还具有机械性和终结性的特征。所谓的机械性，主要是指启蒙学者将自然和社会均理解为一个按照一定规律运行的机器，人们可以按照抽象的、思辨的理论概念来控制与支配其运行。所谓的终结性，主要是指启蒙时代的思想家不仅相信人类可以凭借理性掌握一切关于自然和社会的各种知识，发现自然和社会发展的规律，依靠人类理性的发展推动自然和人类历史的进步，而且他

---

① 傅永军. 2007. 法兰克福学派的现代性理论. 北京：社会科学文献出版社：118-128.
② 彭荣础. 2016. 理性主义与大学发展——大学演进的哲学与文化审读. 厦门：厦门大学出版社：16.
③ 刘放桐. 2000. 超越近代哲学的视野. 江苏社会科学，（6）：35-41.
④ 段微晓. 2018. 一位浪漫主义者的反叛：埃德蒙·柏克政治思想研究. 济南：山东大学出版社：42-43.

们相信世上存在着一种独一无二的生活方式，即一切以理性为依归、为最高准则的生活方式。这种生活方式一旦扩展到世界各地，就会固化成一种永恒的模式，无需更改，因为它已经完美无瑕，能够满足人类一切的利益和欲望，带给人类永远的幸福。

（二）启蒙理性对于法国国家地位和功能的影响

启蒙理性是启蒙运动内在的动力和精神支持。18世纪的法国是启蒙运动的中心，在整整一个世纪的时间内，法国先后有200多位学者参加了波澜壮阔的启蒙运动。法国启蒙学者共同的特点是反对封建专制和神学统治，尊重科学和人的尊严，弘扬自由、平等、民主和博爱的精神，他们用启蒙理性点燃的信仰之火，不仅直接孕育了法国大革命，而且有力地推动了欧美资产阶级民主革命的进程。法国国家行政管理制度的基础是在拿破仑时期奠定的[①]，以法国启蒙学者思想为主体的启蒙理性，对法国国家地位和功能的塑造有着巨大的作用。

1. 启蒙理性使法国国家真正拥有了超越于宗教力量的权威

在启蒙理性的影响下，至少在法国大革命爆发之前，法国的专制君主已经在一定程度上摆脱了宗教和教会对于政权的控制，而法国大革命则延续并大大推进了这一进程。"法国大革命是人类历史上政治与宗教、政权与教会彻底分离的第一次实践。"[②]法国大革命直接取消了法国教会特权，教堂交由市镇当局管理，教会财产被剥夺，教士作为第一等级，不仅失去了其地位，同时也失去了管理市民社会户籍和婚姻登记等的重要权力。法国大革命之后，尽管拿破仑恢复了世俗政权与教会的关系，教会的官方地位也重新得到了承认，但是拿破仑的改革事实上却强化了教会作为世俗政权附庸的地位，比如，他让教士领取薪酬，教士任命需经政府同意，教士几乎全部被公务员化了。拿破仑之后的各届法国世俗政府的宗教倾向虽然更强一些，但政治与宗教、宗教与社会的关系早已不可逆转地发生了改变，再难回到从前的状况[③]。1946年和1958年法国宪法均确认了法国政教分离的原则，强调法国是世俗国家的事实。

2. 启蒙理性是法国国家强势地位的思想基础

作为拥有绝对君主制的典型国家，自路易十四登台后，法国国王的权威就达到了顶点。而法国大革命爆发之前，法国政体的专制特征一直非常明显，因此，

[①] 朱邦造.2018.欧洲文明的轨迹.南京：江苏人民出版社：233.
[②] 朱邦造.2018.欧洲文明的轨迹.南京：江苏人民出版社：233.
[③] 朱邦造.2018.欧洲文明的轨迹.南京：江苏人民出版社：233.

法国启蒙学者比其他国家的学者对于专制和暴政有着更强的体验感，普遍将宗教神学和封建专制主义看作洪水猛兽。当然，他们在批判这样的洪水猛兽的同时，也希望凭借人类的理性努力，可以专门建造另一个理想的国家，这个国家的政府存在的目标就是为了保障公民的生命、自由、财产、平等、幸福等不可转让、不可剥夺的天赋人权，这个国家的公民拥有与生俱来的自由而且始终是自由的，他们在权利方面一律平等。由于保障公民的各项权利成为政府的首要责任，政治因此而成为一种崇高而重要的事业[1]。在启蒙理性的激荡下，使以上趋势走向极端的是法国大革命的爆发。法国大革命不仅要确立法国公民的特殊权利，更要确立人类在政治方面的一般义务与权利；不仅要改造法国，更要使人类获得新生。因此，法国大革命燃起了此前最激烈的政治革命亦未曾燃起的热情[2]。由于国家这一事物所要追求的目标是如此高远，为了实现这一目标，法国大革命时期的各派曾尝试创建多种样态的国家以及采用多种国家管理方式，特别是在雅各宾派统治时期，其试图建立一个扩张性的和高度集权的国家，这种国家具有高度的决断力和执行力，其力量之大令人瞠目结舌。从内部来看，雅各宾派建立的国家拥有一个发达的政府官僚系统，政府官僚将自己视为公共利益的特殊守护者[3]，事实上，此时期的法国中央政府作为国家的代表早已经成为法国社会最大的权力拥有者，中央政府作为一个实体，俨然已经取代了世袭君主而成为法国社会的核心。法国大革命之后的几百年来，法国国家的强势地位几乎再难撼动。

3. 启蒙理性决定了法国国家政权的运作方式

理性的国家究竟该如何运作？启蒙学者孟德斯鸠在洛克分权思想的基础上明确提出了"三权分立"的分权制衡理论，他的法治、政治自由和权力分立的思想，强力打击了宗教神学和专制制度，其思想不仅体现在法国的《人权宣言》和美国的《独立宣言》中，还直接成为法国大革命的政治纲领，并对其后西方各国社会政治实践产生了深远的影响。而正是在包括孟德斯鸠在内的一批启蒙学者所倡导的民主政治思想的指引下，法国的"君主主权"逐步向"人民主权"转变，政治运作逐步由极少人的事情变成了需要运用众人和公共理性来参与的事情[4]。它突出

---

[1] 朱邦造. 2018. 欧洲文明的轨迹. 南京：江苏人民出版社：232.

[2] 托克维尔. 2021. 旧制度与大革命：人们似乎热爱自由其实只是痛恨主子. 高牧译. 沈阳：万卷出版公司：14.

[3] Suzanne B. 1990. The French revolution in contemporary French politics. French Politics and Society，8（2）：53-64.

[4] 法国大革命也有极端残暴的一面。例如，罗伯斯庇尔统治期间，政府为了消灭一切反对派而怀疑一切人，不仅追捕业已失败的反革命者，还将"游手好闲""不道德""漠不关心"等列为罪状，在无视辩护权的情况下判处人们死刑。

表现在以下几方面，如在法国大革命期间，制宪议会召开时可以选举国民代表，行政、司法乃至教士职务的任命，也要经过民意选举；此外，此时期一定程度的决策公开也出现了，如可以在国民议会举行公开的辩论，鼓励不同言论之间的论争等[1]。再有，确立依法治国的理性原则。1804年颁布的《民法典》（Civil Code），即《拿破仑法典》（Napoleonic Code），确立了政府在调节人与国家、人与集体、人与人之间关系时所依据的行为准则，树立了法国此后近百年法律制度的基础[2]。在启蒙理性所倡导的三权分立政治体制的基础上，为了克服制宪会议重新划分法国政区、下放权力导致的无政府主义后果，雅各宾派实行中央集权制，强调行政的统一，地方几乎没有任何的立法权；拿破仑执政后，又进一步强调等级化、专业化、一体化的中央高度集权的行政管理体制，从而使三权分立与中央集权行政管理体制在法国既矛盾又和谐地被杂糅在了一起。拿破仑之后，该管理体制又被历届法国政权所继承，直至今日。

（三）启蒙理性是法国职业教育立法国家干预的重要思想基础

1. 理性精神的培育和守护是职业教育立法国家干预的前提条件

在启蒙思想家看来，公民的理性精神是国家繁荣富强的保障，而公民理性精神的培育和守护也是国家，而绝非是教会或其他组织的责任。比如，百科全书派的精神领袖狄德罗在为俄罗斯所设计的教育计划中指明，教育使人修身养性，明确职责，削弱恶习，启发人们爱秩序、正义和德性，并加速培养自己在各方面的良好兴趣[3]。他主张把教育权从僧侣手里夺过来，交由国家管理。此外，他提议创建一个新的国民教育制度，使贫苦的儿童都能免费接受强迫的义务教育，且学校还应开办公共食堂以为一切儿童提供便利。他极力反对当时法国中等和高等学校在招生时所出现的各种人为限制，提出人人都有享受中等、高等教育的权利[4]。尽管卢梭推崇自然主义教育原则，主张要尽量少地干预个体的发展，但是在他为波兰设计的国民教育制度中，他特别强调普及教育对于波兰国家政治改革的重要作用。他指出，在波兰，要进行政治改革，政府必须要建立独立于教会的教育制度，用普及的公共教育来形成民族精神，塑造良好的社会风尚，培养具有社会意识、

---

[1] 朱邦造. 2018. 欧洲文明的轨迹. 南京：江苏人民出版社：232.

[2] 陈夏红. 2017. 钱端升全集（第二卷 法国的政府：法国的政治组织）. 北京：中国政法大学出版社：9.

[3] 朱旭东，王保星. 2002. 外国教育思想通史（第六卷：18世纪的教育思想）. 长沙：湖南教育出版社：104.

[4] 吕渭源. 1995. 中外著名教育家大全. 北京：警官教育出版社：557.

社会道德情感的公民和爱国者。只有让全体人民养成这样的美德，才可能使他们关心公共利益，自觉地维护法律，并为法律所团结。教育万能论的提出者爱尔维修认为"教育使我们成为我们现在这个样子"，同时还认为"在文明民族中间，如果愚蠢是人们的共同状态的话，那是一种传染性的教育的结果"[1]。改善教育的科学，正是民族和国家强大幸福的工具。在启蒙理性精神的引导下，法国大革命时期就已经形成了如下传统：学校教学不能受教会的任何影响（私立学校除外），各级各类教育必须由国家组织或至少由国家控制。法国大革命时期，法国还出台了三个确保国家对于公民理性精神培育和守护的法律或纲要：《塔列兰教育法案》（1791年）、孔多塞《国民教育组织计划纲要》（1792年）、《雷佩尔提教育方案》（1793年）。这些法案或纲要主张创建国家教育制度，强调人人都有受教育的机会与权利，强调普及教育的重要性，在教育内容和教师问题上也力推世俗化和科学化。拿破仑执政后，尽管其教育立法干预的首要目的是培养忠于帝国的臣民，而非公民，但是拿破仑对于法国教育的世俗化改造、对于法国教育管理体制的建构却为法国形成标准化和集权化的世俗教育体系奠定了基础。拿破仑之后，尽管法国政局动荡不安，但教育一直是历届政府优先关注的领域[2]，而国家立法自始至终都在确保政府对于包括职业教育在内的各级各类教育的控制权。在国家立法的控制下，包括职业教育在内的法国教育系统逐步具备了如下鲜明的特征：中央政府进行高度集中管理和控制；注重中央规划和国家目标的设定；以国家课程和考试为导向的文凭和资格授予系统；经常进行教师评估，外加外部评估和笔试等[3]。

2. 社会进步和公民福祉的实现是职业教育立法国家干预的动因

启蒙理性认为依靠科学和技术，人类不仅可以规范自身的言行和维护社会的秩序与和谐，且人类理智的进步还会带来整个文明的整体性进步（其中包括人类道德的进步）[4]。职业教育是"给予受教育者从事某种职业或生产劳动所需要的知识和技能的教育"[5]，由于职业教育的经济属性，它不仅与受教育者知识和就业技能的掌握有关，更与国家经济的发展、社会的进步和公民福祉的实现密切相关，而确保全体公民各项权利的实现和全体公民的最大幸福，是早在1789年8月26

---

[1] 爱尔维修. 1994. 论人的理智能力和教育//任钟印. 世界教育名著通览. 武汉：湖北教育出版社：479，486.

[2] Magaziner J. 2021-09-15. Education in France. https://wenr.wes.org/2015/09/education-finance.

[3] Bagnall N F. 2000. The balance between vocational secondary and general secondary schooling in France and Australia. Comparative Education, 36 (4): 459-475.

[4] 卢风. 2003. 启蒙之后——近代以来西方人价值追求的得与失. 长沙：湖南大学出版社：216-244.

[5] 邹天幸. 1985. 职业教育//中国大百科全书总编辑委员会《教育》编辑委员会. 中国大百科全书出版社编辑部. 中国大百科全书·教育. 北京：中国大百科全书出版社：520-521.

日颁布的法国《人权宣言》中就已经确立的目标①。因此,法国政府很早就将职业教育看作国家的责任,也很早就插手了职业教育的管理。比如,拿破仑执政后,在其皇权思想的影响下,他希望"为国家培养忠于自己的信念、自己的国君、自己的祖国和自己的家庭的公民",尽管他最恨"自由思想""伏尔泰的信徒",且在一定程度上背叛了启蒙思想家所设计的"公民"的政治概念,但是由于他认为国家需要的是专门人才,而不是受过多方面教育的人,因此,他不仅竭力使所有的教育都带有严格的职业性质,同时还将这样的教育纳入国家管理的管辖之内②。此后的历届政府也继续将职业教育看作国家的责任,比如,1919年的《阿斯蒂埃法》提出,创建由国家管理的职业学校,要求18岁以下的青少年必须接受部分时间制的学校教育;1971年《德洛尔法》颁布后,法国的职业教育法将民众的教育培训权作为基本的人权,确保这些权利的实现成为其后职业教育立法首要关注的事宜。当然,尽管20世纪70年代以来发生了教育分权改革浪潮,但是职业教育依然是由国家立法主要管理的领域之一。

3. 公民理性目标的实现是职业教育立法国家干预的重要目标之一

由于深受启蒙理性的影响,法国中央政府比自由市场国家的中央政府对于职业教育的干预力度要大得多。国家的干预对于确保法国公民教育培训权的实现和其他理性目标的实现有着良好的效果。比如,在中央政府的集中管理和控制下,法国形成了以学校职业教育为主导的形式,法国主要在高中阶段开展学校职业教育和培训,其职业教育培训拥有较高的参与率,重视课堂教学等③。法国的学时不仅多于英国,且其职业教育培训的广度和深度也优于英国。与此同时,法国青年接受职业培训的比例也很高,如1993学年,在义务教育结束后,法国85%左右的学生会继续接受义务教育后的教育或培训,英国却只有67%左右④。即便该体制近些年已经有了许多变化,但从法国国家统一指导的职业教育的系列宣传活动中也可以发现,法国公众对于职业教育的了解程度,以及对于各种技术资格等级的讨论更加自由和更有见地⑤。

---

① E. P. 克伯雷. 2016. 西方教育经典文献(下卷). 任钟印译. 北京:人民教育出版社:485.

② 罗琴斯卡娅. 1962. 法国史纲:十七世纪—十九世纪. 刘立勋译. 北京:生活•读书•新知三联书店:157.

③ Bagnall N F. 2000. The balance between vocational secondary and general secondary schooling in France and Australia. Comparative Education,36(4):459-475.

④ Anonymous. 2021-07-17. Post-16 vocational education and training in France. https://dera.ioe.ac.uk/3432/1/post_16_-_france.pdf.

⑤ Dundas-Grant V H. 1987. Technical education as organised nationally in France. The Vocational Aspect of Education,39(103):51-63.

当然，任何事物都具有两面性，启蒙理性既是推动社会进步的重要力量，也由于其过于强调人与自然的二元对立、人定胜天等思想，启蒙理性也成为生态灾难的源头[①]。法国职业教育立法对于国家强力干预的保障为法国职业教育带来了巨大的益处，如法国职业教育的发展较为齐整、质量较高，但是，国家的强力干预在许多方面又成为法国职业教育理性目标实现的巨大障碍。比如，由于法国的职业教育对于政治氛围的反应更为敏感，其对于市场信息的反应相对迟钝，这就直接导致尽管法国比其他国家在职业教育方面的投入更多，但是，其职业教育在解决民众，特别是弱势群体的就业问题以及推动经济发展方面的作用却难以真正发挥。此外，国家的强势干预也会引发区域或行业对于职业教育投入的减少和自我管理积极性的下降，这从根本上又会阻碍职业教育的发展。

三、从跨专业协议到职业教育立法：法国政府主导的立法进程

（一）跨专业协议政府主导的实质及其传统的形成

在英国或西班牙，当遇到重大的国际或国内事务需要处理时，这些国家往往会直接修订本国的法律，以便及时采取恰当的应对措施。比如，最近一些年，为了积极应对新冠疫情带来的危机，这些国家首先会简化和放宽劳动与就业法规，以便帮助国内的企业更好地开展竞争。法国与以上国家略有不同。当然，法国也会去修改相关的法律以便及时应对危机，但同时，其还会鼓励与此事有着重要关联的社会团体、机构或个人，先就该问题如何解决进行谈判，其谈判成果首先会以具体的跨专业协议的方式表现出来。跨专业协议一般是国家层面的，之后，如果还有必要，跨专业协议会再上升为国家法律。

职业教育，特别是继续类职业教育主要是由法国劳工部主管的。20世纪70年代以来，法国职业教育立法更为经常的形成路线是：由跨专业协议上升为职业教育立法。也就是说，法国的职业教育立法最初或许仅仅是由代表不同利益的团体或机构签署的国家层面的跨专业协议，之后，议会才会将其变为法案。比如，对当代职业教育影响深远的《德洛尔法》，就是由1970年7月9日职业教育领域的第一份由社会合作伙伴签订的跨专业协议转变的。此外，1984年2月24日第130号法案，即《瑞格奥特法》，也是在职业培训部长马塞尔·瑞格奥特的带领下，将

---

① 鲁枢元.2020.生态时代的文化反思.北京：东方出版社：85.

1982 年的一个跨专业协议转化为法案的。跨专业协议是不同社会团体协商一致后的结果，其之所以能够在法国出现，且成为影响法国法律制定的重要因素，主要与第一次世界大战以来法国政府对于企业生产活动的干预，以及第二次世界大战后法国创建共和国的整体方向和五月风暴所掀起的行政改革浪潮等因素密切相关。

法国雇主机构和工会等组织采用协商谈判这一做法，主要是在政府干预下开始的。第一次世界大战之前，法国雇主机构和工人团体之间是没有谈判或协商这一习惯的，即便当时也会有谈判或协商的做法出现，但更多的是发生在雇主和工人个体之间。第一次世界大战爆发时，当遇到雇主和工人之间的纠纷需要处理时，为了战争工业的顺利产出，法国政府不仅插手了纠纷的处理过程，且在政府的倡议下，雇主和工人之间的谈判协商以及之后的协议签订还成为较为普遍的一种纠纷处理方式。第一次世界大战后，尽管法国政府曾取缔了各类协议的法律地位，但是此时期一系列确保劳工基本工作条件、8 小时工作日等福利的《劳动法》之所以能够出台，与雇主机构和工会等的支持是分不开的。雇主机构和工会等组织的支持是以上法律能够在议会中通过，以及之后顺利实施的先决条件。尽管 20 世纪 20 年代法国涌现的罢工潮曾经使得雇主对工会的好感几乎消失殆尽，但是此时期，在一些大型的煤矿、印刷和海运行业，工会仍然会组织工人与雇主进行谈判。只是此时期雇主和工会能够坐在一起谈判协商的机会不多，签署的协议数量也很少。比如，1936 年，法国只有 7.5%工商领域的雇员能够享受到集体谈判协议的保护[1]。

真正改变以上情况的是 1936 年法国社会党、激进社会党、共产党左翼政党和法国各大工会共同组成的联盟——法国人民阵线的出现。该联盟早就反对让雇主单方面决定工资和工作条件的做法，提倡用法律法规和集体谈判方式取而代之。1936 年 5—6 月，法国大范围的罢工浪潮引发了社会危机，危机情境进一步强化了政府推动与集体谈判相关的法律出台的决心。于是，法国政府抓住这一有利时机，召集行业工会和雇主机构领导人，组织他们就行业工资和工作条件进行谈判协商，1936 年 6 月 7 日签署的《马蒂尼翁协议》（The Accord Matignon）就是此次协商谈判的结果。《马蒂尼翁协议》承认罢工的合法性，认可工人有权利加入他们自己选择的工会，允许在超过 10 名工人的企业选举工人代表，规定不经特定的审查机构批准，不得随意解雇工人代表，同时为工人增加 12%左右的工资等。《马蒂尼翁协

---

[1] Eastman S. 1954. The Influence of government on labour relations in France. The Canadian Journal of Economics and Political Science，20（3）：296-307.

议》是政府将雇主和工会拉回谈判桌的开始，自此，雇主和雇员有了正式的沟通渠道和沟通方式。《马蒂尼翁协议》签署后不久，1936年6月24日，法国政府即颁布了《集体谈判法》（Collective Bargaining Law），第一次以法律的形式肯定了各方借助集体谈判以及签署协议来解决争端的方式。该法规定，应工会或雇主的要求，劳工部长可以召集和组建联合委员会，以推动相关方开展集体谈判，谈判代表由那些被视为最能代表相关行业和地区利益的劳工和雇主代表组成。谈判后签署的协议，适用于行业和地区内所有未参与协议签署的雇主和工人。《集体谈判法》鼓励在内容上非常完整、适用领域非常广泛的谈判，这样就可以合理地将最后签署的协议推广到该行业的大多数部门[①]。此后的1946年12月23日，法国又通过了一项新的集体谈判法律。该法为所有行业集体谈判协议的签署和协议约束力的大小建立了先后顺序，规定只能首先签订国家层面的协议，区域协议是对国家协议的补充，地方协议是对区域协议的补充。签署协议的各方应为最能够代表相关行业和地区利益的雇主和工人组织。为了防止各方签署的协议与政府的经济政策和其他管理措施发生冲突，协议签署时必须首先经代表工会、雇主和政府的公约集体委员会批准，然后由劳动部长批准后才能生效。签署后的协议对谈判所涉及的区域和行业内的所有企业都具有约束力。

　　第二次世界大战后，重建民主国家的政治目标使得法国政府不得不在国家经济管理架构中力推工会和雇主等的密切合作。只是由于国家层面工会和雇主等的集体谈判协商牵涉的领域太大，有可能威胁政府的经济控制力，政府对于雇主机构和工会等之间开展大规模的集体协商谈判并不感兴趣。相反的，政府更欣赏在已有制度框架下，进一步眼光向下，聚焦到企业层面的集体谈判协商。他们希望通过这一层面的集体协商，促使各种劳资关系得到改善，并为工人带来切实的利益。因此，此时期法国一系列的立法主要聚焦于扩大企业层面雇员的各项民主权利，如推动民主协商、罢工、享受社会安全保障等权利的实现方面。比如，1945年，法国《劳动法》第一次提出了"劳工代表"的概念，同时要求在企业工会之外再设立专门的工作委员会，让劳工代表和雇主代表可以就企业发展的任何问题进行广泛的协商；同期的法国宪法还承认工会成员具有完全的公民权，其有权组织罢工且在一年内可以享受社会安全保障；此后的1950年又确立了最低工资标准，并在法律上承认了行业工会和雇主谈判协商所达成的集体协议的法律效力。1968年爆发的五月风暴对先前政府僵化的管理体制造成了巨大的冲击，强化了工会和雇

---

① Eastman S. 1954. The influence of government on labour relations in France. The Canadian Journal of Economics and Political Science, 20（3）: 296-307.

主所拥有的协商谈判权。五月风暴后，无论是在国家管理层面还是在企事业层面，法国政府推出了一系列旨在鼓励工人参与企业利润分配、职员参与机构管理和大学生参与学校行政管理等的新举措，从而使追求平等、崇尚民主的精神更加深入人心。进入20世纪70年代，法国工业化达到高峰，在大规模的生产、消费和分配等活动中，法国创建了统一的工作分类机制和相对一致的薪酬、社会保障机制，与此同时，工会、雇主和其他社会成员的集体协商权，以及其所订立协议的权利作为正式制度也得到不断强化。

2000年以后，法国仍然主要致力于推动企业层面对话协商机制的完善。比如，2004年4月5日颁布的《费隆法案》，为了鼓励企业层面的对话协商，甚至打破了先前集体谈判固定开展的层次结构，允许在没有行业协议明确禁止的区域，企业协议可以与行业协议存在不一致的情况。2008年的《社会民主和工作时间法》(Act on Social Democracy and Working Time)进一步巩固了企业作为协商谈判主体的地位，该法甚至允许部门和企业协议，可以与更高级别或拥有更广泛适用范围的集体协议不一致情况的发生。由于获取企业在经济和社会领域的战略信息对于员工高质量参与企业事务、开展高效和高质量的社会对话以及制订企业生存方案至关重要，2013—2015年，法国《劳动法》鼓励企业创建员工共享信息的数据库。与此同时，法国还有一些推动企业层面各方代表进一步合作和对话的较新的立法，如2015年《社会对话和就业法》(Act on Social Dialogue and Employment)，该法从集体谈判和雇员的代表权等方面进一步强化了以前的改革举措，为更好地保障企业雇员的职业教育培训权营造了良好的法律氛围。

（二）跨专业协议上升为职业教育立法

跨专业协议实质上是在政府主导下，由拥有不同利益的各方代表经过协商后所订立的契约。法国的一部分跨专业协议会较为容易地上升为法律（其中也包括职业教育法律），如上面列举的一些职业教育法案就是由跨专业协议转变而来的。其他领域也有许多由跨专业协议转变为立法的情况，比如，2015年《就业保障法》(Act on Securing Employment)就是在先前的一个国家层面的跨行业协议的基础上制定的。这种现象之所以在法国容易出现，最主要的原因是与法国议会、行政当局和总统等的权力结构和权力安排有关。

1. 法国行政权力的增大是协议能够变成法案的政治基础

法国是三权分立的国家。法国的三权分立与美国不同而与英国在形式上类似。在美国，立法、行政和司法是三权分立、相互制衡的，谁也不拥有凌驾于谁之上的权力；在英国，自第二次世界大战后，英国政府和议会之间的关系实质上已经变成首相在控制政府、政府在控制议会，而不是相反。法国此方面的情况与英国相似。

法国总统和政府拥有行政权力。其中，法国总统领导着政府，政府由总理和各部部长组成，总理由总统任命，对议会负责。法国议会作为立法机关，由国民议会和参议院组成。原则上，法国议会两院共同行使立法权、监督政府权和财政预算权，包括总理在内的政府官员必须得到国民议会大多数成员的支持，否则国民议会可以通过"谴责动议"来撤销总理和政府官员。此外，法国的宪法委员会、经济与社会委员会也会与议会、行政法院、审计院、利益集团等共同对各级政府有关政治、经济、国防、外交、财政等事务提出咨询意见，或进行监督，以确保它们依法行事[1]。但是，第五共和国宪法实质上极大地削弱了议会权力，从而使两院的立法和监督权受到了来自中央政府和总统的诸多限制，特别是当总统获得议会多数席位的支持时，这种限制就会更多。此外，法国媒体相比其他国家的媒体更软弱、更随和，政府受到的媒体监督相对也更少。法国行政力量一旦拥有了主导议会的权力，就为政府主导的协议在议会获得优势地位，以及其较为容易地变为法案奠定了政治基础。

2. 法国行政立法权远多于议会立法权为协议转变为法律提供了现实可能

法国政府和议会都拥有立法权。其中，法国《宪法》对议会的立法权采取了列举的方法。法国《宪法》第34条明确且具体地罗列了法国议会立法权的范围和领域，其中包括公民权以及有关公民行使公共自由的权利、公民人身安全以及财产安全，公民对国防所应履行的义务，公民国籍、个人身份及行为能力方面的规定，公民婚姻、继承及赠与等方面的事务。法国《宪法》第37条第1款还规定：凡法律范畴以外的一切其他事项均属于行政法规管辖[2]。政府行政法规与议会法律具有同样的法律效力。政府提交的立法草案被称为法律草案（law projects），议会提交的草案被称为法律提案（law proposals）。目前，尽管法国两类法律最终均是由议会投票通过的[3]，但是只有10%的法律最初是由议员提出的，其余的90%属于政府提议立法，政府各部部长是最为经常提交行政法规草案的人。此外，由于法国议员通常会在政治上与部长结盟，以上多种因素相结合，就为政府主导的跨专

---

[1] 杨祖功，顾俊礼等.1992.西方政治制度比较.北京：世界知识出版社：288.
[2] 李晓兵.2009.法国第五共和宪法与宪法委员会.北京：知识产权出版社：43.
[3] 曹文振，李金林，李崇政.2019.外国宪制.青岛：中国海洋大学出版社：184.

业协议极有可能在议会通过提供了现实的可能。

3. 法国行政力量远大于议会力量推动了协议最终变成法案

第五共和国宪法大大加强了总统和行政部门对议会的权威，法国政府几乎完全控制了立法主导权，相反的是，议会却丧失了这方面的主导权。这种现象突出表现在以下三方面。第一，议会必须优先审议政府的立法草案。法国《宪法》第39条规定：总理及议会两院议员均有权提出立法动议。最高行政法院应首先对政府提交的法律草案提出咨询意见，之后由部长会议进行讨论，然后再送交议会两院的其中任何一院讨论。法律应由议会投票通过[①]。法国《宪法》第48条第1款也规定：议会要优先审议政府所提草案及为其接受的提案。议会还要依照政府所定的次序来进行审议[②]。基于以上规定，法国政府法律草案比议会法律提案不仅更受议会的重视，且更容易进入审议程序；第二，在法律草案审议的过程中，政府还可以动用"阻碍投票"程序，迫使议会中断对政府法律草案的逐条辩论过程，立即进行表决，即政府可以终止议院对任何议案的讨论，强行通过法案。或者，政府也可以利用《宪法》第49条第3款的规定，直接绕过议会，在不提交国民议会投票的情况下，直接通过法律草案；再者，法国总统也可以行使宪法赋予总统的"非常权力"进行立法，从而使议会持有异议甚至否决的立法提案得以通过[③]。当然，政府利用《宪法》条款，绕过议会直接通过立法提案的做法，可能会引发反对派的谴责动议，可能使后者通过争取绝对多数票的方式来推翻政府，但这种情况在法国却很少发生。第三，在某些极端情况下，如果法国总统认为某立法草案或提案不符合国民利益，可以依据《宪法》第11条的规定，越过议会直接把某议案提交全民公决，这是总统仲裁者身份的体现。近些年，法国全民公决的启动条件已经日益宽松。

综合来看，法国中央政府不仅可以帮助两院确定大部分的议程，在一定条件下还可以阻止议会修改其文本[④]，特殊情况下，政府更可以采取各种胁迫方法迫使议会不得不通过政府草案。以上法国议会、行政当局和总统等的权力结构和权力安排，是包括职业教育类跨专业协议在内的诸领域跨专业协议较易上升为法案的根本原因。

[①] 曹文振，李金林，李崇政. 2019. 外国宪制. 青岛：中国海洋大学出版社：184.
[②] 李晓兵. 2009. 法国第五共和宪法与宪法委员会. 北京：知识产权出版社：45.
[③] 曹文振，李金林，李崇政. 2019. 外国宪制. 青岛：中国海洋大学出版社：185.
[④] Anonymous. 2022-08-04. Right of initiative（legislative）. https://en.wikipedia.org/wiki/Right_of_initiative_(legislative).

第三节　英国职业教育立法的运行机制

一、自由主义与新自由主义：英国职业教育立法依托的历史与现实传统

"自由"两个字是英国人怎么都无法摆脱的历史和时代宿命，英国有着悠久的"自由"传统。自"自由"传统形成后，英国就将"自由"放置于一切想法或事务的指导原则的位置，"自由主义"相应就产生了。"新自由主义"与"自由主义"有着内在精神的统一性，两者共同决定了英国政治、经济、文化、教育的形态，包括职业教育立法在内的整个英国的教育立法都受到了"自由主义"和"新自由主义"传统的影响。

（一）英国自由主义历史文化传统与新自由主义现实传统的形成

1. 英国自由主义及相关历史文化传统的形成

英国人所谓的"自由"更多的是从限制王权、阻止王权越轨企图的角度来说的。19世纪，英国功利主义思想家约翰·密尔（John Mill）认为自由与权威之间的斗争，远在我们所最早熟知的部分历史中，特别是在希腊、罗马和英国的历史中，就有着最为显著的表现。他特别指出英国人所谓的自由，其关注点在于：对统治者所施用于群体的权力，要划定一些他所应当受到的限制，而这个限制就是英国民众的自由[①]。换句话说，对统治者或国王的权力实施某种限制，以约束王权、保护贵族（后来也包括民众）的权利，这在英国人看来就是"自由"，而倡导或推崇这样的"自由"就是"自由主义"。

对于"生而自由"的英国人的"自由"及"自由主义"传统如何形成的问题，目前较为一致的观点是主张从历史深处贵族与国王长期对抗的视角来理解。比如，有历史学家曾比较了英、法、德三个国家贵族与国王之间的对抗，认为王权在法国起初极为弱小，后来逐渐强大，最终成为主宰一切的力量；在德意志，王权一

[①] 钱乘旦，陈晓律. 2003. 英国文化模式溯源. 上海：上海社会科学院出版社：21.

开始很强大，后来却逐渐削弱，最后完全变成虚幻的影子；只有在英国，国王与贵族的力量始终不分上下，出现了长期的抗衡①。正是英国的这种长期抗衡局面，催生了贵族约束王权的必要性，而采用法律武器或约翰·密尔所谓的"宪法的制约"来约束王权、保护贵族的权利（或自由）的需要就自然而然地出现了。英国历史的发展也完全契合以上说法。例如，1215年，英国贵族在"权利"的旗帜下抵抗暴君，在伦敦城门被贵族攻破之后，万般无奈的国王和贵族签订了《自由大宪章》（Great Charter）。《自由大宪章》不仅将国王的权利置于法律的约束之下，且直接确定了"不经同意不得征税和不经法律审判不得对任何人加以处罚"的最根本的国家管理原则②。其后，1258年《牛津条例》（Oxford Ordinance）、1259年《威斯敏斯特条例》（Statute of Westminster）相继颁布，英国出现了"议会"这一组织机构，形成了每年召开议事会议的惯例。1322年《约克法令》（Statute of York）又以法令的形式肯定了议会的法律地位，确定了不通过议会，国王的一切命令都是非法的，国王的权力应在议会中行使的原则。"凡解决与王上（国王）及其继承人之地位财产有关的问题，或解决与王国、人民地位财产有关的问题，应由王上在议会中加以考虑、颁布和解决，并得到宗教显贵、伯爵、男爵和王国公众的同意"③，"国王在议会"的传统得以形成。14世纪，英国议会又获得了听取民众不满、积怨之事，然后议会亲自解决或向国王申诉的权力，后来这一权力直接演变成为议会将民众请愿之事变为议会法案，即议会拥有了制定法律的权力。此时期，国王受议会的制约本质上等同于国王受议会法律的制约。当然，尽管以上历史进程也时有反复，但光荣革命后的第二年，议会通过了《权利法案》（Bill of Rights），该法案确立了多项原则，如国王无权废止法律；非经议会同意，国王不得征税；未经议会同意，国王不得组织常备军；国王不得干涉议会的言论自由；必须定期召开议会；等等④。该法案在进一步限制了国王权力的同时牢固树立了议会的权威，强化了国王在议会的君主立宪传统，开创了英国历史的新纪元。后来，在社会民主运动的不断推动下，原来仅由贵族拥有的抗衡国王的权力开始向中间等级，而后又向底层渗透，"权利""自由"的概念逐渐镌刻于英国各阶层的心扉之上，英国出现了令欧洲大陆最杰出的人士都艳羡不已的自由、独立和个人主义。伏尔泰曾经说过："英国是世界上抵抗君主达到节制君主权力的唯一国家。"⑤"他们（英

---

① 钱乘旦，陈晓律.2003.英国文化模式溯源.上海：上海社会科学院出版社：25.
② 钱乘旦，陈晓律.2003.英国文化模式溯源.上海：上海社会科学院出版社：28-29.
③ 钱乘旦，陈晓律.2003.英国文化模式溯源.上海：上海社会科学院出版社：32.
④ 李秀珍.2018.西方文明史（第三版）.西安：西安交通大学出版社：170.
⑤ 李秀珍.2018.西方文明史（第三版）.西安：西安交通大学出版社：170.

国）形成了一个以平等而独立的个人为成员的协会，而非以被统治者身份形成了一个本质上等级森严、俯首帖耳的国民。"①

英国有史以来所形成的"自由"以及对"自由主义"的信仰，对英国社会各方面均产生了重大且深远的影响。比如，17—19世纪，英国产生了自由主义的奠基人霍布斯，自由主义的创始人洛克，经济自由主义的代表人物亚当·斯密，倡导个人自由、个人幸福权利的功利主义代表人物边沁、约翰·密尔等，他们不仅从方方面面为自由主义在英国各领域的应用搭建了宏伟的理论大厦，而且指引着英国社会的方方面面沿着自由主义的路线阔步前进。

英国学者霍布斯和洛克等基于自己对英国历史和时代环境的理解，分别形成了各自对于人的自然状态、自然法、社会契约以及国家形成学说、国家法律观和自由观等的看法，尽管两人的立足点和所提出的法律、权利观念不同，但是他们却共同论证了国家是契约的产物，绝非生而有之的事实。他们的政治理论给予国家是由上帝创造的、君主的权力是由上帝授予的思想以巨大的冲击。特别是作为真正的"西方自由主义之父"的洛克，他在对英国国家形成的历史过程和历史特质进行高度抽象和概括提升的基础上，提出了天赋人权学说。该学说强调生命、自由和私有财产是人类与生俱来的自然权利，认为即便人类进入政治社会之后，其原有的自然权利也不会丧失，更不可转让。政府和社会的存在，都是为了维护个人的权利，个人权利的不可取消性构成政府和社会权威的限度②。洛克的理论为世界所有国家保障个人和民众权利提供了不可多得的政治和法律武器，如1776年美国的《独立宣言》和1789年法国的《人权宣言》就直接受到了洛克思想的影响。

从个人自由、个人权利的天然合法性出发，英国功利主义思想家边沁明确指出社会只是虚幻的、假想的团体，是个人的总和③。追求个人幸福或功利，或者换句话说，求乐避苦、趋利避害是人类的本性，该本性是决定人的一切行为的动机和目的，同时又是人们衡量和评价一切事物是非、善恶的标准和尺度，"自然把人类置于两大主宰——痛苦与快乐——的统治下。唯有这两者才能够指明我们应该做些什么，并决定我们将要怎样做"④。因此，并不存在独立的真正的社会幸福，社会幸福只是个人幸福的总和。因此，政府或立法者存在的目的在于满足人们的个人利益，他们绝对没有主宰人们一切行为的权力，他们的职责只是正确认

---

① 李凤鸣. 2020. 伏尔泰. 沈阳：东北师范大学出版社：156，221.
② 裴德海. 2008. 西方政治哲学简明读本. 合肥：安徽教育出版社：100.
③ 吉米·边沁. 1993. 立法理论：刑法典原理. 孙力等译. 北京：中国人民公安大学出版社：170-177.
④ 高民政. 1999. 从柏拉图到约翰·密尔——西方传统政治思想评介. 西安：西安出版社：348.

识人的本性，考察人们最大幸福之所在，从而制定出适应人的本性和需要的法律和制度[1]。

受"自由"思想的影响，亚当·斯密认为人类所有活动的出发点都是利己主义的，个人在经济生活中改善自身处境的一切努力，都被一只无形的手，即市场价格机制、供求机制和竞争机制所引导，与此同时，虽然每个人都会出于利己主义动机追求个人财富，但是客观上他也会不知不觉地"增进社会利益"。亚当·斯密认为政府的干涉未必比无为更有效，认为政府绝不是人类社会棋盘上那只能够任意操纵棋子的手，因为除了政府这只手之外，棋盘上每一个棋子都有它自己的运动原理，它与立法者想要施加于它的原理可能完全不同。他坚决反对政府以任何形式干预私人经济活动，对重商主义时期英国政府对经济活动的高度管控行为非常不满，强烈主张将政府的职能严格限定在提供国防、司法等最基本的公共物品方面。"如果政府企图指导私人应如何运用他们的资本，那不仅是自寻烦恼地去注意最不需要注意的问题"，而且"这种规制几乎毫不例外地必定是无用的或有害的"。只要政府不进行干预，利己心的自由发挥，自动会使任何国家的土地、资本和劳动得到很好的分配，它将带来比这种自然机制外的任何其他安排更大的产量和更多的经济福利[2]。立足于亚当·斯密经济思想基础之上、以自由放任为特征的古典自由经济学自此出现，后李嘉图竭力推广了该学说。

在"自由"的氛围以及"自由主义"理论全方位的影响下，从与职业教育发展最为密切相关的经济领域来看，工业革命爆发以来，面对不断扩大的工农业、贸易和金融市场，为更好地推动经济发展，英国国内的有识之士不断呼吁政府放松管制、强化自由竞争。1820—1860年，英国政府取消了限制贸易自由的大部分法律，且创建了主要依靠市场价格机制、供求机制和竞争机制等，对资源配置发挥基础性、决定性作用的市场经济管理体制，英国迎来了自由放任的经济管理时期。当然，尽管这一管理模式从20世纪前半期起就受到了主张强化政府或国家干预的凯恩斯主义（即由强大的政府主导的市场经济）的影响，但是，凯恩斯主义本身并不否认以自由竞争为核心的自由主义经济学说及其方法论基础，只是认为市场体制有其自身的不足，由于市场体制并不先天具备自动调节供给和需求的功能，一定程度的、以需求为导向的、积极干预的财政政策就是必要的，其目的在于扩大财政开支，扩大社会福利并最终刺激生产[3]。尽管凯恩斯主义的经济管理模

---

[1] 徐大同. 1985. 西方政治思想史. 天津：天津人民出版社：380.
[2] 亚当·斯密. 1972. 国民财富的性质和原因的研究（上卷）. 郭大力, 王亚南译. 北京：商务印书馆：27-28.
[3] 黄少安. 1995. 产权经济学导论. 济南：山东人民出版社：14.

式在一个时期内影响了英国经济的运行，但是，20世纪80年代后期，体现自由主义要旨和精髓的新自由主义很快就取代了凯恩斯主义，再次成为主导英国各领域运行的国家管理原则。

2. 英国新自由主义及相关现实传统的形成

新自由主义之所以会在20世纪80年代后期成为英国主导性的国家管理理论，一个重要的原因就是，凯恩斯主义管理理论已经很难让英国的政治和经济形势有更大的好转，因此，对凯恩斯主义的否定就成为撒切尔夫人领导的保守党的主要工作。

正如前文所述，凯恩斯主义的本质是支持强大的政府主导的市场经济，凯恩斯主义的出现，主要是想解决英国自20世纪20年代开始一直持续到大萧条时期的经济不景气和失业问题。凯恩斯主义认为导致萧条的根源是有效需求的不足，政府必须通过积极的财政政策，如增加政府投资来刺激经济，以解决私人市场有效需求不足的问题[1]。正是在凯恩斯主义的引导下，英国政府此后干预经济的力度日益加大。比如，第二次世界大战时期，战时经济管制在英国经济生活中曾起着主导作用；战后初期，工党执政，英国不仅在取消各种实物战时管制方面要比其他国家晚得多，且工党政府还着手对工业和公共设施进行了国有化改组，进一步强化了国家对于工业和公共设施的干预力度。1945—1950年，英国整个工业中大约有20%的行业，其中包括银行、煤炭、电力和燃气、航空、运输等都被收归国有。此外，1946年英国还通过了《国民保险法》（National Insurance Act）和《国民医疗保健法》（National Health Care Law）等，为每一个公民（其中包括已经离开学校，又未达到领取养老金年龄的人）投保，力争使每个英国人都有基本的保障，此外，政府还对医院实行国有化，为民众提供免费的国家健康服务[2]。

1947年美国的马歇尔计划帮助英国迈出了经济复苏的重要一步，之后，尽管英国经济走走停停，但是对于大多数英国人来说，20世纪50—60年代的英国无疑是一个繁荣发达的时期。不仅20世纪40年代的贫困一扫而光，且工资增长的速度几乎是物价涨速的两倍，很多消费品都不再是遥不可及的梦。但是，在普遍的繁荣中，20世纪60年代英国即将遭遇第二次世界大战后婴儿潮出生的一代人接受完义务教育迈入社会的峰值期，加之此期人们对于英国国家竞争力落后的担忧也在增加，1964年哈罗德·威尔逊（Harold Wilson）领导的工党在选举中再次获胜后，为了重塑英国，工党政府进一步加大了国家干预经济的力度。此时期，尽管

---

[1] 品墨. 2018. 你一定爱读的极简世界史. 西安：陕西师范大学出版社：378.
[2] 克里斯托弗·丹尼尔. 2009. 周末读完英国史. 侯艳，劳佳译. 上海：上海交通大学出版社：245.

国家干预曾经使英国的经济保持了一定的增长速度，但是英国"福利国家"的弊端日渐显露，经济"滞胀"问题导致英国经济前景并不光明，而石油危机进一步加剧了该问题的严重程度。

为了彻底扭转以上被动局面，20世纪70年代末撒切尔夫人领导的保守党执政后，基于其对于"国家专断主义"（即国家对社会一切方面拥有控制功能）的反感情绪，以及其对于市场经济体系可以解决所有难题、带来创新和效率并满足更多社会需求的"市场乌托邦主义"（market utopianism）的信仰，保守党倡导一系列"新自由主义"的改革思路。新自由主义与自由主义一样，极力主张调整和缩小国家对经济生活的干预，同时创建一个推崇自由竞争的市场资本主义环境，让人们在充分认识自己所享有的自由与拥有的才智的基础上，发挥个人主动精神，工作更加努力和积极，自立自强，最终能够在国家提供的公共服务消失后通过增加自身的劳动增加收入，而不是成为受国家供养的没有主动和进取精神的人。新自由主义将政府视为根据市场原则运行的机构，将公民视为消费者，认为政府雇员绝不是公共利益的守护者，而是机构雇员，政府运行的原则是通过推动竞争、谋求效率最大化并更好地满足消费者的需求。为了最大化地推动政府效率提升，新自由主义主张："政府政策的制定与实施应分开，政府应专注于政策制订，政策实施应委托给由拥有新的绩效评估技术的准独立机构；此外，政府资源应根据业务计划在各部门之间分配，而这些业务计划可能会由寻求风险投资的公司来制定。"[1]撒切尔政府对于工会也非常反感，其主要原因是工会可以依靠集体力量与资本家谈判，这对于维护市场力量的平衡、恢复企业竞争力将造成巨大的阻碍，因此，打压工会也是撒切尔政府不得已的选择。撒切尔政府的许多做法对于先前工党所推崇的集体主义和平等主义的价值观有着巨大的颠覆意义。

整体来看，撒切尔政府所推动的新自由主义改革，在经济领域大致采取了如下一些举措：在货币和财政方面采取紧缩的政策、鼓励新技术的开发和应用、大规模地推行国营企业私有化改革、弱化政府对私营部门的控制并增强私营企业活力、削弱工会权力等[2]。从其实际运作情况来看，为了创建自由竞争的市场资本主义环境，撒切尔政府意在通过政府早期的强力干预，以便最终消除政府对于经济的干预，因此在执政早期，她的干预主义强度不仅超过了以往的历届政府，且英国新自由主义改革的推进速度也非常快，如1980年，超过7%的英国劳动力在国

---

[1] Hall P A. 2021-11-26. The changing role of the state in liberal market economies. https://scholar.harvard.edu/files/hall/files/transstate4.pdf.

[2] 厉以宁. 1993. 市场经济大辞典. 北京：新华出版社：1337.

有企业工作，1995年，只有不到2%的劳动力在国有企业工作，因为超过500亿英镑的国有资产已经被出售[①]。

撒切尔政府之后，尽管英国政坛发生了许多变化，但是，撒切尔政府的新自由主义改革作为政治遗产被其后的历届保守党乃至工党政府所继承，并延续至今。

（二）自由主义与新自由主义对英国职业教育立法各相关主体的塑造功能

孟德斯鸠说过："从最广泛的意义上来说，法是由事物的性质产生出来的必然关系。"[②]职业教育立法本质上体现出了国家对于职业教育各管理机构性质以及运行逻辑的规定性，从法律制度上，或从根本意义上决定职业教育立法各管理要素的性质，以及各要素之间各种各样的必然联系及其运行逻辑，使该法成为英国的，而非其他国家的法律；使该法成为职业教育的，而非其他类型的法律的根本原因，与英国的自由主义和新自由主义传统有着很大的关系。

1. 对英国中央政府地位与功能的塑造

从上文可以得知，英国自由主义和新自由主义传统更多地聚焦于对英国中央政府权力的某种限制和约束方面。尽管从历史来看，英国中央政府的权力结构和权力大小有着巨大的变化，比如，最初最有权力的是英国国王，之后议会与国王平分秋色，再往后是下议院成为最有权力的机构，而第二次世界大战后的几十年来，英国首相的权力有了绝对性提升。但是，无论英国中央政府的权力如何转移和变化，自由主义和新自由主义作为一种约束权力的力量，始终都在发挥着至关重要的作用，它对中央政府——英国这一最重要的职业教育立法主体的地位与功能有着绝对的影响。

首先，该传统决定了英国中央政府权力的有限性。尽管英国的中央政府与其他国家的中央政府同样明确地享有诸多权力，但是由于英国在漫长的历史中实现了国王与贵族（而后包括平民）之间的某种力量均衡，英国民众很早就知道法律不仅是针对被统治者的，更应该是约束统治者的。统治者必须依照法律行事，不遵守法律的统治者是暴君，暴君不仅将自动地被解除其对于民众所拥有的各项权力，且民众起而反抗这样的暴君，亦无需受到道义的谴责和惩罚。受到法律约束的英国统治者，与集权国家的代表，如强大的法国王权或后来的法国中央政府相

---

① Hall P A. 2021-11-26. The changing role of the state in liberal market economies. https://scholar.harvard.edu/files/hall/files/transstate4.pdf.

② 孟德斯鸠. 1982. 论法的精神（上册）. 张雁深译. 北京：商务印书馆：1.

比，不仅力量相对弱小，且英国国王以及其后的中央政府的任何行动都会受到议会法律的掣肘，只有获得议会的多数同意，政府的行为才有其合法性和合理性。受以上历史传统的影响，加之英国许多有识之士还认为各类事务均拥有自己的运行秩序和规律，政府干涉的越多，事务就越繁杂，不仅会忙于日常事务，缺乏考虑国家大事的精力和时间，还会干扰事务本身的运行秩序和规律，因此他们竭力主张政府对许多社会事务采取放任自流的态度，以上态度亦严重缩小了中央政府的权力。

其次，该传统决定了英国中央政府对于职业教育的放任态度。受自由传统的影响，英国中央政府对于职业教育的态度，最早体现在1563年《工匠法》和1601年《济贫法》中。当时的中央政府之所以会干预职业教育，主要是由于在社会变迁的背景中，传统的宗教机构以及自治性质的行会组织日益衰弱，而社会闲散、流动和各类贫弱人员却日益增多，对原有的社会秩序造成了一定威胁。迫不得已，英国中央政府颁布了必要的国家立法，用以替代宗教和行会法规。在以上国家立法中，中央政府既没有创建职业教育机构，也没有直接向社会提供职业教育，甚至没有直接管理职业教育，而仅仅是从提供相应的社会治理规则的角度出发，对国内职业教育的发展进行了适当引导，职业教育的直接管辖权依然为教会、行会和地方政府所拥有。在这以后，即便英国的行会管理制度被1799年《联合法案》扔进了历史的垃圾箱，英国政府也没有像法国政府一样，出手确保学徒制受到适当约束和监督。加之此时期英国的保守主义传统也未如德国一样强大，能够使行会这一传统机构死灰复燃，再次发挥对于劳动力培养的规范和管理作用，同时，尽管英国小手工企业众多，但它们也没能够通过企业间某种形式的联合来解决学徒培训的规范运行问题。所有这些因素叠加起来，致使英国传统的学徒培训逐步沦为雇主私人的事务，学校职业教育的发展也非常缓慢。而正是在以上传统的引导下，无论是英国议会、内阁还是首相，他们大多并不认为职业教育领域的事务，甚至教育领域的事务是自己份内的事务。即便经历了第一、二次世界大战的洗礼，英国大多数首相还是认为教育与国家的核心利益相去甚远，在他们看来，任何头衔的教育部长的地位都是微不足道的。比如，丘吉尔对于1944年《教育法案》准备工作的态度就是善意的忽视[1]。

与此同时，由于企业或雇主自愿主义基础上的职业教育和培训传统很早就在英国形成，企业或雇主可以根据自己的实际情况，自愿决定是否提供学徒培训，提供多大规模、程度、质量的学徒培训，以及以何种方式提供学徒培训等。因此，

---

[1] Batteson C. 1997. A review of politics of education in the "moment of 1976". British Journal of Educational Studies, 45（4）: 363-377.

英国中央政府各党派很早就形成了党派共识，即无论是英国哪一个党派执政，他们均认为职业教育和培训是企业自己的事情，政府不应该过多干预，在他们看来，通过创造一个充分就业和持续增长的经济体，来有效弥补自愿主义培训系统的缺陷，这才是政府的责任。最为典型的例子是20世纪70年代后期撒切尔政府的新自由主义改革。由于调整和缩小国家对于经济生活的干预成为撒切尔政府上台后的第一要务，以上态度变化自然而然地会反映在政府对职业教育的看法和做法方面，精简机构、削减国家职业培训补贴成为撒切尔政府上台后祭出的第一个杀手锏。当然，考虑到政权的稳定性，撒切尔政府很快就改变了以上策略，迅速增大了政府的干预力度，但是，正如前文所述，撒切尔政府并不愿意真的这样做，其真实的意思是在重振经济后，再逐步地将政府从对职业教育的直接干预中抽出身来。

再次，该传统决定了英国中央政府职业教育的管理方法。事实上，19世纪中期以来，由于英国主要依靠市场价格、供求和竞争机制对资源配置发挥基础性、决定性作用的自由市场经济管理体制正式形成，作为教育和经济交叉领域的劳动力培养和供应，自然地受到了自由放任的经济管理制度的影响。在这种背景下，英国中央政府非常清楚开展职业教育的主要责任在谁，也非常清楚自己能做什么和不能做什么。英国政府更多地作为规则制定者，并没有直接创建职业教育机构或向社会提供职业教育，而是借助立法鼓励相关社会机构提供工人阶级可以利用的教育，鼓励民间性质的工艺协会等机构组织考试和颁发国家认可的证书，然后通过评价民间机构办学情况、评价学生通过考试以及获得证书的数量，为其提供一定额度的中央政府补助[1]。地方学区出现后，英国中央政府更是将社会机构创办的继续教育机构直接交由地方学区来管理，此种方式一直延续到第二次世界大战后。以上管理方式与集权国家相比，表现出了相当的放任性，它是一种尽量少地干预职业教育实施主体的具体工作、较好地发挥实施主体独立性和创造性的管理形式，但是该方法也使英国的职业教育体现出相当的随意性和参差不齐性。有学者曾经十分深刻地总结了英国中央政府所采取的独特的管理方法的原因。他说，19世纪，当欧洲大陆国家正在将技术和职业教育作为现代化进程的一部分，且将职业教育作为提升民族国家国力手段的时候，英国政府更多的是袖手旁观。由于工业革命几乎是在没有国家教育系统参与的情况下发生的，多年来的政策忽视，多年来对理论的厌恶和对自愿主义的喜好，意味着英国职业教育的发展早已经被

---

[1] Walker M. 2015. The impact of the great exhibition of 1851 on the development of technical education during the second half of the nineteenth century. Research in Post-Compulsory Education，20（2）：193-207.

固定到这一模式中，后来的立法也很难打破这一惯习[1]。细品该说法，其道理是非常深刻的。

最后，该传统决定了英国中央政府对于职业教育的管理能力。在以上传统的影响下，英国中央政府对于包括职业教育在内的教育事务的整体管理能力，与集权国家相比有了巨大的差距。比如，尽管伦敦世博会营造了发达国家在工业、科学、技术等方面的比拼情绪，而英国政府此时期也被认为有了再次干预职业教育的必要，但英国政府却早已丧失了像集权国家一样强大的政府管制力，以及像社团主义盛行国家一样有效的社会执行力。在第二次世界大战后特殊的政治经济文化环境中，当英国政府试图再次更多地干预国内政治经济的发展、意欲实施更为积极的劳动力政策时，有资料显示，直至1973年人力资源服务委员会创设，英国财政部的管理者既不真正熟悉也不真正关心英国的工业进步，其他如环境、贸易和工业、就业等管理部门，或者从没有明确承担过监督培训的责任，或者尽管如教育和科学部一样被明确授权拥有教育管理的权限，但是长期的分权主义传统也使得教育和科学部根本无法实施有效的控制，负责提供教育的团体、地方当局和教师都能够有力地阻止任何的教育改革。因此，有学者认为与其他主要发达国家的国家管理结构或与社团主义的管理结构相比，英国中央政府不仅缺乏制定高效政策的能力，且即便英国政府具备了制定连贯的培训政策的行政能力，但是其执行能力也只能排在最后[2]。

2. 对英国地方教育管理机构地位与功能的塑造

正如前文所述，在自由主义和新自由主义的影响下，英国中央政府事实上仅仅是一个权力有限的政府。中央政府最初是迫不得已地干预了职业教育的发展，并在其后很长时间内，充其量仅仅是提供了国内职业教育如何发展的政策或制度设计，英国职业教育事业发展的主要管理责任最终还是落在了能够提供该类教育和培训的地方教育管理机构身上。英国地方教育管理机构不仅是英国职业教育立法创制时的主要参与者，也是创制出来的立法所规约的重要对象，其管理行为毫无疑问地受到了自由主义和新自由主义传统的影响。

首先，该传统决定了地方教育管理机构成为英国职业教育当之无愧的主要责任人。自1870年《初等教育法案》将最初由机械师讲习所创办的各类绘图或纺织教室、设计或编织学校等继续教育机构，以及由部分讲习所演变的高等继续教育

---

[1] Unwin L. 2004. Twenty-first century vocational education in the United Kingdom: What would Dickens think? Pedagogy Culture and Society, 12 (2): 175-200.

[2] Finegold D, Soskice D. 1988. The failure of training in Britain: Analysis and prescription. Oxford Review of Economic Policy, 4 (3): 193-207.

第三章
欧美四国职业教育立法的运行机制 155

机构划归地方学区管辖，英国的地方学区就承担着包括各类继续教育在内的地方初、中等教育的创建和管理责任。1902 年，地方学区又演变成了地方教育管理机构，作为责无旁贷地承担资助和管理地方各类继续教育的重要机构，地方教育管理机构在推动职业教育发展方面也有许多不尽如人意的地方，如 1944 年《教育法案》明确要求地方教育管理机构应确保各地拥有足够的继续教育设施，应该为当地超过义务教育年龄的青少年提供全日制或部分时间制的普通或者职业性的继续教育课程。该法案特别提出：各地要为那些没有在任何学校或继续教育机构参加全日制学习的青年创建郡学院，且各地应在法律通过后的三年内，建立和维持郡学院，郡学院应该为青年提供包括体育锻炼和职业培训在内的进一步教育，以使他们能够发展自己的各种才能和能力，并使他们为承担公民责任做好准备[①]。虽然该法案明确要求创建的郡学院在各地几乎没有出现，但以上情况并不能否认地方教育管理机构存在的重要价值。

其次，该传统决定了地方教育管理机构的管理理念和管理方法。地方教育管理机构虽然是本地区初、中等教育以及继续教育责无旁贷的资助者和管理者，但是，在自由放任风气的影响下，继续教育的具体管理理念和方法却受制于两大因素的影响：第一，英国长期以来形成了中央政府、地方教育管理机构和教师专业团体之间的合作关系，中央政府为继续教育如何发展提供一般的规则，县或市镇理事会委派地方教育管理机构管理地方教育事务，而县或区理事反过来又将继续教育课程的决策权主要委托给了当地的专业人士[②]。因此在地方层面，英国专业教师团体拥有教学的自治权，校长拥有对课程的控制权，继续教育机构被地方管辖以来，就一直处于这一管理结构之中。第二，自 1856 年英国工艺协会开始举办技术和商业方面的考试并颁发相应的证书，机械师讲习所（即后来的继续教育机构）培养的绝大多数学生均会参加各类职业资格证书考试。也就是说，在地方政府接手继续教育机构管理之前，该考试和证书制度对于继续教育类学校课程设置与教学方式选择已经在发挥引导功能，地方机构接管继续教育机构后，此种引导功能依然在延续。因此，地方教育管理机构尽管在名义上管理着继续教育机构，但实质上很少能直接插手继续教育机构具体课程与教学的管理，更多的只是作为继续教育机构的资助者而存在。

20 世纪 80 年代之后，在新自由主义思想的影响下，出于对于地方教育管理机

---

① Anonymous. 2022-03-10. Education act 1944. https://www.legislation.gov.uk/ukpga/Geo6/7-8/31/section/43/enacted.

② Whitty G. 1990. The politics of the 1988 Education Reform Act//Dunleavy P，Gamble A，Peele G. Developments in British Politics No.3. Basingstoke：Macmillan Publishers Limited：305-317.

构的敌视，尽管 1988 年《教育改革法案》授权地方教育管理机构对地方管理的学校（Local Management of Schools，LMS）拥有完全的预算和管理权限，但先前地方教育管理机构曾经管理的普通类和继续教育类职业机构可以选择脱离地方的管理，变成中央政府直接资助的学院。在该政策的引导下，截至 2020 年 1 月，英国 77%的中学生和 37%的小学生就读于已经脱离地方政府控制的、由中央资助的、自主和自我完善的学园[1]。2010 年英国的《教学的重要性》（Importance of Teaching）、2016 年的《教育卓越无处不在》（Educational Excellence Everywhere）白皮书等则肯定了地方教育管理机构已经由继续教育和普通教育的重要资助和管理者转变为教育战略专员和监督者，其工作的重心逐步转移到确保地方拥有足够的学额、协调招生工作、为弱势儿童提供支持等方面。

3. 决定了英国继续教育机构和企业的地位与功能

（1）决定了继续教育机构作为职业教育责任主体的地位与功能

如何确立继续教育机构的身份、地位，以及如何规约其行为，是英国职业教育立法的重要任务之一。继续教育机构作为职业教育的责任主体之一的身份是从伦敦世博会后逐步确定下来的。

受自由主义和新自由主义传统的影响，在 1988 年《教育改革法案》和 1992 年《继续和高等教育法》颁布之前，尽管继续教育机构在英国教育体系中的地位未必有普通教育那样高，但是继续教育机构与地方初中等教育机构一样，无疑具有公共机构的性质，其运行逻辑也是与公共机构一样的。由于不存在过多的生存压力，继续教育机构在课程和教学方面、学校的管理方面受到的外部压力较小，如在 20 世纪 70—80 年代，受石油危机的影响，英国民众的失业率相对较高，即便如此，一些继续教育机构也没有刻意去迎合企业雇主或学生的需要。此时期的一些技术学院依然为学生设置了一系列课程，其强调为一般工作做准备，而不是为特定工作做准备。

1988 年和 1992 年法案出台后，继续教育机构脱离了地方机构的控制，变成了中央政府补助的学校。继续教育机构不仅被视为国家的一个部门，且由于市场竞争机制的引入，继续教育机构还演变成为主要由竞争、分工和市场机制决定其运作规律的企业。作为独立的、自我管理的企业，继续教育机构自己负责员工的工资、预算、资产、课程规划和市场营销等。资料显示，2013—2014 学年，英国约有 1150 家公共资金资助的继续教育提供商，75%的继续教育学习者年龄超过 19

---

[1] Anonymous. 2022-03-11. Administration and governance at local and/or institutional level. https://eacea.ec.europa.eu/national-policies/eurydice/united-kingdom-england/administration-and-governance-local-andor-institutional-level_en.

岁，其中只有25%的学习者年龄在19岁以下①。为了在竞争激烈的市场上生存下来，继续教育机构与其他职业教育的提供商在争夺生源方面开展了激烈的竞争，它们不得不迎合所有有继续教育需求的人，这些人可能是16—19岁的学生，也可能是想要接受学术和职前教育的人，还可能是正在接受高等教育的学生、有特殊教育需求的人、被社会排斥的人等；同时，为了满足多样化的学生需求，每一所继续教育机构都力求为学生提供基本技能和其他机构不提供的技能，其课程的多样性也在不断增加。由于继续教育机构的功能已经发生了"战略漂移"，2001—2005年，继续教育机构还被归类为无处不在的"学习和技能部门"。目前，继续教育机构已经成为"面向所有人的一切"的机构，没有明确的使命或独特的功能，已经很难将其与各类学校、私人培训机构和大学等竞争机构区分开来②。

（2）决定了企业作为职业教育责任主体的地位与功能

事实上，英国企业是比继续教育机构更为重要的职业教育责任承担者。中世纪以来就在手工业或工业领域非常盛行的传统学徒制，是英国职业教育最重要的形式之一。受自由主义和新自由主义思想的影响，英国中央政府各部门或各种调查研究机构发布的相关调查报告，或议会颁布的职业教育法律文本等，绝大多数都认为企业才是职业教育培训最重要的提供和管理者。比如，1929年巴尔福委员会（Balfour Committee）曾特别强调：由于不同工艺门类的情况如此不同，不同历史时期各工艺门类在组织形式和方法上的差异如此之大，创建统一的职业教育管理机制不可能带来可预见的成功，如果雇主、雇员代表和教育管理机构能够密切合作创建各自的管理制度，其成功则是不言而喻的。玛尔考姆委员会（Malcolm Committee）采纳了巴尔福委员会的建议，要求每一个工业门类都要建立自己的管理机构，与教育机构合作，以便在工业培训中监测和发现工业的要求并适当满足这些要求③。1947年《工业组织和发展法案》（Industrial Organisation and Development Act）则直接推动了棉花、家具、珠宝、银器等行业理事会的创建；1958年卡尔委员会报告（Carr Committee Report）更明确声称：培训是工业界的事务，公共政策不应该讨论该问题，现存的政府和工业之间的分界线应该保留；学徒培训的责任

---

① Snelson S，Deyes K. 2022-05-18. Understanding the further education market in England. https://assets.publishing.service.gov.uk/government/uploads/system/uploads/attachment_data/file/544280/bis-16-360a-fe-market-england-summary.pdf.

② Lucas N，Crowther N. 2016. The logic of the incorporation of further education colleges in England 1993-2015：Towards an understanding of marketisation，change and instability. Journal of Education Policy，31（5）：583-597.

③ Perry P J C. 1976. The Evolution of British Manpower Policy，From the Statute of Artificers 1563 to the Industrial Training Act 1964. Portsmouth：Eyre & Spottiswoode Ltd at Grosvenor Press：49-50.

应该坚定地置于工业企业的肩头①。20 世纪 80 年代后受新自由主义的影响,在各类涉及英国职业教育发展的立法中,企业培训在职业教育体系中的地位还得以进一步强化。

与此同时,英国企业具体的培训行为还受到了自由主义和新自由主义传统的影响。长期以来,在英国职业教育培训领域,有一个高频词汇:自愿主义。自愿主义是自由主义或新自由主义直接引发的一个概念,专门用来形容在国家不参与办学的背景下,企业雇主可以根据自己的实际情况,自愿决定是否提供学徒培训,提供多大规模、程度、质量的学徒培训,以何种方式提供学徒培训等;教育培训申请者也可以根据自己的喜好或职业目标,选择自己感兴趣的培训和考试科目,或者根据自己的学习能力和速度,在任何时间、地点参加或停止任何级别的培训和考试。尽管 20 世纪 80 年代后,撒切尔政府曾强力干预企业的培训,但是,伴随着 20 世纪末及 21 世纪初政府逐步从培训活动中抽出身来,自愿主义依然是影响当前企业培训行为的最重要因素之一。

二、自由教育:横亘在英国职业教育立法道路上永远的思想障碍

自由就是不受任何内在或外在的限制或控制,想干什么就干什么的一种状态。当"自由"与"教育"两字联系起来的时候,它就构成了英国贵族精英阶层,即所谓的绅士教育的重要内容。可以毫不夸张地说,自由教育在英国早已成为绅士教育的代名词。按照亚里士多德在《政治学》中的说法,"自由教育"是一种"既非必需亦无实用而毋宁是性属自由、本身内含美善"的教育②。也就是说,自由教育绝非是为了谋生、实用之目的,它是一种高尚的、人性的教育,其重点在于获取知识和发展智慧。纽曼(John Henry Newman)也曾说过与亚里士多德类似的话。他认为自由教育是一种训练理智如何认识和识别真理的教育,通过这种教育,理智不是用来造成或屈从于某种特殊的或偶然的目的、某种具体的行业或职业抑或是学科或科学,而是为了理智自身进行训练,为了对其自身固有的对象的认识,也是为了其自身的最高修养③。当然,对于大部分贵族精英阶层来说,接受自由教

---

① King D. 1997. Employers, training policy, and the tenacity of voluntarism in Britain. Twentieth Century British History, 8 (3): 383-411.
② 亚里士多德. 1997. 政治学. 吴寿彭译. 北京:商务印书馆:412.
③ 约翰·亨利·纽曼. 2001. 大学的理想(节本). 徐辉,顾建新,何曙荣译. 杭州:浙江教育出版社:72.

育并不是为了纯粹理智的目的，而仅仅是保持贵族身份和品味的标配。如果想成为绅士，则必须借助自由教育和获得自由教育才有可能。由于贵族精英的言行是社会各阶层模仿的对象，他们对于自由教育的尊崇很快就引领了英国的社会风尚，这种风尚在无形之中反作用于职业教育，使职业教育的发展处处受到掣肘和制约，自由教育成为横亘在英国职业教育及其立法道路上永远的思想障碍。

（一）自由教育立足的基础：英国绅士文化传统

1. 英国绅士文化传统及其内核

英国绅士文化传统是以贵族文化和贵族精神为基础，同时又融合了社会各阶层的价值观逐步形成的。英国绅士及其文化传统的形成均经历了漫长的演进过程。

首先从绅士概念的演变角度来看。中世纪欧洲各国的绅士最初是指那些允许佩戴纹章的有身份的男子，类似骑士那样的下层贵族并不属于绅士，因为他们的血统与家族还够不上绅士的级别。14世纪之后，英国"绅士"的概念逐步与品德建立起了联系。比如，当时的英格兰人认为即使出身良好，但要成为绅士还须具备诚实、慈爱、自由和勇气四项美德。16世纪之后，伴随着绅士阶层的变化，绅士概念开始包含一些新的因素，如对于绅士土地、财富的要求以及对于绅士个人追求的考量。19世纪后，人们已经更多地根据个人的行为举止来判断一个人是否是绅士。

其次从绅士文化传统的形成来看。由于最初的贵族来自那些帮助君主驰骋疆场、开疆辟土、抵御外敌、建功立业的部落首领，当时的社会文化更注重的是这些人是否拥有勇气、能力、才干，在危难时是否能够挺身而出，率领民众渡过难关，这就使得英国的君王或贵族从一开始就具备善骑射、喜比武等秉性。此外，由于英国贵族是在与王权的交错对抗、冲突妥协与相互平衡中最终获得了胜利，因此，大多数贵族与君主一样认为自己是不列颠当之无愧的主人，国家的兴衰、社会的稳定、百姓的安康都与自己息息相关，因此，他们中的大多数人都拥有"非我不足以担此重任""非我不足以造福苍生"的非凡豪情。再者，在社会正常运转时期，处于统治阶层的英国贵族必须承担起辅佐君王治理国家、造福百姓的重任，因此他们不仅一贯热衷于王国的政治，且乐于奉献民众，于公于国尽心尽力，即便没有薪俸也乐于承担。比如，18世纪以前，担任公职的英国贵族大多没有明确的薪俸，但是，他们仍乐此不疲地行使着"天然职责"，既展现了贵族对社会责任的自觉意识，也表现了贵族对权力占有的荣誉感。

当英国贵族对于自己上等人的特殊地位和重要职责有了明确的意识后，为了使自己尊贵的地位与其他社会阶层有所区分，他们就在言行举止、生活方式、气质风度等方面刻意表现出不同于下等人的优越感，以便成为民众的"表率"。久而久之，贵族阶层便形成了一套独特的行为准则和价值标准，这便是人们所注目的绅士文化传统的核心。具体来看，这套独特的行为准则和价值标准主要体现在绅士的外在表现、内在精神气质以及兴趣爱好等方面。

首先是外在表现。真正的英国绅士，不论来自哪里，要求其给人的总体感觉应该是"安静、素朴、优雅、魅力十足，让人真切感受到他的存在却又不过分惹眼"[①]。而要达到以上要求，无论在什么环境中，绅士都应该衣着讲究、举止得体、行为优雅，习惯于温和、礼貌地称赞别人的美好行为，以上行为对于绅士来说，更多的是出于道德目的，是经受了长时间非常深入的教育和社会体制熏陶的表现。比如，在第二次世界大战中，在德国飞机轰炸时，英国人在进入防空洞时也能排出整齐的队伍，且绅士总是让妇女和儿童先行。

其次是内在精神气质。只有勇于面对各种艰难困苦、不骄不馁的人，才能在任何时候成为民众当之无愧的榜样。因此，无论何时何地，绅士都应该具备骑士般的勇气、服务公众的道德意识、建立于坚定沉着基础上的沉默性格，还有即便处于极端困境，也要拥有永远不变的谦恭礼貌[②]。要具备以上内在精神气质，绅士需要具备精粹的文学与艺术修养、高深的哲学与伦理素质。

最后是兴趣爱好。由于真正的绅士的喜好要与普通民众有所区分，狩猎、钓鱼、鹰猎、射击、收藏、打牌、读报、聆听音乐等被认为是绅士广为喜爱的活动。此外，热爱运动是绅士内在精神气质的重要组成部分，几乎个个绅士都在高尔夫、赛马、拳击、足球、橄榄球、板球、台球、打牌等方面是运动高手。除此之外，始于16世纪后期，作为一位绅士，其一生还必须完成一次漫游欧洲大陆的旅行。对于通常具有良好的希腊文学及拉丁文学素养，同时又有闲有钱的绅士来说，这样的旅行既能丰富自身的知识，也能开阔他们的视野，这也促成了英国绅士中产生了许多的科学家、作家、艺术家、古文物研究者等。

2. 自由教育是绅士文化传统传承的动力与保障

绅士文化传统的传承需要自由教育的推动和保障。至少从16世纪起，自由教育就被英国贵族看作子弟教育的必需品。当时，受文艺复兴思潮、社会生活急剧变迁等的影响，英国贵族不再认为文盲是令人骄傲的事情，他们对于知识和技能

[①] 爱德华·伯曼. 2010. 绅士生活——男人的得体与优雅. 李钊平, 张跣译. 北京：当代中国出版社：14.

[②] 爱德华·伯曼. 2010. 绅士生活——男人的得体与优雅. 李钊平, 张跣译. 北京：当代中国出版社：40.

的功用有了更为积极乐观的看法。由于近代国家顶层政治的运作对于军事人才的需求在减少，但是对于思路清晰、精通文学和法律、掌握外语、通晓古今的学者、朝臣和商人的需求在逐步增多，在这种情况下，为了继续牢牢把握英国政治、经济和军事的特权，尽管此时期的英国上议院贵族和乡村绅士依然强调出身、世系以及对上帝献身和对教会忠诚等品德，但是熟知古典语言、文化（后来又将现代科学技术与文化知识囊括其中），具备精粹的文学与艺术修养、高深的哲学与伦理素质等也逐步成为绅士的标配。换言之，没有以上知识和文化，便不能称为上等人，更不配叫作绅士。因此，自17世纪始，英国贵族逐步在家为幼年子女延聘私人教师，然后送子女进入数量有限但质量上乘的公学（公学在生源构成和数量上更具贵族的排外性和限制性），公学毕业之后，许多贵族还会送子弟进入著名的牛津大学和剑桥大学读书。当公学和牛津大学、剑桥大学难以容纳更多的贵族和社会精英人士的子女之后，文法学校自然而然地也成为这些人看重的子女就读之地。

整体来看，作为英国新生贵族和社会精英的培养场所，英国公学和牛津大学、剑桥大学教育的核心就是自由教育，体现在方方面面。首先，公学和牛津大学、剑桥大学非常注重给予学生普遍的、锻炼理智能力的知识。纽曼曾指出：只有普遍的知识才能够扩大心智，培养真正的绅士[1]。牛津大学、剑桥大学作为古典高等自由教育的堡垒，正是借助古典语言和文学，以及古代历史和哲学为主要内容的"博雅知识"，专注于培养学生的雄辩与机敏。它们期望这些理智能力，对于学生参加议员竞选演说以及获取众议院席位等都有所帮助。一直到光荣革命之后，两所大学才将现代学科引入学校的系科教学。其次，为了传承中世纪骑士精神的余绪，公学和牛津大学、剑桥大学非常鼓励学生参加各类体育运动，体育运动成为这些学校"没有列入课表的必修课"。再次，公学和牛津大学、剑桥大学非常重视学生贵族价值观的培养。为了让学生认可贵族统治的正当性，同时收获高贵典雅的气质，让古典时期的秩序、平衡、和谐、对称和节制等美德沁入学生心脾，公学长期将古代语言和古代典籍作为主要的教学内容，这种做法甚至一直延续到第二次世界大战之后，公学因之还被人戏称是"教育的活化石""英国精英的摇篮"[2]。最后，由于英国人习惯将一个人在举手投足之间透露出的修养和气质与其社会地位挂起钩来，而举止大方、谈吐得体往往是贵族与下层人士区别的标志，在这方面，除了借助古典课程和宗教课程的熏陶感染，公学和牛津大学、剑桥大学还非常注重通过各种各样的社团活动来培养学生的综合能力。比如，公学和牛津大学、剑桥大学都拥有多种社团，如象棋、桥牌、脚踏车、登山、集邮、管弦乐、文艺

---

[1] 周常明. 2012. 牛津大学史. 上海：上海交通大学出版社：210.

[2] 原青林. 2006. 揭示英才教育的秘诀——英国公学研究. 哈尔滨：黑龙江人民出版社：18.

小说、演讲、辩论等，诸多社团会开展各种各样的竞赛活动、鉴赏活动、读书活动、表演活动等，意在培养学生成为未来上流社会成员必须具有的能力、谈吐与风度。

有人曾对英国出身于公学的社会精英做过统计。英国从 1721 年第一任首相至 20 世纪 80 年代的 50 位首相中，有 33 位曾就读于九大公学，占总数的 67.3%。公学不只是培养政治领袖，在《英国名人辞典》中所列的 18 世纪名人中，属于学术文化名人的约有 22% 毕业于九大公学；在 1950 年出版的《作家介绍》中，属于文化天才者约有 2500 人，其中 490 人是九大公学出身，843 人是其他 51 所公学出身[1]。而牛津大学、剑桥大学不仅是"政治精英的摇篮"，还是"知识精英的摇篮"，它们在不同历史时期培养了众多的政治领袖、工商人才、科学巨星和文化精英。英国贵族对于公学和牛津大学、剑桥大学自由教育的推崇，还直接引发了其他阶层的效仿，由此导致大多数英国人对自由教育趋之若鹜。为此，有人曾将英国其他阶层上升的渠道总结为：如果一个新贵承认自己进入贵族圈子的希望非常微小，那么他一般就会退隐到乡村的庄园宅第中去，借助乐善好施、服务乡梓在公众中树立良好的形象，同时努力让其子女进入公学或牛津大学、剑桥大学，以便其子女与贵族的子女经受同一种磨炼，接受同一种价值规范，同时与贵族子女建立"熟人社会"关系网，在心理、体力和人力等方面做好充足的准备，以便朝一日也能成为合格的绅士和社会精英，承担起治理国家的重大责任。以上便是英国商人、银行家、律师、企业家等社会新贵的梦想。

（二）自由教育挤压下的职业教育弱势地位异常突出

有人说，在英国，如果不考虑自由教育在政治家和广大公众心目中的主导地位，就不可能真正理解职业教育及其机构的处境[2]，此话是非常有道理的。受绅士文化传统的巨大影响，大部分民众将自由教育奉为圭臬。按照自由主义传统，通向 A-Level 的学术道路是英国社会精英阶层所推崇的"黄金道路"，学术道路在英国不仅有着很高的声誉，且在各方面也都有着远超职业培训的回报，职业教育道路的地位和回报明显更低一些[3]。此外，英国人对于学生学业成功的评价，更多考虑的是学生在各类学术考试中的表现，却很少考虑到各类学术考试只适用于学术

---

[1] 原青林. 2006. 揭示英才教育的秘诀——英国公学研究. 哈尔滨：黑龙江人民出版社：80.

[2] Finegold D, Soskice D. 1988. The failure of training in Britain: Analysis and prescription. Oxford Review of Economic Policy, 4 (3): 21-53.

[3] Steinmann S. 1998. The vocational education and training system in England and Wales. International Journal of Sociology, 28 (4): 29-56.

能力排名在前 20%的学生①。另据英国儿童服务和技能教育标准局对 155 所英格兰中学的调查：许多学校教师和家长认为与工作相关的学习和职业科目，仅仅与学业成绩不佳的学生有关②。对于自由教育的追逐，不仅使英国职业教育在 20 世纪 70 年代之前一直未被纳入主流教育，始终处于教育系统的最底层③，而且即便在这一时间段之后，职业教育也始终处于争取各方面认可和尊重的努力中，其受到的歧视体现在社会的各个方面。

英国精英阶层绝不会把他们的孩子送到职业教育机构或同意其学习职业课程，中产阶级也很少会如此，与此同时，精英或中产阶层家长以及学校的轻视态度还延及青少年身上，如英国绝大多数 10—11 年级的中学生都有进入大学学习的打算，几乎没有人愿意学习职业课程或进入学徒领域；英国儿童服务和技能教育标准局针对 11 岁学生的大规模调查也显示，少于一半的学生会将工作经历作为自己生涯的一部分④。此外，一些来自网络的调查以及对伦敦市许多中学的实地调查也发现了弥漫在中学生群体中对于职业培训项目的轻视态度；在政府推动的青年培训计划等培训项目中，年轻人对职业教育的鄙视现象比比皆是⑤。更有甚者还直接指出，只有成绩低的学生才有必要选择职业教育项目⑥。

对于自由或学术教育的渴望还直接影响到了企业用人方面的决策。比如，英国企业传统的用人渠道是大多数人在义务教育结束时被企业直接雇佣，然后在企业开始自己的学徒生涯，或者在企业直接从事半熟练或非技术工作。企业所需要的管理职位的人才则直接从高校毕业生中招聘。尽管这些毕业生没有实践经验或没有接受过任何技术培训，但是企业往往认为其学术成绩预示了其管理方面的能力。这使得对于那些不太可能获得高等教育入学资格的学生来说，继续留在学校或进入继续教育机构接受职业教育是极不明智的。有学者发现，选择接受义务教育后继续类职业教育的苏格兰男性，实际上比 16 岁离开学校的同龄人更难找到工作⑦。

---

① Finegold D，Soskice D. 1988. The failure of training in Britain：Analysis and prescription. Oxford Review of Economic Policy，4（3）：21-53.

② Holland M R，Coldwell M R. 2021-04-15. The development of the secondary vocational curriculum in a northern local authority in England. http://orcid.org/0000-0002-7385-3077.

③ 石伟平，徐哲岩. 2000. 新职业主义：英国职业教育新趋向. 外国教育资料，(3)：47-51.

④ Department for Education，Department for Business Innovation & Skill. 2021-04-18. Technical education reform：The case for change：July 2016. https://dera.ioe.ac.uk/id/eprint/26806/1/Technical_Education_Reform_-_Case_For_Change.pdf.

⑤ Unwin L. 2004. Twenty-first century vocational education in the United Kingdom：What would Dickens think？Pedagogy Culture and Society，12（2）：175-200.

⑥ Anonymous. 2022-03-30. Addressing inequality in apprenticeships：Learners' views. http://www.lsc.gov.uk.

⑦ Finegold D，Soskice D. 1988. The failure of training in Britain：Analysis and prescription. Oxford Review of Economic Policy，4（3）：21-53.

对职业教育的偏见，使许多职业教育改革举措难以实施。比如，20世纪80年代，为了消除人们对继续教育机构各类课程、证书过于繁杂的误解，英国出现了三种中间路径的职业教育形式：其一是学术性的第六级教育（academic sixth form）；其二是由独立的证书认证机构，如伦敦城市和行会协会、商业和技术教育理事会等举办的技术课程，学生学完后可以获得认证；其三是新建的第六级教育（new sixth form）或"青年停留更久"（Young Stayers On）项目，该项目是一种全日制的教育项目，没有要求学生学完后必须参加A-Level考试或其他特定培训。但是一系列的因素限制了学生选择这些课程或项目，其中的原因有市场对于这些资格的需求量较少、此类学生缺乏来自各方面的支持，以及学术性的第六级教育的艰深等。在这些原因之中，最大的阻碍是大多数学生认为，高等教育机构几乎完全将技术或职业类学生排除在外，无论他们选择什么，都不会改变这种情况[1]。

使以上情况更为糟糕的是，1988年《教育改革法案》颁布后，国家课程、核心科目、统一考试、成绩排名等成为人们关心的事务，许多教育改革举措迫使学校更为关注学生普通课程的考试成绩和结果[2]，由此导致更多的学校更为看重传统的A-Level和大学入学考试这一学习和生涯发展轨道，普遍将这一轨道的重要性置于职业性课程学习之上，职业教育作为二流的教育继续被边缘化。曾有学者一针见血地指出，撒切尔政府之所以会首先选择继续教育机构开展企业化实验，主要是由于继续教育机构录取了其他院校不想录取的学生，它们不仅在学术领域没有话语权，在政治上很早也被边缘化了。正是由于继续教育机构与高等教育发展战略"相关性不大"，因此选择这样的机构进行实验是完全可能的。因为假如如此激进的实验首先在普通学校或大学里开展，那将产生不可想象的后果[3]。

（三）职业教育立法在扭转其弱势地位方面难有作为

1. 舆论宣传很难扭转人们对于职业教育的偏见

通常情况下，舆论宣传是职业教育立法活动的第一步，强有力的舆论宣传，有助于民众在认清某一问题的严重性后开展新的立法活动。但是，发生在英国的情况却是：尽管每一个历史时期，英国政府、半官方机构或民间机构等都会呼吁

---

[1] Finegold D, Soskice D. 1988. The failure of training in Britain: Analysis and prescription. Oxford Review of Economic Policy, 4（3）：21-53.

[2] Anonymous. 2022-03-30. Chapter 4: Inequality between academic and vocational routes to work. https://publications.parliament.uk/pa/ld201516/ldselect/ldsocmob/120/12008.htm.

[3] Lucas N, Crowther N. 2016. The logic of the incorporation of further education colleges in England 1993-2015: Towards an understanding of marketisation, change and instability. Journal of Education Policy, 31（5）：583-597.

人们认识职业教育的落后面貌，强调扭转职业教育弱势地位的重要性，但是受惯性影响，其呼吁的结果往往都不理想。

1935年，英国教育委员会就曾向内阁报告，"在设施和标准方面，英国技术教育落后于欧洲许多地区"①。近期的一份关于学徒培训的报告也宣称：与日本、意大利和加拿大这几个G7国家（G7是西方七大工业国组成的国际经济联盟）相比，英国的生产能力低于这些国家20%左右，而与德国、法国和美国这几个G7国家相比，英国的生产能力更低一些；英国16—24岁青少年的阅读和计算能力排在OECD国家的倒数第四位，英国青少年在中等级别的专业技能和技术方面也表现不佳，2020年英国在此方面位列OECD国家的倒数第五位②。在呼吁人们认识英国职业教育各方面落后的情况下，英国政府、半官方机构或民间机构等还会极力渲染各类职业教育对于提升国家经济活力、推动社会稳定、提升个人工作与就业能力等方面的作用，不断呼吁人们关注、参与或投资职业教育。例如，2005年，负责高等教育和终身学习的劳工部长比尔·拉梅尔（Bill Rammell）曾断言"继续教育是英国技能和社会正义的引擎"③；2011年，一批学者在智库报告中声称继续教育学院可能是扩大社会参与和社会流动的推动器；保守党政府的独立小组（Independent Panel）也在《18岁后的教育和资助评论》（Review of Post-18 Education and Funding）（简称"奥格评论"，Augar Review）报告中乐观预测，继续教育学院与雇主保持牢固的关系，就能促进社会流动和包容④；2020年，英国名为"政策互换"（Policy Exchange）的著名智库还抓住了疫情的机会，推出了《危机中的培训机会：如何在应对Covid-19中帮助英国走出培训的混乱局面》（A training opportunity in the crisis: How the Covid-19 response can help sort out Britain's training mess）的文章，提出当前的危机为英国教育和培训突破既有障碍和既得利益者的阻碍、更好地满足经济和社会需要提供了良好的契机⑤。而此时期出台的白皮

---

① Field S. 2021-10-09. The missing middle: Higher technical education in England. https://www.gatsby.org.uk/uploads/education/the-missing-middle-higher-technical-education-in-england.pdf.

② Anonymous. 2022-04-27. English apprenticeships: Our 2020 vision. https://assets.publishing.service.gov.uk/government/uploads/system/uploads/attachment_data/file/482754/BIS-15-604-english-apprenticeships-our-2020-vision.pdf.

③ 转引自 Orr K. 2020. A future for the further education sector in England. Journal of Education and Work, 33 (7-8): 507-514.

④ Orr K. 2020. A future for the further education sector in England. Journal of Education and Work, 33 (7-8): 507-514.

⑤ Goodhart D. 2022-03-12. A training opportunity in the crisis: How the Covid-19 response can help sort out Britain's training mess. https://policyexchange.org.uk/wp-content/uploads/A-training-opportunity-in-the-crisis-.pdf.

书也再次强调，继续教育部门在帮助经济发展和促进社会流动方面具有巨大的潜力。

为了吸引人们更多关注、参与与投资职业教育，英国各机构往往会将各类职业教育的回报率说得非常清楚。比如，2011 年，某机构在为政府提供的报告中指出，大多数的职业资格证书都有经济回报，其中尤其是 3 级资格证书的经济回报率最高，伦敦城市行会协会 3 级资格证书的个人回馈净值在 2.1 万—4.9 万英镑之间。2013 年的政府研究显示，在 2007 年 8 月至 2010 年 11 月的三年多时间里，英国仅 2 级资格证书层次以下的学习，就为公共预算带来了约 6.38 亿英镑的总回报[①]。对于学徒培训可能为政府税收带来的益处，英国人也计算得非常明白。"政府每投入到 2 级和 3 级学徒培训 1 英镑，将带来 26 英镑和 28 英镑税收回报。与之相比，政府继续教育资格的税收回报率为 1∶20。"[②]除了明确职业教育为政府和社会带来的收益率，还有机构会宣传各类职业教育培训为参与者个人和雇主带来的益处。比如，一份报告指出，青少年进入学徒培训后，85% 的学徒反映其工作能力提升了，83% 的学徒说其生涯前景好转了，而一般在学徒期结束后的 1—2 年内，学徒提升的生产能力和增加的收入将弥补其学徒期的花费。该报告还反映，在被调查的雇主中，82% 的雇主对学徒项目表示满意，70% 的雇主说培训后的学徒的生产和服务能力有一定程度的好转[③]。

但是，在自由教育的无情挤压下，英国职业教育长期处于两难困境：一方面，与青年失业率已经降至 7%—11% 的德国、挪威、奥地利等国相比，英国青年的失业率长期在 15%—16% 徘徊，居高不下[④]；另一方面，英国雇主在技能人才培训方面的投资与其他国家相比一直较低，且 21 世纪前 20 年还呈持续下降趋势。雇主的低投入，加之其他复杂因素的影响，使得英国学生选择进入职业培训轨道的比例很低。英国是 OECD 国家中学生参加职业培训比例最低的国家之一，OECD 国家一般有一半的学生会选择参加职业培训，但英国仅有 30% 的学生最终选择这一

---

① Anonymous. 2022-03-30. Chapter 4：Inequality between academic and vocational routes to work. https://publications.parliament.uk/pa/ld201516/ldselect/ldsocmob/120/12008.htm.

② Anonymous. 2022-04-27. English apprenticeships：Our 2020 vision. https://assets.publishing.service.gov.uk/government/uploads/system/uploads/attachment_data/file/482754/BIS-15-604-english-apprenticeships-our-2020-vision.pdf.

③ Anonymous. 2022-04-27. English apprenticeships：Our 2020 vision. https://assets.publishing.service.gov.uk/government/uploads/system/uploads/attachment_data/file/482754/BIS-15-604-english-apprenticeships-our-2020-vision.pdf.

④ Anonymous. 2022-04-27. English apprenticeships：Our 2020 vision. https://assets.publishing.service.gov.uk/government/uploads/system/uploads/attachment_data/file/482754/BIS-15-604-english-apprenticeships-our-2020-vision.pdf.

道路，与英国相对照的德国的数据是 75%[①]。2014 年和 2015 年，英国参加 4 级、5 级职业资格学习的学生，与其他国家相比也是非常少的[②]。以上情况导致英国一些要求熟练技能人才的行业或岗位很难招聘到所需人才，而且越来越多的雇主反映难以找到合适的拥有熟练沟通、读写和计算技能的人。甚至还有人预计 21 世纪 30 年代，英国高技能岗位（包括管理和专业岗位）将有大约 500 万个新的和替代性岗位空缺，中等技能岗位（包括技能行业和助理专业/技术岗位）将有大约 360 万个空缺；STEM 和数字部门的技能人才短缺现象也在不断加剧[③]。英国职业教育长期深陷"低技能均衡"的恶性循环，即由于产品市场、生产过程、技能水平和培训体系的相互依存性，当英国企业或其他机构缺乏可用的技能和人才，它们就不会进行高技能产品的生产，而是相应地会降低员工培训的意愿[④]。反过来，这一现象也完全说得通。为此，许多英国人将职业教育戏称为"灰姑娘"，它一直在等待理想中的王子的拯救，但王子却永远说得比做得好，这早已经成为英国职业教育领域惯常的现象。

2. 现有政策法规难以扭转职业教育劣势地位

对于一国的职业教育来说，假如已有的政策法规较为完善，且实施效果较好，那么，这些法规对于扭转该国职业教育的不利地位或许还会有所帮助。但是非常不幸的是，在以上两方面，英国职业教育政策法规做得都不好。

有学者曾经指出，即使是在 1945 年以后，当职业教育处在与经济关系最为密切的时期，英国人对职业技术教育的态度也总是反映出其地位低下，国家层面也对其缺乏一致、连贯的做法[⑤]。此话一点不假，比如，英国在 20 世纪 70 年代的职业教育政策与 60 年代有很大不同，而其在 80 年代的做法与之前相比，区别就更大了。1964 年《工业培训法案》授权劳工部长督促每一个主要的工商行业创建各自的工业培训局，授权每个局向雇主征收培训税，然后再向那些提供了满足培训局要求的培训和相关服务的雇主与教育机构提供资助。进入 20 世纪 70 年代，1973

---

① Anonymous. 2022-03-30. Chapter 4：Inequality between academic and vocational routes to work. https://publications.parliament.uk/pa/ld201516/ldselect/ldsocmob/120/12008.htm.

② Field S. 2021-10-09. The missing middle：Higher technical education in England. https://www.gatsby.org.uk/uploads/education/the-missing-middle-higher-technical-education-in-england.pdf.

③ Anonymous. 2022-04-27. English apprenticeships：Our 2020 vision. https://assets.publishing.service.gov.uk/government/uploads/system/uploads/attachment_data/file/482754/BIS-15-604-english-apprenticeships-our-2020-vision.pdf.

④ Steinmann S. 1998. The vocational education and training system in England and Wales. International Journal of Sociology，28（4）：29-56.

⑤ Lucas N，Crowther N. 2016. The logic of the incorporation of further education colleges in England 1993-2015：Towards an understanding of marketisation，change and instability. Journal of Education Policy，31（5）：583-597.

年《就业和培训法案》设置了人力资源服务委员会。该委员会成立后，英国逐步取缔了根据 1964 年法案建立的 24 个培训委员会中的 22 个，20 世纪 60 年代的做法几乎全部被否决；此外，撒切尔政府执政后，地方管理的学校、继续教育机构可以直接脱离地方教育管理机构，转变为中央资助的、自主、自我完善的机构。该做法直接破坏了 1944 年《教育法案》所形成的不干涉主义的党派共识，开创了一个由中央官僚机构的政治家、公务员和准公务员主导的体系，标志着英国教育管理范式的巨大转型[1]。但是，2020 年政府白皮书却提议将继续教育类高校重新纳入某种地区"公有制"（public ownership）的范畴，这是继续教育机构被企业化并使其脱离地方当局的控制已有近 30 年后政策的再次翻转[2]，所有这些都不利于职业教育弱势地位的扭转。

此外，在绅士文化传统以及自由教育的绝对挤压下，英国即便一些事关职业教育的政策、文件或法律能够出台，但是其无法真正实施或无法按照立法者的意愿实施的现象却非常常见。例如，1944 年《教育法案》试图扭转职业教育的不利局面，要求每一个地方教育当局为服务 15—18 岁青少年就业创建郡学院，但是各地几乎没有任何资金被用于该类机构的创建。20 世纪 80 年代初以来，英国有 28 项主要立法涉及继续教育部门，有 50 多名国务卿负责继续教育事务，但是几乎每项改革都未能兑现法律承诺[3]。由此导致在职业教育领域，新的必须做的事情与旧的必须做的事情不断累积，没有进一步的政府集中干预，新的改革将永远难以启动。2018 年，英国财政研究所（Institute for Fiscal Studies）将英国的继续教育系统描述为"近乎永久的革命状态"[4]。

此外，英国还有许多的职业教育政策、立法尽管已经颁布，但是由于自由教育的挤压和其他方面的不配合，其实施效果也一言难尽。例如，1943 年《诺伍德报告》建议创办三轨制的中学，1944 年《教育法》设想了一个由文法学校、中学和技术学校组成的"三方"学校系统，但是直通蓝领工人的技术中学轨道的学生人数从没有超过总数的 4%[5]。1964 年《工业培训法案》被认为是英国政府自第二

---

[1] Fisher T. 2008. The era of centralisation: The 1988 Education Reform Act and its consequences. Forum, 50（2）: 255-261.

[2] Orr K. 2020. A future for the further education sector in England. Journal of Education and Work, 33（7-8）: 507-514.

[3] Finegold D, Soskice D. 1988. The failure of training in Britain: Analysis and prescription. Oxford Review of Economic Policy, 4（3）: 21-53.

[4] Orr K. 2020. A future for the further education sector in England. Journal of Education and Work, 33（7-8）: 507-514.

[5] Finegold D, Soskice D. 1988. The failure of training in Britain: Analysis and prescription. Oxford Review of Economic Policy, 4（3）: 21-53.

次世界大战以来最雄心勃勃的一次尝试，目的是使职业培训成为英国大多数经济部门的一个特色，但是由于来自工业方面的阻力，以及其他支持者支持力度不足等，该法案在很大程度上也是失败的。20世纪60年代中期学校委员会（Schools Council）的"技术项目"（Project Technology），以及科学教育协会（Association for Science Education）的"应用中的科学"（Applied Science and the Schools）项目等，试图构建一条以工程和实践课程取代中学纯科学课程的"替代道路"，但是由于多种原因，以上试点或实验都仅仅维持了很短的时间。自1981年人力资源服务委员会的《新培训动议：行动纲领》出台开始，大量的努力和资金被政府用到了研究如何在学校和工作之间架起沟通的桥梁上来，英国出现了一年期、两年期的青年培训计划、技术和职业教育动议、国家培训、一般/国家职业资格证书（General/National Vocational Qualifications，G/NVQ）以及基础和高级现代学徒（Foundation and Advanced Modern Apprenticeships）项目等，尽管政府的少数实践项目较为成功，但是仍以失败居多。此外，2016年《企业法》颁布，规定培训提供者如果误用学徒，政府可以对其开具罚单[①]。但是事实上，以上法律在具体实施时也是举步维艰。

3. 职业教育立法并不是政坛人士优先关注的领域

作为一个有着浓厚绅士文化传统、对自由教育趋之若鹜的国度，对自由教育的尊崇无疑是妨碍政坛人士重视职业教育立法的重要因素，而这种情况也对英国未来能否出台扭转职业教育不利地位的立法形成了巨大阻碍。

首先，教育政策的制定者本人绝大多数接受的是自由教育，职业教育立法并不是这些人士在制定政策时优先考虑的领域。在英国，公学和牛津大学、剑桥大学的强大影响力，在无形中强化了人们对于中等学术教育和大学教育的偏爱。资料显示，尽管公学仅接纳了不到6%的学生，但却培养了73%的工业企业董事，为牛津大学、剑桥大学提供了大部分的毕业生，而这些人中又有大量的议会议员和高级教育官员，这批人很少有在国家补助的教育系统中就学的经验，更勿论接触过技术或职业类课程，但是，这些人却控制着英国教育政策的制定权[②]。他们对于职业教育很少有同理心，这一现象在职业教育立法方面早已经有着鲜明的体现。

其次，自由教育还间接地影响了党派利益，进而对职业教育立法造成阻碍。

---

① European Centre for the Development of Vocational Training（Cedefop）. 2021-11-18. Developments in vocational education and training policy in 2015-17: United Kingdom. https://www.cedefop.europa.eu/en/search?keywords=Developments+in+vocational+education+and+training+policy+in+2015%E2%80%9317+United+Kingdom.

② Finegold D, Soskice D. 1988. The failure of training in Britain: Analysis and prescription. Oxford Review of Economic Policy, 4（3）: 21-53.

基于英国两党政治的事实，从保守党的角度来看，由于其所得的选票大多与社会精英和中上阶层选民有关，保留与公学类似的文法学校不仅与精英或中上阶层对于自由教育的信念相符，且与其如何保全阶层利益相符，因此文法学校的发展才是其优先考虑的教育事项。对于工党政府来说，由于工党的财政和选票大多来自工会的支持，工会长期以来对行业内培训而不是职业学校持更为支持的态度，加之第二次世界大战之后工党政府所持有的平等主义教育理想，他们认为美国模式的综合中学才是代表平等理想的教育模式。因此，工党政府在一个时期推动了综合中学的试点工作，而职业教育立法明显是与综合中学的试点工作相悖的[1]，因此，工党政府也不热心职业教育培训立法。

当然，除了自由教育的影响，党派共识也会制约人们对于职业教育立法的关注。由于英国政府权力的有限性以及较少干预职业教育的态度，英国政府不同党派之间很早就达成了这样的共识，即他们认为通过创造一个充分就业和持续增长的经济体，来有效地弥补自愿主义培训系统的缺陷，这才是政府的责任。因此，英国一般的情况是：无论哪一个党派执政，其最希望做的是不干预职业教育的运行。以上想法表现在政府具体的行为上，那就是与许多欧洲国家不同，英国政府基本上很少或根本不会优先重视技术和职业教育。有学者甚至指出，至少在20世纪70年代之前，教育和科学部一直将继续教育领域列为低优先级领域[2]。比如，在第二次世界大战后的几十年间，在英格兰和威尔士，除了技术中学，文法学校和现代学校逐步被综合中学所取代，11$^+$（Eleven Plus）考试决定着孩子们未来的走向，因此，政党政要更为关注的问题包括如何将众人关注的11$^+$考试后学生的分流工作成功引导到关注综合学校的建设上来；如何将义务教育离校生的年龄提高到15岁（1972年最终确定为16岁）；当义务教育年限延长，如何使更多青少年留在学校里更长的时间；教育机构如何更快地为85%以上的适龄青少年设计合适的课程，以方便这些人更有可能或更有机会进入高等教育；等等。

三、调查研究与利益集团博弈：决定英国立法可能性与重心的重要因素

从政治制度演进的角度来看，英国早已经由先前"国王陛下的政府"演变成

---

[1] 姚会军. 2009. 英国综合中学发展研究（1944—1980）——追求教育机会均等的视角. 河北大学硕士学位论文：20-28.

[2] Finegold D, Soskice D. 1988. The failure of training in Britain: Analysis and prescription. Oxford Review of Economic Policy, 4（3）：21-53.

"内阁政府"继而演变成现在的"首相的政府"。作为多数党的党魁,英国首相获得了极大的权势,他不仅控制着政府,也在一定程度上控制着议会。由于英国的法律草案基本上都出自政府,英国首相不必如美国总统那样随时担心议会惹麻烦,也不必如美国总统那样为他所任命的每一名部长争取国会的批准,英国首相是想任命谁就任命谁,愿意打发谁就打发谁①。但是,由于英国议会中有议会党团的牵制、内阁同僚的压力、反对党的监督、秘密投票制、作用日益突出的各种压力集团、公开的新闻监督以及历史悠久的民主宪政传统等的约束,包括英国职业教育政策和立法在内所有政策法规的出台都不是一件容易的事情,都会经历不同观点之间的论争(即博弈)。事实也正是如此,从英国职业教育政策法规的出台和颁布情况来看,绝不是英国首相一个人,而是多种机构、多种利益相关者都参与了主要立法的思想形成与出台的过程,而这些机构或个人是通过两大方式影响职业教育立法的出台和实施的:其一是组建独立的专家或顾问委员会,开展职业教育方面的调查研究;其二是在党派利益或经济利益的驱使下,在政府内部、国会或同时在这两个地方为将某一具体观点或立场转变为政策法规展开博弈。调查研究是凸显与职业教育相关的某事件重要性的标志,是政策或立法可能出台的重要推动因素之一,而利益集团之间的博弈是确定具体政策或立法的方向、内容或重心的关键所在,这两大方式最终决定了英国职业教育政策法规出台的可能性和整体面貌。

(一)调查研究是推动政策法规出台的重要因素之一

对公众关注的具体或有争议的事件开展"全面公开的调查"甚至是公开的"司法调查",是英国公共生活的关键部分,也是其问责机制的主要构成之一,早已成为英国政治文化的一部分。在这种文化中,政府(或议会)在不需要立法授权的情况下可以组建独立的专家或顾问委员会开展调查,进而对公共政策改革提出建议,且如果有必要,其调查结果还可以直接成为政府发布的白皮书(也包括绿皮书)或者递交到议会的立法草案。资料显示,1830—1900 年,英国共组建了 356 个皇家委员会(Royal Commission)开展各种各样的调查(其中并不包括为调查贿赂问题而组建的委员会,这样的委员会平均每年有 5 个)②。为此,19 世纪还被人们直接称为英国皇家委员会的世纪,其原因主要是面对日益复杂的社会生活,英国政府不得不改变其自由放任的态度,对公众关心的社会难题开展调查,而皇家委

---

① 何平立. 2015. 西方政治制度史. 北京:中国政法大学出版社:209.
② Argles M. 1959. The royal commission on technical instruction,1881-1884. The Vocational Aspect of Education,11(23):97-104.

员会就是政府实施调查的便利且权威的机构（当然，英国也出现有其他类型的调查委员会）。豪勋爵（Lord Howe）曾对各类委员会希望通过调查研究期望达到的目标进行了总结：充分、公正地描述所发生的事情，尤其是在事实有争议，或事件的过程和因果关系不明确的情况下；从事件中学习，综合提炼可用于改变实践的经验教训，防止事件的再次发生；通过让事件主角面对彼此的观点和问题，提供和解与解决问题的机会；确保在经历重大失败后重建公众信心，表明政府正在确保对其进行全面调查和处理；要求个人和组织承担责任，有时还能间接促成责任分担和惩罚机制的形成；服务于政府更广泛的政治议程，无论是在证明"正在做某事"还是在为变革提供杠杆作用方面[①]。单从职业教育的角度来看，自1851年阿尔伯特亲王（Prince Albert）成立皇家委员会、1853年英国政府成立科学和工艺部后，为了改变英国职业技术教育的落后面貌，英国政府（包括议会）组建了许多调查研究机构，它们的研究报告大多在公正、客观地描述职业教育领域所发生的事情，推动政府的进一步变革或职业教育政策法规的出台等方面发挥了或大或小的作用。

调查研究最先影响的是政府政策的出台。比如，2011年发布的对于19岁之前青少年职业教育开展调查的《职业教育评论——沃尔夫报告》（Review of Vocational Education—The Wolf Report）就影响了英国教育部关于技能发展的策略和终身学习的政策，英国商业、创新和技能部（Department for Business, Innovation and Skills, BIS）发布的《技能促进可持续增长》（Skills for Sustainable Growth）报告，也是对沃尔夫报告的直接回应。近些年，关注成人职业资格的《怀特黑德评论》（Whitehead Review）、关于学徒制项目的《理查德评论》（Richard Review）等报告对英国教育部职业教育政策的影响也非常大[②]。

某些有重要影响的调查报告除了会影响政府决策，还可能会推动后续立法的创制。比如，1882年、1884年皇家技术教育委员会（Royal Commission on Technical Instruction）的两份报告，又名《萨缪尔森委员会报告》（Samuelson Reports）就是其中发挥较好作用的典型例子。伦敦世博会以来，出于对英国经济地位的担心，英国民众围绕科学技术对于国家发展的重要性进行了大量讨论。为了更清楚地了解英国与其他国家的差距，1881年，英国下议院组建皇家技术教育委员会，拟主

---

① Anonymous. 2022-05-12. Select committee on public administration first report. https://publications.parliament.uk/pa/cm200405/cmselect/cmpubadm/51/5105.htm.

② Abusland T. 2022-08-19. Vocational education and training in Europe: United Kingdom. http://libserver.cedefop.europa.eu/vetelib/2019/Vocational_Education_Training_Europe_United_Kingdom_2018_Cedefop_ReferNet_pdf.

要对英国与欧美主要国家的技术教育进行比较研究。自由党议员、皇家协会成员伯恩哈德·萨缪尔森（Bernhard Samuelson）被任命为委员会主席。委员会成员不仅对这项调查工作非常尽心，且为了调查此事，他们竟然几乎完全自费地在欧洲大陆和美国旅行了三年。委员会共向政府提交了两份报告，其中涉及法国、德国、丹麦、比利时、荷兰、美国和加拿大等国的技术教育。报告在描述了英国技术教育的落后状态后，警告英国政府：英国在工业界的领导地位，正受到民众受过良好教育的一些国家的挑战。报告认为与欧洲大陆相比，英国的技术类学校不仅数量严重短缺，且现有的能够开展技术类教育的捐办学校在全国的分布非常不均匀，许多大型的制造业中心缺乏此类学校。委员会认为仅仅依靠私营企业，显然不足以真正推动此类学校的创建，必须寻求一些公共资源来弥补这一缺陷[①]。委员会的报告使英国政府更加清醒地认识到技术教育的落后状态，1886年，以推动技术教育立法，同时向地方团体、有关机构传递技术教育信息的国家促进技术和中等教育协会（National Association for the Promotion of Technical and Secondary Education）成立，尔后，经过更为复杂的博弈过程，1889年《技术教育法》最终出台。

与《萨缪尔森委员会报告》一样，西里尔·诺伍德（Cyril Norwood）带领的调查团所推出的报告也促进了其后的立法。考虑到英国在第二次世界大战中技能人才短缺和战后重建的需要，1941年英国组建中学考试事务委员会（Committee of the Secondary School Examinations Council）对此事开展调查，诺伍德担任该委员会主席。委员会递交的报告不仅直接变成了英国政府1943年《教育重建》（Educational Reconstruction）白皮书，且其中所提及的将青少年进行分流的提议（即将拥有学术倾向的青少年分流到文法中学，将具备科学思维的学生分流到技术中学，剩余的学生进入现代中学），直接影响到了1944年《教育法案》的规划设计，英国中学的三分法就是从那时出现的。

当然，并不是所有的调查都如萨缪尔森和诺伍德调查一样，能够较快地发挥其推动立法的功能。最有可能的情况是，围绕一个问题，在一定时期内政府有多个机构进行多次调查，之后出台多个报告或白皮书，最终才启动了职业教育立法程序。比如，1964年《工业培训法案》被认为是政府直接参与职业培训管理的法案，该法案与之前的职业类立法有许多区别。该法案之所以能够进入立法者视野，与那段时间内不同机构的调查研究密切相关。比如，当时英国国内的一些统计数据显示，英国婴儿潮时期出生的青少年在1956—1962年即将进入劳动力市场，其数额超过平时离校生数额的50%。1956年春，由劳工部议会秘书（Parliamentary Secretary to the

---

① Anonymous. 2022-05-12. Samuelson reports（1882 and 1884）. http://www.educationengland.org.uk/documents/samuelson/index.html.

Ministry）罗伯特·卡尔（Robert Carr）牵头，劳工部长国家联合咨询委员会（Minister of Labor's National Joint Advisory Council）组建专门机构对此事进行了调查[①]。1958年，该咨询委员会推出的报告（即《卡尔报告》，Carr Report）提出应该筹集更多的资金用来创建技术学院，而不是更多地开展企业职业培训，此外，该报告还劝说工会和雇主缩短学徒培训时间，同时让学徒培训内容与工业需求更加相关。《卡尔报告》之所以提出以上倡议，主要是由于在20世纪50年代，尽管英国工会联合会（Trades Union Congress，TUC）一直呼吁政府更多地干预培训，但事实上工会并不赞同政府这样做，因为他们认为政府干预会对现有技术人员的收入造成威胁，因此工会的呼吁仅限于让政府创建更多的技术学院来提供日间培训方面。《卡尔报告》延续了工会的做法，要求工业界继续承担培训的重任，而政府则继续保持传统以来对于学徒教育的非干预性特征。该报告尽管推动了工业培训理事会（Industrial Training Council，ITC）三方管理机构的创建，但是对于改变工业界虽然口头支持拓展培训，实际上提供的培训分散且不足的状况无能为力。为进一步解决工业界的心口不一，1961年劳工部再次组建调查小组，并派遣小组成员亲赴法国，以调查法国的职业培训体系，同时收集欧洲其他大陆国家此方面的更多信息。立足于小组成员的调查研究，通过议会相关人士的积极推动，1962年关于工业培训的白皮书《工业培训：政府建议》推出。该白皮书揭示了英国普遍的技术工人短缺现象，同时强调了国家为保持预期增长而对技术工人产生的巨大需求。该白皮书进一步指出：当时英国社会存在数量日益增长的离校生需要培训，但是英国国内企业培训的数量却总体不足，同时，英国还缺乏监督培训质量的管理机制，此外，企业之间以及行业之间培训机会不平等、培训成本仅仅由那些对培训感兴趣的公司来承担等问题也很严重。为解决以上问题，该白皮书提议各个行业创建自己的培训局，每一个培训局应该负责制定本行业的培训政策，确定培训标准和教学大纲，管理考试和颁发资格证书等，同时，每一个培训局还应该从雇主那里收集培训税，以便对培训项目进行资助[②]。以上建议直接构成了1964年《工业培训法案》的核心内容。

（二）不同利益集团的博弈决定着政策法规出台的可能性、重心与方向

整体来看，几乎所有英国民众感兴趣的议题，从其最开始进入公众议题到最

[①] Hansen G B. 2022-10-12. Britain's industrial training act—Its history, development and implications for America. https://files.eric.ed.gov/fulltext/ED020402.pdf.

[②] Hansen G B. 2022-10-12. Britain's industrial training act—Its history, development and implications for America. https://files.eric.ed.gov/fulltext/ED020402.pdf.

后变成政策法案，都要经过两大博弈过程。第一大博弈过程发生在社会范围内。所谓的社会范围内的博弈主要是指某些公众感兴趣的问题，在其成为政府议题或议会议案之前，会在社会领域经历不同利益集团的讨论和论争。在这个过程中，代表不同利益的个人、团体均可以就该议题发表看法，某些有影响的利益集团的看法还可能会主导公共舆论，进而引起政府机构或议会的关注，此后还可能会开启政府（或议会）调查机制并正式步入政策形成或立法程序，此时，第二大博弈过程将正式开启。当然，第二大博弈过程的启动并不意味着第一大博弈过程的结束，最有可能的情况是两个博弈过程同时进行、相互强化、相互补充。

尽管在英国的政治体制中，英国首相控制着政府，政府在某种程度上控制着议会，从理论上来讲，英国的一些与职业教育相关的调查报告变成政府白皮书或绿皮书，或进入议会上升为真正立法的难度比美国要相对小一些，但事实上并非如此。由于与英国执政党相互掣肘的力量是相当多且非常强的，所有议题在社会、在政府内部或在议会中都要经由代表不同政党、不同社会团体、不同利益机构的博弈来决定，因此，任何议题真正变成白皮书，或任何议案真正上升为立法的难度都是非常大的。用一句话来说，包括职业教育政策或立法在内的英国几乎所有的教育政策或立法，都会经历社会、政府与议会之中不同利益集团的博弈过程才能够正式发布，博弈过程对于政策法规能否出台以及政策法规的重心和方向均有着重大影响。

1. 社会范围内不同利益集团的博弈

整体来看，社会范围内博弈的时间跨度、激烈程度都是没有限定的。此外，社会范围内的博弈肯定会涉及广泛的公众或机构参与，而无论参与者的身份、机构性质如何，参与者与某一议题均有着各种各样的利害关系。社会范围内的博弈非常广泛地存在于英国职业教育立法之前，不同利益相关者的参与度、博弈的激烈程度等，都可能会影响其后政策法规形成的可能性和速度。

比如，英国1918年《教育法案》将学生最低离校年龄从12岁提高到了14岁，这一决策的做出就是博弈的结果。随着技术的进步，英国相关行业雇主发现，初等学校的离校生所拥有的教育程度严重不足，无法满足企业培训所必需的最起码的知识要求，因此，提高初等学校离校生的年龄，让其接受更多的教育成为必须。但是，从另一个角度来看，主要依赖非熟练劳动力的行业，其雇主并不认为毕业生需要更多的基础教育，同时，他们也不认为毕业生除了掌握自己行业的知识技能外，还需要其他领域的特殊职业知识，因此，这类雇主激烈地反对这项变革。由于后一部分雇主在该领域占据优势，提升离校生年龄的政策一直推迟到1918年

《教育法案》出台后才敲定①。

再如，1988年《教育改革法案》颠覆了1944年《教育法案》颁布以来英国各党派在教育领域所达成的共识，引起了包括职业教育在内的英国教育的巨大震动。促成1988年《教育改革法案》出台的各派博弈，其实早在该时间点之前的30多年前就已经开始。当时，虽然人们对于英国学校表现欠佳持续不满，但是不满的程度还没有激发起广泛的社会共鸣。20世纪70年代持续的石油危机迫使工党政府不得不削减包括教育经费在内的公共开支，重新审查关于教育的一系列命题的真正价值。此时期，人们对究竟什么才是教育的优先事项，以及教育责任、教育标准、教师控制、教育与经济发展之间的关系等问题进行了深入思考，而围绕着英国应该坚持要"传统的"还是"进步的"教育，国内掀起了一系列不同教育政策和实践之间的争论。

此时期人们理解的"进步教育"的概念，涵盖着非常广泛的教育实践、教育政策和教育发展。比如，人们认为1976年《教育法案》要求地方教育当局创建综合中学以取代包括文法中学在内的三种类型的中学，该做法是符合进步教育的概念的；此外，人们还认为进步人士呼吁在初等教育阶段采用发现式教学方法，反对根据智力测验的结果对学生进行分流，推动职业类教育与经济发展更加匹配等主张也符合进步教育的概念；而所谓的符合传统教育的一系列做法，主要包括赞同自由教育和传统教学、支持文法学校继续存在等的教育政策和教育实践。当时的极右翼人士还发表了在当时引起较大社会反响的批评英国教育过于落后的一系列文章，比如，其中的一篇发表在《调查批判》（Critical Survey）杂志上的文章，其影响力超越了一般学术期刊编辑最疯狂的幻想。该文发表后，当时的议员在议会中就该文进行辩论，报纸也频繁地报道此文，社论和电视谈话类节目也对该文进行了广泛和深入的讨论。当时英国《评论季刊》（Critical Quarterly）的几位编辑在写给议会议员的公开信中，第一次将1969—1977年英国刊物上出现的具有轰动效应的5篇文章称为教育"黑皮书"（Black Papers），以此作为与政府正式发布的教育白皮书相对应的概念，由此可见这几篇文章的影响力。这些被称为教育"黑皮书"的文章不仅代表了传统教育派别的观点，且最终引领了20世纪70年代末至80年代末英国的教育论争。

比如，在其中的一篇"黑皮书"文章中，提倡保留文法学校的《评论季刊》的几位编辑结合自身的经历，认为文法学校是帮助像他们这样聪明且贫困的学生逃离社会下层贫困生活的阶梯，而工党提出关闭文法学校，就是把这些学生从梯

---

① King D. 1997. Employers, training policy, and the tenacity of voluntarism in Britain. Twentieth Century British History, 8（3）：383-411.

子上面踢了下来①。一些文法学校的管理人员也站出来为文法学校辩护,"文法学校是让工薪阶层的孩子有机会与英国公学学生竞争的有效载体,如果任何的教育重组计划都不给工薪阶层家庭中有才华的孩子较好的学术选择和机会,其不仅是误导性的,而且是邪恶的"②。还有人认为,"任何旨在解决社会不平等的教育体系注定是要失败的,其原因很简单,因为种族或社会阶层之间的差异反映了天生的智力差异"③。"黑皮书"的主要观点与当时的工党政策,以及许多劳工运动代表和来自社会下层的人士的观点针锋相对,后者大多认为当时英国的教育机会是不平等的,许多社会底层的青少年被剥夺了接受更好教育的机会,此外,英国教育与工业需求也是不相匹配的,因此,他们主张的是综合中学、发现式教学法、反对智力分流等。

由"黑皮书"所掀起的教育论争还引起了时任英国首相詹姆斯·卡拉汉的关注,1976年10月,他在牛津大学罗斯金学院发表演讲,尽管他坚称英国许多学校做得非常好,但他同时对于公众表现出来的对考试制度和"具有普遍标准的基础课程"的迫切需求表示担忧,并敏锐地指出了"家长和其他人对新的非正式教学方法感到不安"等问题,在他的演讲中,他还提及了"来自行业的抱怨",以及企业对于离校生技能的不满等问题,为此他呼吁技术部门为国家经济做出更大的贡献④。作为工党领袖的詹姆斯·卡拉汉,其演讲中的一些立场似乎在为持保守主义态度的"黑皮书"的作者辩护,他的态度也从另一个角度明确地告诉人们:工党政府已经认为英国20世纪50—60年代专业相对自主时期发展起来的那种进步教育,既不符合英国工业发展的需要,也不符合家长的愿望,其不仅是失败的,还迫切需要改革。詹姆斯·卡拉汉的演讲及其所推动的涉及教育的"大辩论",在一定程度上使人们对于综合中学、文法中学、新的教学方法等有了更为辩证、批判的认识,此外,从职业教育的角度来看,演讲和大辩论也让人们进一步认清了英国职业教育和培训体系的失败,如非常低的参与率、不断衰落的学徒系统、职业培训很难让人们获得拥有市场价值和雇主需求的技术⑤,在大辩论营造的氛围中,英国皇家督学与教育和科学部出台了一系列文件,撒切尔夫人的第一任教育和科

---

① Wood J R. 2020. Upward mobility, betrayal, and the black papers on education. Critical Quarterly, 62 (2): 79-104.

② Hillditch C S. 1970. "Prove all things": A test for comprehensives. Critical Survey, 5 (1): 41-48.

③ Wood J R. 2020. Upward mobility, betrayal, and the black papers on education. Critical Quarterly, 62 (2): 79-104.

④ Beauvallet A. 2022-01-26. Thatcherism and education in England: A One-way Street? https://www.researchgate.net/publication/304421074_Thatcherism_and_Education_in_England_A_One-way_Street.

⑤ Steinmann S. 1998. The vocational education and training system in England and Wales. International Journal of Sociology, 28 (4): 29-56.

学国务卿马克·卡莱尔（Mark Carlisle）还向议会递交了旨在通过扩大家长选择权、削弱地方教育当局权力，以便让学校承担更多责任的立法草案，而人力资源服务委员会当时也推出了力图使学校课程现代化，同时与工业更具关联性的《技术和职业教育倡议》。此时期，伴随着英国人口变化，大规模青年失业的威胁转变为对于大规模技能人才短缺的恐慌，英国继续教育和高等教育促进经济发展的作用也受到了越来越多人的关注，所有这些都为撒切尔政府1988年《教育改革法案》的出台，以及设计出新的职业教育发展方式和管理体制奠定了更为厚实的基础。

2. 政府或议会中不同利益集团的博弈

政府或议会中的博弈是英式民主最为典型的特征之一。几乎每一部职业教育政策法规从提出、进入审议到最后出台，每一步骤都会经历激烈的政府内部或议会内部各派力量的博弈。

首先，职业教育政策法规主要思想的形成过程会经历许多党派或利益集团之间的博弈斗争。我们以1964年《工业培训法案》的出台过程为例就可见一斑。1964年《工业培训法案》是政府直接参与职业教育管理的法案，其与之前法案最大的变化是：政府不仅创建了中央和行业培训管理机构，且该法案还授权这些机构开始征收培训税。这一巨大的变化并不是从天而来的，特别是在自由主义思想影响深远的英国。事实上，在该法案出台之前的若干年内，要不要政府干预或要多大程度的政府干预，在政府或议会内部早就形成了两派对立的观点。当时政府或议会中有相当一批人反对政府干预或有限度的干预工业培训，其中卡尔委员会、英国工会联合会等的观点较有代表性。从另一派别来看，主张政府征收培训税然后再返还给培训企业，以此向行业施压的力量也不少。比如，1959年英国一名主张渐进改良的费边派学者在其《为技术而培训》（Training for Skill）的小册子中就已经明确提出该想法，当时英国工商业教育协会（British Association for Commercial and Industrial Education，BACIE）还对该方式进行过多次讨论。除此之外，作为管理国内各类劳动力就业的部门，英国劳工部很早就察觉到如果要增加培训的数量，提高培训的质量，单纯进行学徒制改革无济于事，采用征税方式向行业施加压力或许是最为直接和有效的。劳工部的这一看法也获得了一些非手工行业高级别工会成员的支持，他们认为，"总得有人去安排培训工作，如果行业做不了，劳工部必须去做"[①]。部分工会成员态度的改变与整体公众舆论态度的转变有关。当时，整个社会对于英国经济下滑的担忧情绪加重，英国职业教育的落后状态自然而然地成了人们攻击的对象之一。在这种情境下，一些雇主也很快发现，公众舆论早

---

① Pemberton H. 2021-03-30. The 1964 Industrial Training Act：A failed revolution. https://www.researchgate.net/publication/265656042_The_1964_Industrial_Training_Act_a_failed_revolution.

已经开始谴责他们没能提供足够的培训，为此，许多雇主，尤其是大公司不得不重新考虑自己对于学徒培训这一事务的立场。

此时期进一步推动政府干预主义立场形成的力量来自英国财政部。财政部将推动英国经济继续稳定增长作为国家的目标，而技能人才对于经济增长至关重要，于是财政部呼吁产业界对学徒培训采取更为积极的做法，而支持国家新经济政策的财政部官员也开始参加相关的跨部门委员会会议。1961年1月，由三方成员构成的英国经济计划委员会（Economic Planning Board）开始讨论财政部如何通过培训助力国内经济增长的想法。与此同时，国家工业生产咨询委员会（National Production Advisory Council on Industry）也开始讨论这个问题。总体来看，当时政府机构或议会内部对于是否征税或政府应不应该干预职业教育的争论很多，从一个角度来看，至少在1961年初，同意政府干预或同意采用征税方式推动职业教育发展的观点似乎得到了更多政府或议会成员的认可。

其次，职业教育政策法规主要思想的提出过程也会经历无数的博弈斗争。我们仍以1964年《工业培训法案》最初的提出为例来说明。尽管1961年初期舆论氛围看似不错，但是真正要将劳工部的思想提到政府或立法议程上来却困难重重。1961年2月，英国内阁经济政策委员会（Economic Policy Committee，EPC）邀请劳工部共同参与由于缺乏技术工人而使英国经济增长受阻情况的评估，由于劳工部此前已经派遣了一批官员前往法国考察其培训征税制度，因此劳工部在此次会议上强烈建议英国采用与法国类似的征税方案。但是，劳工部代表此时心里也非常明白，要想将该想法变成事实，在英国是极其困难的，因为根本不可能让雇主和工会在短期内完全接受这一变化。当然，除了可能来自雇主和工会方面的阻碍，政府内部的反对声音也非常多。比如，英国税务局（The Inland Revenue）就认为征收学徒税只是为了返还税款，表面上看，该努力毫无价值，因此，其强烈反对为征收这一抵押税而付出的一切努力。财政部由于已经在1961年征收工资税的尝试中失败过，此时对于征收培训税也表现出信心不足。而教育部此时认为应该主要由技术学院而不是由行业或企业来提供额外的培训，因此也对劳工部的提议持保留态度。面对以上情况，劳工部长不得不转变原来较为积极的态度，转而希望通过为政府培训中心和技术学院提供更多培训，进而解决技能人才缺乏的问题。

但是事情至此并没有停滞不前。由于此后形势的变化，比如，伴随着财政部推动英国经济增长目标的确立，财政部开始转而积极支持征收培训税。首相麦克米伦（Harold Macmillan）此时期也推出了一系列新的社会和经济改革措施，而职业培训正是其新的改革措施的重要组成部分。除此之外，1962年5月，威廉姆斯夫人（Lady Williams）在英国工商业教育协会春季会议上提出应该借助立法强迫每一个行业创建学徒管理机构,以恰切地组织各自领域的征退税和培训工作[①]。威廉姆斯夫人的提议尽管将税务局排除出局,但是却较好地解决了政府如何插手工业培训的途径、方式和程度问题,尽管当时仍有许多不同的声音,但威廉姆斯夫人的提议却标志着立法核心思想的形成,也代表着征税做法被更多利益团体所接受的重大转机的到来。1962年7月30日,英国政府专门为此事件组建立法调查机构,同年9月底调查报告出台,12月份,英国政府发表了《工业培训:政府建议》的白皮书,该白皮书为1964年《工业培训法案》的出台奠定了坚实的基础。

最后,任何职业教育政策或立法能够出台,与各派最终的让步和相互妥协密不可分。比如,1988年《教育改革法案》不仅在普通教育领域而且在职业教育领域也是一部具有颠覆意义的法案。该法案是在1987年5月保守党选举宣言公布后不足一年的时间内颁布的,其之所以能够较为迅速地成为法案,主要是长期以来,无论是党派还是个人,人们对于英国中小学教育的落后面貌早就有了广泛的共识,特别是詹姆斯·卡拉汉在牛津大学罗斯金学院演讲后,民众的这种共识更为强烈。在1987年6月撒切尔夫人的第三届首相任期期间,教育部长肯尼斯·贝克(Kenneth Baker)高效地将右翼党派多年来一直在讨论的一些具体教育问题和措施整合为《伟大的教育改革法案》(The Great Education Reform Bill),该立法提案于同年11月递交到英国下议院。尽管当时在下议院已有无数种反对的声音,且该草案在上议院审议期间,原有的保守派多数还在几个关键问题上投了反对票,但是英国中小学生在国际比赛上的落后问题最终成为推动各党派重大妥协的主导因素之一,因此,该立法草案在一种加速的、有时又非常激烈的辩论氛围中,于1988年7月通过两院审议,最终成为法律。

第四节　美国职业教育立法的运行机制

一、多元利益主体的多重博弈:美国职业教育立法的创建机制

孟德斯鸠说过:"绝对的权力导致绝对的腐败。"[②]美国作为法治国家的典型代

---

① Pemberton H. 2004. Policy Learning and British Governance in the 1960s. New York: Palgrave Macmillan: 95.

② 孟德斯鸠. 2012. 论法的精神:上卷. 许明龙译. 北京:商务印书馆:1-10.

表,在国家政体形成的过程中,如何分权制衡一直都是美国政治制度的创建者所着重考虑的问题。国会是美国政治系统的有机组成部分,美国政治领域的分权制衡一方面体现在国会、行政与司法三权分立的制度设计方面,另一方面也体现在联邦、州与地方之间的分权决策、合作共赢方面。如果单独从职业教育立法创建的角度来看,由于创制和参与立法的权力被分配给了多个主体,立法主体的多元性以及立法过程中权力的相互制衡性,使几乎所有的联邦法案的创制过程都成了多元立法主体多重博弈、相互妥协的结果。由于"法的功能在于调节、调和、调解各种错杂和冲突的利益,以使各种利益中大部分或者最重要的利益得到满足,而使其他利益最少牺牲"[1],只有经历过相关多元利益主体多重博弈和相互妥协斗争的立法才能真正体现出立法公正,并被社会成员最大程度地认同和遵守,为进一步维护法律的权威性奠定良好基础。因此,承认立法主体利益的多元性、合理推动立法过程中的利益博弈是追求立法公正的必由之路。

(一)立法创建过程中多重博弈的制度基础

1. 立法主体的多样性及其利益诉求的多元性

所谓立法主体是指,"在立法活动中具有一定职权、职责的立法活动参与者,以及虽不具有这样的职权、职责却能对立法起实质性作用或产生重要影响的实体"[2]。从参与和影响立法进程两方面来考察美国联邦职业教育法案的立法主体,可以将其分为院内参与立法的集团和院外影响立法的集团两大部分。院内与院外立法主体的多样性以及许多立法主体的利益诉求具有高度分散性和对抗性的特征,这就为立法过程中的多重博弈提供了足够的可能。

(1)院内立法主体的多样性及其利益诉求的多元性

由于美国三权分立、相互制衡的政治体制,与联邦层次的其他立法活动一样,美国联邦职业教育法案的院内立法主体主要包括美国国会、总统以最高法院三大权力机构,其各自的构成和运行规则为立法博弈提供了可能。

第一是美国国会。美国国会是重要的立法机构,国会主要通过提出议案与审议议案来创制立法。由于美国国会分为参众两院,民主党和共和党分别控制一院,不仅两院之间常常呈现出矛盾的状态,同时在两党内部,考虑到本选区的选民利益、议员的良知、对前途的考虑或者对某一委员会的忠诚等因素,即使两党内部也难以形成半数以上的党员一致支持某项议案的局面。另外,由于参众两院立法

---

[1] 张文显. 2003. 法理学(第二版). 北京:高等教育出版社:370.

[2] 周旺生. 1994. 立法论. 北京:北京大学出版社:288.

系统分工的细密,处理各领域具体事务的责任全都分散到了参众两院所拥有的 250 多个委员会和小组委员会手里,且 1975 年之后,议院议长还可以将一项议案交给多个委员会处理①。来自不同专业领域的委员会从自己的专业角度对议案提出不同的意见。议案在委员会通过专家审议并经公共听证程序汲取社会各方意见建议后,才会被送交到全院审议。经过参众两院分别批准,并经最终协调一致的议案才能送至美国总统签署。

第二是美国总统。美国宪法赋予联邦总统立法建议权和法案最后签署生效权。总统可以通过国情咨文、个人演说等形式发挥立法建议权,也可以在法案签署时行使立法否决权。与其他国家的行政首脑通常也是立法系统的一部分不同,美国政权结构的这两大系统是分开的。美国总统不对立法机关负直接政治责任,而总统也不能确保得到立法机关的支持。在长久以来形成的两党制以及参众两院议员截然不同的来源和选举方式的背景下,美国总统完全可能遇到反对党控制的参众两院。由于美国总统的特殊位置,他需要平衡的利益诉求比国会成员更多,因此总统在最后关头否决参众两院已通过的议案的事例在美国并不少见。在联邦职业教育立法史上,第 15 位总统詹姆斯·布坎南（James Buchanan）曾拒绝在两院通过的职业教育议案上签字,其结果是直接导致促进赠地学院出现的议案被推翻。

第三是最高法院。尽管美国法官并不从属于任何政治团体,没有组织性,且最高法院大法官还可以终身任职②,但是法官仍然是人,其在判决时不可能完全脱离世俗文化和党派影响。例如,由《吉姆·克劳法》（Jim Crow Laws）所确立的"隔离但平等"原则就受到了当时世俗文化和党派利益的影响。1890 年《莫雷尔法案》提出了创建白色人种和有色人种学院以及在两种学院之间平均分配联邦拨款,就是"隔离但平等"原则在职业教育领域的体现。直至 20 世纪 60 年代,在民权运动的影响下,美国最高法院在重审系列"布朗案"之后,才推翻了先前"隔离但平等"的判决,对于保障以黑人为主体的弱势人群的平等职业教育权,乃至其他各项教育权发挥了正向影响。

（2）院外立法主体的多样性及其利益诉求的多元性

托克维尔在《论美国的民主》一书中曾经说过:"在某些国家,居民们总是以一种厌恶的态度来对待法律授予他们的政治权利。而美国人与此相反……参与社会的管理并讨论管理的问题,是美国人的最大事情,而且可以说是他们所知道的唯一乐趣。"③在美国人从事这项充满乐趣的事业的过程中,为了保护和拓展个人

---

① 蔡定剑,杜钢建. 2002. 国外议会及其立法程序. 北京:中国检察出版社:266.
② 俞杰明. 2016. 美国印记. 上海:上海人民出版社:59.
③ 托克维尔. 1997. 论美国的民主（上卷）. 董果良译. 北京:商务印书馆:278.

的利益空间，不同的利益个体便以各种方式结成了不同的利益集团，如据1996年《协会百科全书》统计，美国仅全国性的各类非营利性组织就有2.2万个[1]。

我们以1917年《史密斯-休斯法案》的院外立法主体为例，就足见其利益诉求的多元性。比如，当时尽管支持中学职业教育立法的利益集团主要包括国家促进工业教育协会（National Society for the Promotion of Industrial Education）、国家制造商协会（National Association of Manufacturers）、美国劳工联盟（American Federation of Labor）、国家金属贸易协会（National Metal Trades Association）、国家童工委员会（National Child Labor Committee）、国家监狱劳工委员会（National Committee on Prison Labor）、美国劳工立法委员会（American Association for Labor Legislation）、国家教育协会（National Education Association）等，但是这些组织机构各自都有自己的利益诉求，比如，国家促进工业教育协会成立的目的是：帮助公众认识到工业教育对于工业发展的重要意义，开展工业教育各阶段问题的研究和讨论，推动协会研究成果在国内外的应用，以及促进工业培训机构的建立。该协会成立后，为国内职业教育发展做了许多有益的工作。美国劳工联盟主要是保障工人权利的组织，初期对职业教育持反对态度，认为职业教育会使劳动力市场上可用的人数增加，并挤占现有从业者的利益，直至后期由于担忧自己在新创建的法案中可能会失去发言权，才转而支持中等职业教育立法。国家教育协会是20世纪初最有声望的教育组织。由于该协会最初的关注点主要是在普通教育方面，出于对职业教育挤占普通教育地位的担心，其在开始时对于国内职业教育持比较敌视的态度，加之此时期许多提交到国会的联邦资助职业教育的提案在起草时并没有征求该协会的意见，该协会更是对这类提案表示反对。伴随着国家教育协会对于职业教育重要性认识的不断加深，为了主动改变自己在国内职业教育发展中的边缘地位，从1900年和1901年的两届年会起，该协会开始逐步改变自己的态度，转而支持职业教育立法。

2. 立法程序的规定性

作为一种为实现特定结果而构建的技术性装置，任何立法程序的设计都应当同时符合两方面的价值要求，"即程序自身不仅应该具备一些内在的优秀品质，还应该在实现正义、自由、秩序、安全、公共福利等外在实体目标方面具有充分的有效性和有用性"[2]，只有这样的立法程序才可以称得上科学。就美国联邦职业教育的立法程序来看，它较好地契合了美国三权分立的政治架构和利益集团众多的

---

[1] 谭融. 2002. 美国利益集团政治研究. 北京：中国社会科学出版社：115.
[2] 苗连营. 2000. 立法程序论. 北京：中国检察出版社：33.

事实，为各种力量设计了合理表达自己意愿和最大程度影响立法的渠道。

第一，从院内来看，一项法案从提出到可能制定成法律要经历100多个具体的步骤[1]。美国《宪法》第一章第五条明确规定，"各议院皆应规定其议事程序之法规"[2]。议案提出后，经过分类，首先被提交到参众两院各自的委员会或小组委员会，这些委员会均由各领域的专家组成。专家委员会在做出自己的判断后，还可以为有价值的议案召开听证会以便搜集正反方的意见，之后，该委员会在吸纳各方意见后会就这项议案向两院提交自己的报告。然后，这项议案将择期由两院全体议员进行审议。在两院之一的全体会议上举行辩论并最终采取行动之后，议案一般还要在另一院重复完全同样的步骤。在上述连续过程中的任何一个关口，该项议案都有可能遭到拖延、挫败或修改[3]。从以上程序来看，无论是委员会审议、立法听证，还是两院审议等，既是制约议案能否通过的一道道关卡，也是为利益各方提供意见表达的一道道关键环节。我们以立法听证为例来看。美国国会的立法听证制度发端于英国司法审判领域的听证制度，强调对于一切可能影响当事人利益的事项都要经过听证程序，这就与美国民众普遍拥有的"和我的利益相关我就有发言权"的观念不谋而合，因此，立法听证程序成为包括美国联邦职业教育法案在内的诸多法案出台必不可少的步骤。正如哈佛大学教授史蒂文·凯尔曼（Steven Kelman）所说，正式的权力分享的人越多，一项决定就越难做出，因为需要有更多方面的同意；正式的权力越是集中，局外人越难影响决策过程[4]。立法听证之后，议案将被递交到国会两院审议，以便为来自各地区、各派别的议员提供发表意见的机会。比如，1914年，在国家资助职业教育委员会的听证会议上，美国劳工联盟提出以下建议：首先，职业教育应该由州直接管理，由公众而不是私人利益集团来控制；其次，职业教育应该在低于高等教育的层次上开展；最后，职业教育主要为14岁以上的人设计。美国劳工联盟以及众多利益集团在听证会上的建议或意见最终或多或少地都体现在了1917年《史密斯-休斯法案》中。1984年《卡尔·D. 帕金斯职业教育法案》出台之后，伴随着联邦职业教育法案管理重心的下移，关于各州与地方听证程序的规定同样也体现出了民主参与的精神。

美国《宪法》第一条第七款中明确规定，议案经两院通过后还须经总统签署，

---

[1] 梅尔·奥廷格，艾德里安娜·普赖斯. 1978. 掌握航向——美国是怎样制订政策的. 中国对外翻译出版公司译. 北京：美国驻华大使馆文化处：9-10.

[2] 汉密尔顿. 2005. 美国宪法原理. 严欣淇译. 北京：中国法制出版社：151-154.

[3] 梅尔·奥廷格，艾德里安娜·普赖斯. 1978. 掌握航向——美国是怎样制订政策的. 中国对外翻译出版公司译. 北京：美国驻华大使馆文化处：9-10.

[4] 史蒂文·凯尔曼. 1990. 制定公共政策. 商正译. 北京：商务印书馆：14.

否则不能成为法律。如果总统不同意签署该议案,应在十日之内附上不愿意签署的理由并将议案退回到递交的议院,被退回的议案如果再次经国会两院 2/3 的多数通过,便不必再送交总统即可成为法律①。以上规定体现了美国联邦行政权同立法权之间相互制衡的关系。另外,由于美国各级法院均拥有审查国会通过的法律(以及各州法律)是否符合联邦宪法的权力,即法院可以行使"合宪性审查"或称"司法审查",当法院发现某些法律违宪时,即可以正式否决某项法律的效力,这就是美国联邦司法权对立法权的制约②。

第二,从院外来看,民主参与是贯穿美国联邦层次立法活动始终不变的追求,由于美国"游说活动和立法一样古老"③,借助于各种各样的院外游说活动,利益集团可以通过直接向院内集团施压来影响美国政治生活。整体来看,为了推动包括职业教育立法在内的各种立法活动的开展,院外利益集团普遍会采用各种各样的游说方式,比如,在立法活动开始前,注重与院内立法人员保持密切接触,采取多样手段增强利益集团的影响力,积极提议职业教育立法并为立法营造支持性的环境等;在立法活动开始后,积极参与职业教育议案的起草工作,在国会举办的立法听证会上陈述观点,努力推动议案的审议通过等。院外集团不同的游说时间和游说策略会产生不同的结果。当然,除了要直接向院内集团施压之外,还由于不同部门和利益团体之间矛盾斗争的客观性,在每一个立法程序的关口,只有建立多数联盟,才能把法案推进到立法程序的下一步骤,而这些往往需要不同利益团体之间的讨价还价和相互博弈。对于这种情况,约翰·肯尼迪(John Kennedy)总统曾指出:"在国会中要挫败一项法案很容易,要通过一项法案则困难得多。"④由于以上情况的存在,对于一些有争议的议案,其通过可能需要耗时 4—6 年,甚至更长的时间,这一点在诸多职业教育法案的出台过程中都有明显的表现。

比如,建议联邦政府通过赠地资助各州创办实用性工业大学的提案早在 1853 年就已经被伊利诺伊州的相关议员提交至国会,但是由于时机不成熟,该提案在国会并没有产生多大的影响。1857 年,佛蒙特州的议员莫雷尔再次递交了提案,这一次,尽管莫雷尔的提案在两院获得通过,但是在最后关头却被总统詹姆斯·布坎南否决。1861 年 12 月,莫雷尔旧案重提,经过艰难的院内外博弈斗争,1862 年,新上任的林肯(Abraham Lincoln)总统最终签署了该法案。《莫雷尔法案》的出台

---

① 佚名. 2014. 美国宪法及其修正案. 朱曾汶译. 北京:商务印书馆:1-14.
② 孙承谷. 1983. 立法权与立法程序. 北京:人民出版社:9.
③ Greenwald G S. 1971. Group Power: Lobbying and Public Policy. New York: Prager: 39.
④ 转引自梅尔·奥廷格,艾德里安娜·普赖斯. 1978. 掌握航向——美国是怎样制订政策. 中国对外翻译出版公司译. 北京:美国驻华大使馆文化处:9-10.

过程，前后耗时将近 10 年。而 1917 年《史密斯-休斯法案》的出台过程也是如此，1912 年参议员佩奇（Carroll S. Page）就已经向国会递交了希望联邦政府资助中等层次职业教育的提案，但是没有多大影响。此后，在社会各类团体和个人的不懈努力下，1914 年，国会众参两院终于同意组建国家资助职业教育委员会，以便对联邦资助职业教育的需求程度开展调查。但即便调查报告和法律草案都提交了，直到第一次世界大战在欧洲爆发，在国内外复杂形势的推动下，国会才顺利通过该法案。

（二）立法创建过程中的多重博弈

多重博弈主要表现为利益相关者之间的斗争和多次讨价还价，该现象体现在每一部联邦职业教育立法的每一步创建过程中。下面，笔者将主要以 1963 年《职业教育法》的立法创建过程为例，全方位展示这一现象。

1. 提议立法阶段的多重博弈

客观地说，美国 1963 年《职业教育法》最早的立法建议是由肯尼迪总统提出的。肯尼迪总统之所以在当选后不久就提出了包括职业教育立法在内的一揽子教育立法建议，主要是基于如下考虑：首先，受其一贯冷战思维的影响，肯尼迪总统一直以来将教育看作自由世界的保障，比如，在总统竞选活动中，他就声称教育是未来社会发展的关键因素[1]，因此，他在就职后不久即呼吁教育立法也是自然而然的事情。其次，当时美国国内的困境迫使肯尼迪关注职业教育和其他各类教育的发展。尽管 20 世纪 60 年代依然是美国经济发展的黄金时期，但是由于贫富差距的拉大，"富裕美国"之外的另一个"贫困美国"的问题日益凸显，在这种情况下，肯尼迪在国内发起了"新边疆"改革运动，职业教育正是"新边疆"改革的基石。最后，肯尼迪也是为了向各利益集团兑现其在总统竞选时的立法承诺。

肯尼迪总统在其递交给第 87 届国会的教育咨文中，除了描述美国普通教育发展的困境之外，还提出了多项教育立法建议[2]。在教育咨文的结尾，他提及了职业教育。他说："职业教育的基本目标是理性和多元地为未来社会的需要服务，目前发生在所有领域的技术变革，都呼唤着国家对先前的职业教育法案重新进行回顾和评估，以最终实现职业教育的现代化。"[3] 借鉴 1917 年《史密斯-休斯法案》创

---

[1] Berube M R. 1991. American Presidents and Education. New York：Greenwood Press：46.

[2] Kliever D E. 2020-08-17. Vocational Education Act of 1963：A case study in legislation. https://files.eric.ed.gov/fulltext/ED016788.pdf.

[3] Report of the Panel of Consultants on Vocational Education. 1964. Education for a Changing World of Work. Washington：U.S. Government Printing Office：V.

制之前组建国家资助职业教育委员会开展调查的方法，肯尼迪动议国家健康、教育和福利部召集各界专家，承担重新审议和评估国家当前职业教育法案是否满足需求的责任。但是，由于第 87 届议会是第 83 届议会以来最为保守的一届议会，大部分握有实权的国会委员会都控制在南方议员手中，他们对肯尼迪总统关于教育、医疗、民权、国外援助等一系列的"新边疆"改革建议大多持否定态度，因此，在众议院第一次会议期间，肯尼迪的主要教育立法建议均被推翻。但是，为了给肯尼迪留一些面子，肯尼迪关于组建职业教育调查小组、开展国内职业教育需求调查的提议并没有受到影响，主要由职业教育领域专家组成的总统职业教育咨询小组随即成立，并于 1962 年 11 月发布咨询报告。该报告建议大幅增加联邦资助职业教育的额度，即由先前的 7968 万美元/年提升到 4 亿美元/年，同时取消《史密斯-休斯法案》《乔治-巴登法案》中所形成的根据职业类别进行资助的方法，改为以年龄段或有特殊需要的人群的分类方法进行资助[1]。尽管该报告出台后饱受争议，但其却起到了厘清国内职业教育需求的作用，同时其部分建议还为随后职业教育提案部分内容的提出奠定了基础。

2. 提案起草阶段的多重博弈

1962 年深秋，美国健康、教育和福利部教育办公室着手起草职业教育提案。由于肯尼迪一开始就将职业教育与其他各类教育放置于同等重要的位置通盘考虑，因此，以健康、教育和福利部为代表的肯尼迪政府提案起草方与以美国职业协会为代表的职业教育团体之间就有着极为不同的利益诉求，由此导致两份不同的提案出现。肯尼迪政府起草的提案包括高校学生贷款项目、好转高等教育质量项目、强化初中等教育项目、继续教育扩展项目等 24 个主要的教育立法项目，而仅仅在第五章 A 款中提及了职业教育的立法问题。肯尼迪政府之所以如此起草提案，首先是为了避免第 87 届议会中出现的由于递交单个教育提案而引发的多个教育利益集团相互争夺的局面，此外，教育以一揽子综合提案的面貌出现，在一定程度上似乎更容易引起国会委员的注意；其次，考虑到 1964 年即将到来的总统选举，为了获得更多利益集团的选票，其需要在当前的提案中考虑到每一个教育集团的利益。该提案递交众参两院审议后，其编号分别为 HR3000 和 S580。实际上，肯尼迪政府这种看似聪明的做法反而招致了众多教育利益集团的不满。因为根据以往的立法惯例，任何领域的一揽子立法提案在众议院完全通过的机会几乎为零，加之众议院管理小组一般不会允许一份综合议案完全被挫败，因此，提案的拆分

---

[1] Kliever D E. 2020-08-17. Vocational Education Act of 1963: A case study in legislation. https://files.eric.ed.gov/fulltext/ED016788.pdf.

将成为后期不得不做的工作。但是，由于提案中并没有关于哪一种教育应该被优先考虑的条款，因此，恰如一名游说组织成员所评论的：立法起草者太聪明了，但是他们仅仅聪明了一半①。综观该提案的内容后，以美国职业协会为代表的诸多民间团体对该提案表现出了强烈不满。特别是美国职业协会更是倍感失望，因为该提案对于国内职业教育的资助额度远远低于协会的预期，比如，该条款仅提议1964财政年度为职业教育提供2300万美元新的资助，而总统职业教育咨询小组所建议的额度是在目前可用的联邦职业教育拨款基础上再增加3.5亿美元的拨款，同时，该提案还决定废除《乔治-巴登法案》，以及更改先前所设定的资助模式，这无疑将对《史密斯-休斯法案》出台以来所形成的稳定的职业教育管理结构造成强烈冲击。因此，为尽快扭转不利局势，美国职业协会果断决定通过自己的律师，在参众两院教育小组委员会的帮助下，重新草拟了一个非官方的立法提案。该提案完成后，美国职业协会邀请众议院首席教育小组主席卡尔·帕金斯（Carl Perkins）将其提交国会审议，该提案的编号为HR4955。

3. 众议院审议阶段的多重博弈

提交到国会的职业教育提案还必须经过两道至关重要的审议程序：其一是众参两院专门委员会的审议；其二是众参两院全院的审议。这两道关口是多重博弈发生最为频繁的地方。首先来看发生在众议院的利益博弈。进入提案审议阶段后，在重压下，众议院教育和劳工委员会不得已对综合提案进行了拆分工作。拆分后的职业教育由一般常务小组委员会负责。由于一般常务小组委员会的主席卡尔·帕金斯正是HR4955的提交者，这无疑将有助于法案的通过。从1963年3月25日起，卡尔·帕金斯主持了关于HR3000和HR4955的共计12天的公众听证会。在听证会上，各方围绕着联邦职业教育的资助方式、资助类别、资助额度、管理监督方式等进行了激烈辩论。比如，对于联邦资助职业教育的方式，来自肯尼迪政府一方的代表支持HR3000，坚持对现存的以职业类别为基础的资助方式进行改革。例如，教育委员弗兰斯·克派尔（Francis Keppel）等提出："当前职业教育条款中的职业分类已不能充分应对迅速变化的劳动力市场的需求。"众议院共和党议员古德尔（Goodell）也指出："从各州职业教育的发展来看，创建更具弹性的职业教育分类方法更为有益。"②以上观点得到了美国劳联-产联（The American Federation of Labor and Congress of Industrial Organizations，AFL-CIO）的支持，后

---

① Kliever D E. 2020-08-17. Vocational Education Act of 1963：A case study in legislation. https://files.eric.ed.gov/fulltext/ED016788.pdf.

② Kliever D E. 2020-08-17. Vocational Education Act of 1963：A case study in legislation. https://files.eric.ed.gov/fulltext/ED016788.pdf.

者认为在必要的时候和必要的地方，联邦政府资助特定的职业类别能够较好地推动职业教育的发展，但是目前的经济发展阶段早已经不同以往。以美国职业协会为代表的另一方一开始就对以上提议非常不满，因此在听证会上，当协会主席、明尼苏达大学的米罗·皮特森（Milo Peterson）博士被问及此事时，他直接表示："如果撤销先前创建的且一直在发挥作用的职业教育资助框架和结构，职业教育将面临混乱和毁灭。"由于对HR3000的许多条款都非常不满意，当民主党成员弗里林胡森（Frelinghuysen）继续追问："与HR4955提案相比，您更赞成HR3000的哪一部分内容？"米罗·皮特森更是直率回答："一个也没有。"[①]与美国职业协会的观点一致，美国商业部、劳工部以及国家农场主协会、国家商业教育协会等也从各自利益出发，大多赞成保持现有的联邦资助方式。

对于职业教育的管理和监督问题，来自政府的代表威尔伯·科恩（Wilbur Cohen）建议提升职业教育管理资金额度并创建职业教育咨询委员会，对职业教育项目进行周期性的再评估，以免职业教育落后于经济发展，部分众议员、美国职业协会代表均对此建议表示积极支持。来自各州首席学校官员理事会的代表，尽管其主要的利益并不在职业教育方面，但是为了阻止立法中的联邦控制，其不仅参加了听证会，还在听证会上反对给予联邦教育委员过多的权力。公众听证会以HR4955力挫HR3000结束后，在接下来的15场同样激烈且令人筋疲力尽的小组委员会内部会议期间，HR4955又被逐条评议并增删，比如，结合公众听证会上的建议以及HR3000的部分条款，为HR4955增加了3%的管理经费，增设职业教育咨询委员会和职业教育理事职位；进一步明确各州匹配资金的规定，同时对于接下来四个财政年度的拨款额度在高于HR3000、低于HR4955的范围内进一步达成了妥协；在资金分配方式上，会议最终还是决定以某一职业类别相关年龄段的人数为基础，而不再考虑各州人均收入的因素；等等。可喜的是，与第87届议会不同，保守的民主党和南部议员后来已经不再主导议会，第88届议会上，众议院教育和劳工委员会本身就是赞同教育改革的，加之其他各方面的努力，HR4955最终进入全院审议阶段。在该阶段，尽管共和党和民主党议员曾经为HR4955是否应该增加反种族歧视附加条款而争议不休，但是HR4955仍获得两党大多数支持，最终以377∶21通过了表决。

4. 参议院审议阶段的多重博弈

从1963年4月29日至6月27日，与众议院听证程序相似，参议院劳工和公

[①] Kliever D E. 2020-08-17. Vocational Education Act of 1963: A case study in legislation. https://files.eric.ed.gov/fulltext/ED016788.pdf.

共福利委员会教育小组委员会也开始对 S580 进行听证。但是，与众议院立法环境不同的是，综合教育提案在参议院并没有面临被拆分的命运，因为参议院有通过某类一揽子提案的经历。参议院在差不多两个月的时间内共举行了 17 天的听证会，对综合教育提案的每一个细节都进行了讨论和修改，仅其听证记录就多达 7 卷 4429 页。然而，由于参议院的听证会主要针对的是综合教育立法提案，因此，单独就 S580 第五章 A 款"职业教育"来说，最初其在提案中并没有什么特殊的位置。但是，6 月 19 日，肯尼迪总统在民权咨文中的一段话却出人意料地扭转了职业教育的不利地位。肯尼迪在这一咨文中提议："为了进一步扭转处于经济困境或不利地位的白人或黑人的培训、技术以及经济地位，应该推进该方面的立法并修订预算。"①自此，职业教育立法在参议院的不利地位发生了戏剧性的转变。其变化突出表现在三大方面：首先，参议院在权衡众议院递交的 HR4955 拨款额度的基础上，再度提高了年度职业教育拨款额度；其次，新增或增加了原有职业教育的单项资助额度，特别是增大了对居住在贫民窟的青年或拥有较多辍学、失业青年的社区开展职业培训的资助力度；最后，参议院将重新修订过的缩微版的 S580 重新冠名为新的 HR4955（包括 4 部分：Part A-D），其中职业教育被置于第一部分（Part A）的位置。9 月 25 日，参议院劳工和公众福利委员会内部会议决定将新的 HR4955 的前三个（Part A-C）部分与其他三个立法提案共同递交参议院全院审议。在参议院审议阶段，他们在某些项目方面达成了一致意见，比如，同意在 1964 年度及之后的四年内，联邦职业教育资助总额在高于众议院 HR4955 版本但又低于参议院新的 HR4955 版本的基础上确定一个新的额度；对高中肄业生或毕业生进入区域职业学校的资助比例，在各方协商的基础上，最后选取了 30%。但是，由于新的 HR4955 是综合教育法案，其所要协调的利益差异远比众议院 HR4955 要大得多，很快，在工作-学习项目、居住地学校项目以及资金分配模式等问题上，两党议员谁都不愿意再做出让步，直至参议院休会，统一意见还没有达成。肯尼迪总统遇刺后，约翰逊（Boris Johnson）成为美国新总统，为了贯彻"向贫困宣战"的改革精神，11 月 27 日，约翰逊在国会两院的联席会议上发表演讲，他强烈呼吁："采取有远见的行动，有力地促进一些悬而未决的教育法案的审议通过。"②与此同时，约翰逊还充分发挥自己国会知情人的作用，利用各种渠道强调教育立法的迫切性，亲自接待持有不同意见的民主党议员。在约翰逊的努力下，12 月 3 日，

---

① Kliever D E. 2020-08-17. Vocational Education Act of 1963: A case study in legislation. https://files.eric.ed.gov/fulltext/ED016788.pdf.

② Kliever D E. 2020-08-17. Vocational Education Act of 1963: A case study in legislation. https://files.eric.ed.gov/fulltext/ED016788.pdf.

参议院决定对 HR4955 进行重新审议。经过艰苦的讨价还价，12 月 13 日，参议院最终以 82∶4 通过了新的 HR4955。12 月 18 日，约翰逊总统签署法案，1963 年《职业教育法》正式颁布。

（三）多重博弈确保了立法的公正性

立法主体的多元性以及立法博弈机制的存在是立法公正的基础。通常情况下，人们往往仅从立法程序公正和立法结果公正两个角度来理解立法公正问题[1]，很多时候会忽略立法公正所立足的基础，即多元政治架构对于立法公正的保障作用。在这方面，美国国家制度的设计者很早就注意到了这一点。比如，参与《联邦宪法》（United States Constitution）和《人权法案》（Bill of Rights）制定的美国宪法之父詹姆斯·麦迪逊（James Madison）就认为："一个教派可能变为邦联某一部分的政治派别，但是散布在邦联四面八方的各种教派，必然会保护全国议会不受来自那里的任何威胁。"[2]也就是说，一种社会制度只有允许不同政治派别、利益集团的存在，才能有效地预防个别派别或利益集团所导致的公共利益的丧失。

构成美国社会的不同宗教、文化、语言、思想团体的多元利益诉求是客观存在的，美国联邦《宪法第一修正案》又进一步赋予了民众或民众团体在最高权力机关表达诉求、争取自身利益最大化行为的合法性[3]。以上的制度设计使利益各不相同的组织或机构不仅能够参与到立法的进程中，且立法博弈也成为不可避免的现象，而以上现象的直接后果就是使联邦层次几乎所有法案的创制和出台过程都成为涉及多种力量多重博弈的均衡解。我们从 1963 年《职业教育法》以及其他重要的联邦职业教育立法身上均可以看到：以何种方式、何时、由谁递交哪一种提案，在立法辩论中坚持什么或做出何种让步，均制约着立法提案下一步的命运，此外，由于立法主体利益诉求的多元性以及立法博弈机制的存在，在任何一个立法关口，如果不能获得大多数人的支持，想要继续推进立法进程将是非常困难的。多种政治派别或多元民众团体合法参与政治过程，有效降低了权力集中和滥用的风险，而无所不在的利益博弈机制的存在，也为多种政治派别和多元民众团体争取自身利益诉求提供了有效载体，两相结合，美国联邦层次立法的公正性就有了坚实的基础。

---

[1] 汪全胜.2005.制度设计与立法公正.济南：山东人民出版社：275.
[2] 汉密尔顿，杰伊，麦迪逊.1980.联邦党人文集.程逢如，在汉，舒逊译.北京：商务印书馆：51.
[3] 汉密尔顿.2005.美国宪法原理.严欣淇译.北京：中国法制出版社：163.

二、诱致性制度变迁：推动美国职业教育立法实施的动力机制

1993年诺贝尔经济学奖得主、新制度经济学的代表人物道格拉斯·C.诺思（Douglass C. North）曾经说过："制度是一个社会的游戏规则，更规范地说，它们是决定人们的相互关系的系列约束。制度是由非正式约束（道德的约束、禁忌、习惯、传统和行为准则）和正式的法规（宪法、法令、产权）组成的。"[1]职业教育法案毫无疑问地隶属于正式约束的范畴。目前，从世界范围来看，推动各国职业教育法案实施的途径和力量总共有两种：一种是自上而下式，也就是由中央政府以命令和法律的形式强制职业教育的推行和实施；另一种是自下而上式，也就是由地方政府响应获利机会而自发组织和施行职业教育。根据制度经济学理论，前一种制度运行的方式可被称为强制性制度变迁，后一种可被称为诱致性制度变迁。作为法治国家的代表，美国在推动职业教育法案实施时无疑选择的是后一种。

（一）诱致性制度变迁机制创立的背景

1. 美国国家政治架构的客观规定性

一个国家的职业教育法案选择何种制度变迁方式，是与该国的政治制度有着很大关系的。与欧亚大陆其他的一些文明古国相比，美国的历史非常短暂。从哥伦布发现新大陆到美国独立，其间也不过区区200多年。在这200多年的时间里，美国由无数个移民的聚居点逐步发展出乡镇组织，这些乡镇组织后来又一步步形成了县和州，最后才组成了联邦。由于美国国家的出现晚于州政权的出现，因此当美国独立之时，美国人的州权意识已经相当浓厚。这一点鲜明地体现在1789年颁布实施的《联邦宪法》和1804年《宪法第十修正案》中。比如，1789年《联邦宪法》仅仅罗列出了美国联邦所拥有的有限的且相互制衡的权力，如国会拥有征税、借款、贸易、铸币、设立邮政、保障专利权、宣战、招募和维持军队等权力，总统则拥有宣布战争、缔结条约、人事任命等权力。有别于联邦权力的有限性，1804年《宪法第十修正案》明确规定：本宪法未授予合众国、也未禁止各州行使的权力，保留给各州行使，或保留给人民行使之[2]。正是立足于对州权的不干涉原则，美国形成了如托克维尔所说的政治架构："美国有两个互相结合而且可以说是

---

[1] 道格拉斯·C.诺思. 1994. 经济史中的结构与变迁. 陈郁，罗华平等译. 上海：三联书店：225-226.
[2] 杰罗姆·巴伦，托马斯·迪恩斯. 1995. 美国宪法概论. 刘瑞祥，潘嘉玢，颜福祥译. 北京：中国社会科学出版社：327.

互相嵌入对方的不同社会。美国有两个截然分开和几乎各自独立的政府：一个是一般的普通政府，负责处理社会的日常需要；另一个是特殊的专门政府，只管辖全国性的一些重大问题。"[1]在这样的政治架构下，教育权，其中也包括职业教育权作为各州法定保留的权力，联邦政府如果想要获得该权力，必须用各州容易接受的方式来交换，这就为诱致性制度变迁机制奠定了坚实的制度基础。

2. 美国国家发展的客观需要对其政治架构的突破

尽管教育权是各州法定保留的权力，联邦政府无权干涉，但是由于教育事业关乎公共福利，同时又制约着美国国家未来长远的发展，因此它属于一项重要的公共事务。特别是在南北战争前后，美国工农业发展的速度逐步加快，规模逐步扩大，客观上对于各类农工技能人才的需求大幅度提升，在这种情况下，继续让各州完全行使自己的权力，一方面无视工农业生产对于各类技能型人才增加的需求，另一方面又坐视美国失去与其他工业先行国家开展工农业贸易竞争的机会，无论是对于各州政府还是对于联邦政府来说，这都是他们不愿意看到和接受的。正是在这种情况下，如何创设一种制度形式，既不违背《联邦宪法》《宪法第十修正案》的规定，同时又为美国联邦政府促进全国职业教育的发展以及引导其正确的发展方向找到合适的理由，美国国会的一些议员为此煞费苦心。经过一番努力，他们从宪法的普遍福利条款中找到了向各州征收教育税和拨款的理由，从联邦商业条款及其司法判例中发现了规范管理各州教育的方法，从法院的某些司法判例中挑选了用教育来确保个人权利和自由的法律根据[2]。在找到以上法理后，结合联邦与各州权力分割的现状，并借鉴殖民地原有的一些州赠地拨款兴学的做法，1862年《莫雷尔法案》采取了向各州赠地的方式，诱导各州在接受赠地资助的同时，自觉自愿地遵照联邦政府的要求开办农工学院并开展各类职业教育活动。联邦职业教育法案中的诱致性制度变迁机制由此产生。

（二）诱致性制度变迁机制构成的要素

1862年《莫雷尔法案》的颁布，标志着诱致性制度变迁机制在美国高等职业教育领域的确立。整体来看，诱致性制度变迁机制运行的要素主要包括游戏规则的制定、游戏规则的实施以及游戏规则正常运行的保障三方面的内容。

1. 游戏规则的制定

制度在本质上讲就是一整套游戏的规则。游戏规则的制定是制度实施的基础。

---

[1] 托克维尔.1997. 论美国的民主（上卷）.董果良译. 北京：商务印书馆：65.
[2] Alexander K, Alexander M D. 2001. American Public School Law(5th). Belmont: Wadsworth Publishing Company: 62-72.

这一点无论是对于诱致性制度变迁机制还是强制性制度变迁机制都是一样的。唯一不同的是，诱致性制度变迁机制对应的主体拥有的是土地、资金、资源之类的可以使对方获利的机会，而强制性制度变迁机制对应的主体拥有的是对方所没有的权力。对于美国联邦职业教育法案的制定者来说，制定职业教育的游戏规则无非就是制定出一套通过划拨手中的土地、资金等引导各州创办职业教育、开展教育活动的方法和措施。从理论上来看，这一系列方法和措施应该包括如下内容：由联邦哪一个机构来划拨土地或资金、划拨哪里的土地或资金、划拨土地或资金的用途、在划拨给各州土地或资金时依据的原则、划拨土地或资金的数量、对各州创办职业院校开展职业教育的时间、数量和质量的最低要求等。

2. 游戏规则的实施

有别于强制性制度变迁机制的规则是由制度制定者强制推行的特征，诱致性制度变迁机制的规则是在制度对象响应获利的机会时主动实施的。也就是说，制度制定者无权强迫制度对象实施规则，制度对象有权根据自己的实际情况，权衡利弊后主动做出选择或者放弃某一获利的机会。如果制度对象主动选择了获利机会，那么他在获利的同时就必须遵照规则的要求，创办某类职业教育机构开展教育活动；反之，如果选择了放弃某获利机会，那么，该规则与制度对象将不发生任何联系。

3. 游戏规则正常运行的保障

诱致性制度变迁最典型的程式是："如果你同意我对这个问题的观点和要求，我一定给你"，"如果你不遵从我的意见，我就不给你"[1]。从正向和反向两个角度来分析，诱致性制度变迁可以采取两种手段：奖赏或惩罚。所谓的奖赏，也就是给予主动实施某种制度的主体一些精神上的或物质上的奖励，使其自觉自愿地承认或积极响应某种变迁。而惩罚性的手段可以是剥夺某些奖励或权利，或者是"使其受苦、致残或死亡"以及"限制活动"[2]。惩罚性的措施无疑也是一种确保诱致性制度正常运转的保障条件。但是，仅仅有惩罚性的措施还是不够的。为了使规则的运行更为符合制度设计者的要求，制度的设计者还必须预先考虑到所有可能阻碍制度正常实施的因素，通过制定一系列相关规则，使可能出现的矛盾减少到最低程度。

（三）诱致性制度变迁机制发展变化的过程

美国联邦职业教育法案诱致性制度变迁机制创立以来，一直处于不断发展和

---

[1] 史蒂文·凯尔曼.1990.制定公共政策.商正译.北京：商务印书馆：27.
[2] 史蒂文·凯尔曼.1990.制定公共政策.商正译.北京：商务印书馆：27.

完善的过程中。从时间的维度来看，其发展变化的过程可以划分为三个阶段。

1. 初步创立阶段

《莫雷尔法案》的颁布，初步确立了职业教育法案诱致性制度变迁机制运行的方式和保障条件。而这一运行方式和保障条件的初步制定，为该机制在未来职业教育法案中的进一步完善和发展进行了铺垫。

（1）基本确立了诱致性制度变迁机制运行的方式

1862年《莫雷尔法案》最主要的目标就是赠地兴学。其采取了双管齐下的办法来达到这一目标，即一方面规定了各州执行本法案所能够得到的利益，另一方面又规定了对于获得利益却不执行法案者的惩罚措施。比如，从获利的角度来看，该法案规定联邦内各个州，只要不与美利坚合众国政府对抗，都有权接受联邦土地捐赠。在如何赠与土地的问题上，该法案提出根据1860年各州在国会拥有的参众议员的人数，分给每位议员3万英亩土地或者等额土地证券。用出售此种土地或土地证券所得的款项，建立永久性基金，用基金所得的利息资助和维持至少一所学院。"在该学院中不得排除他种科学和经典的学习，并应包括军事战术训练，但其主要课程必须按照各州议会所分别规定之方式讲授与农业和机械工艺有关的知识，以便提高各实业阶层从事各种工作和职业的文化和实习教育。"[1]同时，从惩罚的角度来看，该法案规定：无论是老州还是新州，必须在三年内由州议会批准接受本法案，并且在规定的五年时间内至少开办一所农工学院，否则联邦有权停止授予该州土地或土地证券，同时该州必须向美利坚合众国偿还先前出售任何土地而获得的款额，而且取消州购买人的资格[2]。

（2）为该机制的正常运转建立了保障条件

为了尽量避免美国原有各州拥有西北土地，从而导致联邦、原有各州和西部新建州在西部土地所有权方面产生矛盾，1862年《莫雷尔法案》第二条规定，联邦赠地主要来源于原来各州内的联邦公有土地，当州内公有土地不足以分配之时，内政部长可以按其不足部分发给土地证券。但是"领取土地证券的任何一州，在任何情况下，都不得在美利坚合众国的其他任何州内或地区内勘定与上述土地证券数目相等而尚未分配的土地等"[3]。在明确了土地勘定和售卖原则之后，为了使各州即将创办的农工学院能够获得足够的资金支持，该法案第三条首先强调了联

---

[1] 1862年《第一毛雷尔法令》//夏之莲.1999.外国教育发展史料选粹（上）.北京：北京师范大学出版社：490.

[2] 1862年《第一毛雷尔法令》//夏之莲.1999.外国教育发展史料选粹（上）.北京：北京师范大学出版社：492.

[3] 1862年《第一毛雷尔法令》//夏之莲.1999.外国教育发展史料选粹（上）.北京：北京师范大学出版社：489.

邦赠地保值的办法。该法案规定："自选取上述土地之日起至将它们出售以前的这段时间内的一切费用和开支均须由它们所属的州从金库中支付，以便出售上述土地所得的全部收入一文不少地用于下述目的。"[1]为了尽量增加联邦赠地资金的数额，该法案规定出售土地的资金可以购买联邦或州政府债券或者其他可靠债券，以营利扩大永久性基金；同时为了使本金永远保持无所缩减，在投资的基金或其利息由于任何事件或意外事故而减少或丢失时，须由所属的州予以立法偿还[2]。

除此之外，为了全面掌握农工赠地学院运行的效果，该法案还创建了年报制度，要求各州新建立的农工学院将每年的"发展情况和所进行的改进、实验、所花费用和取得的成果以及有用的州工业和经济方面的统计资料写成年度报告，分别邮寄其他所有按本法案规定可以得到资助的学院，同时也邮寄给内政部长一份"[3]。

2. 基本完善阶段

从1890年《莫雷尔法案》出台直至1917年《史密斯-休斯法案》颁布，联邦职业教育法案的诱致性制度变迁机制不仅从高等职业教育领域拓展到了中等职业教育领域，而且在这一阶段，除了在总体上继续遵循以上运行原则和保障条件外，联邦职业教育法案还采取了年度拨款的方法，同时对于各州申请联邦资助时所应该具备的资质和程序也提出了相应要求。伴随着联邦法案资金拨付和管理方法的改革，联邦政府获得了更多的对于全国职业教育发展的引导权和影响力。

（1）采用国库年度拨款的方法

面对各州农工学院各项工作蓬勃发展的势头，特别是在联邦土地资源有限的情况下，1890年《莫雷尔法案》放弃了1862年《莫雷尔法案》所采取的用一次性土地赠与建立永久基金的做法，而是采取了每年由国库拨款资助赠地学院的新方法。1890年法案提出，"为更加全面地资助按照国会1862年7月2日和1890年8月30日批准的法案业已建立的和今后可能建立的农业学院，每年由国库按以下规定的款额拨给各州和准州，即除了按上述法案规定到1908年6月30日截至的财政年度指定的款额和此后四年内每年比前一年另增5000美元之外，再给各州和准州拨款5000美元。此后每年给各州和准州的拨款应为50 000美元"[4]。国库年度拨款方法的采用，一方面有效地解决了有限的土地资源所能够提供的有限资助与

---

[1] 1862年《第一毛雷尔法令》//夏之莲.1999.外国教育发展史料选粹（上）.北京：北京师范大学出版社：490.

[2] 1862年《第一毛雷尔法令》//夏之莲.1999.外国教育发展史料选粹（上）.北京：北京师范大学出版社：490.

[3] 1862年《第一毛雷尔法令》//夏之莲.1999.外国教育发展史料选粹（上）.北京：北京师范大学出版社：491.

[4] 1862年《第一毛雷尔法令》//夏之莲.1999.外国教育发展史料选粹（上）.北京：北京师范大学出版社：491-492.

农工学院深入发展所需资金不断增加之间的矛盾，另一方面由于每一笔联邦拨款均有年度限制，客观上也使联邦政府具有了在资助到期时是选择继续拨款还是选择及时终止拨款的权力。到了一定的拨款年限后，职业教育法案在具体实施的过程中是否达到了联邦立法者预期的目的，哪些方面还存在明显缺陷，哪些方面还需要继续充实和完善，这些都为其继续修正法案或撤销法案提供了现实依据。

（2）增加了对各州匹配资金的要求

为了增加赠地学院可以支配的资金总额度，同时使各州在促进赠地学院发展方面达到权利与义务的更好统一，1914年《史密斯-利弗法案》第一次提出了"匹配资金"的概念。所谓的匹配资金，就是指各州如果想得到联邦政府的赠地学院拨款，州财政必须向各州农工赠地学院提供等额的或一定比例的匹配资金。此种做法被达文波特（Eugene Davenport）称为："它是人类本质中的一个怪念头，对我们来说却是幸运的。为了从联邦国库获得一个美元，任何州都愿意提供两个美元。"[1]正是在这种"怪念头"的作用下，联邦职业教育法案的拨款变成了引导和推动各州职业教育发展的有效动力。此后，各州在向地方赠地学院分配联邦和州拨款的时候，也逐步采取了这种方法，即要求地方财政提供最起码的等额或一定比例的匹配资金。这种层层要求提供的匹配资金，使汇聚到赠地学院的资金总量一般能够达到联邦拨款的3倍以上。匹配资金的运作方式一方面增加了各州农工赠地学院开展职业教育的资金总量，另一方面也逐步形成了美国职业教育领域以联邦为主导、州和地方为主体共同促进职业教育发展的格局。

（3）增设了要求各州递交州规划的程序

这一时期，联邦职业教育法案除了提出各州必须提供等额的或一定比例的匹配资金的要求外，1917年《史密斯-休斯法案》又增设了要求各州递交州规划的程序。也就是说，任何希望获得联邦资助的州，在通过州立法机关表明接受联邦职业教育法案拨款的相关规定后，首先要指定或成立一个不少于三人的州职业教育委员会来管理本州的职业教育事宜，同时为了保证各州能够按照联邦法案的精神使用拨款，"州委员会应制订各种职业教育如何使用拨款的计划，其中应包括学校和设备的种类、学习课程、教学方法、教师资格、关于农科督学和主任的资格、教师培训计划等"[2]，并提交联邦职业教育委员会审查。只有与联邦法案精神相一致，且通过联邦职业教育管理机构审查的州规划，才能够得到相应的联邦拨款。各州递交的州职业教育规划，在一定程度上就是联邦和各州之间就如何发展职业

---

[1] 李素敏. 2004. 美国赠地学院发展研究. 保定：河北大学出版社：97.
[2] 《史密斯·休斯法令》//夏之莲. 1999. 外国教育发展史料选粹（下）. 北京：北京师范大学出版社：172.

教育所订立的协议或契约，该协议或契约强化了联邦职业教育法案对于全国职业教育发展的引导功能，同时也最大程度地保留了各州直接管理其辖地职业教育发展的权力。该方法很快地被各州职业教育管理部门所采用，成为各地职业教育机构申请州拨款的一个先决条件。

3. 稳步实施阶段

《史密斯-休斯法案》的颁布，标志着美国联邦职业教育法案诱致性制度变迁机制的基本要素已经齐备。此后，伴随着联邦职业教育法案对于各州职业教育资助在时间和空间上的拓展，诱致性制度变迁机制逐步成为推动美国全方位多层次职业教育开展的主要动力。当然，为了实现联邦职业教育拨款更强的引导功能和更高的使用效率，进入稳步实施阶段的诱致性制度变迁机制在诸多方面仍然在不断改进。

（1）不断增加对州规划项目种类的要求

1917年《史密斯-休斯法案》将满足联邦要求的州规划作为联邦向各州划拨资金的一个必要条件。作为联邦和各州职业教育机构之间的一个重要中介，联邦法案通过不断增加对州规划项目种类的要求，使州规划在规约各州职业教育发展方向上起到了更大的作用。比如，《史密斯-休斯法案》要求各州递交州规划，其目标仅仅是预先限定各州在联邦法案框架内使用拨款。《史密斯-休斯法案》颁布之后，联邦职业教育法案逐步增加了对州规划项目种类的要求，比如，1968年《职业教育法修正案》明确提出，第一，州规划必须涵盖各州对职业教育项目、服务和各种职业活动定期评估的信息，这些项目必须与市场对劳动力的需求以及市场所能够提供的工作机会相一致；第二，州规划必须涵盖对本州不同地理区域不同人群的职业教育需求的判断信息；第三，州规划中应该有地方社区对其教育支付能力的分析；第四，州规划中必须涵盖公众在听证会上对规划的讨论信息；等等。20世纪80年代以来，伴随联邦政府公共管理思想的转型，私立工商业部门、非营利性高等教育机构等获得了更多参与制定州规划的权力，1998年《卡尔·D. 帕金斯职业技术教育法案》第122款明确要求各州递交的州规划应该包括：描述各州将对何种职业教育活动进行资助、此类活动将如何帮助各州满足或超过项目实施的最低标准、各州将提供何种专业发展项目；描述父母、工商业团体、劳工组织如何参与项目的规划和实施；描述职业类学生的学术和技术能力如何好转；描述州每年怎样对职业教育项目实施评估；描述州如何更好地满足特定人口的职业教育需求；等等。

（2）资金拨付方式的多样性和资金使用的灵活性

在1890年《莫雷尔法案》所创立的由国库资金直接资助各州职业教育开展的

基础上，根据不同时期美国联邦政府对职业教育关注焦点的不同，职业教育法案采取了多样化的资金拨付方式。比如，《史密斯-休斯法案》以农、工、商、家政项目为单位，对各州以上四大领域的教师、督学和主任的工资以及联邦职业教育委员会每年的调查、研究和公务费用等进行资助。之后，伴随着联邦拨款金额的不断增加，资助项目的种类也呈现出不断拓展之势。例如，1936年《乔治-迪安法案》新增了对市场销售教育项目的拨款，1956年《乔治-巴登法案修正案》（George-Barden Amendment Act）又增加了对渔业、护理专业教育的拨款。第二次世界大战后，在系统化人力资本理论和人力资源开发立法的引导下，1963年《职业教育法》改变了先前联邦资助中主要以项目为单位划拨资金的方式，通过综合权衡各州不同年龄段人口的数量，具体规定了对某一年龄段人口职业教育资金划拨的比例，并通过预留资金的方式，对特定项目、特定区域和特定人员的职业教育进行了资金倾斜。另外，1990年《卡尔·D.帕金斯职业与应用技术教育法案》颁布后，联邦职业教育法案体现出了管理重心下移的倾向。比如，1990年法案规定州与地方分享联邦拨款资金的比例为25%和75%，而1998年《卡尔·D.帕金斯职业技术教育法案》规定85%的联邦拨款必须直接拨付给地方，15%的法案拨款可以留在州层次①。与以上变化同步，联邦法案对于各州使用资助方面的规定也日趋灵活。比如，《史密斯-休斯法案》中有很大篇幅讨论了联邦拨款专款专用的问题，而1963年《职业教育法》则规定了在联邦认可的资助范围内，各州可以综合使用同一类别的联邦拨款。资金拨付方式的多样性和资金使用方面的灵活性，为联邦政府着力推动某一领域职业教育的发展奠定了基础。

（3）管理与监督方式的不断创新

《史密斯-休斯法案》颁布以来，联邦职业教育资助领域不断扩展，资助金额不断攀升。比如，1963年《职业教育法》的拨款数额是1917年《史密斯-休斯法案》拨款数额的150倍左右，是1926年《史密斯-休斯法案修正案》拨款数额的8倍多，是1946年《乔治-巴登法案》拨款数额的2倍多②。在这种情况下，对各州职业教育采取何种管理与监督的方式，以最大化地实现联邦立法者的目标成为法律制定者不得不考虑的问题。1963年《职业教育法》标志着联邦政府对职业技术教育全面干预和管理的开始，该法案要求州和地方职业教育项目必须接受周期性的评估，以了解州和地方项目的相关性与实施质量，而国家层次的评估由每五年组织一次的专业委员会实施。1976年《职业教育修正案》不仅为建立国家职业教

---

① 荣艳红. 2014. 美国联邦职业技术教育立法制度发展历程研究. 北京：科学出版社：247-254.
② Calhoun C C, Finch A V. 1976. Vocational Education：Concepts and Operations. Califonia：Wadsworth Publishing Company：38.

育数据报告和分析系统提供了专项拨款,并要求从 1977 年开始,各州除了每五年递交一次职业教育长期规划外,各州每年还需递交职业教育短期计划。在评估方面,1976 年修正案规定的职业教育评估主要包括州和联邦两大层次。州层次的评估由各州组织实施,另外建立国家层次的职业教育评估机构,在国家教育协会监督下每五年对法案的实施情况开展一次全面评估等。20 世纪 80 年代后,受世界范围内新公共管理思想的影响,联邦职业教育法案在项目管理方面还采用了更为弹性的责任系统(accountability systems)。比如,1998 年《卡尔·D. 帕金斯职业技术教育法案》为了达到联邦所希望的标准,同时考虑到不同区域的实际情况,仅仅规定了项目评估的"核心指标",而州和地方在项目实施时所能达到的具体标准,则由州和地方根据自身的情况与其上级机关协商后确定,其被称为"调整后的项目实施标准"。州和地方在项目实施过程中,不仅要定期检查项目开展的情况,同时还要定期向联邦教育部报告项目实施的效果,而联邦教育部则对此进行一定的奖惩。职业教育管理与监督方式的不断创新,不仅体现了不同时期联邦立法者管理理念的变迁,同时也为更好地实现联邦立法者的职业教育目标打下了基础。

(四)诱致性制度变迁机制实施的效果

正像美国费城坦普尔大学的前政治学教授丹尼尔·伊拉泽(Daniel Elazar)所说,"美国政治制度的部分力量来源于我们的这种认识:在人们享有自由的地方,并不一定要通过直接的国家行动来达到国家的目标。通过地方或州一级的行动往往可以同样有效地实现这些目标,而且几乎可以肯定,这样做效果更加持久,因为这样的决定在公众舆论中根基扎得更加牢固"[①]。美国联邦职业教育法案的诱致性制度变迁机制是美国特殊国情的产物,它对各时期美国职业教育发展的引导和推动力量是有目共睹的。

1. 较好地实现了联邦权力与州权力之间的平衡

目前,联邦职业教育法案早已形成了一套较为固定的运行模式,即由联邦政府制定资金划拨的规则—各州递交满足法案要求的州规划以申请联邦资助—联邦机构批准州规划后划拨资助—州撰写年报汇报实施情况—联邦政府定期评估后决定继续拨款或终止拨款。此种运行模式实现了联邦政府对于职业教育发展方向上的引导作用,同时又避免了联邦政府直接对各州职业教育发展的指手画脚。另外,从各州的角度来看,一方面,各州拥有选择接受联邦拨款还是不接受联邦拨款的

---

① 转引自梅尔·奥廷格,艾德里安娜·普赖斯. 1978. 掌握航向——美国是怎样制订政策的. 中国对外翻译出版公司译. 北京:美国驻华大使馆文化处:72.

全部权力；另一方面，在推动职业教育发展的过程中，各州也丝毫没有丧失对于本州职业教育发展的直接管辖权。因此诱致性制度变迁机制较好地适应了美国分权制的政治体制，目前已经成为包括联邦职业教育法案在内的所有联邦教育法案普遍采取的制度形式。

2. 较好地指引了美国职业教育发展的方向

在美国联邦职业教育法案中，对于联邦不同用途的职业教育拨款，尽管各州有主动选择接受拨款或拒绝拨款的权力，但是一旦各州决定接受联邦拨款，就必须同时接受法案所提出的附加条件，即各州不仅要制定出符合联邦法案要求的州规划，提供一定比例的匹配资金，而且在职业教育机构、设施、人员、课程、资金使用及分配等各方面也要满足联邦法案的要求。另外，在相当长的时期内，为了敦促各州主动推进职业教育的发展，联邦政府还采用了为各州提供100%的职业技术教育管理成本的办法，这一举措的优点在于，各州教育部门在增加自己对地方职业教育影响力的同时，却不用从自己的钱箱中拿钱，因此更加强化了各州密切跟随联邦要求的态势。甚至"在20世纪60年代，联邦职业教育法案强调对处境不利人群的关注，绝大部分的州因为对联邦资金的依赖性而不能创建自己独立的规划，尽管此时联邦拨款占据全部职业技术教育资金投入总量还不足10%"[①]。正是以上措施的施行，使联邦职业教育法案较好地发挥了指引美国职业教育发展方向的作用。

3. 为职业教育的发展吸引了较多的资金支持

作为"种子基金"的联邦拨款，还激励了各州和地方为职业教育进行投资。尽管很多联邦职业教育法案规定各州最起码要提供与联邦拨款等量的匹配资金，但事实上，各州提供的资金量远远超出了联邦法案的要求。比如，系列《莫雷尔法案》颁布后，各州平均投入赠地学院的资金总量是《莫雷尔法案》及其修正案划拨资金的14倍，而在俄亥俄州，其投入本州赠地学院、实验站等机构的资金总额达到了联邦系列法案为其划拨资金总量的40倍[②]。另据统计，截至20世纪第一个十年末，联邦、州与地方对加利福尼亚州的工商业教育共计投资74.549万美元，其中88%的资金来自州和地方；联邦政府为加利福尼亚的职业教育每花费1美元，

---

① U.S. Department of Education Office of Vocational and Adult Education. 2022-12-08. Vocational-technical education: Major reforms and debates 1917-present. http://eric.ed.gov/ERICWEDPortal/Home.Portal?_nfpb=true&_pageLable=RecordDetails&EricxtSearch_SearchValue_0=ED36995982ErICEXTSearch_SearchType_0=eric_accno&objectId-0900000b80142b4d.

② Page C S. 1912. Vocational Education. Washington: Washington Government Printing Office: 7.

州和地方的投资将达到 7.12 美元①。另一项调查也显示，1917—1918 财政年度，联邦财政为《史密斯-休斯法案》拨付的资金总额为 1 655 587 美元，仅占全国职业教育资金投入的 27%，占全国工商业职业教育投入的 20%。1925—1926 财政年度，联邦拨款已稳定在 7 184 902 美元，但此时联邦拨款仅占全国职业教育资金投入的 24%，占全国工商业职业教育投入的 23%②。除此以外，由于各州逐步借用了联邦法案匹配资金的做法，要求地方提供与州财政拨款等额或差额的职业教育匹配资金，由此带来的一个结果就是所有汇聚到地方职业教育项目的资金总量要远远高于联邦拨款，较为充裕的资金为美国职业教育的发展提供了较强的推动力量。

三、以多种手段促进三方合作：美国职业教育立法的实施机制

立法的实施需要多方合作。总体来看，美国联邦职业教育立法采用了多种手段来促进三方合作关系的形成，以便让它们共同发挥推动立法实施的作用。这些手段包括：法案实施前要求有意获得联邦拨款的州向联邦层次的管理机构递交州规划（州再向有意获取联邦资助的地方机构提出递交地方规划的要求）；法案实施中要求州向联邦提交年报，同时辅以联邦定期评估（州也可以同时要求地方这样做）。以上做法将联邦、州与地方连接成了一个命运共同体，它们共同为联邦职业教育立法目标的实现而努力。

（一）以州与地方规划为载体促合作推立法实施

所谓的州规划是指有意接受联邦职业教育拨款的各州，根据联邦职业教育法案的原则和本州的实际情况所创建的如何实施法案、如何推动本州职业教育发展的州一级的行动计划或实施方案；而所谓的地方规划是指各州在向地方分配联邦职业教育拨款时，借用州规划的管理方式，让有意接受联邦拨款的地方，根据联邦职业教育法案和州的具体要求并结合本地区的实际情况，向州一级的管理机构提交如何实施法案的整体思路以及推动本地职业教育发展的地方一级的行动计划

---

① Kantor H A. 1988. Learning to Earn, School, Work, and Vocational Reform in California, 1880-1930. Madison: The University of Wisconsin Press: 110.

② Lazerson M, Grubb N. 1974. American Education and Vocationalism—A Documentary Histiory 1870-1970. New York: Teachers College Press: 31.

或实施方案。围绕着联邦职业教育立法实施和目标实现，州和地方规划将联邦、州与地方捆绑成了一个休戚与共的联合体，而州与地方规划直接成为联邦、州与地方三方合作的重要载体。

1. 州和地方规划的产生与发展

（1）州和地方规划产生之前的奠基期

此奠基期始于1862年《莫雷尔法案》出台，截至1917年《史密斯-休斯法案》颁布之前。《莫雷尔法案》是美国联邦和州政府在农工高等职业教育方面合作的开始。由于美国宪法将教育权保留给了各州，因此，在高等农工职业教育与国家利益息息相关但联邦政府又无权过问的情况下，借鉴先前联邦政府在西北土地划分上为教育预留土地的做法，《莫雷尔法案》也采用了向来自各州的国会参众议员每人赠与3万英亩土地或等额土地证券的方法以交换州所拥有的职业教育引导权和管辖权。于是，国会授权资助国内农工高等职业教育开展的联邦土地就演变成了联邦政府的筹码，以土地赠与为核心，该法案详细规定了什么样的州有权利获得土地捐赠、获得联邦土地捐赠的州应该在规定时间内做什么、如何做、如果不这样做的后果等。该法案的以上规定一方面表明，只要符合最基本的条件，州就有选择接受或不接受联邦土地捐赠的权力；另一方面也表明，如果符合条件的州选择接受联邦土地捐赠，那么它就必须严格按照法案的要求来做，否则就会为自己招致联邦政府相应的惩罚（当然，如果符合条件的州选择不接受联邦土地捐赠，法案的一切规定将与这些州无关）。通过上述分析可知，尽管选择接受联邦土地捐赠的州事实上已经与联邦政府建立了合作关系，但是各州在如何具体使用联邦资助方面并没有任何发言权。因为在国会立法授权下，联邦政府单方面决定着各州联邦资助具体的使用原则、方法、领域、时限和监管等，某一州选择接受联邦土地捐赠就意味着必须无条件地遵照法案条款来使用捐赠，而各州根据自身的实际情况来做一些政策调整的可能性非常小。由此可见，《莫雷尔法案》出台后，美国联邦与州政府之间的合作关系还没有真正体现权利和义务的相互性，也很难真正调动各州促进职业教育发展的主动性和积极性。从实际情况看也是如此。比如，《莫雷尔法案》要求各州议会必须在三年内决定是否接受本法案，并且在五年时间内至少开办一所农工学院，否则无权享受本法案的权益，因此，许多州为了能够尽快筹集到创建农工学院的资金，在同期联邦政府为修筑公路铁路赠地以及《宅地法案》（Homestead Act）赠地集中售卖所带来的土地市场供大于求的压力下，《莫雷尔法案》赠地被廉价售卖或被用于不正当投资的事情时有发生，此举就严重削减了各州赠地学院基金的总量。这种情况在《莫雷尔法案》之后诸多的联邦高等职业教育法案中仍可见到。

由于美国各州拥有实际的教育管理权限，沿袭先前的惯例，当联邦职业教育资助下拨到各州后，从州与地方合作推进农工高等职业教育发展的角度来看，最终接受联邦土地捐赠收益的地方，也必须责无旁贷地遵从州所必须遵从的法案条款，至于如何发挥地方的主动性和灵活性，还很少进入立法者的视野。因此可以认为，这一时期尽管出现了三方合作推动职业教育发展的现象，但是协调联邦、州与地方权利和义务的相互性，促进三方权力平衡的真正的州和地方规划还没有出现。

（2）州和地方规划的创立期

该时期大约是从1911年参议员佩奇在提案中第一次提出"规划"的概念到1917年《史密斯-休斯法案》第一次采用该做法为止。1911年佛蒙特州参议员佩奇在其递交参议院农业和林业委员会审议的S-3修订案中最初提及了"规划"的概念。对于那些想获得联邦拨款的与农工学院相关的机构或部门，S-3修订案提出：这些机构必须首先向州农工学院实验站管理者递交一份规划，只有在规划获得批准的情况下，这些机构才能获得拨款[①]。尽管佩奇的这一提案被否决，但是提交规划的思想自此却不断出现在国会其他一些提案中并不断被强化，1917年《史密斯-休斯法案》则第一次在职业教育法案中采用了州规划的管理手段。

《史密斯-休斯法案》在第八、十、十一、十二条中对州规划（有的称"州计划"）的制定、实施、管理和监督等做出了详细规定，如该法案第八条明确提出，"如联邦职业教育委员会认为州委员会的各种计划均符合本法案的规定和目的时，应予以批准"。该法案第十条规定，任何一州都可以根据州委员会制定的并经联邦职业教育委员会批准的管理规划，使用拨款。关于州规划的监督管理，该法案提出了三条主要措施：第一，凡接受法案拨款的各州，州委员会不仅有制定培训规划的责任，还有负责监督培训规划实施的责任；第二，要求在州规划中明确规定，各州接受联邦资助的农、工、商、家政教育机构，须接受公众的监督和管理；第三，州委员会应在每年9月1日或该日期之前，把州内完成的工作和按法案规定领取和支付拨款的情况，向联邦职业教育委员会做年度报告，联邦对各州联邦资助的使用情况进行监督检查。[②]《史密斯-休斯法案》对于州规划的系列规定，确立了联邦与州合作的主要方法，即以州规划为载体，联邦职业教育管理部门从单方面规定各州联邦资助使用原则、方法、领域和时限等具体事宜中脱出身来，主

[①] Swanson J C. 1951. Development of Federal Legislation for Vocational Education—The Panel of Consultants on Vocation. Washington: Government Printing Office: 58.

[②] 《史密斯·休斯法令》//夏之莲. 1999. 外国教育发展史料选粹（下）. 北京：北京师范大学出版社：167-176.

要负责监督检查州规划的实施；而在法案原则精神的指导下，州规划还改变了各州被动服从的角色，各州不仅拥有规划、推动和管理本州职业教育具体事宜发展的实质权力，同时还必须为达不到州规划的规定而承担相应的责任。这一变化基本上达到了州权力和联邦权力的平衡，《史密斯-休斯法案》成为联邦与州建立真正合作关系的开始。

1917年底，48个州先后递交了州规划[①]，从1918财政年度开始，联邦政府开始向各州拨款。在收到联邦拨款后，许多州开始将州规划的管理方法下延到地方职业教育的管理中。比如，佛罗里达作为第五个接受《史密斯-休斯法案》资助的南部州，在收到拨款后即要求各县推荐合乎法案要求的学校以便向其划拨资金。24个县很快就递交了申请农业和家政项目拨款的地方规划[②]；而加利福尼亚州地方学区为了获得资助，同样也开始向州职业教育管理部门递交符合州规划精神的地方规划[③]。以州规划的付诸实施，以及此方法逐步向下延伸到州采用此方法来推动地方职业教育的发展为标志，美国联邦、州与地方三方真正的合作关系才最终得以形成。

（3）州和地方规划的发展完善期

州规划和地方规划作为联邦、州和地方合作推动职业教育的开始，自其创立直至目前，一直都是联邦、州和地方之间合作关系的标志。但是，面对不断变化的国内外形势，为了使不断增加的联邦职业教育资助发挥更大的激励效果，首先是州规划，然后是地方规划，其在内容和管理手段上的更新完善一直都在持续。美国联邦政府主要采取了两种更新完善州规划的方法，其中之一就是通过新颁布的美国联邦职业教育立法来直接规定新的州规划内容框架，或者是联邦职业教育管理机构通过临时下发通知等方式不断对州规划提出新的内容要求。比如，1922年5月，考虑到《史密斯-休斯法案》要求州每年都要重新修订并向联邦职业教育管理机构递交州规划，无形之中不仅增加了联邦和州的管理成本，同时，由于某些规划项目的执行时间过于短暂，不利于真正衡量其实际的实施效果，因此，联邦职业教育管理机构在其《政策陈述》(Statement of Policies)中规定，从1922年7月1日开始，州每五年向联邦职业教育委员会递交一次州规划，同时允许州每年对州

---

① Hawkins L S, Prosser C A, Wright J C. 1951. Development of Vocational Education. Chicago: American Technical Society: 206-207.

② Stakenas R G. 1984. Educating Hand and Mind—A History of Vocational Education in Florida. Washington: University Press of America: 69.

③ Kantor H A. 1988. Learning to Earn, School, Work, and Vocational Reform in California, 1880-1930. Madison: The University of Wisconsin Press: 108.

规划进行小的调整①。1938年，为了使联邦教师培训资金，以及《史密斯-休斯法案》《乔治-迪安法案》的部分资金可以用于各州职业信息和就业指导服务项目，联邦教育机构专门下发了C.L.2108号通知（Circular Letter No. 2108），要求各州修订自己的州规划以满足上述要求。20世纪60年代末期，当弱势群体的工作机会问题引起了立法者更多的注意后，1968年《职业教育法修正案》则直接要求州规划的内容必须涵盖各州对职业教育项目、服务和各种职业活动定期评估的信息，这些项目必须与市场对劳动力的需求及其所能够提供的工作机会相一致，规划必须涵盖对本州不同地理区域不同人群的职业教育需求的判断信息，规划中应该有地方社区对教育的整体支付能力的分析，规划中必须涵盖公众在听证会上对规划的讨论信息等。1968年《职业教育法修正案》在一定程度上体现了联邦政府对各州职业教育控制程度的加深。20世纪80年代以来，伴随美国联邦政府公共管理思想的转型，私立工商业部门、非营利性高等教育机构等获得了更多参与制定州规划的权力，因此，1998年《卡尔·D. 帕金斯职业技术教育法案》明确要求各州递交的州规划应该包括描述工商业团体、劳工组织如何参与项目的规划和实施的信息等②。州规划的补充完善还直接带动了地方规划的补充完善。

2. 州和地方规划的特征

首先，作为州和地方的合作机制，州规划的创设体现了平等、自由的契约精神。州规划和地方规划的出现是美国联邦、州和地方新型合作关系的开始，它的签订体现了平等、自由的契约精神。根据联邦法案的要求，由有意获得联邦资助的各州根据自己的实际情况制定并提交州规划，由联邦职业教育管理部门负责审批这些规划，这在事实上就使州规划成为联邦和各州之间平等、自由合作关系的契约。该契约的签订不仅有益于各州和地方摸清自家家底，同时也有助于提升州和地方促进本州和本地职业教育发展的积极性和主动性；另外，州规划明确规定了遵守契约可以获得的利益以及违背契约所受到的惩罚，这种对于责、权、利的明确划分和预先规定，促进了联邦、州与地方责任和义务之间的均衡。

其次，该合作机制是美国职业教育发展统一性与多样性之间的平衡机制。作为地方分权教育管理体制的代表，美国各领域、各层次的教育管理均在不同程度上存在着多样性十足、统一性不足的问题。美国联邦职业教育法案的出现，为全国职业教育的发展确立了统一的预期或要求。当然，由于联邦职业教育资助仅仅

---

① Swanson J C. 1951. Development of Federal Legislation for Vocational Education—The Panel of Consultants on Vocation. Washington：Government Printing Office：68.

② Anonymous. 2022-03-12. Carl D. Perkins Vocational and Applied Technology Education Amendments of 1998. http://www2.ed.gov/offices/OVAE/CTE/legis.html.

占据全国职业教育资金很小一部分，联邦政府所能交换的职业教育管理权是非常有限的，因此，其不可能对国内职业教育全部领域产生影响，而更可能表现为对于未来国内某一领域、某一地域、某一类人群职业教育发展的统一预期。另外，在联邦统一框架内，由有意获得资助的州或地方来撰写各自的州或地方规划，就为州和地方充分考虑自己发展的独特性，推动美国职业教育发展模式在统一性与多样性之间取得某种平衡奠定了坚实的基础。

最后，该合作机制是美国职业教育发展稳定性与常新性之间的协调机制。高质量的制度肯定是具有一定的稳定性、连续性的制度形式。唯有当某一制度使"每个行为体的行为不仅具有最大程度的可预知性、可计算性，而且具有相对的稳定性时，才能给主体间的合作创造条件"[1]。从时间维度来看，自1917年《史密斯-休斯法案》将州规划思想写入法案，确立了联邦与州双方合作关系的基本原则框架后，州规划和地方规划作为联结联邦、州与地方关系的纽带，这么多年来一直没有发生什么变化。以稳定和连续的州规划、地方规划作为载体，一方面减少了职业教育发展中的不确定因素，有利于州和地方形成对于未来职业教育发展的稳定预期，有利于提升州和地方对于稳定推进某一领域、某一地域、某一类人群职业教育发展的信心；另一方面，密切结合时代对于国内职业教育发展的新需求，以州规划和地方规划这一不变的载体来不断容纳新的时代内容，相应地增加或变更州规划和地方规划的撰写条件、递交时间、管理手段、操作程序等，使州规划成为促进州和地方职业教育更新和发展的驱动力，这种制度运作方式有效地规避了"制度僵化"的后果，使职业教育发展又有着常新的内容。

3. 州和地方规划对于促合作保立法实施的推动作用

首先，州和地方规划较好地发挥了对于美国职业教育发展方向的指引作用。如果说1862年《莫雷尔法案》第一次使联邦政府具备了以土地、债券之类的物质手段来诱导各州具体职业教育发展方向的作用的话，那么，以1917年《史密斯-休斯法案》所提出的州规划以及其后地方规划的确立为标志，联邦政府引导各州以及地方职业教育发展方向的作用进一步有了正式制度的保障。纵观1917年之后美国职业教育发展的历程，一般的程序是美国国内一旦出现某领域、某区域或某类劳动力培训或再培训的巨大需求后，联邦职业教育立法则会确立对其的资助方案，之后在州规划和地方规划的规约下，州和地方也都会朝着这一方向而努力。比如，伴随着美国职业领域的拓展，联邦职业教育法案资助范围从农、工、商、家政四个领域逐步拓展到市场销售、护理、商业、渔业等众多行业；同时在资助

---

[1] 卢现祥.2004.新制度经济学.武汉：武汉大学出版社：137.

的地域上，从州不断延伸到夏威夷、波多黎各、关岛等地区；另外在资助的对象上，从仅仅面对14—16岁的中学生或辍学青年等，逐步延伸到第一次世界大战、第二次世界大战退伍士兵以及残疾人、妇女、黑人等社会弱势群体。在州规划和地方规划的约束下，各州和地方如果想要得到这些资助，也必须紧跟着联邦立法资助的方向，这就最终促成了美国联邦职业教育法案对于全国职业教育发展方向的指引作用。

其次，州和地方规划确保了美国职业教育发展合力的汇聚。在联邦职业教育法案方向的指引下，州和地方规划还在制度上确保了各州和地方对于某一领域、区域或某类职业教育人、财、物的投入。由于1914年《史密斯-利弗法案》在美国联邦职业教育立法史上第一次提出了各州要想得到联邦政府的拨款，必须向各州赠地学院提供等额匹配资金的要求，此后的联邦职业教育立法沿用了匹配资金的方法。此方法后经州规划和地方规划的强化，就使汇聚到某一领域、区域或某类职业教育方面的资金在理论上至少增长了3倍，而实际情况更是要远远好于这一预期，且这种情况还一直被延续了下来。2000年以后，尽管联邦资助总额不断上升，但是其占全部职业技术教育资金投入的比例还不足10%，其余90%多的资金均来自州和地方[①]。州规划和地方规划对全国职业教育人力和物力的汇聚起到了强化作用。

（二）以年报和专门评估机构促合作保立法实施成效

孟德斯鸠曾经说过："一切有权力的人都容易滥用权力，这是万古不变的一条经验。"[②]对于国家权力，尤其是对处于国家权力中心的法律制定与实施的权力实行有效的监督，不仅是现代国家民主政治的本质特征，同时也是现代国家法治目标实现的有力保障。从宏观上来看，对于国家法律的监督既包括对立法主体立法权限和立法程序的监督，又包括对法律文本的规范性以及法律实施情况的监督等，它贯穿于立法、执法、司法的各个环节之中，其实质在于使人民公意上升为法律并保证法律得到普遍的、切实的实现。正是因为法律监督的独特性质和功能，世界各国都非常重视法律的监督问题。作为法治国家的代表，在法律已经颁布、州与地方规划已经递交的前提下，为了对州规划、地方规划的实施情况进行有效的

---

① U.S. Department of Education Office of Vocational and Adult Education. 2022-12-08. Vocational-technical education: Major reforms and debates 1917-present. http://eric.ed.gov/ERICWEDPortal/Home.Portal?_nfpb=true&_pageLable=RecordDetails&EricxtSearch_SearchValue_0=ED36995982ErICEXTSearch_SearchType_0=eric_accno&objectId-0900000b80142b4d.

② 孟德斯鸠. 1961. 论法的精神（上册）. 张雁深译. 北京：商务印书馆：184.

监督，美国联邦职业教育法律还创建了年报和专门机构评估两种过程监督的方式，这些是促进三方更好合作，并最终确保立法实施效果的利器。

1. 年报和专门评估机构的出现与职能变化

（1）年报制度的出现

年报制度最早出现在1862《莫雷尔法案》中。该法第五条第三款规定："任何可以享受和应该享受本法案规定的权益之州，都必须按本法案第四条的规定，在五年内至少开办一所以上的学院，否则将停止授予该州土地和土地证券。"①另外，为了使联邦政府对各州创办农工学院的情况有所了解并有效监督，该法案同时要求："各州每年须将各院校的发展情况和所进行的改进、实验、所花费用和取得的成果以及有用的州工业和经济方面的统计资料写成年度报告，分别邮寄其他所有按本法案规定可以得到资助的学院，同时也邮寄给内政部长一份。"②1862《莫雷尔法案》所开创的由各州向联邦政府汇报项目实施情况的方法，为其后百年来的美国联邦职业教育立法所继承和发展。比如，1890年《莫雷尔法案》要求，各州农工学院的院长每年将该学院的发展情况报告给农业部长及卫生、教育和福利部长等。1917年《史密斯-休斯法案》是美国最重要的职业教育法令之一，它设置了专门的联邦职业教育委员会和各州相应的管理机构，全国职业教育的管理监督事宜主要通过以上机构来实施。该法案规定各州职业教育主管机构应向联邦职业教育委员会提交年度报告。而联邦职业教育委员会除了应该在规定的日期前向财政部证实各州根据本法案规定有权接受的款额，同时还应该向国会提交各州职业教育开展情况的年度报告。另外，该法案还要求各州要建立高效的公众监督与管理机制，对各州职业教育的实施进行全方位的监督③。

（2）联邦专门评估机构的出现

第二次世界大战后，在相对缓和的国际环境中，人类迎来了第三次科技革命的浪潮，美国尤其成为新科技革命的策源地和中心。在新科技浪潮以及相关因素的带动下，美国的经济实力迅速增长。据统计，第二次世界大战后25年内，尽管出现过多次短期的经济衰退，但是美国经济每年平均增长了3.5%，国民生产总值从1946年的2000亿美元攀升到1970年的近10 000亿美元，家庭平均收入由

---

① 1862年《第一毛雷尔法令》//夏之莲. 1999. 外国教育发展史料选粹（上）. 北京：北京师范大学出版社：490.

② 1862年《第一毛雷尔法令》//夏之莲. 1999. 外国教育发展史料选粹（上）. 北京：北京师范大学出版社：491.

③ 1917年《史密斯-休斯法案》//夏之莲. 1999. 外国教育发展史料选粹（上）. 北京：北京师范大学出版社：175-176.

1947 年的约 3000 美元增至 1965 年的 6000 美元；居民实际购买力在 1946—1960 年增长了 22%[①]。但是，美国经济的迅速增长却没有能够消弭国内贫富之间的差距，以黑人为主体的弱势群体为争取平等民权的斗争如火如荼，在肯尼迪和约翰逊总统的"新边疆"和"向贫困宣战"等政策的指引下，与两次世界大战和经济大萧条时期的做法类似，联邦政府依靠职业教育对抗贫困、改革社会弊端的信心持续高涨。除了系列民权立法、社会保障立法、人力资源开发立法等提供的拨款之外，1963 年《职业教育法》中规定的拨款数额较先前的立法有了巨大的提升。为了使增加的拨款发挥最大的效益，从 20 世纪 60 年代开始，联邦政府全面介入了职业教育的监督管理工作，其最突出的特征就是除了各州继续在规定期限内向联邦政府报告区域职业教育开展的情况外，联邦政府还创建了专门的机构对职业技术教育的开展情况进行研究并定期评估。

比如，1963 年《职业教育法》规定建立职业教育咨询委员会，该咨询委员会的职责主要包括为教育委员的日常管理活动、与职业教育法案相关的管理活动、对各州职业教育规划的审批活动等提出建设性意见等。另外，该法案还提出，至少每五年组织一个不超过 15 人的国家职业教育评估委员会，开展全国职业教育的评估活动，以了解活动的实施质量等相关信息[②]。国家职业教育评估委员会是对各州职业教育实施情况进行专门评估的机构，标志着联邦对于各州职业教育管理程度的加深。在 1963 年《职业教育法》的基础上，1968 年《职业教育修正案》（Vocational Education Amendment）将国家职业教育咨询委员会改为永久性机构，同时将其成员从 12 个扩充到 21 个，任期定为三年[③]；1976 年《职业教育修正案》则加大了对职业教育信息的收集、管理、评估力度，同时该修正案为建立国家职业教育数据报告和分析系统提供了专项拨款，并要求从 1977 年开始，各州除了负责递交职业教育短期、长期规划和责任报告，还应该对州内的职业教育项目实施评估，同时由专门的国家职业教育评估机构每五年对法案的实施情况开展一次国家评估。1976 年修正案特别提及在各州制定递交给联邦的规划时，要尽量邀请所有职业教育机构的代表参与规划的制定，以便使各州的规划真正体现出民情民意。

（3）联邦专门评估机构职能的变化

20 世纪 20 年代末世界范围的经济危机爆发后，特别是凯恩斯经济理论的出台，使包括美国政府在内的西方政府干预国家经济生活的热情空前高涨，加之 20

---

① 杨生茂，陆镜生. 1990. 美国史新编. 北京：中国人民大学出版社：466.
② Vocational Education Act of 1963//Hillesheim J W, Merrill G D. 1980. Theory and Practice in the History of American Education：A Book of Readings. Washington：University Press of America：398-401.
③ 荣艳红. 2014. 美国职业技术教育立法制度发展历程研究. 北京：科学出版社：176-179.

世纪 40—50 年代大规模的国有化运动的推动，到 20 世纪 70 年代，西方政府对社会各项事务的干预程度大大加深，其中一些国家还出现了行政权超越法权的反常现象。伴随着政府各项行政管理权限的无限扩大，政府公共行政普遍出现了人浮于事、效益低下、政策低效乃至政府失灵等问题，尤其是经济领域内高失业、高通胀、低增长的"滞胀"现象的长期存在，使 20 世纪 70 年代末以来西方各国政府普遍面临日益严峻的财政危机、管理危机和信任危机。为了摆脱以上困境，与英国撒切尔政府所倡导的新自由主义改革几乎同步，20 世纪 70 年代包括英、美在内的诸多国家还兴起了"新公共管理"运动，各国普遍出现了精简政府机构、裁减行政人员等现象，借助委托代理方式，促使更多的市场力量参与到原来由政府公共部门垄断的管理事业中，并通过完善的战略目标和长期规划，以及对绩效目标适时的测量和评估，以最终实现政府管理的经济（economy）、效率（efficiency）和效益（effectiveness）的"3E"目标。正是在以上改革情境中，20 世纪 80 年代以来美国联邦职业教育立法的监督管理方式再一次发生了较大的转变。此次转变突出了以下特征：联邦政府从对职业教育事无巨细的管理方式中抽出身来，将更多的监督管理责任委托给了各州。同时，为了使法案的实施既达到联邦所希望的标准，又照顾到不同区域的实际情况，联邦立法仅仅规定了项目评估的核心指标，而对于项目实施中所能够达到的具体标准，则由州和地方根据自身的情况与其上级部门协商后决定。

比如，1982 年《工作培训合作法案》更多地让联邦政府负责宏观信息的收集、管理和评估工作，由州政府来分担联邦政府具体的管理职能。1984 年《卡尔·D. 帕金斯职业教育法案》要求通过独立的国家教育协会（National Institute of Education）对国内职业教育开展的情况进行研究和分析。1990 年《卡尔·D. 帕金斯职业与应用技术教育法案》明确要求各州开展职业技能、就业技术、学生在校保有率、进入更高一级院校学习或进入军事机构或直接就业的人员比例等项目的评估。同时，1990 年《卡尔·D. 帕金斯职业与应用技术教育法案》还着重指出，评估系统要赋予各州和地方最大的弹性，以便它们能够根据当地情况对项目指标进行适当调整。1998 年和 2006 年的帕金斯职业教育立法则进一步明确了对各州和地方职业教育开展评估的"核心评估指标"体系，同时将州与联邦、地方与州各自协商确定的"调整后的项目实施标准"作为各州和地方努力的目标。

2. 年报和专门评估机构对于立法实施效果的保障

年报和专门评估机构的出现，以及专门评估机构评估方式从简单到复杂，从硬性向弹性、从单方面规定到协商签订的演变历程，对于促进三方更好合作并确保立法实施效果有着较好的作用。

首先，以上制度安排在充分发挥联邦主导功能的同时，有利于调动各州与地方参与立法实施的积极性。由于美国特殊的国情，美国宪法将管理全国教育的权限保留给了各州，联邦立法只有借助赠地或拨款等方式，才能较好地发挥对于全国教育的引导和规范功能，同时，由于联邦拨款仅占全国各类教育资金投入量的很少份额，因此联邦法案最好能够激励州与地方对职业教育所需大部分资金的投入，在充分体现各州和地方主体地位的情况下，才能更好地推动全国教育的发展。年报和评估制度的创建，其主导权在联邦，由联邦政府负责制定对全国职业教育评估的核心指标体系，该指标体系指引着全国职业技术教育发展的方向，规范着各州和地方对于职业技术教育的最低投入标准，引导着不同时期职业教育关注点的变化；同时，由联邦和州、州和地方相互协商，层层签订实施标准的做法，又赋予州和地方更多的参与权和话语权，体现了州与地方作为职业技术教育实施主体应有的地位。另外，这种监管机制在保持了全国职业教育发展的最低标准的同时，也照顾到不同区域、不同地方的差异性，实现了共性与个性的统一。

其次，年报与专业评估机构的出现及相关职能的变化，体现了管理重心下移的趋势，有助于在实施中广泛吸纳各方面的意见，较为符合现代管理的原则，是相对高效的。美国著名经济学家、诺贝尔奖获得者西蒙（Herbert Simon）教授认为，管理就是决策[1]。决策是管理工作的重心，贯穿于管理工作的全过程。相对优化的管理决策一般能够起到较好的效果，但是决策工作一旦失误，速度越快、力度越大，其危害也越大。古典决策模型认为决策者具有完全的理性，能够全知全能地预测、发现问题，同时找到解决问题的最佳途径，取得决策目标的最大化[2]。但事实上，受时间、成本和获取信息能力等条件的制约，决策者通常仅仅具备"有限理性"，只能凭借自身的经验、直觉、他人建议等来做出决策，这样的决策难免会带有一定的偏差。为了避免偏差，与其他立法过程一样，美国联邦职业教育立法规定，各州和地方在向其上一级机构递交规划时，其规划必须包括一定的听证程序，要尽可能邀请有关公立、私立组织、团体参与决策，且规划中要体现规划者对于相关情况的介绍以及听证者反馈的信息，这样的立法机制在一定程度上避免了立法者自身的有限理性所造成的决策偏差；另外，在立法实施时，联邦职业教育立法仅仅规定了需要评估的核心指标体系，比如，1998年《卡尔·D. 帕金斯职业与应用技术教育法案》要求对学生各方面的能力进步、证书获得、工作安置和保有情况、参与和完成非传统的项目的比例等进行评估，而具体各州和地方所

---

① 陈孝彬. 1999. 教育管理学（修订版）. 北京：北京师范大学出版社：30.

② Lunenburg F C, Ornstein A C. 2003. 教育管理学——理论与实践. 孙志平，金平，曹淑江等译. 北京：中国轻工业出版社：141.

能够达到的标准，则由各州和地方协商后决定。这种方式促使各州和地方参与了决策过程，有效地避免了联邦政府单方面决策可能造成的损失。

最后，州与地方规划、年报、专门机构评估三种管理手段构建起了封闭的管理回路，对于确保各州和地方立法行驶在正确的轨道上以及较好地实现立法目标非常有益。管理即控制，只有当管理的手段和途径形成一个闭合回路的时候，才有可能实现高效的管理。在联邦法案提出资助要求—各州回应要求提交州规划（州又要求地方提交地方规划）—联邦和州分别批准州规划和地方规划—联邦拨款到位—州与地方实施规划的前提下，其实施过程是否按照规划所谋划的方向前进？在多大程度上按照既定方向前进？在多大程度上实现了法案的既定目标？对于这些问题，年报以及后来的专门机构评估有助于联邦政府和州政府及时了解法案实施的情况，及时对各州和地方的错误做法进行纠偏，从而确保联邦资助能够真正助推国内职业教育的发展。

第四章
欧美四国职业教育立法的管理模式

　　通过前几章的研究，我们较为清楚地知道了欧美四国职业教育立法制度是通过何种路径走到今天的，也较为透彻地把握了其形成的动力因素及运行逻辑。第二次世界大战以来，四国职业教育立法制度从外在形式上来看已经越来越多地表现出了共同的倾向，比如，四国职业教育立法制度立足的基础都是这些国家三权分立的政治制度，立法的主体大多是国会或政府，立法的出台大都经历了博弈、协商的过程，立法的主题大都会随着民众关注点的变化而变化等。事实上，四国职业教育立法制度建立以来，不仅内在的着眼点、关注点、立法逻辑、思路不同，在运行的过程中为了达到立法目标所采取的具体管理手段、方式等也存在差异，这些差异可一并归为立法管理模式的差异。本章将在更高的抽象层次上对四国职业教育立法制度的管理模式及其特征进行概括和总结，以展现其本质特征。

第一节　德国职业教育立法的管理模式：
社会联合模式

有学者认为，立足于双元职业教育立法基础上的社会联合模式，不仅仅是学校和企业两种教育场所之间的联合，也不仅仅是职业教育理论和实践之间的成功联结，更是一种将私法领域的企业与公法领域的学校连接成一个完整的整体的教育制度，其核心是市场和国家机构之间的合作，由此实现了平等和效率之间的均衡[①]。从多方合作共促职业教育发展的角度来看，该学者的见解还是非常有道理的。下面，我们将对德国职业教育立法此种管理模式的特征、优劣势及其完善情况做进一步的分析。

一、多方合作共促发展：社会联合模式的本质特征

（一）国家对企业培训实施宏观管理

第二次世界大战之后，作为德国的准宪法，《基本法》将德国学校职业教育划归到各州立法管辖的范畴，联邦政府无权干涉各州的学校教育管理。立足于凯兴斯泰纳慕尼黑体系所奠定的基础，1969年《职业培训法案》尽管没有插手学徒的学校职业教育管理，但是却在法律层面上将学徒的学校职业教育与学徒企业培训联结成了一个有机的整体，明确要求学校方面主要负责学徒的理论知识学习和最终理论部分的考试，企业主要负责对学徒的实践技能进行培训。企业和学校将在培训结束和学业结束时共同举办考试，最后由国家机构授予统一认证的证书。《职业培训法案》的以上管理方式既保留了州权的独立性，也促成了州与联邦的通力合作，从此，双元制成为一种真正的制度形式，开始引领德国职业教育的发展。

整体来看，面向学徒的学校职业教育由州立法来规范，联邦法案主要对企业培训相关的行为进行规范和引导。比如，2005年《职业培训法案》第27条

[①] Gessler M，Howe F. 2013. The German dual vocational training system—The origin of the current architecture. 技术教育学的探究，10（10）：17-28.

明确规定，只有培训场地的性质和设施适合初始培训，且只有培训学徒的数量、场地和所雇佣的培训人员的比例适当才能开展培训。该法案第 28 条对于雇主和培训人员的要求是：开展培训活动的企业主必须拥有必要的个人资质才能招收学徒，学徒只能由具有必要的技术资格的人员进行培训。此外，该法案还对企业培训的组织、研究、规划、数据统计，以及联邦管理机构所承担的任务、目标、预算、人员构成、失职行为处罚等做出了原则规定[①]。而关于企业培训的具体管理事宜则留给了行业机构，即商会、雇主协会等中观层次的管理机构去协商决定。国际劳工组织（International Labour Organization）曾认为联邦法案所建构的以上管理方式是非常明智的，甚至指出这种管理方式是双元学徒培训项目成功实施的关键[②]。

（二）商会、雇主协会等对企业培训实施中观管理

德国双元职业教育立法制度是将国家力量与古老行会制度有机结合的制度形式。商会是取代传统行会功能且目前仍然在对企业实施监管的主要机构之一，除了行业商会，各种类型的雇主机构、工会等也有一定的管理功能，它们是商会的辅助机构。学界普遍认为德国企业的培训活动是由"行业引导"（occupation-led）而非基于公司（company-based）的行为[③]，其主要的原因就在于企业的培训不是由单个企业决定的，商会和雇主协会等作为介于国家和企业之间的中间机构，被《职业培训法案》直接称为企业培训的主管机构，其中，该法案要求手工业和贸易商会主要负责手工业和贸易领域的职业培训管理，工商业、农业、家政服务类商会等主要管理工商业、农业和家政服务领域的职业培训活动。雇主协会是 19 世纪末作为纯粹的与工会对抗的组织出现的，第二次世界大战后其主要关注集体谈判、劳工和社会立法等方面的事务[④]。在双元学徒培训中，雇主协会的主要职能是代表雇主参加集体谈判或者与一些利益相关者协商制定培训规章、条例等。工会主要是从工人或学徒权益保护的角度对企业培训实施监督管理，如学徒津贴或工资就

---

① Anonymous. 2020-03-30. Reform of vocational education and training in Germany, The 2005 Vocational Training Act（Berufsbildungsgesetz 2005）. https://planipolis.iiep.unesco.org/sites/planipolis/files/ressources/germany_reform_vocational_education_2005.pdf.

② Anonymous. 2020-04-03. Success factors for the dual VET system, possibilities for know-how-transfer. https://www.researchgate.net/publication/299395981_Success_factors_for_the_Dual_VET_System_Possibilities_for_Know-how-Transfer.

③ Deissinger T. 1996. Germany's vocational training act: Its function as an instrument of quality control within a tradition-based vocational training system. Oxford Review of Education, 22（3）: 317-336.

④ Silvia S J, Schroeder W. 2007. Why are German employers associations declining? A challenge to the conventional wisdom. Arguments and Evidence, 40（12）: 1425-1439.

是由雇主协会和工会组织等协商后确定的。主管机构作为推动国家法律、规章在各行业付诸实施的重要力量，对培训企业资质的评定、培训合同注册、学徒考试的组织、培训活动的检查等全过程负有重要的领导责任[①]。

那些希望提供培训服务的企业，除了必须位列国家认可的培训行业名单之内，还必须经过主管机构对其设备、资源以及培训人员的资质和经验等的综合考察，只有符合主管机构学徒培训最低要求的企业才能被称为培训企业。在培训企业开始培训之前，每一个企业与学徒签订的培训合同必须在主管机构注册并经过其审查；在培训过程中，每一个培训行业的培训规章都必须体现在培训合同中，同时这些规章还必须成为企业遵照执行的强制性要素[②]；在培训活动进行过半的时候，主管机构需要为学徒举行中期考试，以评价学徒在学校和企业所学习的内容及其实际操作能力如何；在培训结束的时候还需要组织一场在德国全境举办的联考，以考察学徒是否获得必要的职业能力以及是否掌握在非全日制职业学校学到的课程知识。考试通过后，不同的主管机构还将为学徒共同颁发国家认可的资格证书或熟练工证书[③]，这些官方认可的证书可全国通用。

（三）企业对学徒培训实施微观管理

单个企业是学徒培训活动的微观管理主体。根据德国双元职业教育法的规定，只有隶属于国家认可的300余种行业的企业才有资格招收学徒[④]，且这些企业在场地、师资、软硬件设施等方面必须达到一定的标准。具有培训资格的企业不仅有权决定自己是否参加学徒培训，同时还有权决定究竟哪些人员可以进入企业当学徒。当然，在开展企业培训之前，雇主和学徒还必须签订正式的书面培训合同，该合同不仅是企业对于学徒培训的公开承诺，也是企业进行学徒管理必须遵照的蓝本。培训合同必须涵盖如下基本内容：本行业所要求学徒掌握的基本技能；培训开始的时间和时长；公司外（如在职业学校、另一家公司或共享的培训中心等）的教育培训安排；考试要求（包括考试范围以及附加内

---

① Deissinger T, Gonon P. 2016. Stakeholders in the German and Swiss vocational educational and training system: Their role in innovating apprenticeships against the background of academisation. Education & Training, 58（6）：568-577.

② Finlay I, Niven S, Young S. 1998. Changing Vocational Education and Training: An International Comparative. London: Routledge: 94.

③ Gessler M. 2017. The lack of collaboration between companies and schools in the German dual apprenticeship system: Historical background and recent data. International Journal for Research in Vocational Education and Training (IJRVET), 4（2）：164-195.

④ Ertl H. 2000. Modularisation of Vocational Education in Europe: NVQs and GNVQs as a Model for the Reform of Initial Training Provisions in Germany? Oxford: Colin Brock & Rosarii Griffin: 21.

容的权重）等①。

（四）大小事务依据共同协商、一致同意的原则来决定

德国双元职业教育立法制度的形成是社团主义和联邦主义结合的产物。双元制的正常运转建构在各参与主体共同协商、一致同意原则的基础上，该做法被认为是德国活生生的民主生活的一种表达方式。共同协商、一致同意原则确保了每个参与者在决策时都有发言权，只有这样，才能保障所有的决策都是参与者相互探讨、相互妥协后产生的。比如，德国《职业培训法案》要求每一种类型的商会均要建立各方成员组成的职业培训委员会，只有拥有投票权的半数以上成员到场才符合法定的人数，所有的决定都必须经过委员会多数人投赞同票后才能产生②。联邦各州也要建立由各方成员组成的职业培训委员会，共同为各州政府涉及职业教育的事务提供咨询服务。正如上文所述，商会是取代传统行会功能且目前仍然在对企业实施监管的主要机构之一，对于学徒考试的组织管理，也不是商会方面能够单独决定的。德国各商会组织与实施考试的机构主要是职业培训委员会和考试局，这些机构人员也是由同等数量的雇主、雇员和职业学校教师代表组成的③。大小事务共同协商、一致同意原则早已经渗透进企业管理的方方面面，大到职业培训法案的制定，小到某行业学徒工资额度的确立（学徒工资就是由雇主和所在行业的工会协商后确定的），都是集体协商的结果。

二、多方合作的优劣势

（一）该模式有利于调动各方，尤其是企业培训的积极性

由于德国企业培训领域的所有事情都是由商会、企业主、工会、学校、联邦和州等多部门集体协商、一致同意后决定的，这种机制是确保所有参与者高度认可培训活动的前提条件，也为培训活动的正常开展奠定了良好的舆论和心理基础。

---

① Raggatt P. 1988. Quality control in the dual system of west Germany. Oxford Review of Education, 14 (2): 163-186.

② Anonymous. 2020-03-30. Reform of vocational education and training in Germany, The 2005 Vocational Training Act (Berufsbildungsgesetz 2005). https://planipolis.iiep.unesco.org/sites/planipolis/files/ressources/germany_reform_vocational_education_2005.pdf.

③ Ertl H. 2000. Modularisation of Vocational Education in Europe: NVQs and GNVQs as a Model for the Reform of Initial Training Provisions in Germany? Oxford: Colin Brock & Rosarii Griffin: 18.

我们以企业方面积极性的调动为例就可见一斑。企业是实行自主经营、自负盈亏、独立核算的法人或其他社会经济组织，企业存在的目的一般是营利。如果依靠自愿原则，没有一个企业有义务或有责任接受和培训学徒，而德国企业之所以愿意劳心劳神地参与学徒培训，与商会的管理有关。德国商会是由传统行会直接演变而来，自产生以来就承担着推动企业开展学徒培训和管理的责任，这一管理结构不仅有力地约束着商会自身的行为，也对企业的培训行为有着巨大的约束力。当然，以上原因仅仅是推动企业参与学徒培训的法理或外在方面的原因，除了这一原因，各方参与决策，还有助于各方为企业培训共同营造营利的制度空间，有助于深层次鼓励企业的培训行为。比如，经过各方认可，企业与学徒之间签署的学徒协议在德国隶属于教育协议，而不是就业协议[1]，这就为德国培训企业较少量地支付学徒补助提供了法律支持，从而有利于从整体上降低企业培训成本。此外，由于企业学徒在培训过程中所从事的生产活动产出的价值大致能够抵消培训总成本的 2/3[2]，且培训活动结束后，企业还可以直接雇佣最熟练的学徒来为企业服务，这一做法不仅将进一步节省企业在招募员工过程中的广告成本、人员成本、雇佣外部顾问或中介的成本以及员工入职培训成本等，同时还可以使企业规避直接从市场招募员工可能导致的信息不对称的风险，加之德国政府在税法中规定：德国企业培训的支出能够得到国家个人所得税减免的优惠[3]，以上几种力量相互作用，企业参与学徒培训就有了更强的动力。

（二）该模式有利于规范各方，尤其是企业具体的培训行为

从一个角度来看，中世纪行会管理模式的保留，仅仅解决了单个企业的培训活动与行业需求一致的问题，但是还无法使单个企业利益、行业利益与国家利益关联起来。社会联合模式则化解了三者之间的矛盾，从而使企业培训在有利于单个企业利益的基础上，也符合行业和公共利益的需求。其化解矛盾的主要秘诀就在 1969 年《职业培训法案》的规定上。比如，该法案要求：企业参与培训并不意味着企业完全能够根据自己对于经济或技术的需求来开展培训，企业必须使自己所有的培训活动首先在符合国家划定的行业和标准范围内进行。此外，从行业来看，根据《职业培训法案》第 76 条的要求，各商会应该雇佣专门的培训指导员对

---

[1] Anonymous. 2022-04-17. The employee/employer relationship in Germany. https://www.howtogermany.com/pages/employee-employer-relationship.html.

[2] Solga H，Protsch P，Ebner C，et al. 2022-02-15. The German vocational education and training system：Its institutional configuration，strengths，and challenges. https://bibliothek.wzb.eu/pdf/2014/i14-502.pdf.

[3] European Centre for the Development of Vocational Training. 2009. Using Tax Incentives to Promote Education and Training. Luxembourg：Office for Official Publications of the European Communities：25.

所辖企业的培训活动和学徒考试质量实施全程监管。比如，在企业培训活动开始之前，商会有权向企业方提供培训方法和培训材料、如何与学徒处理好关系、如何优化企业培训设施等方面的建议；在培训活动开始后，指导员应定期考察企业培训活动。如果培训期间学徒对雇主或企业的不满较多或学徒考试成绩不理想，商会会增加考察次数或者与企业培训管理者及时探讨如何扭转以上不利局面。当然，如果以上情况一时无法好转，指导员还会将学徒转移到其他公司继续接受培训或者安排一些企业间的互助培训活动。除了商会、工会和雇主协会的监管，企业内部也有自我监管的力量。此外，在培训过程中，与培训相关的任何一方均可以就公司内部培训中出现的薄弱环节或滥用问题向商会提出指控，以上做法也在一定程度上规约了企业的培训行为。德国联邦职业教育和培训研究所曾在 2008 年对国内培训企业是否遵从培训质量标准进行了调查，结果显示，几乎一半的企业都为其雇员提供了指导手册，且 60%的培训学徒都采用了自我评估的方式，而企业方面的检查单也方便了企业主更为清楚所有的培训内容。此外，随着国内公司规模的扩大，对受训人员的标准化评估以及定期召开的培训师讨论会或相关会议也明显增多[①]。

（三）该模式有利于确保 18 岁以下青少年学徒培训的整体质量

德国的双元职业教育立法立足于凯兴斯泰纳所建构的慕尼黑体系的基础上。慕尼黑体系不仅将学徒的企业培训和继续教育学校的理论学习结合了起来，而且针对 18 岁以下的青少年，其学校形式的继续教育还具有强迫教育的特征。慕尼黑体系形成后，慕尼黑所在的巴伐利亚州以及德国其他各州纷纷效仿慕尼黑的做法，要求 18 岁以下的学徒必须参加继续教育学校的学习。魏玛共和国成立后，1919 年《魏玛宪法》第 145 条以国家立法的形式规定从初等学校完成 8 年义务教育的学生必须参加强迫的、普遍的继续教育类学校学习，直至其 18 岁。纳粹时期的"职业学校"（也称"强迫的职业学校"）取代了继续教育学校而成为广泛使用的新称呼，雇主依然必须遵守允许学徒和未成年雇员离开工作参加职业学习的规定，否则将被罚款。1940 年，纳粹科学和人民教育部（Ministry of Science and People's Education）曾经要求学徒的此类职业培训每周至少应为 6—8 小时。1949 年后，联邦德国绝大多数州的《学校法》（School Law）延续了纳粹时期关于强制教育的规

---

① Anonymous. 2022-04-03. Success factors for the dual VET system, possibilities for know-how-transfer. https://www.researchgate.net/publication/299395981_Success_factors_for_the_Dual_VET_System_Possibilities_for_Know-how-Transfer.

定[1]，要求凡未满 18 岁的未接受高等教育或接受继续教育的人，均须在工作日参加本地非全日制的职业学校教育[2]。德国强迫职业教育的规定与英国自愿模式的职业教育形成了鲜明的对照。

以上针对 18 岁以下青少年的学校职业教育所具有的强迫特征是德国整体劳动力素质保持在一定水准之上的制度基础，在这个基础之上，还需要各方共同努力，才能真正确保企业培训达到相同的质量标准。从目前来看，1969 年《职业培训法案》已经就制约企业培训质量的方方面面做出了详尽的安排，且各个层级的管理机构之间也进行了较为良好的协作。在这个框架结构中，联邦层面的管理机构作为双元职业教育立法制度的总设计师、总监管者，借助国家立法和部门规章，为各行各业的企业培训设定了普遍的运行原则和运行机制，从某种角度来看，这些运行原则和机制就是适用于所有企业培训的、确保其培训质量的最低要求。达到法案或规章要求的最低条件，培训活动才是合法行为。以商会、雇主协会、工会等为代表的行业管理机构是企业培训质量的直接监管者，会对企业培训的资质和质量实施全过程的监管。在该层次，商会等机构会根据联邦培训法案和部门规章的要求，结合本地本行业的实际情况，做出符合本行业培训要求的细化标准和规定。比如，柏林熟练技能手工业者商会（Berlin Chamber of Skilled Crafts）作为德国手工业商会的一个较大规模的地方组织，管理着大约 100 种手工行业、3 万名成员公司以及 9300 名学徒，为了管理方便，该商会根据联邦法案的要求，首先将其所辖的手工行业合并成 40 多种专业类别，然后对这些专业类别的培训师傅的资格，包括技术和个人能力所应达到的最低标准等做出了专门规定[3]。从企业角度来看，企业与学徒签订的培训合同表面上是对与企业培训相关的各权益人责任与义务的明确说明，但实质上，培训合同还是国家法规和行业标准在某一企业的具体化，是确保企业培训质量的法律保障。

（四）该模式有利于降低德国民众，尤其是青少年的失业率

联合各方力量、共同推动职业教育的发展是德国社会联合模式的核心和精髓。

---

[1] Deissinger T. 1996. Germany's vocational training act: Its function as an instrument of quality control within a tradition-based vocational training system. Oxford Review of Education，22（3）：317-336.

[2] Deissinger T. 1996. Germany's vocational training act: Its function as an instrument of quality control within a tradition-based vocational training system. Oxford Review of Education，22（3）：317-336.

[3] Anonymous. 2022-04-10. Dual system of vocational training in the Belin craft sector. https://www.unions4vet.de/Media/Unions4Vet/Italien/2018_06_Study_visit_CISL_Veneto/English_Presentation_Berlin_Chamber_of_Skilled_Crafts.pdf.

自产生以来，该模式一直都是德国职业教育的主导模式，德国大约80%的青年是由双元制职业教育模式培养出来的，剩余约20%的青年是在全日制的职业学校接受教育[1]。近一半以上的德国企业提供各种类型的学徒培训，其中，超过81%的大型企业均参与了各种类型的培训[2]。与英、美等国企业更为经常地从市场直接招募合格劳动力的做法相比，德国企业不仅是培训场所、培训活动、培训费用、学徒工资的提供者，而且培训结束后，培训企业还将为至少60%的学徒提供在本企业任职的机会，所有这些也自然而然地降低了德国民众，尤其是青年的失业率。比如，从20世纪80年代至今的数据来看，1981年德国的整体失业率曾达到6.3%，是近几十年来德国整体失业率最高的年度，但是1981年德国的失业率仍然处于欧盟国家的最低水平。之后的几十年里，尽管德国民众的整体失业率时有变化，但其失业率一直处于欧盟国家较低水平这一特征一直未变。2022年，德国的总体失业率为3.2%，相对应的法国是7.8%，英国是4.2%[3]。从青年失业率数据来看，以上特征仍然非常明显。例如，2023年2月，欧盟青年的总体失业率为14.5%，其中，德国青年失业率为5.7%，荷兰为7.8%，希腊为29.7%，西班牙为29.3%[4]。

近些年，由于德国国内外形势的变化，社会联合模式的运行面临诸多难题，这也对其深层次的管理结构改革提出了迫切要求。整体而言，从企业的角度来看，该模式面临的挑战主要有如下一些，比如，由于科学技术的突飞猛进，大学或应用科技类大学的吸引力骤增，目前有越来越多的年轻人不愿意再申请双元制培训；此外，技术的进步导致竞争的加剧和岗位的变换，一些企业，如金属加工和电力等行业不得不将大量的投资应用于更新和升级设备，学徒培训的成本也随之升高，为了降低成本、提升竞争能力，许多企业主不愿意再承担学徒培训的成本；还有就是经济全球化所产生的资金、商品、理念、信息和人员的流动更为频繁，当暂时的工作或协议性的工作增加时，其无疑也对相对稳定的学徒培训造成了莫大的威胁。从学校职业教育的角度来看，学徒人数的减少已经引发了日益严重的职业学校班级乃至学校关闭现象，比如，2014年德国职业学校的总数为

---

[1] Idriss C M. 2002. Challenge and change in the German vocational system since 1990. Oxford Review of Education，28（4）：473-490.

[2] Federal Institute for Vocational Education and Training. 2022-04-07. VET data report Germany 2016/2017. https://www.bibb.de/datenreport/de/aktuell.php.

[3] Statista Research Department. 2023-04-02. Unemployment rate of the largest economies in Europe from 1980 to 2022. https://www.statista.com/statistics/1173907/unemployment-in-largest-european-countries/.

[4] Statistisches Bundesamt. 2023-03-25. February 2023：EU unemployment rate at 6.0%. https://www.destatis.de/Europa/EN/Topic/Population-Labour-Social-Issues/Labour-market/EULabourMarketCrisis.html.

1552 所，比 2006 年减少了约 6.6%；2014 年职业类班级数量约为 75 200 个，比 2006 年减少了 8000 多个（减少了 9.7%）。以上情况使得在学徒居住地附近为其提供学校职业教育越来越困难，这种现象在德国东部地区更为严重。此外，高度异质的学习群体以及学徒对于与技能相匹配的知识的差异化要求，也使得许多职业学校在师资、课程和教学等方面越来越难以应对[①]。

社会联合模式的正常运转建构在利益相关的各方相互协商讨论的基础上，其制度调整的复杂性、艰巨性往往会使该模式应对变化的速度和能力大打折扣；加之该模式设计时存在的一些问题，比如，有学者就认为学校与企业之间合作不畅的问题是由于制度设计时给予了企业培训主导性的地位，而学校职业教育始终处于从属的地位[②]，以上摆在该模式，尤其是企业管理者面前的现实问题，需要从管理结构的内部进行考量才能真正解决，而如何迅速拿出使各方较为满意的解决方案，将最终决定着德国双元职业教育立法制度的未来。

三、深挖制度潜力：社会联合模式的完善

目前来看，针对双元职业教育管理模式各方遭遇的难题，德国相关各方在保留双元制合理内核的基础上，主要从以下几方面对该制度进行了完善。

（一）努力创建更为透明和密切的合作关系

德国职业教育法律法规制定者长期以来笃信强化各方合作对于各方都非常有利的信条。比如，在经济竞争加剧的背景下，企业为了生存，会不断地改进技术或进行技术的升级换代，而职业学校的运行具有一定的稳定性和滞后性，因此经常出现的一种现象就是职业学校难以招聘到合格的师资，或者难以为学徒提供最新的与企业实践相匹配的理论知识，在这种情况下，如果学校能够和企业，特别是私营企业进行良好的合作，企业就可能为职业学校现有教师提供持续的、最新的和更便宜的培训，这对于学校师资能力的提升非常有帮助。此外，企业在帮助学校设定现实的和真实的任务、提高教学质量方面也有独特之处。对于企业来说，

---

① Anonymous. 2022-08-10. Germany：Challenges and opportunities for vocational schools. https://www.cedefop.europa.eu/en/news/germany-challenges-and-opportunities-vocational-schools.

② Gessler M. 2017. Companies and schools in the German dual apprenticeship system：Historical background and recent data. International Journal for Research in Vocational Education and Training（IJRVET），4（2）：164-195.

合作也有助于企业人员素质提升和技术的稳定发展，而校企的良好合作对于受训者的就业也非常有益。

面对各方挑战，德国职业教育政策法规制定者将进一步强化各方合作作为政策的首要立足点，他们采用了各种措施鼓励企业与学校之间的合作。比如，政府会采用税收或补助等措施鼓励私营企业为职业学校提供各种服务，以帮助职业学校跟得上私营企业的快速变化；再如，政府也会努力为现有学校教师制定充足的继续教育计划，如借助计算机培训，方便教师在校内参加继续教育等；此外，政府还会出头组建一些合作机构，如1998年11月，德国政府联络各方创建了一个包括政府、雇主协会和工会等代表的"就业、培训和竞争力联盟"（Alliance for Jobs, Training and Competitiveness），其目的是促进不同机构之间的合作，以便更好地协调、更为透明地解决培训、教育、失业和劳动力市场等方面的问题[1]。

（二）采取各种方法增加培训名额

近年来，伴随着高等教育大众化进程，尽管有更多的德国青少年对于高等教育更为青睐，但是，德国也因经济转型和企业升级换代等原因而出现了学徒岗位减少、学徒名额不足的现象。针对这一现象，德国政府采取了多种多样的举措。比如，德国政府近些年会鼓励更多的学生参加全日制的校本课程，其目的是解决企业学徒名额不足的问题。除此之外，为企业培训提供政府补助或设置政府培训项目是增加学徒培训名额的有效措施之一。比如，由于德国东部企业与西部企业有着不同的运行逻辑，为了鼓励东部企业接收更多的学徒，为东部企业提供政府学徒补贴一直都是德国政府惯常的做法。同时，为了劝说企业提供更多学徒岗位，联邦就业服务局（Federal Employment Service）的官员还采用了企业专访活动。比如，在1999年冬季的两周时间内，对于有能力但是却没有提供学徒培训名额的企业，联邦就业服务局的职业顾问访问了近48 000家公司，努力劝说企业提供了16 000个学徒岗位[2]。

除了以上做法，近些年，德国各级政府也开始设置一些联邦或区域政府赞助的各类培训项目或试点计划。比如，1998年底，联邦政府设置了"应对青年失业紧急项目——青年培训、技能获取和就业"（Emergency Programme for Combatting

---

[1] Idriss C M. 2002. Challenge and change in the German vocational system since 1990. Oxford Review of Education, 28 (4): 473-490.

[2] Idriss C M. 2002. Challenge and change in the German vocational system since 1990. Oxford Review of Education, 28 (4): 473-490.

Youth Unemployment—Youth Training, Skill Acquisition and Employment），该项目主要针对 10 万名尚未接受过任何初始职业培训的或已完成初始培训但失业超过 6 个月的青年，目的是通过这些培训，帮助年轻人获得额外技能并重新进入劳动力队伍，同时，政府还对已经完成职业培训的失业青年辅以免缴工资税或创造新的就业机会等措施[①]。除该项目外，德国还有许多瞄准较少的目标人群的政府资助项目，如专门面向仅获得高中毕业证书的年轻人的培训试点计划，专门面向处境不利青年的培训机会项目，或专门为提高青年妇女在技术行业中的比例的试点项目等。这些政府试点计划在一些地区和一些领域数量较多，如在柏林的某些行业，将近有一半的学生是在国家资助的培训中心，而不是在私人企业接受培训的[②]。针对政府的以上举措，一些社会合作者担心其并不能够真正解决失业问题。比如，工会方面就担心即便这批人完成了政府主导的培训，还是找不到工作，因为他们的培训更多的是在企业外部完成的，而不是在企业内部、由企业负责；此外，工会方面也担心在不断变化的经济和就业结构中，政府的以上举措并不能刺激企业提供更多的培训名额，且此举事实上并不利于帮助培训者更好地适应新技术的挑战，工会的担心事实上并非没有道理。

（三）改变学徒企业培训和学校教育的内容与要求，以更好地应对职业变迁

近年来，由于技术的升级换代，许多新兴的职业门类迅速出现，继续教给学徒具体某一岗位的操作技能的重要性日益下降，相反，教给学徒能够应对某一职业迅速变迁的职业群的知识和技能的重要性却日益提升。同时，为了缓解经济竞争加剧和岗位频繁变换的压力，更好地满足雇主对于劳动力的新需求，帮助年轻人更为独立地工作，许多培训企业不仅关注学徒的团队沟通技能、解决实际问题的技能和批判性思维技能等高层次能力的培养，还注意教会青年如何"推销"自己，以便使自己在劳动力市场更快地寻找到合适的工作。与培训企业培训内容、要求的变化相一致，德国许多的职业学校也推迟了学生学习专业课程的时间，如有建筑业学校就对 18 个职业领域的课程安排进行了统一改革，规定第一学年这些

[①] Diane-Gabrielle T，Irène L B. 2022-08-11. The German dual apprenticeship system analysis of its evolution and present challenges. https://www.teluq.ca/chaireecosavoir/pdf/NRC03-04A.pdf.

[②] Idriss C M. 2002. Challenge and change in the German vocational system since 1990. Oxford Review of Education，28（4）：473-490.

领域所有学生的学习内容完全相同，第二学年才开始专业课程的学习①。此外，学校还要求学生不仅要掌握建筑领域的专业知识，还应该具备更宽泛的其他领域的知识，以便最终能够执行相邻行业的任务。

当然，为了让仅仅拥有初始职业资格的人员，或即便拥有较高级别的职业资格但仍然期望提升自己技能层次的人员，能够拥有更高层次的职业技能和资格，最终帮助这些人有效应对失业和职业变迁的威胁，德国联邦政府还出台了专门资助此类培训的《联邦教育和培训资助法案》《提升培训资助法案》等。2010 年，《提升培训资助法案》规定拨款 1.49 亿欧元用于资助人们参加联邦或商会管理的高级职业考试，也有少部分资金用于资助人们参加州管理的此类考试②。当然，联邦和州层次还有许多类似的资助项目，如联邦教育与研究部的"学习补助金"（Learning Subsidy）项目，就是为个体的继续职业教育提供优惠券（premium voucher）和支持服务；北莱茵-威斯特伐利亚州也有类似的"教育支票"（Education Cheque）项目。据联邦职业教育和培训研究所估计，联邦和州为此类资质提升，或为中学后教育培训项目提供的资助每年大约有 5 亿欧元③。

（四）具体管理理念和方法的进一步创新

转变管理理念或者创新管理方法，向管理要效益也是德国联邦政府和州政府共同完善该管理模式的一个重要举措。比如，针对德国部分州职业学校在招聘合格教职员工以及提供高质量教学方面存在的诸多困难，德国联邦政府鼓励各州采取跨州招聘员工的办法，以确保特定职业课程教学的稳定性；除了采用跨州招聘的办法来缓解职业学校教师的短缺问题，联邦和州政府也对如何通过跨州招聘以更好地满足各类学徒的其他教育需求，以及如何使职业学校教师这一职业更具吸引力等问题投入了更多的关注。此外，鼓励不同州或不同领域的职业学校共商共建学校发展规划、共创信息和通信共享平台、提供网上教学和学习、为多个学徒群体开设专业课程以及提供更加个性化的教学等，也都是德国各级政府和社会合作者向管理要效益的举措。

---

① Idriss C M. 2002. Challenge and change in the German vocational system since 1990. Oxford Review of Education，28（4）：473-490.

② European Commission. 2022-07-09. Funding in education. https://eurydice.eacea.ec.europa.eu/national-education-systems/germany/adult-education-and-training-funding.

③ Federal Ministry of Education and Research. 2020-05-07. Getting ahead through advanced vocational training German background report on the OECD study "Skills Beyond School". https://lit.bibb.de/vufind/Record/60851.

第二节 法国职业教育立法的管理模式：
国家官僚主义模式

一、国家强势领导：国家官僚主义模式的本质特征

（一）中央政府拥有对职业教育绝对的创建权和管控权

作为集权国家的代表，法国宪法自然而然地将为民众提供各种类型、各种层次的免费、世俗的公共教育看作国家的责任。职业教育培训是法国教育体系的有机组成部分，与国家财富增长和劳动力的就业息息相关。法国中央政府同样自觉地将职业教育培训看作国家的责任，不仅很早就成为职业教育绝对的创建者和管控者，还自觉地承担着确保每一个行业的工人都"合格"并拥有符合国家规定的职业资格的重担。法国中央政府的这一核心地位表现在诸多方面。

第一，法国中央政府是职业教育法律法规制定的重要决定力量。法国初始职业教育与继续职业教育分别由教育部和劳工部管辖，初始职业教育领域实施集权式管理，继续职业教育领域实施协商民主式管理[1]。在初始职业教育领域，中央政府教育部是当之无愧的初始职业教育政策法规绝对的创建者和管控者。在继续职业教育领域，尽管有许多的法律法规是由各方民主协商后所签订的跨专业协议转化而来的，但是跨专业协议的签订乃至最后其能否上升为法律，自始至终都是在中央政府的掌控之中。

首先，跨专业协议这一方式之所以能够出现，与法国中央政府在第一次世界大战中致力于解决雇主与工会的冲突有关，可以说，没有中央政府作为发起人，就不可能有跨专业协议的出现。尽管20世纪20年代该方式几乎被废止，但是1936年《马蒂尼翁协议》颁布后，中央政府专门颁布法律认可了采用跨专业协议来解决争端的方式，自此，跨专业协议成为中央政府解决劳资纠纷和劳资权益所采用的最主要的方式和手段。其次，参与谈判和签署跨专业协议的多方代表最初是由

---

[1] Jean-Paul G，Jobert A. 2001. International briefing 8 training and development in France. International Journal of Training and Development，5（1）：81-93.

劳工部长挑选和组建的。在同层次的雇主和工会组织都非常多的情况下，究竟哪个组织或机构最有资格代表雇主和工会参与谈判？法国劳工部长尽管承认所有机构或组织都是代表本领域工人或雇主利益的实体，但是为了能够切实解决生产经营中的纷争，他将从中选择那些被认为是最能代表相关行业和地区利益的劳工和雇主代表，由这些代表组建联合委员会以开展谈判，因此，劳工部长将最终决定哪些组织、机构对于所讨论的事宜最有代表权。再次，跨专业协议的签署是由代表政府的劳工部长最终签署的。为了防止协议与政府的经济政策和其他管理措施发生任何冲突，协议签署时必须首先由代表工会、雇主和政府的公约集体委员会批准，然后由劳工部长批准后才能生效。劳工部长拥有判断该协议是否符合法国关于协议内容与形式的法律要求，并在与所有相关方协商后，有权决定是否应将该协议内容施用于没有参与协议签署的企业。劳工部长的广泛职能使得政府对集体谈判协议的签署和立法的运作产生了重要影响。最后，跨专业协议是否能够变成法案是由劳工部长最终决定的，在法国，由于大多数集体谈判所签署的协议是对立法或行政法令中已确立的原则进行的阐述和修改[①]。因此，究竟哪些协议涉及新的领域或新的解决方案，其是否有必要上升为法律法规，将主要由劳工部长最后定夺。

第二，中央政府决定着职业教育的目标、方向等重要事项。比如，中央政府是职业教育最重要的规划者，第二次世界大战后，曾为包括职业教育在内的教育事业的发展制定了多个五年计划，其中对职业教育有较大影响的是第 9 个五年计划（1984—1988），其聚焦于以下五个主题：修订不同专业的职业课程、打破不同课程之间的障碍、为职业教育提供更多资源、更新教师技能、推动教育设备现代化[②]。当前，尽管五年计划的做法早已被废除，但中央政府依然为包括职业教育在内的各类教育指引着方向。例如，法国 2005 年第 380 号法案《指导和课程规划法》（Guidance and Curriculum Planning Law）勾画的蓝图是：在强制义务教育结束时，100%的学生能够获得一个文凭或认可的资格证书；在高中结束时，80%的学生能够获得高中文凭[③]。2017 年的最后 3 个月，中央政府计划在职业培训、学徒制和基于工作的培训领域开始一系列影响深远的改革尝试。其中的一项雄心勃勃的五年（2018—2022）技能投资计划，将为 100 万名求职者和 100 万名离开劳动力市场的

---

① Eastman S. 1954. The influence of government on labour relations in France. The Canadian Journal of Economics and Political Science，20（3）：296-307.

② Bagnall N F. 2000. The balance between vocational secondary and general secondary schooling in France and Australia. Comparative Education，36（4）：459-475.

③ European Agency for Development in Special Needs Education. 2021-07-23. France：Summary，country report on the vocational education and training system，REFERNET Cedefop. https://www.european-agency.org.

年轻人提供培训[1]。

第三，中央政府是职业教育资金的重要提供者。教育是中央政府优先关注的领域，每年将国家预算的 21% 用于教育[2]。20 世纪 70 年代以来，法国劳工立法逐步强化了工人的培训权，同时逐步增加了政府对于各类职业教育的投资。中央政府主要通过教育预算为职业教育提供资金。资料显示，1992 年，法国初中和包括职业高中在内 2/3 的费用均由中央政府承担[3]；尽管 20 世纪 70 年代以来的分权改革使大区和企业逐步成为与国家并列的职业教育投资者，但是，1980—2000 年，所有层面的地方政府承担的教育总费用从 15% 提升到 21%，而中央政府的支出仅仅从 70% 下降到 64.5%[4]，中央政府依然承担着大部分的职业教育创建的重任[5]。

从监管的角度来看，法国巴黎有 100 名左右的国家总督学，他们会向教育部长提交包括职业教育发展情况在内的教育报告，该类报告具备国家调查的性质[6]。此外，法国公立职业高中教师，以及在高等教育机构中从事职业教育教学和研究的人员也都是由教育部长直接雇佣的[7]。

（二）全国职业教育形式、内容、标准与质量的整齐划一

尽管有大区和社会合作者的责任分担，法国中央政府却无可置疑地承担着最主要的推动职业教育法律法规创建、管理的重担，可以说，中央政府的触角真正深入法国职业教育与培训的路线订立、国家计划制定、课程组织、教学管理和评估等方方面面，其中，确保各类型、各层次职业教育的形式、内容、标准与质量的整体划一性也是中央政府着力追求的目标。

比如，基于易于管理且相对高效的特征，法国中央政府创建了以学校形式占绝对主导地位的法国职业教育系统，方便其在较短的时间内培养出更多的人才。

---

[1] Anonymous. 2022-07-25. France：Series of reforms to transform vocational training. https://www.cedefop.europa.eu/en/news/france-series-reforms-transform-vocational-training.

[2] Magaziner J. 2022-08-15. Education in France. https://wenr.wes.org/2015/09/education-finance.

[3] Anonymous. 2021-07-17. Post-16 vocational education and training in France. https://dera.ioe.ac.uk/3432/1/post_16_-_france.pdf.

[4] Cros F，Jean-Pierre O. 2021-08-05. Country background report for France. https://www.oecd.org/france/30414627.pdf.

[5] Mazur A G. 2013. Republican universalism resists state feminist approaches to gendered equality in France//Mazur A G. State Feminism，Women's Movements，and Job Training：Making Democracies Work in the Global Economy. New York：Routledge：155-183.

[6] Anonymous. 2021-07-17. Post-16 vocational education and training in France. https://dera.ioe.ac.uk/3432/1/post_16_-_france.pdf.

[7] Schreiber-Barsch S. 2021-07-16. Adult and continuing education in France. https://www.die-bonn.de/doks/2015-frankreich-01.pdf.

此外，由于教育部和其他相关部委能够对各类职业教育培训课程设置和各类证书颁发实施最后的控制①，因此，中央政府会非常容易地对职业教育的目标、学制、课程、入学要求、资格授予和证书类型、师资条件等提出明确统一的要求。在法国，所有具有同一类型、同一技能水平的学生或雇员都能获得相同的资格或证书，其所获得的资格证书或文凭均适用于国内所有同一类型的企业甚至行业。从内容维度来看，由于深受启蒙时代理性之光的影响，加之根深蒂固的共和国价值观及其内在的普遍平等理想，法国人不仅相信"通识文化"的价值，还非常看重在各个层面保持理论和技能之间的平衡，由此使法国各类职业学校的课程设置和课程内容比其近邻的英国和德国体现出了更强的抽象性、文本性和理论性等整体特征。

（三）大区以及其他社会合作者有限分担职业教育的创建与管理权限

大区政府是从20世纪80年代后开始有限分担高中层次职业教育的规划、资助、管理、咨询等多种权限的。根据2004年第809号法案，大区理事会取代了法国国家计划总署和现代化委员会的职权，可以根据本地经济和社会发展的优先事项，与国家以及其他社会伙伴协商其领地范围内的职业培训规划和各项事宜②。此外，20世纪80年代也是工会、雇主机构、专业协会、家长和学生代表等作为各类职业教育的社会合作伙伴参与决策的开始。

大区和其他社会合作伙伴分担职业教育规划、投资与管理的职权。目前，法国大区规划对于满足地方企业的劳动力需求进而促进地方经济发展有着重要价值。除了教育规划权，大区主要依靠地方政府教育拨款以及从学生和雇主处收取的学费或税费为职业高中以及高中层次的继续教育机构提供资助。近些年，大区政府对于高中层次继续教育的投入呈不断增长之势，2012年，大区政府承担了成人和继续教育机构14%的资金投入③。除了规划和资助权，大区政府还是高中层次职业教育的主要管理者。按照教育部的统一要求，大区政府主要依靠由家长、教师、学生、商会和大区行政当局代表所组成的管理机构对职业高中进行管理。1989年以来，教育部要求大区管理机构每年都要制定年度战略计划，此后，要就其执

---

① Brauns H. 1998. Vocational education in Germany and France. International Journal of Sociology，28（4）：57-98.

② Schreiber-Barsch S. 2021-07-16. Adult and continuing education in France. https://www.die-bonn.de/doks/2015-frankreich-01.pdf.

③ Schreiber-Barsch S. 2021-07-16. Adult and continuing education in France. https://www.die-bonn.de/doks/2015-frankreich-01.pdf.

行情况向直接负责大区教育行政事务的机构和大区行政当局提交年度报告[1]。除了以上职权外,大区政府还会参与国家或部门层面各类职业资格标准、课程标准等的订立。比如,国家职业资格证书认证委员会目前的 47 名成员中,有 3 位大区代表;教育部的 14 个职业咨询委员会、劳工部的 7 个职业咨询委员会中也都有大区的代表[2]。

  整体来看,与大区一样,社会合作者主要从以下几方面参与创建和管理工作。第一,为职业教育提供资金或直接开展职业培训。1971 年《德洛尔法》确保了企业作为职业教育最有影响的利益相关者的法律地位,自此企业成为继续职业教育最主要的资金提供者或直接创建者,与其他社会合作者一起撑起了法国职业教育的半边天。比如,2012 年,法国企业在继续职业教育方面的投入占了该领域全部投入的 43%,私人家庭占了 4%[3];2015 年,法国 79%的企业直接提供了各种各样的职业培训[4];此外,法国超过 3/4 的学徒培训中心是由私立机构、手工业和商业类商会等开办的[5]。第二,近些年,为配合立法对于雇员培训权的保护,法律尤其要求雇主要更为主动地参与员工的培训和管理,要采取提前告知、协商、谈判等手段,确保员工的带薪培训、培训假期、经历变能力验证系统、生涯访谈等各项培训权利。第三,与大区类似,社会合作者也是各类职业教育资格、课程标准、质量保障等规范条例制定时重要的参与者,会与大区代表一同参与各类职业咨询委员会的工作。比如,工程学位委员会是工程学位授予领域的咨询机构,该机构由 16 名高等教育机构代表、8 名国内较大的雇主机构的代表以及 8 名工程领域的专业协会代表和工会代表构成[6]。此外,在各类职业学校、培训中心运行的过程中,家长协会以及其他社会伙伴等也可以就某方面的重要问题提出意见或建议。

---

[1] Anonymous. 2021-07-17. Post-16 vocational education and training in France. https://dera.ioe.ac.uk/3432/1/post_16_-_france.pdf.

[2] Paddeu J, Veneau P, Meliva A. 2022-08-01. French national qualification framework: Its genesis, working and new challenges. https://halshs.archives-ouvertes.fr/halshs-02890938.

[3] Schreiber-Barsch S. 2021-07-16. Adult and continuing education in France. https://www.die-bonn.de/doks/2015-frankreich-01.pdf.

[4] Checcaglini A, Marion-Vernoux I. 2021-05-20. A comparative perspective on training in Europe: French companies hit a glass ceiling. https://halshs.archives-ouvertes.fr/halshs-02975461/document.

[5] Anonymous. 2021-07-17. Post-16 vocational education and training in France. https://dera.ioe.ac.uk/3432/1/post_16_-_france.pdf.

[6] Paddeu J, Veneau P, Meliva A. 2021-08-01. French national qualification framework: Its genesis, working and new challenges. https://halshs.archives-ouvertes.fr/halshs-02890938.

二、国家强势领导的优劣势

国家官僚主义运行模式的实质是中央政府整齐划一的管理和控制。尽管该模式非常有利于政府在短期内集中所有的人财物，迅速推动职业教育的发展，但是，集权传统是一把"双刃剑"，可能会抑制地方自主性的发挥，使社会合作者，其中主要是企业的积极性遭遇重挫，进而对职业教育的发展产生严重阻碍。

（一）国家力量的强势导致法国职业教育机构功能重叠，管理体制运行不畅

20 世纪 70 年代之前，除了法国农业部拥有工程教育基地并能颁发少量的工程方面的学位外，教育部是国内唯一的各类教育服务机构和文凭颁发单位，当时的大多数法国人认为，只有获得了教育部颁发的各类文凭，才是接受"国家教育"的标志。《德洛尔法》规定促进职业继续教育是雇主和雇员的国家义务，雇主可以选择自己开展员工培训，或者选择向继续教育部门缴纳培训税。《德洛尔法》不仅奠定了法国企业平等资助职业教育的基础，且直接催生了巨大的培训市场，法国不同机构或团体也纷纷加入提供继续职业教育的行列中。于是，最早是农业部和劳工部，然后是青年和运动部、社会事务部、文化部等先后创建了自己的培训机构并于随后开始颁发各自的培训证书。面对以上情况，教育部也不再反对行业部门开展培训并授予各行业的资格证书，于是各行业乃至后来的私立机构等都开始加入提供职业教育和授予各类资格证书的行列中。也就是从那时候起，法国各类职业培训机构和管理机构不仅数量众多，且各自的培训目标、资金来源、管理规则、资格或证书颁发、师资资质要求等也各不相同，从而造成了管理机构极端分散且功能重叠等弊端。比如，法国农业部于 2003 年所管辖的中学生数量不超过全国总量的 3%，尽管所管辖的师生较少，但是农业部在农村地区也拥有自己的中学网络[1]。再如，法国的学徒计划长期以来发展得非常不好，其原因就与公共服务部门机构重叠、官僚气息浓厚、缺乏服务意识，由此导致许多的学徒教育政策难以真正落实有关。在 2014 年的一份报告中，法国最有影响力的经济学家就详细描述了该国学徒计划中的一连串问题，揭示学徒制被官僚繁文缛节所淹没，被相互竞

---

[1] Hörner W. 2006. France//Hörner W, Döbert H, von Kopp B, et al. The Education Systems of Europe. London: Springer: 263-283.

争和不一致的机构管理所削弱,以及存在融资不透明等诸多问题[1]。此外,由于国家控制,职业教育领域的任何改变都需要一系列耗时的官僚审批,这也严重地影响了学徒改革的速度。当然,包括学徒项目在内的法国职业教育发展不佳也与法国民众对职业教育的片面看法有关。长期以来,法国民众对于高学历、高文凭的追求成风,由此导致法国初中毕业生中成绩最好者有机会进入普通教育轨道,次好的进入技术教育轨道,再差点的进入职业轨道,最差的才进入学徒轨道,职业类教育逐步沦为学业失败者的收容所。80%职业轨道的学生在其12岁时的学业成绩普遍落后于同龄人[2]。

(二)国家力量的强势可能会抑制地方自主性和企业积极性的发挥

20世纪70年代以来,法国职业教育立法一直在推动职业教育管理体制从国家绝对控制向多种利益主体分权和民主协商的形式过渡。在这一转变过程中,国家作用的弱化无疑为职业教育带来了许多崭新的气象,如由于不同部委、不同部门共建共治局面的形成,法国职业教育在财政资助、课程、文凭或资格授予、师资等相对统一的基础上呈现出丰富多样的特征,较好地满足了社会各方面的教育培训需求;与此同时,地方政府和社会合作者加入职业教育的创建、资助与管理过程中,对于分担中央政府的压力、照顾到各方利益也非常有益。但是,与欧美其他职业教育发达国家相比,法国职业教育领域的分权改革还很不到位,地方政府、社会合作者与国家力量依然存在明显的不对等,国家的强势地位并没有改变。

由于国家力量的一支独大,法国职业教育的运行受到了政治因素的严重影响,职业教育对政治气候的反应甚至更为灵敏,对市场变化、企业需求的应对还很不及时,反应还很不积极[3],加之法国传统以来缺乏"协商主义"文化的影响,政府很少主动去调动社会合作伙伴,尤其是企业合作的积极性,由此导致国家主导的职业标准、课程创设、师资招聘等的要求常常与市场需求相偏离。此外,由于缺乏市场力量的深度合作,法国职业教育课程长期以来偏好理论和抽象知识,对以实际工作为导向的职业性、实用性知识和技能的重视不够,且职业教师招聘时也强调其正式的教育资格,而不是实践工作经验,所有这些都不利于市场需求人才

---

[1] Briançon P. 2022-07-28. The education of Emmanuel Macron. https://www.politico.eu/article/emmanuel-macron-reform-apprenticeships-education/.

[2] Brauns H. 1998. Vocational education in Germany and France. International Journal of Sociology,28(4):57-98.

[3] Fawcett C,Sawi G E,Allison C. 2022-02-25. TVET models,structures and policy reform evidence from the Europe & Eurasia region. https://pdf.usaid.gov/pdf_docs/pa00jzsw.pdf.

的培养，也对法国失业问题的解决造成了很大困难。

（三）国家力量的强势可能会使法国职业教育的实际运行效率大打折扣

国家力量的过于强势使法国职业教育的实际运行效率大打折扣，这一点体现在许多方面。

首先，它可能表现在法律法规难以真正落实方面。与其他国家相比，法国职业教育法律将培训权看作基本的人权，且保障雇员的培训权，法国职业教育法律法规理念的先进性和体系的完整性无疑非常突出。但是，由于国家力量的一支独大，法国许多职业教育政策的出台过程缺乏与市场主体以及与其他合作者的深入协商，难以充分照顾到各方面的利益需求，这就为其执行效果不佳埋下伏笔。比如，法律规定雇主至少每两年需要对雇员进行一次生涯访谈，每六年雇主必须为所有员工提供一份个人书面技能评估报告等，许多企业在执行以上政策的过程中会大打折扣[1]；尽管法国拥有让其他国家羡慕的"经历变能力验证系统"，但是目前的申请者却寥寥无几，所有这些都影响了法国民众的就业或保有工作的能力。其次，它也可能表现在职业教育的大量投入与职业教育成效不佳之间的矛盾方面。自1971年《德洛尔法》提出促进继续教育是雇主和雇员的义务，雇主可以选择自己开展员工培训，或者选择向继续教育部门缴纳培训税，由继续教育部门来推动培训的开展以来，法国企业培训就成为一项耗资巨大的事业。比如，1991年，法国企业缴纳的培训费用达到了平均工资总额度的1.5%，其中较大企业将其员工工资总额的3.35%用于培训，10人以下的小企业比大企业大约少1%—1.5%；1996年，法国单用于企业培训的费用占法国当年GDP的比重从1976年的0.4%上升到了1.5%[2]。2010年，法国继续职业教育方面的花费恰好是欧盟国家平均水平的两倍，法国将总体劳动力成本的1.6%用于该类教育和培训，而欧盟国家的平均投入是0.8%[3]；近些年，法国每年在职业培训上约花费320亿欧元[4]。但是，由于行政系统的复杂性、培训质量问题以及对学徒计划的负面看法，员工和企业都很难从

---

[1] Subramanian D, Zimmermann B. 2020. Voice in French corporate training: A critical issue in developing employee capability. Economic and Industrial Democracy, 41（2）: 296-322.

[2] Mazur A G. 2013. Republican universalism resists state feminist approaches to gendered equality in France//Mazur A G. State Feminism, Women's Movements, and Job Training: Making Democracies Work in the Global Economy. New York: Routledge: 155-183.

[3] Schreiber-Barsch S. 2021-07-16. Adult and continuing education in France. https://www.die-bonn.de/doks/2015-frankreich-01.pdf.

[4] Sigere S. 2022-07-28. The future of work: A new deal for skills in France? https://policynetwork.progressivebritain.org/opinions/essays/the-future-of-work-a-new-deal-for-skills-in-france/.

投资中获得真正回报。法国的失业率，尤其是青年的失业率长期以来居高不下，有学者甚至抱怨：一般来说，经济疲软期可能会出现高失业率，但法国即使处于强劲的经济增长期也保持着高失业率①。此外，政府一支独大、与各方协商不足所导致的政策短视或政策之间的相互矛盾，甚至会导致更为严重的社会动乱。比如，为了鼓励雇主提供更多雇佣机会，20世纪70年代末以来，法国政府在并未与工会和民众代表充分协商的基础上鼓励临时雇佣，允许雇主与雇员签订实质上更为灵活的就业合同。2006年的一项政策甚至允许雇主在首次聘用合同中无需确保雇员最短两年的雇佣期，只要雇主愿意，正式通知雇员即可解聘雇员。该类政策几乎抵消了法国所有保护个人培训权政策的益处，对无论是否受过良好教育的青年的就业均造成了恶劣影响。该政策不仅立马遭到了工会组织和青年的强烈反对，进而还引发了250多个城市百万民众的罢工甚至街头暴力②。

因此，在政府不断放松管制的背景下，继续推动市场主体——企业在职业教育管理机制中发挥更大的作用，同时促进多元利益主体共建、共商、共治局面的形成，无疑将是促进法国国家官僚主义职业教育管理体制进一步优化的关键。

三、用市场力量平衡国家模式的劣势

大多数的法国批评家都认可法国的社会经济模式是国家文化独特性与国家主导的经济持续的、相当僵硬的结合。由于强大而密集的官僚主义在机构管理过程中无处不在，因此，其经济领域的管理就具备了四个显著的特征：首先，国家在经济生活中无处不在；其次，对等级制度的深刻尊重；再次，管理中顽强的地位归属感；最后，低信任的联盟关系容易定期爆发冲突③。从法国经济发展的历史和现实的角度来看，以上学者的总结还是非常到位的。将以上学者对于法国社会经济领域管理模式的总结用来描述职业教育立法外显的管理模式，在笔者看来，也是完全没有问题的。当然，20世纪70年代以来，为了改变国家几乎统领职业教育领域一切活动的弊端，以国家力量牵头，法国已经进行了诸多方面的改革，也取得了诸多成就。但是，由于法国职业教育立法管理模式的改革更多是由国家力

---

① O'Kane K L, Perdue L G. 2021-08-16. Youth unemployment in France and the policies behind it. http://digitalcommons.uri.edu/srhonorsprog/209.

② O'Kane K L, Perdue L G. 2021-08-16. Youth unemployment in France and the policies behind it. http://digitalcommons.uri.edu/srhonorsprog/209.

③ Jenkins A. 2002. Current Volumes in the Series: Employment Relations in France, Evolution and Innovation. NewYork: Kluwer Academic Publishers: 1.

量牵头的，而国家正好是许多问题的根源，因此法国此方面的改革还很难触及问题的根本，其更多的成效仅体现在细枝末节方面，进一步完善其管理模式的难度仍然非常大。整体来看，法国对于职业教育领域国家官僚主义管理模式的改革主要体现在以下几方面。

第一，继续完善与大区以及社会合作伙伴的协商谈判机制。法国长期以来的集权主义传统，使法国具备较少的协商主义文化。如果没有中央政府的插手或国内外形势的变化，法国大区、社会合作伙伴与中央政府之间的协商谈判几乎是不可能存在的。比如，20世纪70—80年代以来，以英、美国家为首的世界上许多国家的新自由主义、新管理主义改革，使许多国家的政府进一步降低了劳动力监管力度，同时强化了劳动力就业的灵活性，也开始更多地支持多部门协商谈判机制的创建。以上趋势进一步强化了法国政府分权改革的决心。比如，法国2004年第391号法案和第809号法案加快了政府权力下放的进程，企业层面的社会合作伙伴的协商谈判权力得以进一步强化；2017年11月至2018年2月，法国社会合作伙伴还就继续职业培训体系建设方面的一系列问题开展谈判，其中达成的任何协议都成为此后该领域法律出台的基础，从而使继续类职业教育成为较为受益的领域之一。

当前，在现有法律的引导下，为提高雇员的生产技能和就业能力，可以说协商谈判已经在法国企业层面逐步成为习惯。不仅法国政府对多部门和企业层面各利益团体的谈判协商权给予了更多法律保障，且单从企业方面来说，法国企业也更愿意多开展企业层级的协商谈判，因为只有这样做，才可以在一定程度上降低国家立法甚至部门谈判协议对于单个企业所施加的约束，从而使企业在经济活动和职业培训方面的自主权有所提升。目前，法国一些企业培训计划的制定多是由雇主与员工代表协商后启动的。此外，法国政府还进一步推动了社会合作伙伴和区域之间的协调行动，以便全面推动继续职业教育的发展[①]。

第二，以学徒制改革为抓手进一步提升法国职业教育的市场化水平。德国职业教育制度成功的基础是企业更有意愿提供学徒培训。企业成为学徒培训主要的投资方、责任方和最大的用人方，所有这些都使得与其他国家相比，德国职业教育的成本较低、效率较高。与德国不同，长期以来，法国的职业教育以学校教育形式为主，学校职业教育与学徒制相比，本身就很难与市场需求密切结合，再加上法国国家官僚主义的运作模式也使得人们对于市场力量不太重视，所有这些就

---

① Anonymous. 2022-07-25. France: Series of reforms to transform vocational training. https://www.cedefop.europa.eu/en/news/france-series-reforms-transform-vocational-training.

使得法国学校所培养的人才在就业方面并不太顺利,法国成为欧盟国家中青年失业率较高的国家之一。比如,法国青年失业率长期保持在 25%,是德国 7%青年失业率的 3 倍多。有人在归因时认为德国拥有 140 万名青年学徒,是法国 40 万名学徒的 3 倍多,这才是德国青年失业率低的主要原因之一[①]。为了改变法国青年大量失业的被动局面,法国政府大力提倡德国模式的学徒制,旨在让学徒制改变法国职业教育的被动局面。比如,2005 年法国通过了《社会凝聚力计划》,设定了到 2009 年使 50 万名法国年轻人成为学徒的目标[②];马克龙上台后,其第二阶段的改革就是大力推动学徒制,意在让私营企业为那些希望从事技术工作的学生提供学徒机会,以专业的学徒培训来补充学生学校教育的不足并促进就业。他的这一努力得到了许多党派的赞同,该做法对于重塑法国经济,使其走上更为稳固的、促进就业增长的道路至关重要。

此外,近些年,法国也给予了企业界在学徒培训或继续教育中更大的决策权,以便更好地发挥它们的主导作用。比如,先前的学徒培训和各类继续教育都是由多个政府机构共同管理的,这就导致企业在谋划职业教育项目、选择培训重点方面容易受到各种力量的掣肘。给予企业更多的决策权,让企业成为学徒培训和继续教育的主导,就可能使学徒培训更为贴近市场要求,从而更好地满足企业的用人需求,进而有利于降低失业率[③]。该做法也是法国职业教育旨在更好地发挥市场作用的一个举措。

第三,将应对失业和职业变迁问题作为职业教育重点关注的问题。自 20 世纪 70 年代能源危机出现之后,世界大多数国家都出现了物价与失业率同时上升的困境[④]。为了提升各类人员应对失业和职业变迁的能力,法国不同时期出台的教育法都鼓励更多的学生获得高中层次的各类文凭和证书。1990 年后,进入职业轨道的学生数量有了显著的增长,从当时的 3%已经增长到 2011 年的 19%,与此同时,伴随着该类学生的大规模扩张,高中层次的 4 级职业证书获得者的数量也有了大幅增长,从 1970 年的 3%增长到了 2011 年的 16%[⑤]。此外,自 2009 学年始,法国

[①] Briançon P. 2022-07-28. The education of Emmanuel Macron. https://www.politico.eu/article/emmanuel-macron-reform-apprenticeships-education/.

[②] Mouna V. 2022-05-12. Social Cohesion Plan presented. https://www.eurofound.europa.eu/publications/article/2004/social-cohesion-plan-presented.

[③] Sigere S. 2021-05-08. The future of work:A new deal for skills in France? https://policynetwork.org/opinions/essays/the-future-of-work-a-new-deal-for-skills-in-france/.

[④] 高希均,林祖嘉. 2019. 经济学的新世界. 南昌:江西教育出版社:40.

[⑤] Powell J J W, Graf L, Bernhard N, et al. 2012. The shifting relationship between vocational and higher education in France and Germany:Towards convergence? European Journal of Education,47(3):405-423.

还出现了一种专门为那些想要获得 4 级职业证书的学生提供三年完整的量身定制的支持计划。这一支持计划有专门的教师负责，面向需要提供一对一帮助、希望提前制定职业规划（如希望接受高等教育或改变职业道路）的学生。同时，为了让该轨道的高中生或学徒具备欧洲或全球视野，增加其与各种各样的合作者开展合作的可能性，法国还借助一些欧洲计划、双边计划或特定计划等，开展多种多样的国外培训、实施交换生制度、提倡田野学习、与国外企业合作等。比如，欧洲课程计划就是法国教育部制定的一项鼓励法国中学要有欧洲和国际视野的学习计划。该计划除了强调语言学习，还鼓励学生拥有国外企业的工作和培训经验。此外，政府也鼓励职业类课程用外语授课。与此同时，法国还推出了许多新的高等教育层次的职业资格或文凭，同时在职业资格的授予标准方面也不断推陈出新，其目的是提升人们应对失业和职业变迁的能力。

由于失业问题主要影响到那些没有资格证书或文凭，以及技能较低的人，利用职业培训来解决失业问题就更容易被民众所接受，因此，法国出台了一系列借助职业教育和培训项目来遏制失业的计划和举措，将先前主要划归到教育政策范畴的一些做法转而划归到控制失业和提升劳动力就业能力的就业政策范畴，以便帮助劳动力市场上最为脆弱的群体，如没有文凭或资格的年轻人、长期失业者、老年工人或寻求重返工作的妇女等在培训过后能够重新就业，法国职业教育因此逐步演变成为"劳动力的市场进入机制"[1]。2008 年，法国政府推出了三项就业计划，其中郊区希望计划（Hope for Suburbs Plan）主要针对贫困地区的年轻人，为他们提供教育、交通和就业帮助；青年就业应急计划（Emergency Plan for Youth Employment）主要针对弱势青年，特别是早期辍学者、拥有移民或少数民族背景的人以及生活在条件不好的社区的人，该计划是一种旨在促进工作经验与正规培训相结合的计划；青年行动计划（Acting for Youth）则提出了专门为早期辍学者或其他弱势年轻人创建第二次机会学校（Second Chance Schools）的设想[2]。

第四，提升职业教育的公平和效率。尽管法国每年大约有 42% 的劳动力接受各种各样的在职培训，但是，其在培训的公平和效率方面一直以来存在各种各样的问题。整体来看，诱发培训公平和效率问题产生的原因是多种多样的，

---

[1] Jean-Paul G, Jobert A. 2001. International briefing 8 training and development in France. International Journal of Training and Development, 5 (1): 81-93.

[2] Smith M, Toraldo M L, Pasquier V. 2022-04-28. Barriers to and triggers of innovation and knowledge transfer in France. https://www.style-research.eu/wp-content/uploads/ftp/STYLE-D4.1-Country-Report-France.pdf.

如由于来自国家和区域不同层次的工会和雇主协会经常征收商业税，以对其所管辖范围内的职业培训进行额外补助，法国不同区域、不同层次民众的培训机会和培训效果自然相差非常大；还有在企业内部，管理岗位的雇员比普通雇员的培训机会多32%，在职人员比失业人员享受培训的机会大20%；再有就是法国共计9万多家的培训提供者也缺乏相应的管理规则的约束，这也是导致培训公平和效率问题频发的原因。为了改变以上不利局面，政府一方面在教育系统中，通过立法强调应保证所有学生或学员都能获得一套共同的知识和技能，以帮助他们在职业生涯中获得更为平等的机会；另一方面，马克龙上台后，致力于对继续教育系统进行改革，保证培训的公平和效率也是其系列改革想要达到的目标①。

第三节　英、美职业教育立法的管理模式：市场模式

　　英国是世界上最早拥有自由市场经济管理体制的国家。早在18世纪中叶，英国就已经出现了较为完善的市场经济管理体制。19世纪70年代之前，英国在世界工业、贸易、海运、金融等方面居于垄断地位，是当之无愧的"世界工厂"和"日不落帝国"。美国文化更多地传承英国，英、美两国有着许多相似的政治经济文化制度及治国理念，自第二次世界大战后，美国一直雄踞着西方世界霸主的地位。在职业教育立法方面，虽然英、美两国在立法创制、立法实施和立法监督等方面有许多不一致的地方，但是同属英美法系的两国，在处理政府、市场、企业的关系方面，在职业教育资金的划拨方面，在对待学徒制的态度等方面却又有许多类似的做法，两国同样都可以划归到市场模式管理体制的国家行列②。其中，尤其是英国，不仅是市场模式职业教育管理体制的主要塑造者，同时也是敢于对该模式弊端进行大刀阔斧改革的国家之一。本节将以英国为例，对市场模式管理体制的本质特征、优劣势及完善措施进行剖析。

---

　　① Sigere S. 2022-07-28. The future of work：A new deal for skills in France？https://policynetwork.progressivebritain.org/opinions/essays/the-future-of-work-a-new-deal-for-skills-in-france/.

　　② Deissinger T. 2022-06-02. Apprenticeship systems in England and Germany：Decline and survival. http://kops.uni-konstanz.de/handle/123456789/34163.

一、市场机制的应用：市场模式的本质特征

（一）政府主要依靠经济手段干预职业教育发展

市场模式职业教育立法管理制度与自上而下的，由中央政府以要求、命令或其他方式强制推行和实施的制度截然不同，其管理者对究竟由哪些机构提供职业教育培训机会、如何进行教育培训等具体事宜不会过多关注，直接从市场上购买由培训机构提供的、由考试和证书授予机构认证的服务才是解决问题的关键。由于其独特的关注点和管理方式，市场模式的职业教育立法制度也是一种尽量少地干预职业教育实施主体的具体工作、较好地发挥实施主体独立性和创造性的一种制度形式。比如，1853年英国政府成立的科学工艺部，从一开始就将经济资助作为推动科学技术教育发展的手段。该部会详细罗列拟所资助的跟科学与技术教育相关的项目名单、评估标准和资助金额[1]，会根据学生考核成绩向那些取得较好教学效果的学校或人员提供更多的补助。由于学生的考试成绩和随后授予的各类资格证书数量是评价培训效果优劣的最重要标志，有学者曾戏称科学工艺部的工作人员事实上是在完成审计员的工作[2]。尽管该做法在当时就备受世人批评，且英国政府此后也曾试图纠正该做法过度的经济动机，但无论怎么改革，经济手段自始至终都是英国政府采用的最为核心的管理手段。比如，当前英国政府依然是从市场、供方、买方等角度来看待职业教育培训的。2019年英国教育部在一份报告中提出："在高效的培训市场中，政府鼓励职业教育的供应商去提供满足学员、雇主和社会需求的4—5级教育，同时，不鼓励那些可能限制客户（其中主要指学员或雇主）自由选择权或阻碍供应商市场竞争行为的活动。"[3]英国政府每年大约为各类职业教育供应商提供32亿英镑的补助[4]。

---

[1] Ellis T, Griffith E. 1889. Intermediate and Technical Education (Wales): A Manual to the Intermediate Education (Wales) Act, 1889, and the Technical Instruction Act, 1889. London: National Association for the Promotion of Technical and Secondary Education: 95-101.

[2] Edmonds E L. 1957. The science and art department: Inspection and/or examination? The Vocational Aspect of Education, 9 (19): 116-127.

[3] Department for Education. 2021-10-15. Review of the level 4-5 qualification and provider market research report February 2019. https://assets.publishing.service.gov.uk/government/uploads/system/uploads/attachment_data/file/913988/L4-5_market_study.pdf.

[4] Anonymous. 2021-11-29. Employee training funded by the government. http://www.govgrantshub.uk/support/government-funded-training/.

（二）非政府或半官方机构对职业教育培训结果实施考核与认证

英国职业教育立法制度之所以被称为市场模式的立法制度，与伦敦世博会后英国形成的主要由非政府或半官方机构进行职业能力考核、认证的做法有着密切的关系。最初，为鼓励机械师协会开设科学和技术类课程并对学成后的学生进行认证，1856年英国工艺协会开始举办技术和商业方面的考试并颁发相应的证书；科学工艺部成立后，1861年也开始举办科学技术类科目考试并授予相应资格；1888年伦敦城市和行会协会高等技术教育分会接手工艺协会考试局高等技术类科目考试的组织和证书颁发工作[1]。最初的几大考试和认证机构往往会将从事某一职业所要求的核心技能划分为不同的等级，再对每一等级所应该掌握的技能提出明确的要求，此外，为方便科学工艺部进行资助，学生每通过某一等级的考试，培训机构、教师等所能够获得的补助也会被明确标出。作为一种主要关注劳动力教育培训结果的评估形式，该做法不仅省去了创建或改建教育培训机构以及对其全过程进行监督和评估的花费，还能在较短的时间内为某一行业筛选出合格的从业者，对于保障或提升某行业整体的教育培训标准、引导更多的机构开展此项工作有着巨大的促进作用。此外，作为第三方评估，该做法也具备较为客观、公正的特征，因此，它一出现就在英国较受欢迎。19世纪末，仅科学工艺部举办的各类资格考试的试卷就有16万份[2]。为了进一步满足市场需求，英国政府随后出台政策以鼓励高等院校组织各自领域的资格和文凭考试，要求教育部和专业团体负责监管该领域的工作，另外创建专门的外部评估团体对这一事务的全过程进行监督。以上做法较好地满足了民众的需求，但是也导致英国职业考试和资格证书体系长期被戏称为"丛林"和欧洲最为复杂的体系现象的出现。

（三）成本收益原则控制着职业教育培训的供给

传统以来，英国职业教育培训的主要提供者包括企业、各类继续教育机构。从企业的角度来看，自英国自由放任市场经济体制形成后，作为自主经营、自负盈亏、独立核算的法人，英国企业或企业所在的行业就承担着劳动力培训或供给的主要责任。由于企业存在的目的一般是营利，因此企业是否愿意提供职业教育或学徒培训，主要是其预期获得的短期或长期、可见或不可见的收益与其所付出

---

[1] Walker M A. 2015. The impact of the great exhibition of 1851 on the development of technical education during the second half of the nineteenth century. Research in Post-Compulsory Education，20（2）：193-207.

[2] Kennerley A. 2001. Nationally-recognised qualifications for British merchant navy officers，1865-1966. International Journal of Maritime History，（1）：115-135.

的成本之间对比的结果。只有在确保投资能够收回或收益适当、确保其所教育或培训的对象不会被其他企业所偷猎的情况下，他们才愿意进行高风险的投资[1]。从继续教育机构的角度来看，英国很多的继续教育机构最初是由机械师讲习所创办的各类绘图、纺织教室、设计或编织学校等转变而成的，1944年英国《教育法案》又将第二次世界大战后主要服务于退伍军人再就业的技术学院、成人教育机构等定义为继续教育机构。受英国社会对于贵族文化、自由教育过分推崇环境的挤压，地方政府对于继续教育机构的资助往往不足，因此通过设置满足各类考试或资格授予机构要求的课程，吸引学生参加各类资格证书考试并获得中央补助是该类机构存活或继续开展培训的必要条件。撒切尔政府将继续教育机构推入竞争市场以后，该类机构很快就具有与企业类似的性质。它们会与其他教育或服务供应商争夺更多、更好的生源，在降低机构运营成本的基础上满足区域或地方需求成为该类机构存活的前提条件，这也造成了目前英国继续教育类机构的收入来源非常复杂。比如，一所不愿透露名字的继续教育学院竟有20个不同的收入来源，且这些收入来源的规模还在不断缩小[2]。同时，该类机构的生源异质性和课程多样化也在不断提升，实际上，目前已经无法将继续教育机构与其他性质的学院、私立培训机构和大学等区分开来[3]。

（四）个人必须对自己的教育和培训行为负责

一方面，英国既没有企业支持，也没有国家组织的职业培训体系，每个员工都要对自己的就业能力负责，这是国家和企业的共同立场[4]。另一方面，现代民族国家出现以来，与法、德等国不同，英国贵族反抗王权的斗争取得了绝对的胜利。由于王权受到了某种程度的抑制，英国逐渐形成了浓厚的自由主义和个人主义的传统[5]。英国民众比他们的近邻更加相信人类具有一定的理性和洞察力，能够有效地组织自己的社会交往及工作生活，且"亲任其事的人或诸人，比政府，似更能

---

[1] Gambin L, Hogarth T. 2017. Employers and apprenticeships in England: Costs, risks and policy reforms. Empirical Research in Vocational Education and Training, 9 (16): 1-22.

[2] Orr K. 2020. A future for the further education sector in England. Journal of Education and Work, 33 (7-8): 507-514.

[3] Lucas N, Crowther N. 2016. The logic of the incorporation of further education colleges in England 1993-2015: Towards an understanding of marketisation, change and instability. Journal of Education Policy, 31 (5): 583-597.

[4] Gessler M, Howe F. 2013. The German dual vocational training system—The origin of the current architecture. 技术教育学的探究, 10 (10): 17-28.

[5] 钱乘旦, 陈晓律. 1991. 在传统与变革之间——英国文化模式溯源. 杭州：浙江人民出版社：45-46.

判断他们应以何法，达到他们所预期的目的"①。在以上思想氛围的影响下，几大考试和证书授予机构推出科学与技术领域的考试和资格证书制度以来，英国申请者可以根据喜好或职业目标选择自己感兴趣的考试科目，或者根据自己的学习能力和速度，在任何时间和地点参加或停止任何级别的考试，基于申请者自愿主义的职业教育和培训传统迅速得以形成。英国的以上做法与同时期德国的做法形成了鲜明的对照。在凯兴斯泰纳教育思想的引导下，慕尼黑市早在 1897 年就对 18 岁以下的学徒参加继续教育做出了强制规定，1919 年《魏玛宪法》以及第二次世界大战后的《德国教育法》均以国家立法的形式明确要求 18 岁以下的、未接受高等教育的青少年必须在本地的非全日制职业学校继续学习，直至其 18 岁②。

二、市场机制的优劣势

用考试与证书授予和国家补助相结合的办法促进职业教育的发展，无疑会激发那些有能力、有愿望提供职业教育培训的机构或个人的积极性；此外，仅为那些满足市场需求的教育培训服务提供补助，也是市场价格、竞争机制的有效运用。但是，正如自由市场经济体制的益处和弊端都同样明显一样，市场机制的缺陷和其优点一样是非常明显的。

（一）市场机制的狭隘性无法保障民众对于职业教育概念的正确理解

市场机制的本质就是在竞争中求生存或求营利。首先，从企业的角度来说，凡是有助于企业生存或营利的，就是企业培训提供者愿意提供的，否则很难引起企业的兴趣。工业革命以来，由于社会分工以及生产线的存在，大部分企业仅需承担某一产品或某一过程的生产或经营。当企业的生产特征不再适合全时段或全过程的学徒培训时，在自由放任原则的指导下，由于英国政府没有主动促成企业在劳动力培养之间的合作，且没有为劳动力市场制定相应的规则来保护某些企业的培训行为，加上英国企业之间也没有在培训方面进行自发的合作，市场中所有的企业都担心自己的培训成果会被其他企业所偷猎，因此没有一家企业有意愿对员工进行超过最低级别的、适合本企业特定需求的培训。其次，从考试和证书授

---

① 季陶达. 1989. 约·斯·穆勒及其《政治经济学原理》. 天津：南开大学出版社：302-303.
② Gessler M. 2017. The lack of collaboration between companies and schools in the German dual apprenticeship system: Historical background and recent data. International Journal for Research in Vocational Education and Training（IJRVET），4（2）：164-195.

予机构的角度来看，为了最大程度地降低不必要的投入成本，尽快帮助申请者通过考试，然后获得尽可能多的补助或其他资助，考试和证书授予机构也不主张较为宽泛的教育和培训。因此，英国职业教育培训提供者普遍奉行"及时和足够"（just-in-time and just enough）原则，他们会有意识地缩小教育和培训的范围，尽量避免为培训人员提供文化教育，职业教育在英国被简单地理解为培训，这与欧洲大陆国家的做法形成了鲜明的对照[1]。比如，德国的职业学校最初由继续教育学校演变而来，受凯兴斯泰纳公民教育的影响，德国继续教育类学校存在的一个显著目的就是弥补学徒实践和理论知识的割裂，同时开展切实可行的公民教育。再如，法国的职业教育以学校教育为主，由于根深蒂固的共和国价值观及其内在的普遍平等理想，法国职业高中更加关注为学生提供广泛的课程[2]。法国学徒的培训内容也更为宽泛，其并非仅仅为了满足特定公司的用人需求[3]。

（二）市场机制的逐利性是职业教育低意愿、低投入的重要原因

英国政府、企业是职业教育最主要的资金投入者。由于职业教育培训很难为双方带来更多的政治或经济收益，这也严重制约了两者的参与意愿和投入。

首先，从政府的角度来看，受贵族文化传统和党派利益等多种因素的影响，为了争夺更有话语权的社会中、上阶层的选民，无论哪一个党派上台，投资技术或职业类教育从来都不是政府的优先选项。当然，尽管第二次世界大战后英国政府对于该领域的重视程度有所提高，但是与其他领域相比仍然有巨大差异。有学者指出，20世纪80年代早期以来，英国共有28个主要立法和继续教育有关，且有超过50名国务卿负责继续教育事务，但是所有关涉该领域的改革或资金投入几乎都无法兑现[4]。其次，从企业的角度来看，企业是英国职业教育培训最重要的提供者之一，但是有几大因素导致企业雇主不愿意参与或为其进行投资。第一，为了保障在职工人的权益，英国工会曾试图通过提高培训者的入门年龄和确定相对高的工资标准来限制培训者的规模，由此导致英国学徒的工资长期高于邻国，过高的工资投入无形之中降低了企业培训的意愿。第二，由于缺乏行业规则约束，

---

① Winch C. 2012. Vocational and civic education: Whither British policy? Journal of Philosophy of Education, 46 (4): 603-618.

② Anonymous. 2021-07-17. Post-16 vocational education and training in France. https://dera.ioe.ac.uk/3432/1/post_16_-_france.pdf.

③ Finegold D, Soskice D. 1988. The failure of training in Britain: Analysis and prescription. Oxford Review of Economic Policy, 4 (3): 21-53.

④ Orr K. 2020. A future for the further education sector in England. Journal of Education and Work, 33 (7-8): 507-514.

一方面，培训好的人员被其他公司撬走的风险很大；另一方面，直接从市场上雇佣技术工人甚至比亲自训练更为便宜[1]，这也造成了英国大多数企业不愿意将培训看作自己的业务且不会为培训过多投资。除此之外，近些年，英国继续教育领域的半壁江山是由1000多家营利和非营利私立企业或由第三方运营公司组成的独立学习或独立培训提供商构成的[2]，大多数企业在培训市场上充其量不过是培训场所的简单提供者，这也严重影响了企业的培训意愿和投入。因此，与其他国家企业相对高的培训意愿和投入相比，2010年英国仅有18%的企业雇主愿意为雇员提供初始性质的职业教育和培训，而与之相对照，欧洲各国的平均水平是24%，德国超过60%的企业愿意这样做[3]；此外，英国企业平均仅仅将0.15%的营业额用于培训，日本、法国和德国企业的比例为1%—2%[4]，与此同时，为了降低培训成本和风险，尽量缩短培训时间，英国企业更愿意接纳已经拥有实践经验的年龄较大的人员当学徒。近年来的数据显示，英国25岁及以上年龄段学徒数量增长最快，超过43%的学徒的年龄均在25岁及以上，且61%的学徒在成为学徒前已经有了工作[5]。

（三）市场机制的放任性导致职业教育培训领域的混乱运行

英国市场模式职业教育立法制度是一种主要针对职业教育培训的结果进行考察、评价的制度形式，由于它会尽量少地干预教育培训和考试机构的实际运作，其在一定程度上具有自由放任的特征。一方面，这种自由放任性会表现在教育培训环节，比如，由于英国缺乏像德国1969年《职业培训法案》那样针对培训行业门类、成为培训企业的最低门槛、各培训参与方的权利与义务等的原则性规定，也缺乏如德国商会一样强有力的行业管理机构来对某行业具体的培训内容、规程、考试程序、证书下发等做出强制性的要求，英国企业培训计划的提出、培训场所的提供、培训形式的确立等的随意性非常大。一些基于公司的培训调查数据显示：

---

[1] Finegold D, Soskice D. 1988. The failure of training in Britain: Analysis and prescription. Oxford Review of Economic Policy, 4 (3): 21-53.

[2] Anonymous. 2021-03-10. Key facts, independent training providers. https://www.aelp.org.uk/media/1999/key-facts-2017-2018.pdf.

[3] Gambin L, Hogarth T. 2017. Employers and apprenticeships in England: Costs, risks and policy reforms. Empirical Research in Vocational Education and Training, 9 (16): 1-22.

[4] Finegold D, Soskice D. 1988. The failure of training in Britain: Analysis and prescription. Oxford Review of Economic Policy, 4 (3): 21-53.

[5] Anonymous. 2021-03-15. Apprenticeships evaluation 2018-19-learners. https://assets.publishing.service.gov.uk/government/uploads/system/uploads/attachment_data/file/875553/Apprenticeships_Evaluation_-_Learner_Report.pdf.

英国国内仅有非常少的企业拥有组织良好的培训计划，大部分企业的培训计划及培训记录都非常糟糕[1]。一些继续教育类机构的管理也大致表现出类似的特征。

另一方面，英国职业考试和资格文凭授予环节也表现出了混乱无序的特征。首先，英国能够举办职业类考试、资格认证的机构数量以及所授予的资格文凭的数量非常多，如仅 4—5 级的考试和资格授予，英国就约有 154 个专门的资格授予机构和 98 个高等教育机构拥有这一权利，这些机构每年提供超过 4000 个种类的该层次考试和资格授予[2]；2021 年，英国的资格证书和考试管理办公室（Office of Qualifications and Examinations Regulation）管辖的各类职业资格总量更是超过了1.3 万个[3]。由于国家宏观规划和规范不足，不仅各种考试或资格之间缺乏内在的关联，相互重叠现象严重，且由于生源竞争激烈，在市场认可度高或证书学历相对容易获得的领域，授予机构以及可授予证书的扎堆现象严重，而一些难度较大或市场冷门的领域则会出现空白[4]。其次，由于缺乏统一的评估标准，各考试机构对学员考查的内容也有巨大差异，诸如手工艺领域主要考查从业时间，而其他一些领域更为关注申请者的从业技能。从雇主的角度来看，由于许多资格和学历是在没有雇主参与的情况下设计出来的，许多资格和学历与雇主和市场需求脱离的现象也非常严重[5]。

（四）市场机制的有限性无法保障职业教育培训的成效

与以国家力量强制推行的职业教育立法制度截然不同，英国政府主要采用经济手段来诱导教育培训机构提供该服务，且用同样的方式来诱导个人参加该类服务。与其他国家民众在面对政府的强制要求之后所采取的做法不同，在经济诱导面前，无论是英国的教育培训机构还是学员个人，都有权根据自己的实际情况，在权衡利弊后再做出接受或者放弃某一获利机会的选择[6]。以上做法很可能导致在

---

[1] Perry P J C. 1976. The Evolution of British Manpower Policy, From the Statute of Artificers 1563 to the Industrial Training Act 1964. Portsmouth: Eyre & Spottiswoode Ltd at Grosvenor Press: 54-55.

[2] Department for Education. 2021-02-28. Higher technical education: The current system and the case for change. https://www.gov.uk/government/publications/higher-technical-education-current-system-and-case-for-change.

[3] Lebus S. 2021-02-28. How qualifications will be awarded in 2021. https://www.gov.uk/government/speeches/how-qualifications-will-be-awarded-in-2021.

[4] Alison W. 2021-02-20. Review of vocational education: The Wolf report. https://assets.publishing.service.gov.uk/government/uploads/system/uploads/attachment_data/file/180504/DFE-00031-2011.pdf.

[5] Raggatt P, Williams S. 1999. Government, Markets and Vocational Qualifications: An Anatomy of Policy. London: Falmer Press: 43.

[6] 荣艳红. 2011. 美国联邦职业教育法案的诱致性制度变迁机制. 河北师范大学学报（教育科学版），13（11）：76-80.

一个时间段内，英国职业教育的发展在规模或数量上难以与施行强制性教育的国家相比。此外，由于英国政府主要根据考试和认证结果来分配资助金额，在缺乏强有力的事前、事中质量控制的情况下，加上英国考试和资格认证制度本身问题重重，职业教育培训机构能否提供高质量的服务也是无法保障的。以上市场模式自身的有限性使英国的职业教育培训长期以来落后于欧洲其他国家。比如，英国是工业国家中少有的大多数16岁青少年会离开全日制教育或专门培训机构的国家，而在与之相对的其他欧美发达国家中，超过85%的16岁青少年仍然在接受全日制的教育和培训[1]。英国2/3的劳动力没有任何职业类资格证书，而德国的这一数据为1/3[2]。英国18—65岁的成年人中，只有10%的人拥有4—5级资格，而德国为20%，加拿大为34%，且英国持有4—5级资格的成年人中包括更多年龄较大的人员[3]。正是由于以上原因，英国职业教育培训被冠以"低技能均衡"（low-skill equilibrium）的标签。

三、用政府力量纠正市场模式的缺陷

自20世纪30年代经济大萧条起，为修正自由市场的弊端，英国政府在继续让市场对资源配置发挥基础性和决定性作用的同时，借助各种手段对经济活动进行了广泛的干预和调节，自由市场和政府少量干预相结合的混合市场立法模式在英国出现。稍晚于经济领域的改革，英国政府对于职业教育立法制度的修正主要出现在第二次世界大战后。这里需要着重指出的是，战后几十年来，尽管英国历届政府对于职业教育的态度各异，但是在继续保留市场模式立法制度主体地位的基础上，为弥补市场失灵，历届政府对于该制度的修正也从没有缺席。其中，尤其是秉持新自由主义理念，将自由市场奉如圭臬的撒切尔政府的做法更令人印象深刻，尽管该政府的目标是推动市场模式职业教育管理体制的回归，但是却采用政府强力干预的手段来达成这一目的，且其干预的力度甚至远超20世纪60—70年代支持国家干预的工党政府。撒切尔之后的历届政府几乎无一例外地将维护市场模式主体地位的初衷与采用政府强力干预的做法密切结合了起来，甚至后来的

---

[1] Finegold D, Soskice D. 1988. The failure of training in Britain: Analysis and prescription. Oxford Review of Economic Policy, 4（3）: 21-53.

[2] Prais S J. 1981. Vocational qualifications of the labour force in Britain and Germany. National Institute Economic Review, 98（1）: 47-59.

[3] Department for Education. 2021-02-28. Higher technical education: The current system and the case for change. https://www.gov.uk/government/publications/higher-technical-education-current-system-and-case-for-change.

工党政府在推动市场化改革以及保守党政府在实施政府干预方面，都比撒切尔政府走得更远①。比如，为了鼓励学校之间开展竞争，1997—2010 年，新工党政府沿袭撒切尔时期中等学校多元化的方针，推动了灯塔学校、专门学校、城市学院、信托学校等多种多样学校的创建；近些年，英国许多地方教育当局甚至采用将学校外包给私营企业的方法来管理学校。概括起来，历届政府为修补完善市场模式的缺陷，主要采取了如下一些举措。

（一）明确方向目标，强化质量监控，克服市场模式的盲目性与放任性

20 世纪 60 年代，英国保守党政府曾成立由政府、企业、工会三方参加的全国经济发展委员会，强化政府对于经济发展方向目标的把控力度②。同时期，在职业教育管理方面，英国政府打破了原有的由雇主和工会组成的两方管理结构，创建了由政府、雇主和工会三方组成的工业培训局，开始直接插手职业教育管理事宜。20 世纪 70 年代的人力资源服务委员会以及 90 年代的培训和企业理事会也都是这样的管理机构。在确立管理机构之后，主要依托这些机构，同时借助一些传统的专业研究或调查组织，更为积极地为职业教育规划目标和设计方向，成为英国政府惯常的做法。比如，1981 年，人力资源服务委员会推出了政策咨询文件——《新培训动议：行动纲领》，为 20 世纪 80 年代的职业教育改革设立了三大国家目标③。2005 年，英国教育与技术部发布的《14—19 岁青少年的教育和技术》白皮书提出，未来 10 年将 17 岁青少年的学校参与率从 75%提升到 90%，确保每一个青少年在英语、数学和就业技能方面都有坚实的基础，为青少年创建更好的职业路径④。2021 年，英国政府颁布的白皮书《工作技能：服务于机会和成长的终身学习》计划从五个方面推动职业教育的发展，这五个方面分别是：将雇主置于 16 岁后青年技能培训的中心位置；为学习者提供高级技术和高等技能培训机会；创建终身技能学习保障制度；建设更有效的问责和政府干预机制；支持更优秀的教学努力⑤。以上由政府插手设计或确立的国家职业教育发展方向和目标，对于克服市场模式的盲

---

① Beauvallet A. 2021-10-09. Thatcherism and education in England：A one-way street? https://journals.openedition.org/osb/1771.
② 厉以宁. 1993. 市场经济大辞典. 北京：新华出版社：1337.
③ Anonymous. 1981. A New Training Initiative：A Programme for Action. London：Her Majesty's Stationery Office：5.
④ Anonymous. 2021-04-22. 14-19 Education and Skills. http://news.bbc.co.uk/nol/shared/bsp/hi/pdfs/23_02_05_1419whitepaper.pdf.
⑤ Hubble S，Bolton P，Powell A. 2021-04-25. Skills for Jobs：Lifelong Learning for Opportunity and Growth. https://commonslibrary.parliament.uk/research-briefings/cbp-9120/.

目性以及推动培训市场的健康发展均有一定的积极作用。在明确培养方向目标的同时，英国政府还新设了一批独立的外部质量监控机构，以强化对职业教育过程和结果的质量监控，比如，根据《1992年教育（学校）法》成立教育、儿童服务和技能标准局，该机构的首要任务是开展对包括职业教育在内的各类教育的外部评估，其会定期发布有关教育、培训和护理质量等的重要信息，以方便家长、照料者、学习者和雇主做出明智的选择；根据《2009年学徒、技能、儿童和学习法案》（Apprentices，Skills，Children，and Learning Act 2009）设立资格和考试管理办公室，其主要针对各机构所授予资格、文凭的质量和考试情况等开展独立评估。

（二）运用多种手段解决市场模式的参与和投入问题

第二次世界大战以来，英国历届政府采取了多种手段，试图从机制上解决英国职业教育培训长期参与不足和投入不足的问题，而企业雇主当仁不让地成为重点关注对象。整体来看，英国政府主要从以下几方面解决此问题。

首先，创建职业教育税收/补助系统（levy/grant system）。20世纪60年代初，在自由放任劳动力培训政策的影响下，一方面，英国企业开展学徒培训的数量很少，技能人才短缺，从其他公司偷猎人才现象严重；另一方面，受第二次世界大战后婴儿潮的影响，接受完义务教育的离校生数量将达到峰值。针对这一情况，1964年英国颁布了主要服务于义务教育后青少年的《工业培训法案》，该法案被认为是政府直接参与职业培训管理的法案[1]，而税收和补助制度是该法案确定下来的最重要的干预手段之一。该制度对于抑制企业培训方面的"搭便车"现象有一定的作用。尽管在实施过程中遭遇了许多波折，但该制度目前依然是最为有效的一种制度。2017年，英国要求雇主必须缴纳其年度账单的0.5%作为学徒税[2]。

其次，受新自由主义思想的影响，自撒切尔政府开始，在政府主导的职业教育三方管理机构中，英国政府采取了打击工会与拉拢雇主相结合的办法，旨在更好地调动企业雇主参与和投资的积极性。所谓打击工会就是出台削弱工会力量的法律，使工会逐步边缘化，减少其在培训中的掣肘；所谓拉拢雇主就是让雇主在学徒管理以及地方企业理事会的决策中拥有重要的话语权和主导权，以此为激励，让雇主担负更多的培训成本以及提供更多的培训。比如，在"现代学徒项目"中，政府的作用主要体现在通过教育和就业部预先设定培训的数量和资助金额，其余

---

[1] Foot S，Megginson D. 1996. Competence-based vocational training：Ten years on and still down the wrong path？Education & Training，38（3）：17-27.

[2] Foster D，Powell A. 2021-02-23. T levels：Reforms to technical education. https://commonslibrary.parliament.uk/research-briefings/cbp-7951/.

的大部分事务交给了由雇主领导的工业培训机构来负责[1]。

最后，努力发挥好政府种子资金的作用。运用政府较少的资助撬动和加快职业教育培训大系统的运行是市场管理模式的一贯做法。英国政府尤其注重该方式的灵活运用。比如，英国政府在资助时除了会根据各机构所授予的资格证书数量来提供资助外，还会考虑不同的培训地点、内容以及政府优先考虑的目标。

（三）创设政府主导的培训项目，克服市场模式的有限性

由于先前推动英国职业教育培训活动开展的动力主要来自成本与收益的考量，在经济繁荣、社会平稳运行期间，当收支平衡或可能盈利时，培训提供者对于教育培训可能会保持较高的兴趣；但是在经济下行或社会动荡的时期，社会用人需求下降，收不抵支，提供者对于教育培训的兴趣可能会大为缩减。此外，由于某些特殊的专业、人员、区域等在大多数情况下不可能为培训者带来更多的收益，这些专业、人员或区域的教育培训需求也可能长期得不到满足。为改变以上被动局面，在两次世界大战和20世纪30年代经济大萧条期间，英国政府曾创建政府培训中心，为军工生产以及失业或有特殊需要的人群提供培训服务。进入20世纪70年代，在石油危机的影响下，青年失业问题日益严重并长期成为困扰政府的敏感问题[2]。针对以上情况，英国政府采取了更为积极的劳动力市场干预态度[3]，除了创建人力资源服务委员会之类的管理机构，直接设立政府主导的各类培训项目也成为政府最重要的干预手段。此后，尽管政府管理机构不断变化，但是政府主导的各类培训项目却一直存在并不断增多，其中较为有名的有20世纪80年代的"青年培训项目"，90年代的"现代学徒项目"、系列"新政"（New Deal）项目，以及2000年以来的"社区学习"（Community Learning）项目、"成人基于工作的学习"（Work-Based Learning for Adults）项目、"就业入门"（Entry to Employment）项目、"就业区"（Employment Zones）项目等，这些项目的目标与服务对象各异，但是一般都会向各类就业困难人群重点传授工作与就业技能，其对于弥补市场模式的缺陷、提升民众的技能水平、缓解英国严重的失业问题、推动英国教育民主与公平目标的实现等均有一定的效果。比如，人力资源服务委员会就曾夸口说："没

---

[1] Gospel H. 1998. The revival of apprenticeship training in Britain? British Journal of Industrial Relations, 36 (3): 435-457.

[2] Raggatt P, Williams S. 1999. Government, Markets and Vocational Qualifications: An Anatomy of Policy. London: Falmer Press: 25.

[3] Finegold D, Soskice D. 1988. The failure of training in Britain: Analysis and prescription. Oxford Review of Economic Policy, 4 (3): 21-53.

有政府干预，青年失业问题将更加严重。"①此外，英国政府在以上项目中所持有的指导思想与政府以"工作"为导向的福利制度改革的原则是一致的②，其在具体项目管理中一般会采用"胡萝卜加大棒"的做法，对参与培训项目的和无故不参与培训项目的个体，会采用不同的激励和惩罚措施。以上做法对于促使更多的青年进入培训项目，克服市场模式的有限性有一定的功效。

（四）借助国家职业资格拓展职业教育概念，规范资格授予市场

如果将创建政府主导的培训项目作为解决失业或其他社会问题短期的、暂时的举动的话，那么以政府主导的培训项目为依托，创建被称为学校和工作之间"永久桥梁"的国家职业资格证书制度，则被认为是英国政府规范职业教育与培训的长远打算。当然，推出国家职业资格的想法并非一朝一夕形成的。自20世纪20年代起，相关的专业团体已经就职业资格文凭授予领域的混乱现象提出了希望创建国家证书或资格的建议，但一直到80年代中期，国家层面的职业资格认证系统才得以出现，目前该系统仍处于不断完善的过程中。整体来看，国家职业资格有两大功效。

首先，修正与拓展职业培训的概念。第二次世界大战后经济形态的迅疾变化，使先前过于偏狭的职业教育培训概念无法适应新的需求。也正是在专业团体的不断呼吁下，借助各类国家主导的培训项目拓展职业教育概念的想法迅速出现且不断深化。比如，在"青年培训项目"设计之初，就有人提出应借助该项目让学员掌握能被应用到各种场景中去的工作及行业技能，同时使其具备人际交往、解决问题与规划其未来工作的能力。人力资源服务委员很快对此做出了回应。围绕广义的职业教育培训概念，在此后的实践中，人力资源服务委员会还进一步推动了国家职业资格证书及与其相关的能力标准的出现。以政府主导的培训项目为载体，充分发挥国家职业资格证书的引导和规约功能，英国各类考试与证书授予机构所理解的职业教育概念也得以逐步拓展。其次，规范资格授予市场。英国政府拟借助国家职业资格实现三重目标：第一，通过创建能力标准和国家职业资格证书，为那些参与政府项目且满足培训标准，同时又通过考核的学员授予资格证书，将政府培训项目从先前是掩盖失业的遮羞布变成真正的培训项目③；第二，只要社会上已有的职业资格或文凭能够基于公认的能力标准稍加修正，其就可以被认定为

---

① Anonymous. 2021-12-03. The youth training scheme—A strategy for the labour government. https://www.jstor.org/stable/10.2307/community.28314749.
② 胡云超. 2005. 英国经济体制市场化改革效果比较分析. 欧洲研究, 23（4）：126-143.
③ Raggatt P, Williams S. 1999. Government, Markets and Vocational Qualifications: An Anatomy of Policy. London: Falmer Press: 47.

国家职业资格或文凭[1]；第三，通过创设和实施国家职业资格框架，将已经存在的各类资格、文凭纳入国家资格框架，最终减少该领域的混乱现象[2]。国家职业资格的三大目标是通过以下步骤实现的。首先，从20世纪80年代起，英国政府主导的短期培训项目大多变为1—3年的长期培训项目，此举为国家能力标准认证系统的出现奠定了组织机构的基础；其次，进一步明确"能力"的含义，将能力与学员所能完成的"标准任务"联系起来，同时明确规定每项"标准任务"拟实现的目标、需要的条件设备以及完成该任务的评价标准等；最后，基于"能力""标准任务"的概念，推动工业界、考试机构以及认证机构合作设计能够涵盖大部分职业领域的职业资格框架，此后，只要现有的职业资格符合质量标准，其将被纳入该框架。2000年，英国又出台了国家资格框架，其中的每一个国家职业资格框架均被分为9级，每一级别的职业标准又被细分为10—15个能力单元，如果申请者能够达到某一能力标准，每个单元都可以单独评估和认证[3]。作为一种较为清晰的职业进步阶梯和国家技能熟练标准，英国国家职业资格在促进职业资格标准化、减少资格考试和授予领域的混乱现象方面是有一定作用的。

国家职业资格出台后，为了促进英国国内外各类职业资格以及职业类与学术类资格之间的互通互认，英国就业部与教育和科学部于20世纪90年代推出了涵盖面更为宽泛的普通国家职业资格证书，2000年后又在一般中学教育证书之外推出职业性的普通中学证书和职业性的A-Level证书等。这些证书是国家职业资格理念的拓展和延伸，方便了人员的跨界流动，有利于学习型社会和终身教育体系的构建。

近几十年来，在保留市场模式管理制度合理内核的基础上，英国政府从多方面入手，努力为职业教育规划目标指引方向，同时设置专门的评估机构开展质量监控，在一定程度上扭转了先前职业教育发展的自由放任状态。此外，征收学徒税与赋予企业更多管理责任等手段的运用也在一定程度上提升了企业参与和投入职业教育的积极性，而政府主导的培训项目的创建以及以此为载体所推行的国家职业资格制度，在发挥示范引领作用以及规范职业教育的有序发展方面也起到了一定的作用。整体来看，英国政府的插手对于弥补市场模式的缺陷有一定的益处，而近几十年英国在职业教育方面的某些亮点也与政府的某些干预密不可分。

---

[1] Raggatt P, Williams S. 1999. Government, Markets and Vocational Qualifications: An Anatomy of Policy. London: Falmer Press: 65.

[2] Alison W. 2021-02-20. Review of vocational education: The Wolf report. https://assets.publishing.service.gov.uk/government/uploads/system/uploads/attachment_data/file/180504/DFE-00031-2011.pdf.

[3] Steinmann S. 1998. The vocational education and training system in England and Wales. International Journal of Sociology, 28 (4): 29-56.

但是，由于制度惯习和其他方面配合的不足，加之英国政府对某些方面的修正还难以触及制度的根本，从近些年的反馈情况来看，英国政府的大多数举措并没取得预期的效果。比如，由于成本收益原则的内在引导，各类职业培训一旦缺乏足额的资金激励，受制于企业或行业原有的组织结构、劳资关系和管理理念，其在事实上很难挑战人们对于职业教育概念狭隘的理解，维持业内的低技能均衡就成为流行的做法[1]。尽管英国政府推出了许多政府主导的培训项目，但是由于这些项目的初衷是为了缓解国内的失业危机或增加工作机会等，很少有项目是为了主动应对未来高科技挑战的，因此，许多项目的资助和问责机制事实上更多地鼓励参加者进入了较低层次、较低成本的职业资格轨道。此外，近些年英国很多政策将企业置于职业教育主导者的地位，也导致了雇主权利与义务之间不匹配现象的出现，许多雇主将自己应该承担的责任推给了国家和教育部门[2]。由于政府并未从根本上改变英国职业资格考试、认证与资助制度的内在逻辑，加上国家职业资格本身就存在许多问题以及其规范作用仍非常有限，一种怪现象就是各类资格数量越规范越多，甚至国家职业资格本身成为该领域乱象的根源。此外，由于各类职业教育提供者和证书申请者的趋利行为并未改变，许多情况下，即便颁发了许多证书，但是却并未从根本上增加个人以及社会所拥有的技能总量，或者未能真正满足社会长远的技能需求。由此看来，英国政府在完善市场模式管理制度方面或许还需要拓展新的思路。

---

[1] Steinmann S. 1998. The vocational education and training system in England and Wales. International Journal of Sociology，28（4）：29-56.

[2] Gleeson D，Keep E. 2004. Voice without accountability: The changing relationship between employers, the state and education in England. Oxford Review of Education，30（1）：37-63.

第五章
欧美四国职业教育立法的特征与启示

  整体来看,通过第一章的研究,我们对四国职业教育立法制度仅达到了"知其然"的程度;通过第二、三、四章对立法路径、机制和模式的探究,我们对四国职业教育立法制度的认识才真正达到了"知其所以然"的程度。但是,我们的研究还不能结束,因为以上几章中,我们更多是从四国立法制度"差异"的角度对其进行剖析的,四国立法制度所表现出来的"共同"特征还没有涉及。本章将在高度概括的基础上,弥补以上不足,同时将总结四国职业教育立法制度对于我国职业教育立法制度的启示,以便更好地发挥国别比较研究的优势,实现交流互鉴的目标。

第一节 欧美四国职业教育立法的特征

一、不同国家的历史文化与现实传统是各国职业教育立法独特性和差异性的根源

经过前几章对于德、法、英、美四国职业教育立法路径、机制和模式的研究，我们可以发现即便同是发达国家，即便同样拥有三权分立的国家政治制度，尽管其中一些国家的职业教育立法有较多的共性，但是从整体来看，四国职业教育立法之间的差别还是非常明显的。导致四国职业教育立法外在与内在差异的原因是多种多样的，其中，各国历史文化传统与现实情况的差异是无论如何都不能回避的。我们以德国双元立法独特性和差异性的出现为例来分析这一现象。

德国双元职业教育立法与其他国家立法最大的区别在于其充分发挥了企业学徒制的优势，同时，企业学徒制与学校职业教育还被连接成了一个整体。推动德国职业教育立法以上特征出现的原因，与德国独特的历史文化传统和现实情况有关。第一，德国不像英、法等国一样，将行会传统一下子抛进了历史的垃圾堆。当然，尽管德国也在1871年颁布法律，率先剥夺了传统行会的权力，允许所有人自由从事贸易活动，但是在各种因素的影响下，德国于1881年、1897年两次颁布法案，重新恢复了行会传统，从而使行会的替代机构——商会获得了与行会类似的权力。德国行会传统的保留，特别是行会对于学徒制监管功能的保留，为其后来建立双元职业教育立法制度奠定了制度基础。第二，凯兴斯泰纳立足于公民教育理论基础上所创建的慕尼黑体系，将学徒的行业培训与学校继续教育联结成了一个整体，凯兴斯泰纳的理论和实践为双元职业教育立法的出现提供了现实可能。第三，第二次世界大战后，德国《基本法》对于教育权力的规定性，1964年德国教育委员会将两大体系联结成完整系统的大胆设想的提出，以及党派格局有利于该设想的实现等，都成为推动双元职业教育立法出现的现实因素。德国所具备的以上条件在其他国家是不具备的，同样，在英、美等国所具备的对于中央政府权力的传统约束力量、对于自由主义经济管理方法的推崇氛围、对于个人学习主导权的看重等，单纯在德国土壤中也是不可能产生的，不同国家的历史文化传统与现实情况是各国职业教育立法独特性和差异性产生的根源，各个国家的职业

教育立法身上都有各个国家独特的烙印。

二、各国立法在创制时都非常重视不同利益方的参与

尽管四国职业教育立法是各不相同的，但从整体来看，让不同利益方参与立法协商与谈判过程，且让最终颁布的法律成为多元利益方的均衡解，是四国职业教育立法所具备的一个最大的共性特征。四国职业教育立法的共性特征也符合世界范围内大多数国家在职业教育法律法规创制时扩大各类社会主体参与培训政策制定的共同趋势[1]。比如，由于深受社团主义的影响，不同利益集团不仅全程参与了德国双元职业教育立法的筹备和创制过程，且各方的参与对于德国职业教育立法"双元"和"行业自治特征"的形成也都有重大影响。在英国，尽管英国首相拥有较大的权力，但是，由于英国议会中存在各种约束，包括英国职业教育政策和立法在内的所有政策法规的出台都不是一件容易的事情，都会经历不同观点之间的论争。在美国职业教育立法创制的过程中，立法博弈也是无时无处不在的现象。由于构成美国社会的不同宗教、文化、语言、思想等团体的多元利益诉求是客观存在的，加之创制和参与立法的权力被分配给了多个主体，立法主体的利益又具有高度分散性甚至对抗性，通过一定的程序设计，利益各不相同的组织或机构均能够参与到立法的过程中，这种制度设计方式使得立法博弈成为不可避免的现象。资料显示，任何一项提案从提出到可能制定成法律在国会都要经历100多个具体的步骤，在这个连续过程的任何一个关口，任何提案都有可能遭到拖延、挫败或修改。正是由于不同利益集团矛盾斗争的客观性，只有建立多数联盟，才能把提案推进到立法程序的下一步骤，而这往往需要不同利益集团之间的讨价还价和相互博弈。尽管法国拥有集权主义的传统，但是自1936年《马蒂尼翁协议》签署，在中央政府的主导下，由不同利益团体，如雇主协会和工会等组织就包括职业培训在内的各项事务进行广泛的协商谈判，然后再将某些协商谈判的结果上升为法律就成为法国职业教育立法最为突出的创制方式。多元利益团体的协商谈判方式，以及多重博弈机制的创建，使各国的职业教育立法最大程度地兼顾了不同团体、机构和人员的利益，从而为其创制后的平稳实施奠定了良好的基础。

---

[1] Héctor-Hugo B. 2022-07-28. Training and labour legislation, Trends in recent legislation on vocational training. https://www.oitcinterfor.org/sites/default/files/file_publicacion/barbagelata.pdf.

三、各国立法在实施时都非常重视不同利益方作用的发挥

德国双元职业教育立法制度是世界各国公认的较为理想的职业教育制度形式，其最大的优势在于调动了各方，尤其是企业方参与职业培训的积极性。与英、美等国企业更为经常地从市场直接招募合格劳动力的做法相比，德国企业不仅是培训场所、培训活动、培训费用、学徒工资的提供者，且培训结束后，培训企业还将为至少 60%的学徒提供在本企业任职的机会。借鉴德国模式的优势，充分发挥企业以及其他社会合作者的积极作用是世界各国共同的追求。比如，为了推动双元职业教育体制在各国的出现，2012 年 12 月，西班牙、希腊、葡萄牙、意大利、斯洛伐克和拉脱维亚六个欧洲国家在柏林签署了一份"欧洲职业教育和培训合作备忘录"（Memorandum on Cooperation in Vocational Education and Training in Europe），欧盟委员会也参加了该备忘录的签署[1]。从法国的情况来看，20 世纪 70 年代以来，法国在进行行政分权改革的同时，也将越来越多的职业教育领域的培训担子压在了地方政府、企业和其他社会合作者的肩头。地方政府、企业和其他社会合作者不仅广泛地参与了职业教育规划的起草，且在职业教育资助、管理、咨询建议等诸多领域日益发挥着重大的作用。撒切尔夫人执政以来，较大程度地推动了职业教育的市场化改革，而提升企业职业教育投入和实施的积极性成为市场化改革的核心要义，目前来看，英国企业在培训过程中已经承担起了越来越重要的责任。

四、各国立法都试图努力实现国家、地方与市场力量之间的某种均衡

尽管立足于不同历史文化与现实传统基础上的各国职业教育立法都有自身的独特性和优缺点，但是，在共同的时代机遇和挑战面前，各国职业教育立法也会表现出某种共同的倾向。试图在国家、地方与市场力量之间谋取某种均衡，就是各国职业教育立法在管理理念和管理模式方面表现出来的鲜明倾向。所谓的谋取某种均衡，就是说以市场模式管理的国家力图走向政府更多地插手，以集权方式管理的国家试图走向政府更多地放权，采取不同管理模式的国家都在向中间状态靠拢，这已经成为四国立法共同的趋势。比如，英国市场模式职业教育管理制度

---

[1] Schreier C. 2022-08-15. Success and limitations in the trial of dual education and training forms in Europe. https://www.bibb.de/en/37031.php.

是一种优点和缺点都非常突出的制度形式。该制度能以较小的政府投入撬动并加快职业教育大系统的运行，此外，由于该制度还具有尽量少地干预教育培训机构实际运行的特征，其对于较大程度地发挥这些机构的主观能动性和创造性也有一定的优势。但是，从另一个角度来看，由于市场机制明显的缺陷，它也是英国职业教育较为落后以及英国政府不断插手并对其进行修正的重要原因。当然，与英国职业教育管理制度相比，其他类型的职业教育管理制度也并不是完美无缺的。比如，与英国制度形成鲜明对照的法国制度最大的特征是以国家强制力来规划、组织和实施国内的职业教育，法国制度往往能够在短时间内集中物力、人力和财力，较快地推动某些区域、类型、层次职业教育的发展，但是，从另一个角度来看，受制于政府有限理性、教育政策"一刀切"以及不同利益集团在决策时的参与不足等问题，政府主导的制度也会表现出惊人的盲目和低效率，良好的意愿和努力并不一定能够带来满意的结果。20世纪80年代以来，法国通过吸收英、美、德等国家模式的优势，试图朝着分权、市场化、共同治理等方向不断对其职业教育制度进行修正[①]。德国市场与国家力量相互结合的管理制度尽管是一种较为优秀的制度，但是由于德国浓厚的社团主义传统，多种力量都参与了职业教育的管理，其在应对技术进步、岗位变换、暂时性或协议性工作对于较为稳定的学徒制的冲击时，该制度调整的复杂性、艰巨性往往使其优势大打折扣，德国也在不断借鉴其他国家经验的过程中对其制度不断进行修补和完善。

五、以应对职业变迁和失业为核心，构筑现代职业教育立法体系成为各国共同的追求

20世纪中后期以来，伴随着信息时代、知识经济、经济全球化的到来，人类无疑已经进入了最为迅捷的发展时期，同时，与人类迅捷发展并存的是人类也面临着前所未有的严峻挑战。比如，世界范围内的气候变暖、环境污染、金融海啸、人口老龄化、战争、新冠疫情等，这些挑战不仅会威胁从业者的生存，更有可能使当前及未来从业者的职业前景受到某种伤害。我们以新冠疫情为例就可见一斑，由于最初许多国家的社会停摆，世界范围内，从汽车工业、飞机生产、石化行业再到物流运输、旅游、餐饮等，众多行业都遭遇到了重创，其不仅损害了从业者的利益，也使未来一段时间内这些行业可能的从业者的就业前景非常暗淡。职业

---

① 朱文富，荣艳红. 2022. 法国国家官僚主义职业教育管理模式的当代变迁. 中国职业技术教育，(12)：82-90.

教育是给予受教育者从事某种职业或生产劳动所必须的知识和技能的教育,近几十年来,由于终身教育、全民教育的发展和学习型社会的构建,世界上多数国家的职业教育已经将不同年龄、资质、基础、特点和水平的受教育者全都纳入其概念范畴中了。在更为迅捷的发展、更为经常出现的危机情境和不断增多的行业危机面前,构建能够有效应对职业变迁和失业威胁的现代职业教育体系早已经成为包括四国在内的各国职业教育立法的重心。四国的以下做法与世界范围内大多数国家的职业教育政策强调经济发展和就业机会增多的趋势是一致的[1]。

首先,为了应对职业变迁和失业威胁,包括四国在内的各国职业教育立法对各类学员较好的学术基础、较强的继续学习能力和较高的综合素质提出了更多的要求,孤立的技能形成观点早已经被抛弃。由于信息与知识经济时代要求劳动力具备更高的规划、判断、协作以及分析复杂问题的能力,此外,由于科技进步的速度引发职业变迁的速度加快,一个人一辈子只从事一种职业变得越来越不可能。先前为特定阶层的孩子未来能够拥有特定的职位提供特定训练的狭隘的人才培养目标早已经落伍,能够对抗失业和职业频繁变迁的高质量的职业教育更应该培养具备更为深厚的学术基础、更高的继续学习能力和综合素质的人才的观念正被更多的人接受。正是在此背景下,美国1990年《卡尔·D. 帕金斯职业与应用技术教育法案》在其立法史上第一次明确将职业类学生的学术和职业技能放置在同等重要的位置;1994年《从学校到工作机会法案》则将普通教育改革纳入其中,提出通过创建国家层面的从学校到工作机会系统,让所有学生,其中包括普通轨道的、具有学术倾向的学生能够借助直接和直观的教育培训达到较高的学术和职业标准,为其最终顺利进入高技术和高工资的职业生涯,或者进入四年制学院或大学继续深造奠定基础[2]。而其后的多个法案也致力于推动不同层级、不同类型学校学术、职业教育的相互补充与相互融合。

长期以来,英国职业教育培训提供者普遍奉行"及时和足够"原则,他们有意识地缩小教育、培训的范围,尽量避免为培训人员提供广泛的普通或文化教育。借助国家职业资格制度的创建,英国在修正与拓展职业培训概念方面起到了很好的作用。比如,20世纪70年代,英国人力资源服务委员会就提出了"职业培训群组"的概念,同时要求培训学员必须掌握五大核心领域的知识和技能。围绕以上广义的职业教育培训概念,该委员会不仅推动了与之相关的国家职业资格证书能力标准的确定,还借助其后的现代学徒项目的施行践行了以上思想。此外,借助

---

[1] Héctor-Hugo B. 2022-07-28. Training and labour legislation,trends in recent legislation on vocational training. https://www.oitcinterfor.org/sites/default/files/file_publicacion/barbagelata.pdf.

[2] 荣艳红. 2014. 美国联邦职业技术教育立法制度发展历程研究. 北京:科学出版社:218.

国家职业资格证书和一般国家职业资格证书的引导和规约作用，该委员会还对国内考试与证书授予机构所理解的职业教育概念的扩大化发挥了一定的作用。

其次，从时间维度来看，为了应对职业变迁和失业，包括四国在内的各国职业教育立法不仅对中学后的技术教育更为关注，且力主职业教育与终身教育的融合。近几十年来，为了使劳动力不仅具备某方面的技术操作能力，也具备一定的理论基础，世界各国普遍开始关注中学后的技术教育，大力发展中学后技术教育成为各国普遍的做法。另外，自终身教育、学习型社会概念提出后，欧美国家普遍将职业教育与终身学习、学习型社会的构建逐步结合了起来。比如，美国用"生涯职业教育"概念取代了"终结性的职业教育"概念。所谓终结性的职业教育主要是指职业教育将服务于学生就业，为社会培养即刻用得上的劳动力作为一种追求，学生从职业院校毕业即意味着学业的终止。20世纪80年代后，美国系列联邦职业教育立法逐步将服务学生的继续深造和终身发展作为拟实现的目标。比如，1990年《卡尔·D.帕金斯职业与应用技术教育法案》首次提出创建技术准备项目以加强中、高等职业教育之间的联结；1998年《卡尔·D.帕金斯职业技术教育法案》不仅将传统以来中学层次的职业教育与高等教育层次的技术教育在概念上统一成为职业技术教育，并进一步明确了职业技术教育服务于学生就业与继续深造以及终身发展的多重目标，一举打破了职业教育等同于就业教育的传统观念。在此基础上，2006年《卡尔·D.帕金斯生涯技术教育好转法案》与终身教育思想进一步结合，更加关注学生当前或未来的继续教育和生涯发展，表现出了更高层次和更为长远的追求。

从法国的情况来看，1971年《德洛尔法》不仅将职业进修和继续教育纳入终身教育范畴[①]，且强行规定了雇主对于职业继续教育的纳税义务[②]。此外，为了促进企业员工的终身学习，法国在立法方面大力确保了雇员的各项培训权利。比如，法律规定所有在企业工作至少一年的员工都能获得20小时/年的带薪培训，培训时间计入雇员个人学习账户，该账户可以累积且终身有用[③]；允许所有私立部门的员工拥有最长一年期的公司内培训假期；允许在相关领域有三年工作经验的员工，通过经历变能力验证系统，对其在工作中获得的经验进行资格认证；规定员工拥

---

① Schreiber-Barsch S. 2021-07-16. Adult and continuing education in France. https://www.die-bonn.de/doks/2015-frankreich-01.pdf.

② Subramanian D, Zimmermann B. 2020. Voice in French corporate training: A critical issue in developing employee capability. Economic and Industrial Democracy，41（2）：296-322.

③ Schreiber-Barsch S. 2021-07-16. Adult and continuing education in France. https://www.die-bonn.de/doks/2015-frankreich-01.pdf.

有评估自己的技能、才能的权利,以方便确定未来的培训计划等①。

最后,从手段或方式维度来看,为了应对职业变迁和失业,包括四国在内的各国职业教育立法力促普通教育与职业教育、学校教育与继续教育乃至终身教育、学校教育与企业培训等的融合。当孤立的技能获得目标被打破后,普通教育、职业教育、继续教育乃至终身教育走向联合就是必然的,许多国家已经在教育立法和决策方面、在推动各类机构合作方面做出了许多努力。此外,尤其需要强调一点的是学校教育与企业培训的联合。学校职业教育取代工场学徒制曾经是社会进步的产物,自学校职业教育出现,许多国家都是在学校内部自行配备实习场地的②。学校职业教育的这种自我强化的做法,实质上导致了学校与工商企业学徒制之间长期的区隔。20 世纪 80 年代以来,为了应对失业和职业变迁的挑战,世界各国职业教育更为看重学校教育与工作场所或企业培训的相互协作,传统隔离、孤立的学校职业教育日益被认为是不利于高质量职业教育的获得的。

德国双元职业教育世所瞩目,其优势恰恰在于该制度自出现之日起,学徒培训与学校职业教育就是有机结合在一起的。特别是德国学徒培训事实上处于主导位置,学校职业教育的活动课程务必围绕着学徒正在从事的活动开设,且其理论课程的开设务必与学徒期的工作同步,而其他的商业、科学、艺术和道德等的教学务必与学徒的职业活动密切相关。这样的设计使德国职业教育较为容易地在高效的基础上实现高质量,德国学生应对失业和职业变迁的能力也得以提高。

20 世纪 80 年代以来,面对新的时代要求,美国许多机构在其报告中纷纷呼吁应尽量多地在学校职业教育与真实的工作场景之间建立联系,因为真实的场景能促进学生抽象知识与实践知识之间的有效联结,其唤醒学生的兴趣、强化技术的获得、发展积极的工作态度、为学生进入高技术和高工资的生涯而做好准备方面具有不可多得的优势。基于以上思路,1990 年《卡尔·D. 帕金斯职业与应用技术教育法案》出台以来,连接学校与工商企业职业教育于一体的合作类项目,如技术准备教育、生涯学园、学校与学徒合作项目、合作制教育、青年徒工项目、校办企业、工商业教育联合体等不断出现。

为了提升职业教育的质量,自撒切尔政府开始,英国政府就力促在政府创建的培训项目中,除了在教育机构集中开展少量的课堂教育之外,将重心置于企业

---

① Subramanian D, Zimmermann B. 2020. Voice in French corporate training: A critical issue in developing employee capability. Economic and Industrial Democracy,41(2):296-322.

② Bennett C A. 1926. History of Manual and Industrial Education,Up to 1870. Illinois:Chas. A. Bennett Co.,Inc.:210-215.

提供的基于工作场所的培训上。英国政府认为，以企业为主导的教育培训方式比单纯的学校职业教育更为高效。比如，在英国政府推动的青年培训计划中，由雇主提供的资助和培训占据着主导位置。在现代学徒培训项目中，政府的作用主要体现在通过教育和就业部为培训和企业理事会设定培训的总量和资助金额上，其余的大部分权力几乎完全都交给了雇主。

第二节　欧美四国职业教育立法对我国的启示

一、提升地方、企业和其他社会合作者参与职业教育法律法规创制的积极性

我国职业教育以学校职业教育为主。长期以来，学校职业教育在大规模、快速地培养各类职业技能人才方面有着天然的优势，但是由于学校职业教育往往偏重理论知识的教学，其在快速满足社会用人需求、为学生提供实训设施和师资等方面也有自己的短板。从欧美四国的经验来看，四国职业教育立法都非常注重企业积极性的发挥，而让企业雇主以及其他社会合作者作为不同的利益方参与职业教育立法进程是发挥不同利益方积极性的首要举措。由于集权主义的影响，中国社会与法国社会一样相对缺乏协商主义的文化传统，从近几十年来中国职业教育立法进程来看，一方面，我国职业教育立法的主体还没有真正多元起来，地方、企业和其他社会合作者本身进入立法创制过程的积极性有待提高；另一方面，即便地方、企业和其他社会合作者进入了立法创制过程，但是由于区域、部门之间相互协商、探讨、讨价还价的博弈机制还没有确立或者博弈程度不充分，立法过程中的不同意见和声音还非常少。立法也是一种决策，由于决策者很难具备完全的理性，因此在决策之前，创设一种机制，广开渠道，让不同利益、不同观点的群体和个体参与决策过程，在协商、讨论、讨价还价的过程中进行决策，同时让各方监督决策的实施，这种机制将会有效避免个体单方面决策可能带来的偏差。因此，提升地方、企业和社会合作者参与立法创制的积极性，也是有效避免决策偏差的最佳途径。我国政府应该在继续完善立法听证制度的基础上，借助各种渠道，大力宣传地方、企业和社会合作者参与职业教育法律法规创制对于各方利益

保障的重大意义，逐步培养地方、企业和社会合作者参与法律法规创制的习惯，最终推动法律法规创制过程中博弈机制的出现。

二、激励地方、企业和其他社会合作者更好地发挥推动法律法规实施的作用

提升地方、企业和其他社会合作者参与立法创制的积极性，让地方、企业和社会合作者在创制立法时就明白各自的责、权、利，通过提升各方实施立法的积极性，并最终形成责任共享、风险共担、共同推进的良好局面，以上所述正是所有国家的职业教育立法者所期望达到的理想状态。在这方面，德国职业教育立法就给我们展示了一个非常好的例子。德国具有浓厚的社团主义传统。社团主义的谈判协商机制首先确保了包括地方、企业在内的各利益派别，在制定职业教育政策规则时就已经明白了各自对于立法实施的责任，同时，该方式也确保了各利益派别会对立法实施给予一定的监督，所有这些都将最终推动立法较为良好实施效果的出现。与德国相对应，改革开放以来，由于我国地方、企业和社会合作者在职业教育法律法规创制时的参与不足，许多地方、企业和学校还在一定程度上存在着对于职业教育和培训不理解甚至误解的情况，而这些不理解和误解又进一步加大了法案实施的难度，进而对我国法律实施的效果产生不良影响。比如，我国有些企业领导"把职业技术教育看成仅是教育部门的事，有些单位贯彻'先培训，后就业'的制度不力，有的甚至在提供实习场地时收费很高，加剧了职业技术办学的困难"[1]。因此，在提升地方、企业和其他社会合作者参与职业教育法律法规创制积极性的基础上，用各种激励措施或手段，当然在初期时也需要政府的强力干预，让地方、企业和社会合作者真正成为职业教育实施的主体，努力为职业教育发展提供各种各样更好的服务，我国职业教育立法目标的实现才会有更为切实的保障。

三、将谋求国家、地方和市场之间的力量均衡确立为国家法律法规完善的方向

长期以来，我国职业教育立法的管理模式与法国类似，职业教育领域几乎所

---

[1] 全国政协教育文化委员会. 1997. 关于北京市、辽宁省、四川省职业技术教育的调查报告//国家教育委员会职业技术教育司. 职业教育政策法规（1992—1996）. 北京：北京师范大学出版社：230-242.

有的事项都在中央政府的直接管辖之内。比如，先前国务院及其各部委下发的各式各样的通知、决定、纲要、条例、实施意见或办法、暂行规定、批复等中涉及了"职业教师资格认定""推进农村教育综合改革""普通中等专业学校专业目录""普通中等专业学校招生与就业制度的改革"等诸多重大问题，同时更多的法规也涉及了教师的住房、工资、奖惩，以及学生的学籍管理、作息时间变更、共青团工作、学雷锋活动等诸多方面的细节，事无巨细的管理方式在一定程度上可能不利于地方和企业所代表的市场力量积极性的提高。尽管2022年新修订的《职业教育法》进一步强化了"职业教育实行政府统筹、分级管理、地方为主、行业指导、校企合作、社会参与"的原则，但是，该法在许多方面仍然体现出了国家强力安排的特征。比如，《职业教育法》规定："国家推行中国特色学徒制，引导企业按照岗位总量的一定比例设立学徒岗位，鼓励和支持有技术技能人才培养能力的企业特别是产教融合型企业与职业学校、职业培训机构开展合作。"在初期企业不愿意招收学徒的情况下，该制度安排可能会帮助学徒制的推广，但是，如果国家自始至终都强力插手企业所有的学徒决策，也可能会妨碍地方和企业积极性的发挥。在这方面，我国职业教育立法者更应该借鉴自由市场国家职业教育管理的理念和方法，即在自由市场经济的国家，国家力量主要专注于建立和执行市场交易发生的框架和规则，而这些框架内的经济活动和组织的性质在很大程度上是由相关经济和社会行为者自由决定的[①]。因此，抓大放小，我国政府应该更多地在基本制度安排、重要发展方向以及跨区域、跨行业事务决策等方面发挥作用，而将地方和企业以及其他社会合作者能够做好的事情留给他们自己，只有这样，我国职业教育才会真正摆脱一些不必要的束缚，轻装上阵。

四、以应对职业变迁和失业为核心，构筑中国现代职业教育法律法规体系

当代社会的迅疾变化早已使任何职业都不可能自始至终毫无变化，从一而终对于任何从业者来说也早已不可能。以应对职业变迁和各种危机为核心，来创制未来的职业教育法律法规，来构建中国特色的现代职业教育体系才是相对正确的做法。借鉴欧美四国职业教育立法的经验，中国现代职业教育法律法规体系也需

[①] Anonymous. 2022-07-29. The state and employment in liberal market economies: Industrial policy in the UK pharmaceutical and food manufacturing sectors. https://eprints.kingston.ac.uk/id/eprint/43283/1/Hannon-E-43283-AAM.pdf.

要在提高标准、加强各种教育的沟通联结方面下大工夫。2022年《职业教育法》第十四条将我国未来职业教育体系的创建总结为"国家建立健全适应经济社会发展需要，产教深度融合，职业学校教育和职业培训并重，职业教育与普通教育相互融通，不同层次职业教育有效贯通，服务全民终身学习的现代职业教育体系"。该条款与欧美四国职业教育立法所勾画的未来发展方向是协调一致的。在坚定把握该发展方向的基础上，下一步，我国不仅需要每一位与职业教育事业相关的人员和机构群策群力，为《职业教育法》的具体实施制定切实可行的实施细则，更需要每一位与职业教育事业相关的人员和机构踔厉奋发、不懈努力，扎实、有序地推动实施细则的实现，只有这样，真正全民的、终身的、现代的职业教育体系才可能在中华大地上早日出现。